高等职业教育系列教材

西门子S7-1200 PLC编程与应用

主　编｜李方园
副主编｜王　亮　万亚勇
参　编｜罗洪广　高　强　程培林

机械工业出版社
CHINA MACHINE PRESS

本书由浅入深地介绍了PLC控制指示灯亮灭、PLC控制电动机启停、结构化编程控制生产流程、触摸屏控制现场设备、PLC控制电动机速度与位置、PLC控制系统综合应用共6个项目16个任务，从任务描述、知识探究、任务实施、任务记录和任务评价一一展开，全过程围绕目标导向培养PLC设计、编程的核心竞争力，便于分析、归纳和创造性教与学，在探究中解决问题并提升知识结构、技能水平和道德素养。本书将工程实践中常用的步序控制流程、结构化编程、PLC触摸屏联合仿真、PLC系统设计步骤等融入项目中，让读者在学习、模拟、仿真和实践的过程中更方便观察、调试程序，大幅提升了学习效率。

本书从入门到实践、图文并茂，可作为高职院校自动化类专业PLC相关课程教材，也可作为广大智能制造、电气自动化等工程技术人员和职业培训人员的参考用书。

本书配有微课视频，可扫描书中二维码直接观看，还配有授课电子课件、源程序等资源，需要的教师可登录机械工业出版社教育服务网（www.cmpedu.com）免费注册后下载，或联系编辑索取（微信：13261377872，电话：010-88379739）。

图书在版编目（CIP）数据

西门子S7-1200 PLC编程与应用 / 李方园主编．
北京：机械工业出版社，2025.6. --（高等职业教育系列教材）. -- ISBN 978-7-111-78594-1

Ⅰ．TM571.61

中国国家版本馆CIP数据核字第2025SU8368号

机械工业出版社（北京市百万庄大街22号　邮政编码100037）
策划编辑：曹帅鹏　　　　　　　　责任编辑：曹帅鹏　韩　静
责任校对：卢文迪　张慧敏　景　飞　责任印制：单爱军
北京中兴印刷有限公司印刷
2025年9月第1版第1次印刷
184mm×260mm · 16.5印张 · 419千字
标准书号：ISBN 978-7-111-78594-1
定价：65.00元

电话服务　　　　　　　　　　网络服务
客服电话：010-88361066　　　机　工　官　网：www.cmpbook.com
　　　　　010-88379833　　　机　工　官　博：weibo.com/cmp1952
　　　　　010-68326294　　　金　书　网：www.golden-book.com
封底无防伪标均为盗版　　　　机工教育服务网：www.cmpedu.com

Preface 前 言

从第一台 PLC 诞生至今，PLC 已经发展了四代产品，尤其是第四代 PLC 全面使用高性能、高速度的 CPU，大幅提高了 PLC 的工作性能、速度和可靠性；同时，由于大量含有微处理器的智能模块的出现，如今的 PLC 已经具有逻辑控制、过程控制、运动控制、数据处理、联网通信等诸多功能，真正成为新型工业化过程中名副其实的基石。本书采用的载体是 S7-1200 PLC，它利用多样化的通信接口，尤其是 PROFINET 通信，可以实现远程数据实时提取，并将现场传感器、智能执行器、智能仪表等现场设备数字化集成在一起，实现设备的高效控制，因此，无论在硬件配置还是软件编程方面，它都具有强大的优势。

本书共分 6 个项目。项目 1 通过两个按钮控制指示灯亮灭、多个开关控制一个指示灯亮灭和故障信号控制指示灯闪烁三个任务来介绍 PLC 逻辑控制的知识与技能。项目 2 通过电动机正反转次数控制、电动机延时记忆控制和电动机往复步序控制三个任务来介绍 S7-1200 PLC 控制电动机启停的操作技能。项目 3 通过使用 FC 块实现电动机控制、使用 FB 块实现搅拌机控制和使用 SCL 实现生产线信息记录三个任务帮助读者更好地理解 PLC 的结构化编程和代码的可复用性。项目 4 主要阐述了触摸屏控制指示灯循环点亮、触摸屏实现通风机调度控制两个任务，充分展现了触摸屏和仿真技术在现场设备控制中的典型应用。项目 5 通过 PLC 控制电动机多段速运行、PLC 通信控制电动机变速运行、PLC 控制步进电动机定位三个任务充分介绍 PLC 控制电动机速度与位置的典型应用。项目 6 通过化工厂流程 PLC 控制、基于 PLC 与变频器的风机节能改造两个任务来介绍 PLC 控制系统综合应用。

编者将工程实践中常用的步序控制流程、结构化编程、PLC 触摸屏联合仿真、PLC 系统设计步骤等融入项目中，让读者在学习、模拟、仿真和实践过程中更方便观察、调试程序，大幅提升了学习效率。通过对本书的学习，读者能充分理解 S7-1200 PLC 控制系统的原理及硬件知识、常见指令与应用实例，且本书包括微课实录，既注重系统、全面、新颖，又力求叙述简练、层次分明、通俗易懂。所有实例均在实训装置上测试并通过，以体现理论知识和工程实际应用并重。

本书由浙江工商职业技术学院李方园教授任主编，全国技术能手、浙江工商职业技术学院高级实验师王亮和全国劳动模范、宁波中大力德智能传动股份有限公司高级技师万亚勇任副主编，罗洪广、高强、程培林参与编写。在本书编写过程中，西门子（中国）有限公司、宁波捷创技术股份有限公司的相关技术人员给予了帮助并提供了相当多的典型案例，编者在此一并致谢。限于编者水平，书中难免出现疏漏，欢迎广大读者批评指正。

编　者

二维码资源索引

名称	二维码图形	页码	名称	二维码图形	页码
1-1 通用 PLC 的组成		2	2-1 S7-1200 PLC 计数器指令		54
1-2 梯形图编程原理		4	2-2 电动机正反转次数控制		58
1-3 位元件与位逻辑		5	2-3 数据块寻址与断电保持		65
1-4 两个按钮控制指示灯亮灭		8	2-4 电动机延时记忆控制		72
1-5 异或、置位与复位逻辑		24	3-1 代码块与用户程序结构		95
1-6 多个开关控制一个指示灯亮灭		26	3-2 使用 FC 块实现电动机控制		102
1-7 S7-1200 PLC 定时器指令		34	3-3 函数块 FB		109
1-8 故障信号控制指示灯闪烁		39	3-4 使用 FB 块实现搅拌机控制		113

二维码资源索引

（续）

名称	二维码图形	页码	名称	二维码图形	页码
4-1 触摸屏工作原理		136	4-4 触摸屏实现通风机调度控制		160
4-2 触摸屏控制指示灯循环点亮		140	5-1 PLC控制电动机多段速运行		184
4-3 触摸屏常见四种动画组态		156	5-2 PLC通信控制电动机变速运行		200

目录 Contents

前言
二维码资源索引

项目 1　PLC 控制指示灯亮灭 1

任务 1.1　两个按钮控制指示灯亮灭 1
　任务描述 1
　知识探究 2
　　1.1.1　PLC 的概念与发展史 2
　　1.1.2　S7-1200 PLC 构成与梯形图原理 3
　　1.1.3　位元件与位逻辑 5
　任务实施 8
　　1.1.4　PLC I/O 分配 8
　　1.1.5　PLC 电气原理图绘制与电气接线 8
　　1.1.6　创建 PLC 项目 10
　　1.1.7　以太网通信设置与程序调试 18
　任务记录 22
　任务评价 23

任务 1.2　多个开关控制一个指示灯亮灭 23
　任务描述 23
　知识探究 24
　　1.2.1　字节、字和双字的寻址方式 24
　　1.2.2　异或、置位与复位逻辑 24
　　1.2.3　PLC 扫描周期 25
　任务实施 26
　　1.2.4　PLC I/O 分配和控制电路接线 26
　　1.2.5　PLC 梯形图编程 26
　　1.2.6　调试与监控 29
　任务记录 30
　任务评价 30

任务 1.3　故障信号控制指示灯闪烁 31
　任务描述 31
　知识探究 32
　　1.3.1　通用定时器硬件与 PLC 定时器 32
　　1.3.2　S7-1200 PLC 定时器指令 34
　　1.3.3　系统存储器位与时钟存储器位 37
　任务实施 39
　　1.3.4　PLC I/O 分配和控制电路接线 39
　　1.3.5　PLC 梯形图编程 40

1.3.6 调试与监控 ·················· 43
任务记录 ························ 45
任务评价 ························ 45

拓展阅读 ························ 46
思考与练习 ······················ 47

项目 2　PLC 控制电动机启停 ·················· 50

任务 2.1　电动机正反转次数控制 ·················· 50
任务描述 ························ 50
知识探究 ························ 51
 2.1.1　PLC 基本数据类型与地址区 ······ 51
 2.1.2　S7-1200 PLC 计数器指令 ······ 54
 2.1.3　CTU、CTD 和 CTUD 计数器指令应用 ···················· 56
任务实施 ························ 58
 2.1.4　PLC I/O 分配 ··············· 58
 2.1.5　PLC 接线电气原理绘制与电气接线 ···················· 59
 2.1.6　PLC 项目创建与编程 ········· 60
 2.1.7　调试与监控 ················ 62
任务记录 ························ 63
任务评价 ························ 63

任务 2.2　电动机延时记忆控制 ······ 64
任务描述 ························ 64
知识探究 ························ 65
 2.2.1　数据块寻址与断电保持 ······· 65
 2.2.2　比较、移动和交换指令 ······· 68
 2.2.3　数学运算指令 ·············· 70
 2.2.4　日期和时间基本指令 ········· 71

任务实施 ························ 72
 2.2.5　PLC I/O 分配和控制电路接线 ···················· 72
 2.2.6　PLC 梯形图编程 ············ 72
 2.2.7　调试与监控 ················ 75
任务记录 ························ 76
任务评价 ························ 76

任务 2.3　电动机往复步序控制 ······ 76
任务描述 ························ 76
知识探究 ························ 77
 2.3.1　移位、循环和字逻辑运算指令 ···················· 77
 2.3.2　步序控制设计法 ············ 79
 2.3.3　读取相关 CPU 信息 ·········· 80
任务实施 ························ 82
 2.3.4　PLC I/O 分配与外围电路接线 ···················· 82
 2.3.5　PLC 梯形图编程 ············ 82
 2.3.6　S7-1200 PLC 恢复出厂设置 ···· 86
任务记录 ························ 88
任务评价 ························ 88
拓展阅读 ························ 89
思考与练习 ······················ 89

项目 3　结构化编程控制生产流程 ·················· 94

任务 3.1　使用 FC 块实现电动机控制 ·················· 94
任务描述 ························ 94

知识探究 ························ 95
 3.1.1　代码块与用户程序结构 ······· 95
 3.1.2　函数 FC ··················· 97

3.1.3　字符串及相关指令 ·············· 99
任务实施 ································· 102
　　3.1.4　PLC I/O 分配和控制电路
　　　　　接线 ························ 102
　　3.1.5　电动机控制 FC 块的梯形图
　　　　　编程 ························ 102
　　3.1.6　主程序调用 FC 块 ··········· 104
　　3.1.7　调试与监控 ················· 106
任务记录 ································· 106
任务评价 ································· 107

任务 3.2　使用 FB 块实现搅拌机控制 ·············· 107

任务描述 ································· 107
知识探究 ································· 108
　　3.2.1　块调用与可嵌套块 ··········· 108
　　3.2.2　函数块 FB ··················· 109
　　3.2.3　时间数据变量相关指令 ······ 111
任务实施 ································· 113
　　3.2.4　PLC I/O 分配和控制电路
　　　　　接线 ························ 113
　　3.2.5　搅拌机控制 FB 块的梯形图
　　　　　编程 ························ 114
　　3.2.6　主程序调用 FB 块 ·········· 117

　　3.2.7　调试与监控 ················· 118
任务记录 ································· 119
任务评价 ································· 119

任务 3.3　使用 SCL 实现生产线信息记录 ·············· 119

任务描述 ································· 119
知识探究 ································· 120
　　3.3.1　SCL 指令概述 ··············· 120
　　3.3.2　复杂数据类型 Array 和
　　　　　Struct ······················ 124
　　3.3.3　时间函数 ···················· 125
任务实施 ································· 127
　　3.3.4　PLC I/O 分配和控制
　　　　　电路接线 ··················· 127
　　3.3.5　生产线信息记录 FB 块
　　　　　SCL 编程 ··················· 127
　　3.3.6　主程序梯形图编程 ·········· 129
　　3.3.7　调试与监控 ················· 131
任务记录 ································· 132
任务评价 ································· 132
拓展阅读 ································· 133
思考与练习 ······························ 133

项目 4　触摸屏控制现场设备　135

任务 4.1　触摸屏控制指示灯循环点亮 ·············· 135

任务描述 ································· 135
知识探究 ································· 136
　　4.1.1　触摸屏工作原理 ············· 136
　　4.1.2　西门子触摸屏分类与连接 ····· 138
　　4.1.3　触摸屏的组态与使用 ········ 139
任务实施 ································· 140
　　4.1.4　PLC I/O 分配与电气接线 ··· 140
　　4.1.5　PLC 梯形图编程 ············ 140

　　4.1.6　触摸屏初次组态 ············· 144
　　4.1.7　触摸屏程序下载和调试 ······ 150
任务记录 ································· 154
任务评价 ································· 154

任务 4.2　触摸屏实现通风机调度控制 ·············· 155

任务描述 ································· 155
知识探究 ································· 156
　　4.2.1　触摸屏变量采集周期 ········ 156
　　4.2.2　触摸屏常见四种动画组态 ····· 156

任务实施 160
　　　4.2.3　PLC I/O 分配与电气接线 160
　　　4.2.4　PLC 编程和触摸屏组态 161
　　　4.2.5　触摸屏实现通风机调度控制
　　　　　　系统调试 173
　　任务记录 174
　　任务评价 175
　　拓展阅读 175
　　思考与练习 176

项目 5　PLC 控制电动机速度与位置　179

任务 5.1　PLC 控制电动机多段速运行 179

　　任务描述 179
　　知识探究 180
　　　5.1.1　S7-1200 PLC 的
　　　　　　模拟量功能 180
　　　5.1.2　G120 变频器的指定频率
　　　　　　来源 183
　　任务实施 184
　　　5.1.3　I/O 分配与 PLC 控制变频器
　　　　　　电路设计 184
　　　5.1.4　使用 Startdrive 调试向导设置
　　　　　　变频器参数 186
　　　5.1.5　使用 Startdrive 进行变频器
　　　　　　参数下载与调试 190
　　　5.1.6　PLC 梯形图编程 193
　　任务记录 195
　　任务评价 196

任务 5.2　PLC 通信控制电动机变速运行 196

　　任务描述 196
　　知识探究 197
　　　5.2.1　变频器 PROFIdrive 报文 197
　　　5.2.2　控制字、状态字含义与参数
　　　　　　设置 199
　　任务实施 200
　　　5.2.3　电气接线 200

　　　5.2.4　通过 Startdrive 进行
　　　　　　G120 变频器报文配置 201
　　　5.2.5　PLC 梯形图编程 204
　　任务记录 206
　　任务评价 206

任务 5.3　PLC 控制步进电动机定位 207

　　任务描述 207
　　知识探究 208
　　　5.3.1　步进电动机工作原理 208
　　　5.3.2　步进驱动器与 PLC 的常见
　　　　　　接线 210
　　　5.3.3　基于 S7-1200 PLC 的
　　　　　　电动机定位控制 212
　　　5.3.4　S7-1200 PLC 的运动控制
　　　　　　指令 213
　　任务实施 219
　　　5.3.5　PLC I/O 分配与步进控制
　　　　　　电路设计 219
　　　5.3.6　工艺对象轴的组态与调试 220
　　　5.3.7　PLC 控制步进电动机的
　　　　　　编程 227
　　任务记录 230
　　任务评价 230
　　拓展阅读 231
　　思考与练习 231

项目 6 PLC 控制系统综合应用 — 234

任务 6.1 化工厂流程 PLC 控制 ⋯ 234
    任务描述 ⋯⋯⋯⋯⋯⋯⋯⋯⋯⋯⋯⋯ 234
    知识探究 ⋯⋯⋯⋯⋯⋯⋯⋯⋯⋯⋯⋯ 235
        6.1.1 PLC 控制系统设计步骤 ⋯⋯ 235
    任务实施 ⋯⋯⋯⋯⋯⋯⋯⋯⋯⋯⋯⋯ 237
        6.1.2 输入/输出定义 ⋯⋯⋯⋯⋯ 237
        6.1.3 电气原理图绘制和
              电气接线 ⋯⋯⋯⋯⋯⋯⋯ 238
        6.1.4 PLC 控制流程图绘制 ⋯⋯ 239
        6.1.5 触摸屏画面组态 ⋯⋯⋯⋯ 239
        6.1.6 PLC 程序编写 ⋯⋯⋯⋯⋯ 240
    任务记录 ⋯⋯⋯⋯⋯⋯⋯⋯⋯⋯⋯⋯ 241
    任务评价 ⋯⋯⋯⋯⋯⋯⋯⋯⋯⋯⋯⋯ 241

**任务 6.2 基于 PLC 与变频器的
           风机节能改造** ⋯⋯⋯⋯⋯ 242
    任务描述 ⋯⋯⋯⋯⋯⋯⋯⋯⋯⋯⋯⋯ 242
    知识探究 ⋯⋯⋯⋯⋯⋯⋯⋯⋯⋯⋯⋯ 243
        6.2.1 SIMATIC NET 网络结构中的
              PROFINET IO ⋯⋯⋯⋯⋯ 243
    任务实施 ⋯⋯⋯⋯⋯⋯⋯⋯⋯⋯⋯⋯ 246
        6.2.2 输入/输出定义 ⋯⋯⋯⋯⋯ 246
        6.2.3 电气原理图绘制和
              电气接线 ⋯⋯⋯⋯⋯⋯⋯ 246
        6.2.4 PLC1 和 PLC2 的
              传输区定义 ⋯⋯⋯⋯⋯⋯ 247
        6.2.5 PLC 控制流程图绘制 ⋯⋯ 248
        6.2.6 触摸屏画面组态 ⋯⋯⋯⋯ 248
        6.2.7 PLC 程序编写 ⋯⋯⋯⋯⋯ 249
    任务记录 ⋯⋯⋯⋯⋯⋯⋯⋯⋯⋯⋯⋯ 249
    任务评价 ⋯⋯⋯⋯⋯⋯⋯⋯⋯⋯⋯⋯ 250
    拓展阅读 ⋯⋯⋯⋯⋯⋯⋯⋯⋯⋯⋯⋯ 250
    思考与练习 ⋯⋯⋯⋯⋯⋯⋯⋯⋯⋯⋯ 251

参考文献 — 254

项目 1　PLC 控制指示灯亮灭

项目导读

从第一台 PLC 诞生至今，PLC 已经发展了四代产品，尤其是第四代 PLC 全面使用高性能、高速度的 CPU，大幅提高了 PLC 的工作性能、速度和可靠性；同时，由于大量含有微处理器的智能模块的出现，如今的 PLC 已经具有逻辑控制、过程控制、运动控制、数据处理、联网通信等诸多功能，真正成为新型工业化过程中名副其实的基石。PLC 控制技术由硬件和软件两部分组成，硬件部分是系统核心技术控制载体，软件部分主要负责系统功能，这两个部分共同组成 PLC 系统。本项目通过两个按钮控制指示灯亮灭、多个开关控制一个指示灯亮灭和故障信号控制指示灯闪烁三个任务来介绍 PLC 逻辑控制的知识与技能。

❖ **知识目标：**

了解 PLC 的概念、发展史和定义。
掌握梯形图编程基础逻辑与位元件。
熟悉 S7-1200 PLC 系统 CPU 与外部连接方式。
掌握 S7-1200 PLC 定时器的指令。

❖ **能力目标：**

能绘制 S7-1200 PLC 的控制电路图。
能根据电路图进行 S7-1200 PLC 外部接线。
能使用博途软件进行 S7-1200 PLC 的硬件组态和梯形图编辑。
能使用博途软件进行程序下载、监控与调试。

❖ **素养目标：**

保持对新知识、新技术的好奇心。
在学习知识和技能训练中培养尽职尽责的责任感。
具有成为新型工业化转型过程中高技能人才的紧迫感。

任务 1.1　两个按钮控制指示灯亮灭

任务描述

如图 1-1 所示，用西门子 S7-1200 CPU 1215C DC/DC/DC PLC 来控制指示灯亮灭，任务要求如下：

1) 按下按钮 SB1，指示灯 HL1 亮；按下按钮 SB2，指示灯 HL1 灭。

2)正确绘制 PLC 控制电气图,并完成电路装接后上电。

3)用编程软件进行 PLC 硬件配置和软件编程,并将程序下载到实体 PLC 中,经调试后实现两个按钮控制指示灯亮灭。

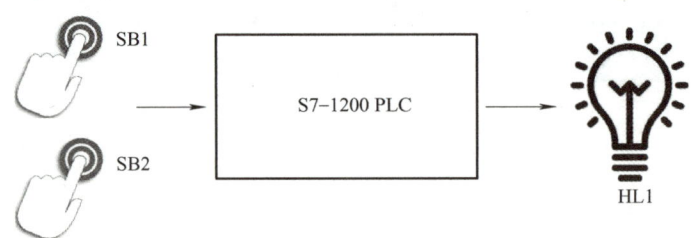

图 1-1　任务 1.1 控制示意

知识探究

1-1　通用 PLC 的组成

1.1.1　PLC 的概念与发展史

1. PLC 的概念

PLC 是 Programmable Logic Controller 的简称,又称可编程逻辑控制器。国际电工委员会(IEC)对 PLC 做了如下的定义:"PLC 是一种数字运算操作的电子系统,专为在工业环境下应用而设计。它采用可编程序的存储器,用来在其内部存储执行逻辑运算、顺序控制、定时、计数和算术运算等操作的命令,并通过数字式、模拟式的输入和输出,控制各种类型的机械和生产过程。"

图 1-2 所示为通用 PLC 的内部结构示意,它包括电源、CPU、存储器、通信接口、输入模块和输出模块。PLC 的输入模块可以接按钮、开关和模拟量传感器等;PLC 的输出模块可以控制接触器、电磁阀、指示灯、调节阀等设备;PLC 的通信接口可以接编程计算机,用于软件编程、组态和监控,也可以与触摸屏、仪表等通信设备相连。

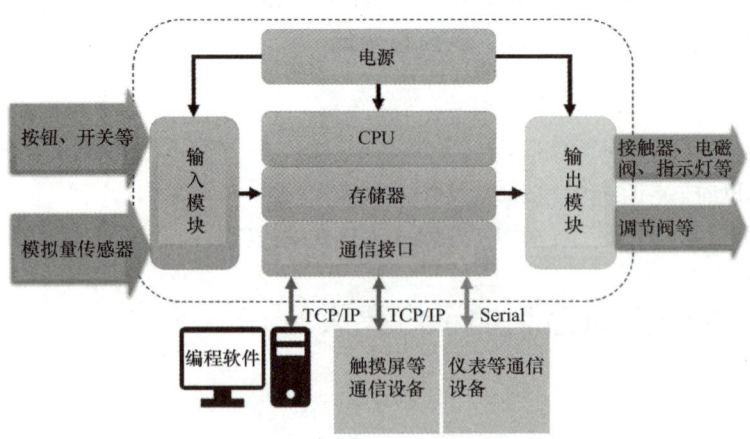

图 1-2　通用 PLC 的组成

从结构上分,PLC 分为固定式和模块式两种。固定式 PLC 包括 CPU、I/O 板(或 I/O 单元)、显示面板、内存块、电源等,这些元素组合成一个不可拆卸的整体。模块式 PLC

又称组合式 PLC，包括 CPU 模块、I/O 模块、内存、电源模块、底板或机架，这些模块可以按照一定规则组合配置。

在 PLC 系统中，信号分为数字量（digital）和模拟量（analog）两类，如图 1-3 所示。根据信号的流动方向，PLC 接入外部设备输出的信号称为输入（input）；PLC 输出信号到外部设备称为输出（output）。数字量又称为开关量，它只能表示两种状态：从 PLC 的外部接口来看，表示有电压信号或者没有电压信号这两种情况；反映到 PLC 内部时，表示为"1"（即有电压信号）或者"0"（即没有电压信号）这两种状态。模拟量是指能够在一定范围内连续变化的物理量（如电流或电压信号），可以用线性表示某个连续变化的参数，如温度、压力、液位等。数字量输入称为 DI，数字量输出称为 DO，模拟量输入称为 AI，模拟量输出称为 AO。

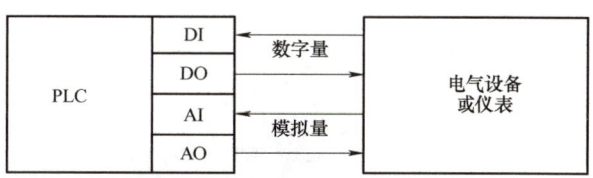

图 1-3　PLC 的四个接口

2. PLC 的发展史

从第一台 PLC 诞生至今，PLC 产品大致分为四代。

第一代 PLC，多数用一位机开发，采用磁心存储器存储，仅具有单一的逻辑控制功能。

第二代 PLC，使用了 8 位微处理器及半导体存储器，其产品也逐步系列化。

第三代 PLC，采用了高性能微处理器及位片式 CPU，工作速度大幅度提高，因而促使其向多功能和联网通信方向发展。

第四代 PLC，不但全面使用 16 位或 32 位微处理器、位片式微处理器、精简指令系统微处理器（RISC）等高性能、高速度的 CPU，而且在一台 PLC 中同时配置多个 CPU，极大地提高了 PLC 的工作性能、速度和可靠性。同时，由于大量含有微处理器的智能模块的出现，这一代 PLC 具有逻辑控制、过程控制、运动控制、数据处理、联网通信等诸多功能，真正成为名副其实的多功能控制器。在这一时期，PLC 构成的 PLC 网络也得到飞速发展，PLC 及其网络日益成为首选的工业控制装置，并被视为现代工业自动化的三大支柱之一（CAM、机器人及 PLC）。

1.1.2　S7-1200 PLC 构成与梯形图原理

1. S7-1200 PLC 基本构成

PLC 的生产厂家非常多，本书介绍的是西门子 S7-1200 PLC，也是第四代 PLC。它设计紧凑、组态灵活且具有功能强大的指令集。图 1-4 所示是西门子 S7-1200 PLC 的外观，其输入部分在上端、输出部分在下端。

在 PLC 中，一个输入位元件接一个按钮或传感器等检测信号，一个输出位元件接一个接触器等设备，因此为了匹配不同控制系统所需不同输入/输出（I/O）点数，西门子公司推出了一系列的 S7-1200 PLC 主控模块，并以 CPU 作为前缀，如 CPU 1211C、CPU 1212C、CPU 1212FC、CPU 1214C、CPU 1214FC、CPU 1215C、CPU 1215FC、CPU 1217C 等。这里需要注意：单纯的 CPU 是指计算机的中央处理器；CPU 模块则特指西门子 PLC 的主控模块。

图 1-5 所示是西门子 S7-1200 CPU 模块后缀说明，包括 AC/DC/Rly、DC/DC/Rly、DC/DC/DC 等三种。

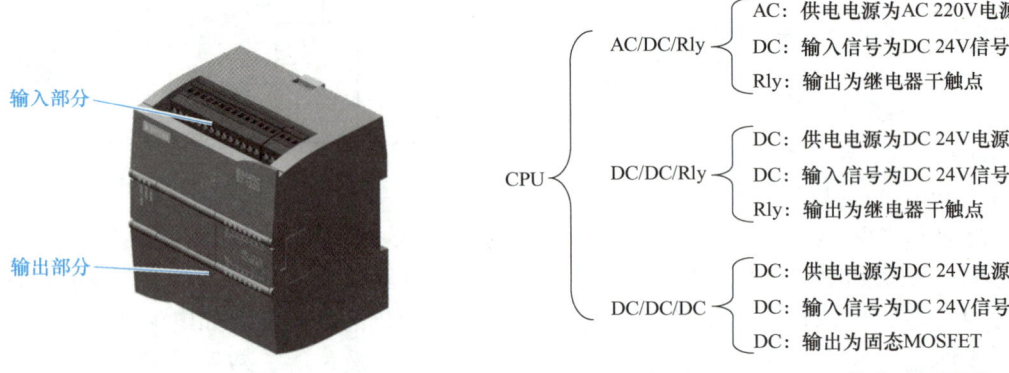

图 1-4　西门子 S7-1200 PLC 的外观　　　图 1-5　西门子 S7-1200 CPU 模块后缀说明

2. 梯形图编程原理

PLC 最常用的编程语言是梯形图，它是最接近继电器、线圈等电气元件实体的符号编程方法，如 ┤├ 表示常开触点、┤/├ 表示常闭触点、─( )─ 表示输出线圈。图 1-6 所示是从自锁电路转化为 PLC 梯形图的转化示意。显然，对于熟悉电气控制的技术人员来说，梯形图编程简单明了。

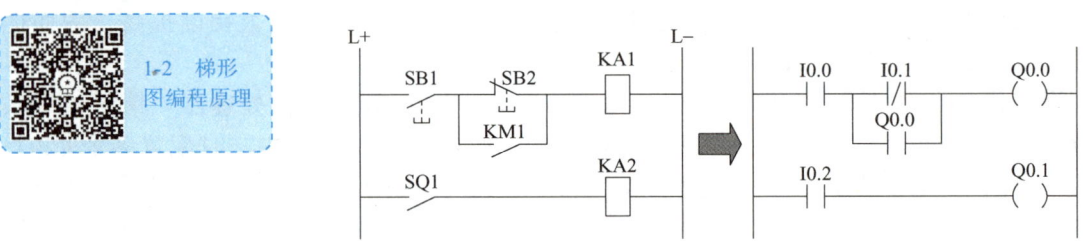

图 1-6　从自锁电路转化为 PLC 梯形图的转化示意

表 1-1 所示为自锁电路位元件定义。以图 1-6 右侧所示梯形图为例，左边是电源线 L+，经过按钮 I0.0 常开触点，再经过按钮 I0.1 常闭触点，最后输出线圈 Q0.0 为 ON；此时，Q0.0 的触点也接通，即使按钮 I0.0 复原，Q0.0 的线圈仍旧为 ON；当 I0.1 按钮动作时，常闭触点断开，线圈 Q0.0 为 OFF。

表 1-1　自锁电路位元件定义

输入符号	位元件	功能	输出符号	位元件	功能
SB1	I0.0	启动按钮	KA1	Q0.0	中间继电器
SB2	I0.1	停止按钮	KA2	Q0.1	中间继电器
SQ1	I0.2	限位开关			

需要注意的是，停止按钮 SB2 的接线方式跟梯形图的常开或常闭表达容易产生歧义。当 SB2 常开触点接入到 PLC 时，梯形图中表达式为常闭，即图 1-6 的梯形图表达式是正确的；当 SB2 常闭触点接入到 PLC 时，梯形图中表达式为常开，即图 1-6 的梯形图表达式是错误的，需要更改为图 1-7 所示的梯形图。图 1-8 所示是自锁电路转化为梯形图的综合示意。

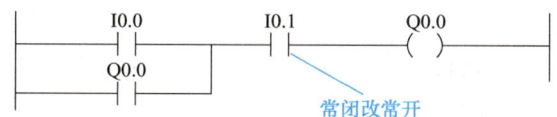

图 1-7 停止按钮 SB2 触点为常闭时的梯形图

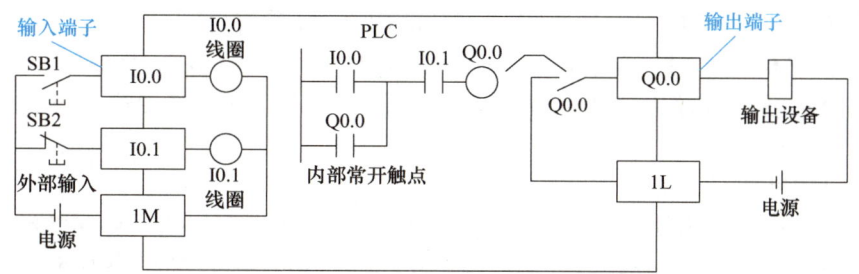

图 1-8 自锁电路转化为梯形图的综合示意

图 1-9 所示为线圈输出的常开触点 NO 和常闭触点 NC 示意。

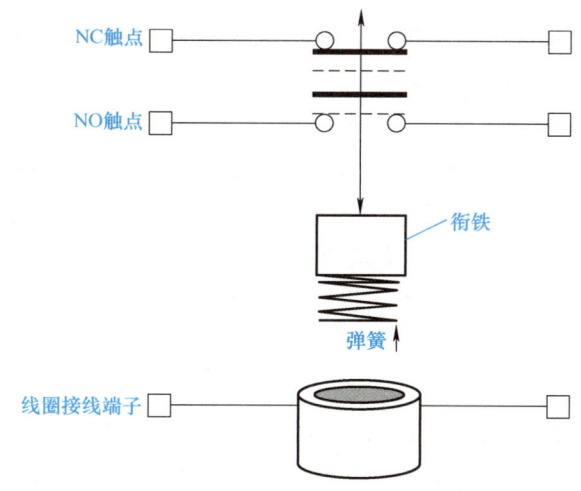

图 1-9 线圈输出的 NC 触点和 NO 触点

1.1.3 位元件与位逻辑

1-3 位元件与位逻辑

1. 常见 PLC 位元件的种类、功能与符号

PLC 常见的三种位元件是输入位元件、输出位元件和内部辅助位元件。在相关书籍中，也会采用继电器一词来代替位元件，如输入继电器、输出继电器和内部辅助继电器。根据 IEC61131-3 标准，PLC 元件用百分数符号"%"开始，随后是位置前缀符号；如果有位（bit）的分级，则用整数表示分级，并用小数点符号"."分隔。

（1）输入位元件 I

输入信号包括开关、按钮、传感设备、限位开关、接近传感器、光电传感器、状态传感器、真空开关、温度开关、液位开关、压力开关等，它可以用输入位元件 I 来表示，即 PLC 与外部输入点对应的内部存储器存储基本单元，即输入映像寄存器。它由外部送来的输入信号驱动，输入为"0"或"1"，用程序设计的方法不能改变输入位元件的状态,即不能对输入位元件对应的基本单元改写。例如:%I0.0,%I0.1,…,%I0.7,%I1.0,%I1.1,…,元件符号以 I 表示,顺序以八进制编号。输入位元件的触点(常开触点或常闭触点)可无限制地多次使用。

(2)输出位元件 Q

输出设备包括阀门、电机接触器、警报器、中间继电器、指示灯等,它可以用输出位元件 Q 来表示,即 PLC 与外部输出点对应的内部存储器存储基本单元(即输出映像寄存器),输出为"0"或"1"。例如:%Q0.0,%Q0.1,…,%Q0.7,%Q1.0,%Q1.1,…,元件符号以 Q 表示,顺序以八进制编号。输出位元件的触点信号像输入位元件信号一样可无限制地多次使用。

(3)内部辅助位元件 M

内部辅助位元件 M 与 PLC 外部没有直接联系,是 PLC 内部的一种辅助继电器,其功能与电气控制电路中的中间继电器一样,它也对应着 PLC 内存的一个基本单元,可由输入位元件、输出位元件触点以及其他内部装置的触点驱动,其触点也可以无限制地多次使用。例如:%M0.0,%M 0.1,…,%M0.7,%M1.0,%M1.1,…,元件符号以 M 表示,顺序以八进制编号。

需要注意的是,在本书后续说明中,除特殊标明外,一般把"%"省略以示简洁。用户在编辑梯形图程序时,编程软件会自动补全"%"符号。

2. 位逻辑符号与功能

位逻辑又称布尔逻辑。每一个布尔量(即 Bool)就是指一个假或真状态,通常用 0 或 1 来表示假或真。PLC 中所有的位逻辑操作是按照一定的控制要求进行逻辑组合,可构成"与""或""非"、置位、复位及其组合。表 1-2 所示是常见的触点和线圈位逻辑符号与功能,包括常开触点、常闭触点、上升沿、下降沿、输出线圈、取反线圈、置位、复位等。

3. "与"逻辑

"与"逻辑是指只有两个操作数都是"1"时,结果才是"1"。"与"逻辑操作属于短路操作,即如果第一个操作数能够决定结果,那么就不会对第二个操作数求值;如果第一个操作数是"0",则无论第二个操作数是什么值,结果都不可能是"1",相当于短路了右边。图 1-10 所示是"与"逻辑及表征逻辑事件输入和输出之间全部可能状态的表格(即真值表)。

表 1-2 常见的位逻辑符号与功能

类型	符号	说明
触点指令	─┤ ├─	常开触点
	─┤/├─	常闭触点
	─┤NOT├─	信号流反向
	─┤P├─	扫描操作数信号的上升沿
	─┤N├─	扫描操作数信号的下降沿
	P_TRIG	扫描信号的上升沿
	N_TRIG	扫描信号的下降沿
触点指令	R_TRIG	扫描信号的上升沿,并带有背景数据块
	F_TRIG	扫描信号的下降沿,并带有背景数据块

（续）

类型	符号	说明
线圈指令	—( )—	结果输出/赋值
	—(/)—	线圈取反
	—(R)—	复位
	—(S)—	置位
	SET_BF	将一个区域的位信号置位
	RESET_BF	将一个区域的位信号复位
	RS	复位置位触发器
	SR	置位复位触发器
	—(P)—	上升沿检测并置位线圈一个周期
	—(N)—	下降沿检测并置位线圈一个周期

图 1-11 所示是输入 I0.0、I0.1 和 I0.2 进行"与"逻辑运算的时序图。

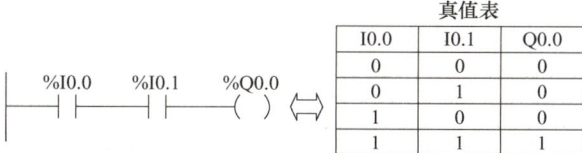 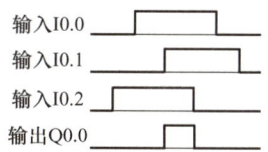

图 1-10 "与"逻辑及其真值表　　　　图 1-11 "与"逻辑时序图

4. "或"逻辑

"或"逻辑是指如果一个操作数或多个操作数为"1",则"或"运算返回布尔值"1";只有全部操作数为"0",结果才是"0"。图 1-12 所示是"或"逻辑及其真值表。

图 1-13 所示是输入 I0.0 和 I0.1 进行"或"逻辑运算的时序图。

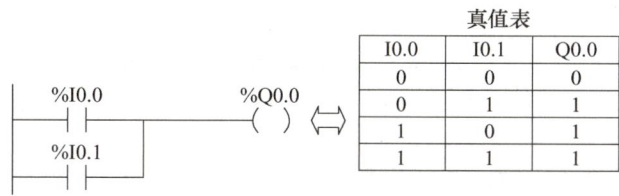 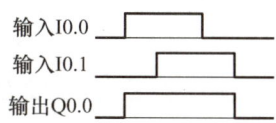

图 1-12 "或"逻辑及其真值表　　　　图 1-13 "或"逻辑时序图

5. "非"逻辑

"非"逻辑,即逻辑取反。图 1-14 所示是"非"逻辑及其真值表。

输入触点的"非"逻辑信号可以与其他触点信号进行"或""与"等组合操作,如"I0.0"和"I0.1 的非"进行"与"逻辑的梯形图、时序图如图 1-15 所示。

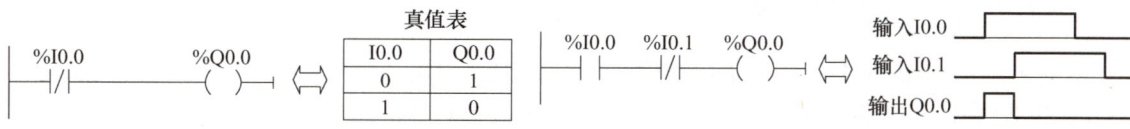

图 1-14 "非"逻辑及其真值表　　　　图 1-15 "非"逻辑信号组合操作梯形图和时序图

6. 取反线圈

取反线圈是指输出为"1"时断开，输出为"0"时则接通。图1-16所示为输出线圈与取反线圈对比，从梯形图可以看出，两种线圈除了输出刚好相反，其余相同。从真值表可以看出两者的区别。

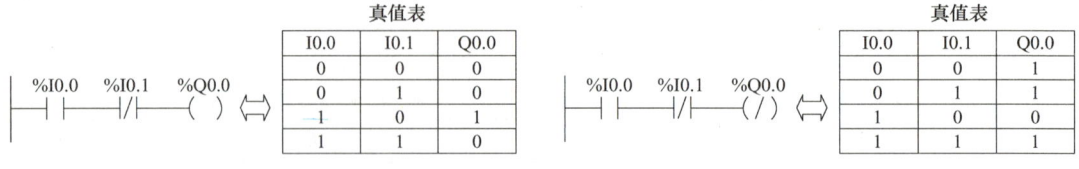

图1-16 输出线圈与取反线圈对比

图1-17所示是I0.0、I0.1和I0.2三者之"与"的取反线圈逻辑信号组合操作的梯形图和时序图。

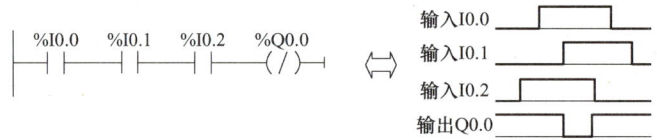

图1-17 取反线圈逻辑信号组合操作的梯形图和时序图

任务实施

1-4 两个按钮控制指示灯亮灭

1.1.4 PLC I/O 分配

对于指示灯控制电路，需要使用启动按钮和停止按钮作为PLC的输入，指示灯则作为PLC的输出，因此I/O（输入/输出）分配表见表1-3，用来确定用户的输入为2个点、输出为1个点，选用CPU 1215C DC/DC/DC符合点数要求。

表1-3 I/O 分配表

输入	功能	输出	功能
I0.0	SB1/启动按钮（NO）	Q0.0	HL1/指示灯
I0.1	SB2/停止按钮（NO）		

在I/O分配表中的按钮信号加上NC（常闭）、NO（常开），这是因为按钮元件同时具有常闭、常开触点，用户可以根据实际情况来选择。在紧急情况下，部分元件必须用NC触点，一般情况下的元件输入都可以选择NC和NO两者中的任意一个，这一点在后续任务的输入信号中将有所体现，如停止按钮可以接NC点，也可以接NO点，与之相应的程序中的触点也要做相应更改。

1.1.5 PLC 电气原理图绘制与电气接线

本任务参考图1-18a所示的CPU 1215C DC/DC/DC标准接线方式，可以更改为图1-18b所示的PLC接线原理图，其中进线电源部分为DC 24V，数字量输入部分可以采取公共点1M接0V（即M端子）的漏型接法，数字量输出部分采用DC 24V指示灯。

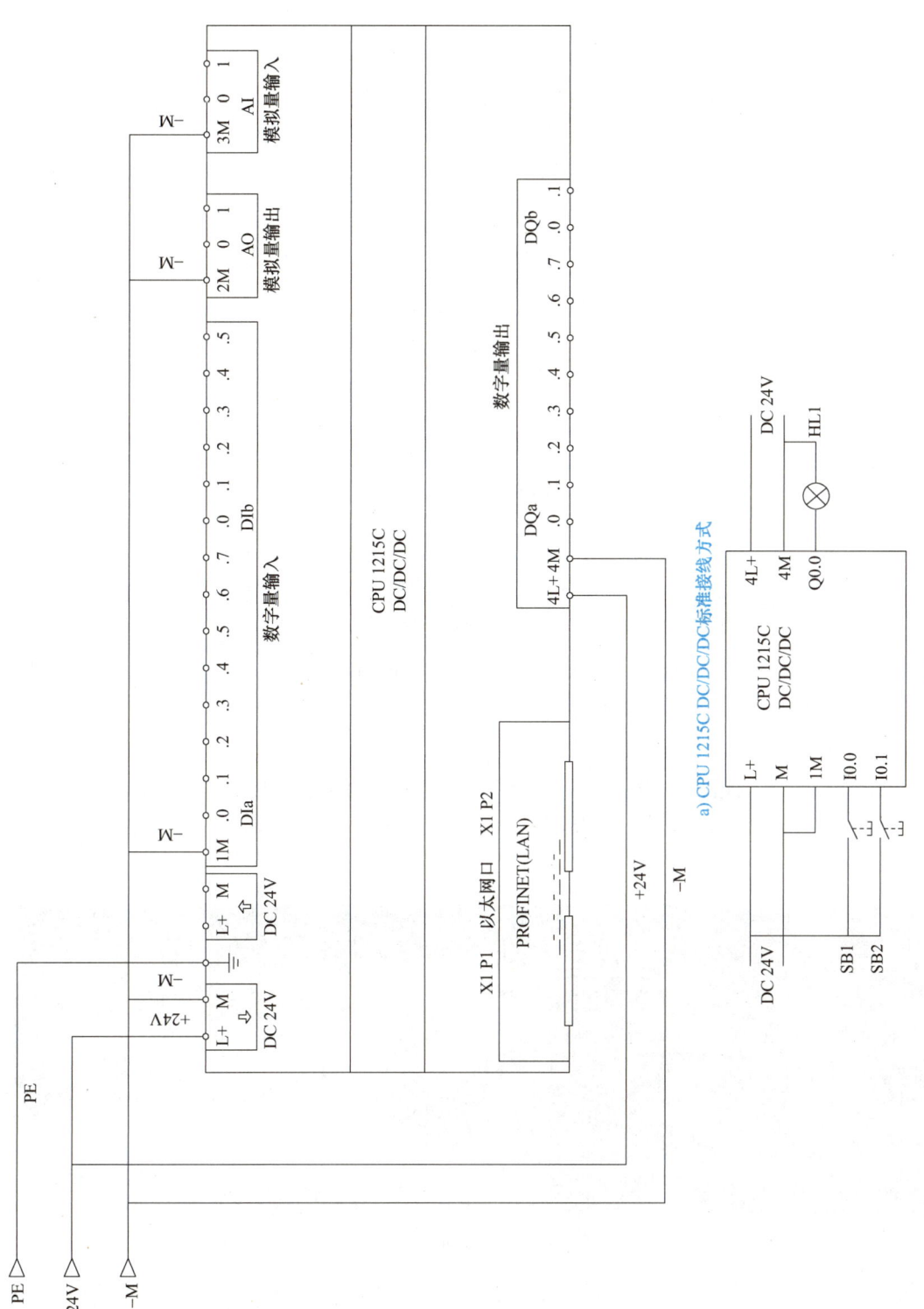

图 1-18　PLC 接线示意

PLC 电气接线如图 1-19 所示。需要注意的是，SB1 和 SB2 按钮接的都是常开触点。

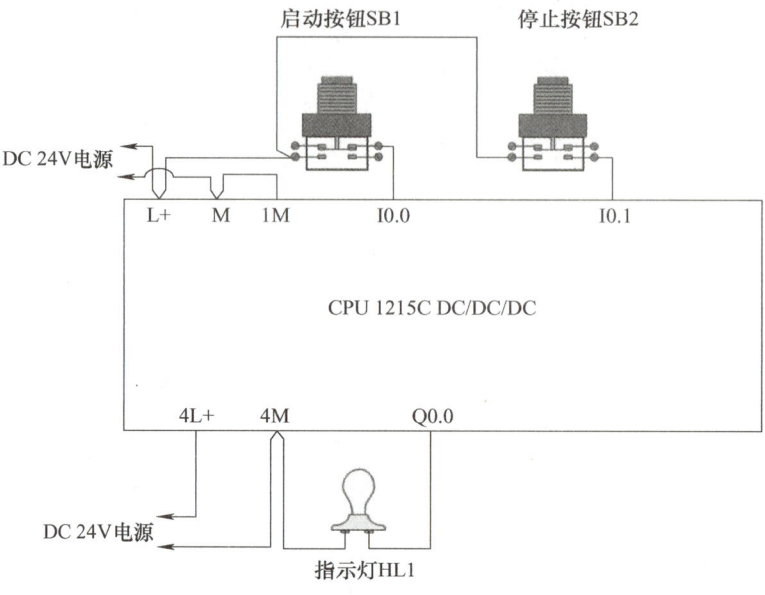

图 1-19　PLC 电气接线

1.1.6　创建 PLC 项目

双击西门子博途软件图标，打开博途软件，新建 PLC 项目。本书程序是以 V17 版本为编程环境，可以应用在大部分版本中。

1. 创建新项目

进入博途软件后，如图 1-20 所示，选择"启动"→"创建新项目"，然后输入项目名称（如"任务 1.1"），单击扩展按钮选择文件路径，并根据需要输入作者和注释，然后单击"创建"按钮。

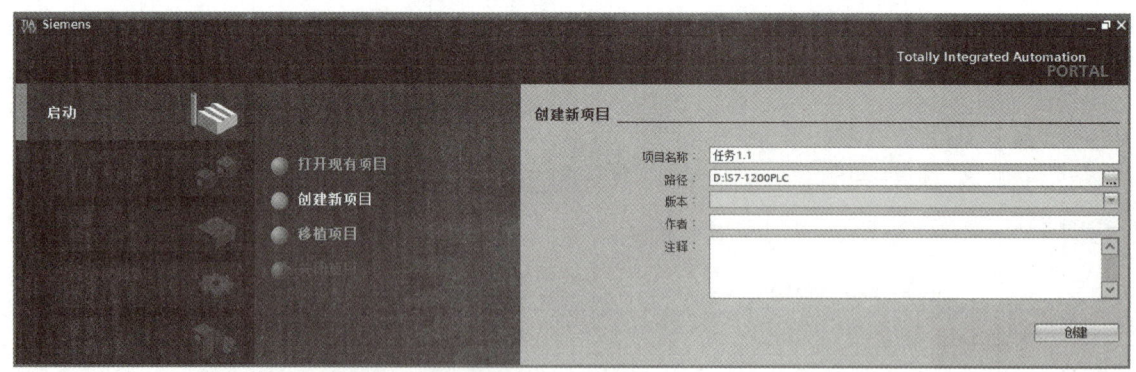

图 1-20　创建新项目

创建完新项目后，就会看到包含了创建完整项目所必需的"组态设备""创建 PLC 程序""组态工艺对象""参数设置驱动""组态 HMI 画面""打开项目视图"等步骤的"新手上路"提示（见图 1-21），这里选择"组态设备"。

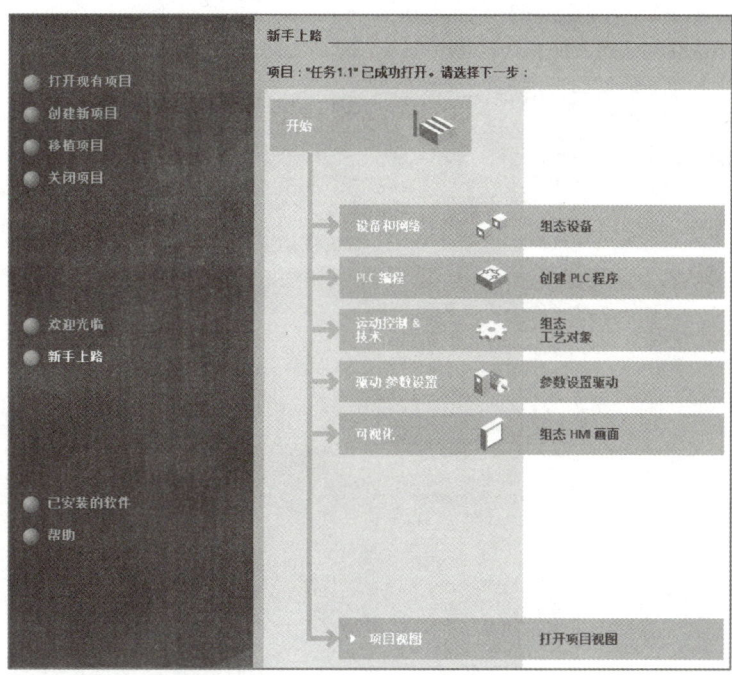

图 1-21 新手上路

图 1-22 所示为添加新设备界面，可根据任务需要添加相应的控制器、HMI、PC系统或驱动。本任务比较简单，只有控制器，因此选择"控制器"→"SIMATIC S7-1200"→"CPU 1215C DC/DC/DC"→"6ES7 215-1AG40-0XB0"（见图 1-23），并根据实际的 CPU 版本进行选择，如 V4.5。需要注意的是，任务中用到的 CPU 版本需要根据实际使用版本进行相应选择。

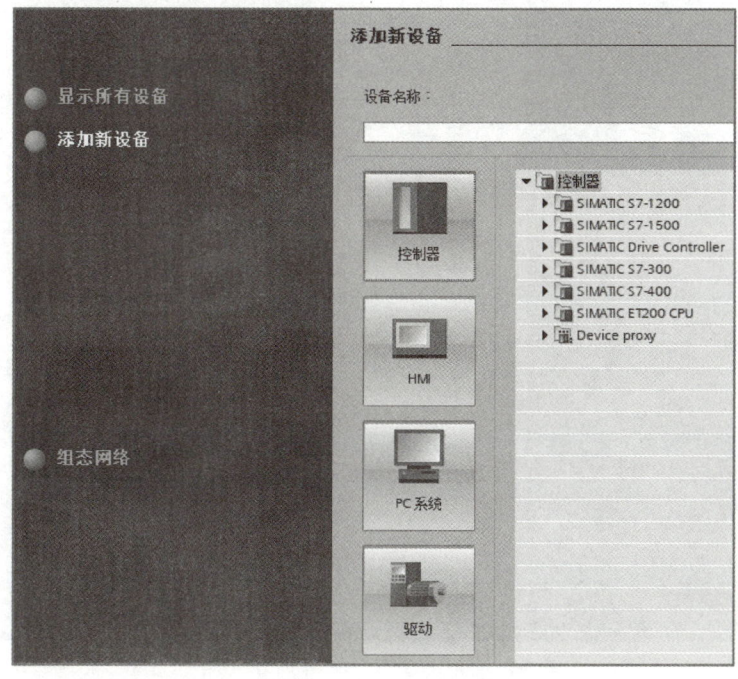

图 1-22 添加新设备

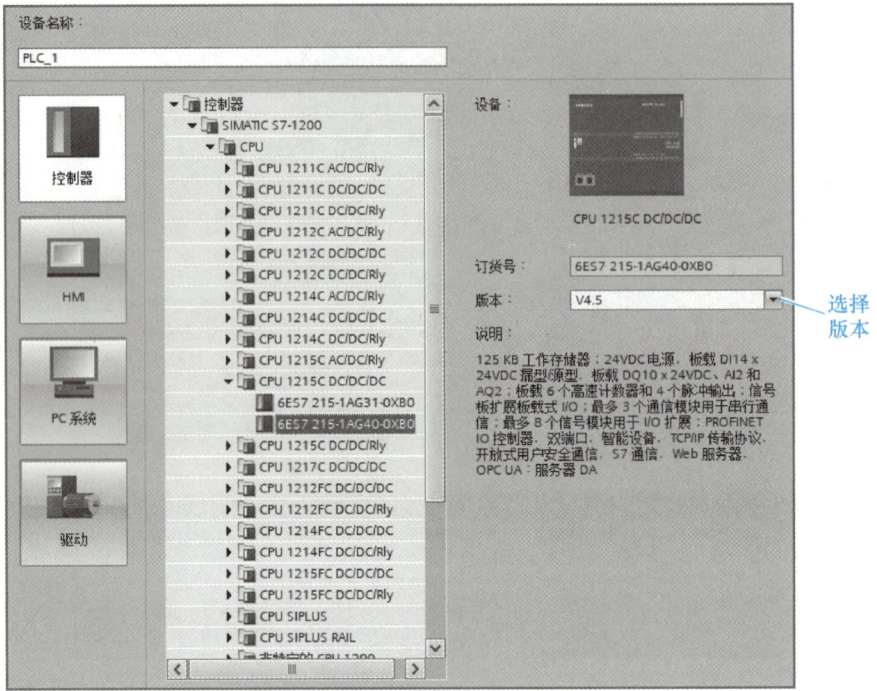

图 1-23　添加控制器 CPU 1215C DC/DC/DC

添加 CPU 后，就是 PLC 安全设置（见图 1-24），包括保护机密的 PLC 数据、PG/PC 和 HMI 的通信模式、PLC 访问保护等。

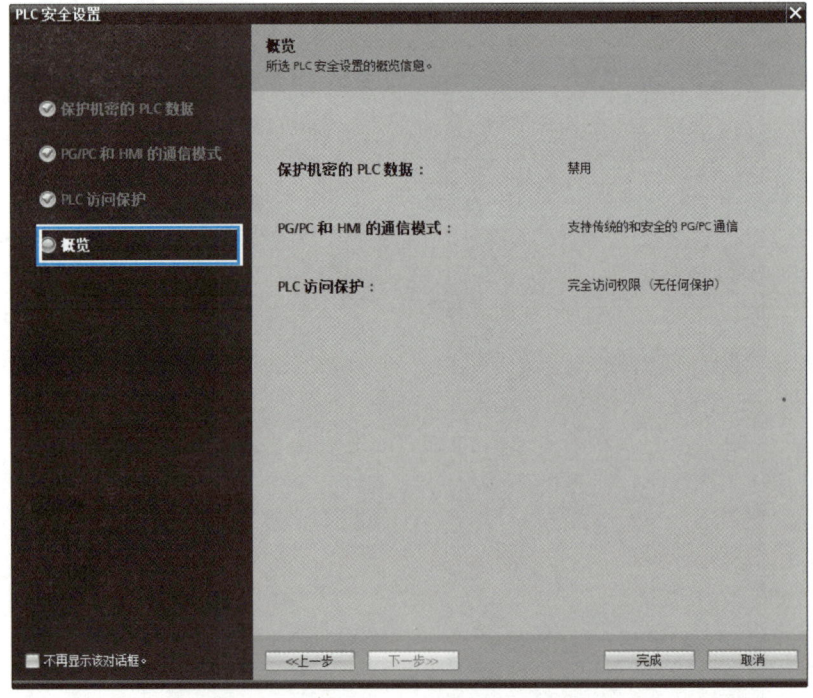

图 1-24　PLC 安全设置

完成 PLC 安全设置之后，就会出现图 1-25 所示的完整设备视图，它包括菜单栏、符号栏、项目树、详细视图、设备视图、网络视图、拓扑视图、硬件目录窗口、属性窗口等。

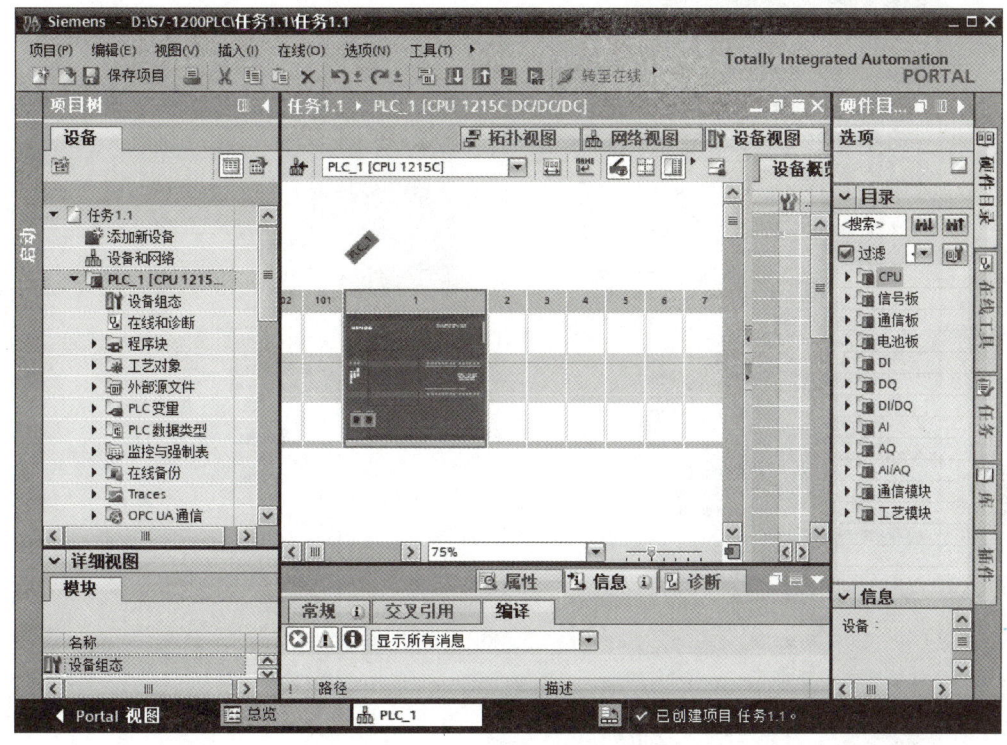

图 1-25　完整设备视图

2. 硬件配置

S7-1200 PLC 需要进行硬件配置，主要修改 PLC 的 PROFINET 接口、输入/输出地址、脉冲功能、通信设置等属性设置。硬件配置可以按以下两种途径进行设置：第一种是在项目树中修改属性，选择"项目树"→"任务 1.1"→"PLC_1[CPU 1215C DC/DC/DC]"后右击，在弹出的快捷菜单中选择"属性"选项（见图 1-26）；第二种是在设备视图中修改属性，右击 CPU 模块，在弹出的快捷菜单中选择"属性"选项（见图 1-27）。

图 1-28 所示为设置通信所需要的 PROFINET 通信接口 IP 地址和子网掩码，这里选择默认值，IP 地址为 192.168.0.1，子网掩码为 255.255.255.0。

S7-1200 PLC 提供了 I/O 自由地址的功能，如图 1-29 所示，它可以对 I/O 地址进行起始地址的自由选择，如 0～1022 均可以。因为输入地址最多是到 I1023.7，而 CPU 1215C DC/DC/DC 输入点数共计 14 个，占据了 2B（2 个字节），因此最大地址为 I1022.0～I1023.5。

3. 梯形图编程

选择"项目树"→"任务 1.1"→"PLC_1[CPU 1215C DC/DC/DC]"→"程序块"→"Main[OB1]"，打开梯形图编程界面。图 1-30 所示是 Main 空程序块。

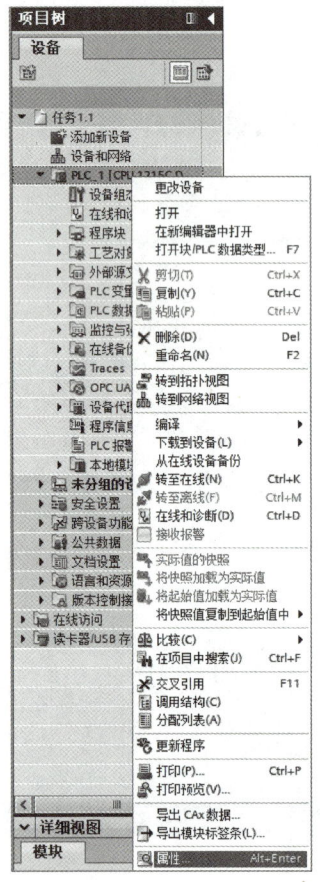

图 1-26 在项目树中修改属性

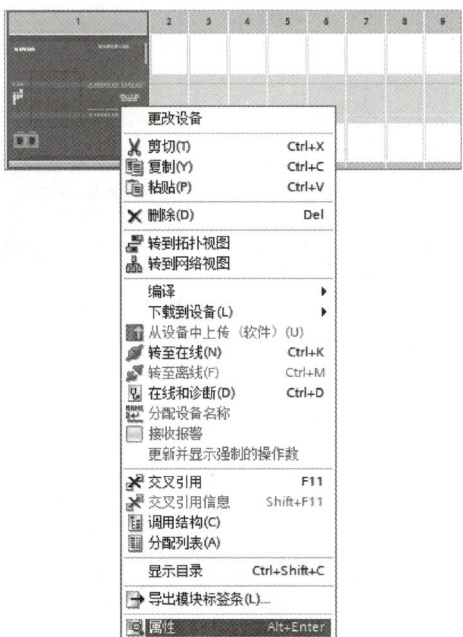

图 1-27 在设备视图中修改属性

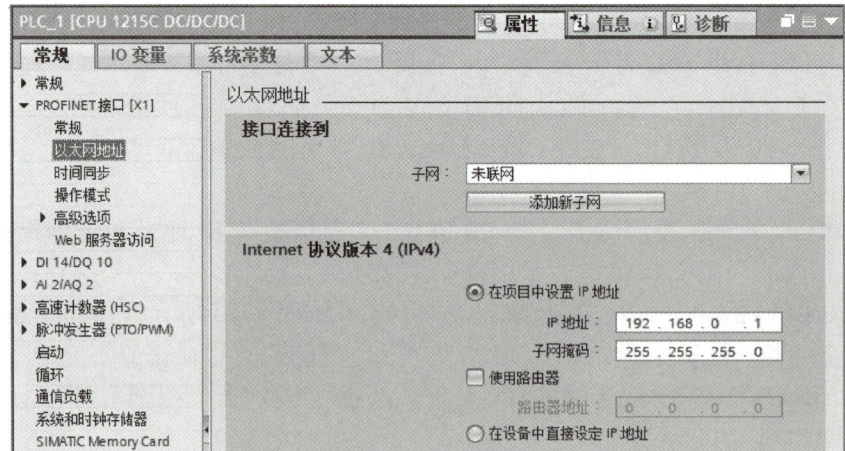

图 1-28 PLC 通信设置

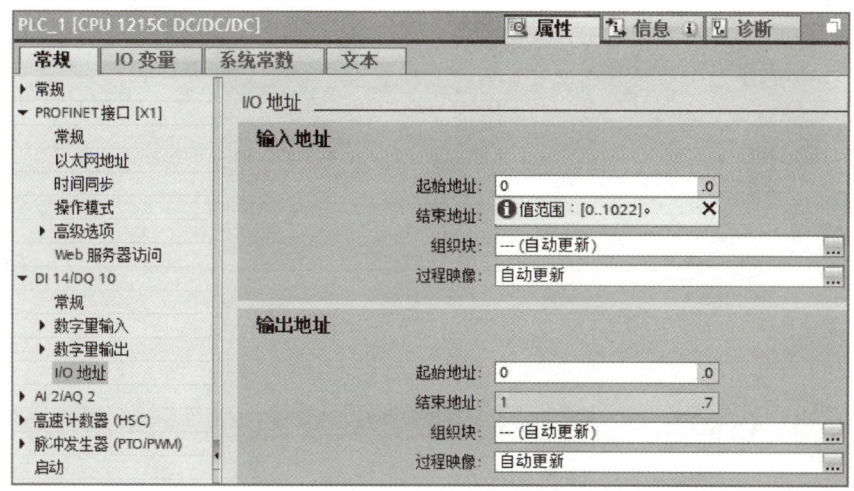

图 1-29　I/O 地址

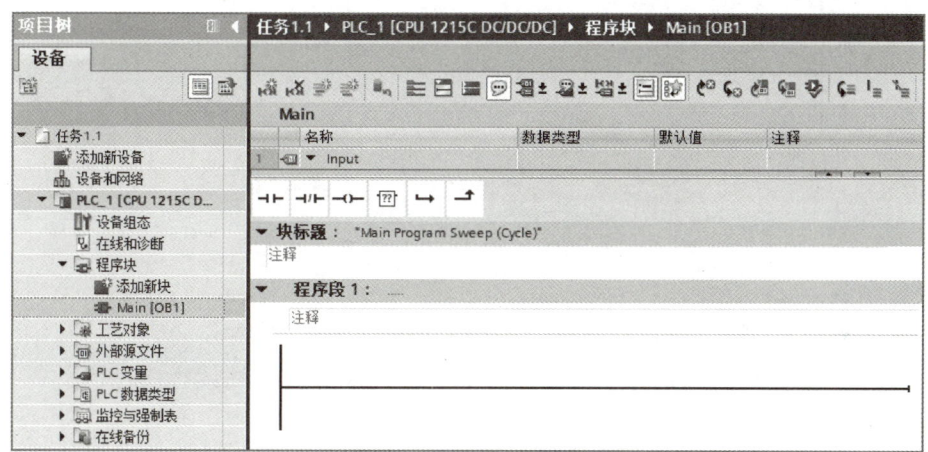

图 1-30　Main 空程序块

简单编程时，用户要创建程序，只需将常开触点⊣⊢、常闭触点⊣/⊢、赋值-( )-、功能框[??]、打开分支→和嵌套闭合↗图符拖拽到相应程序段即可。当含有复杂指令编程时，则需要用到图 1-31 所示的指令窗口，包括基本指令、扩展指令、工艺、通信和选件包。

本任务采用简单编程，使用常开触点时，将常开触点图符⊣⊢直接拉入程序段 1。接下来，在 <??.?> 处输入"%I0.0"或"I0.0"（见图 1-32a）。根据梯形图的编辑规律，使用图符→打开分支，输入接触器自保触点"%Q0.0"或"Q0.0"，并用图符↗关闭分支。依次进行后续逻辑的程序编辑，最后使用图符-( )-完成线圈输出，完成一个程序段（见图 1-32b）。

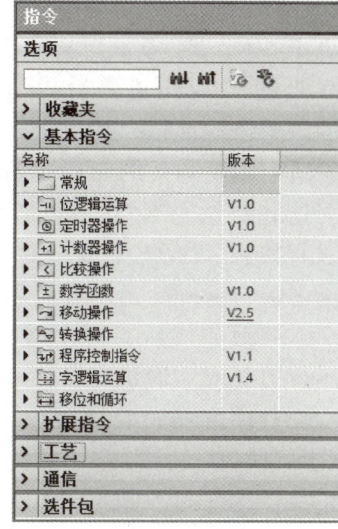

图 1-31　指令窗口

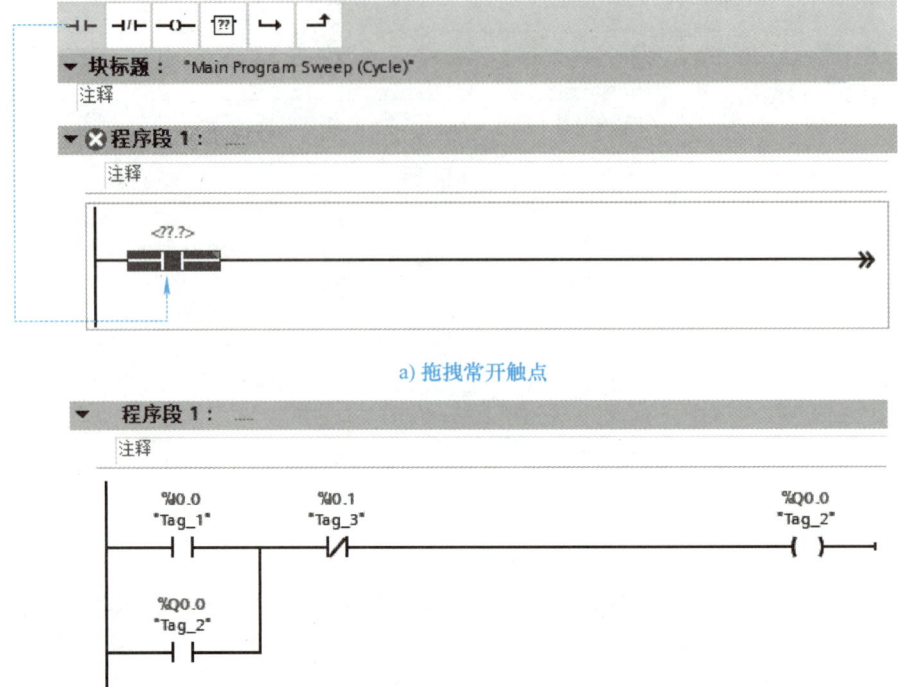

a) 拖拽常开触点

b) 完成一个程序段

图 1-32　梯形图编辑

4. 变量命名

从以上的梯形图可以看到，变量名称自动变成"Tag_1""Tag_2"等，其中 Tag 表示标签。这样的变量编码显然不利于编程者自身或别人来分析和阅读程序，因此需要对这些变量名进行重新定义。

在 PLC 编辑中，共有两种变量命名的方式：第一种是在梯形图编辑环境中直接右击并在弹出的快捷菜单中选择"重命名变量"命令进行定义（见图 1-33）；第二种是在项目树中找到"任务 1.1"→"PLC_1[CPU 1215C DC/DC/DC]"→"PLC 变量"→"显示所有变量"，单击进去后找到这些变量名，然后进行修改，修改后的变量名称如图 1-34 所示。单击地址栏，即可进行地址顺序排列，此时出现了▲标志。变量命名后，博途项目中的所有编辑器（例如程序编辑器、设备编辑器、可视化编辑器和监视表格编辑器）均可访问这些变量。当然，变量定义也可以在程序编辑前完成，这样在 PLC 编辑的时候，就可以直接在 <??.?> 中进行变量选择，而无须直接输入。变量命名的方式可以根据用户的编辑习惯自行确定。

修改完成后，再次返回到 Main 程序，就会看到相关变量名称已经替换，除此之外，还可以对程序段进行备注（见图 1-35），这样阅读起来更加方便。

程序解释如下：

程序段 1：在停止按钮信号未动作的情况下，按下启动按钮，指示灯自锁点亮；当停止按钮动作时，则指示灯灭掉。

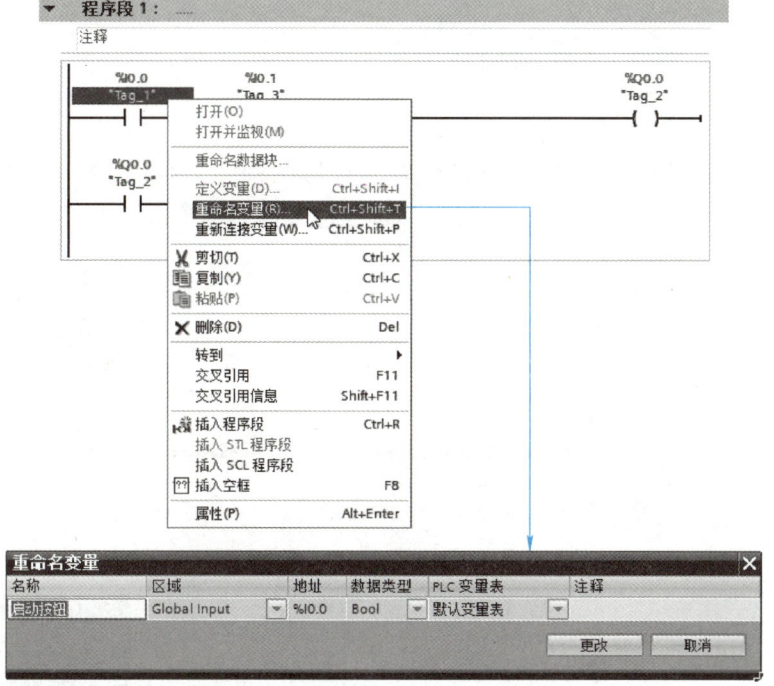

图 1-33 重命名变量窗口

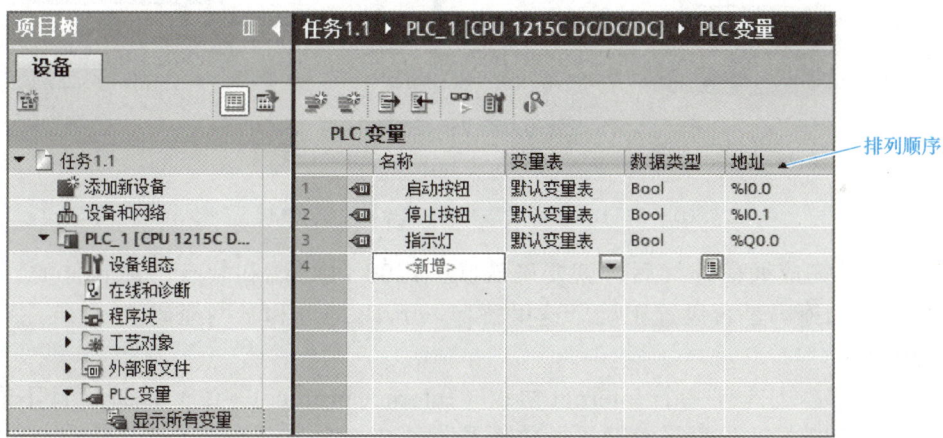

图 1-34 显示所有变量

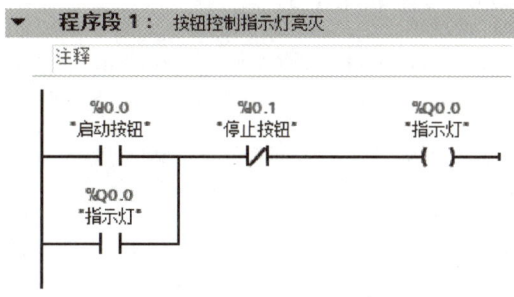

图 1-35 完成变量命名和程序段备注后的梯形图

1.1.7 以太网通信设置与程序调试

1. 下载之前的以太网通信设置

要将计算机上博途软件的 PLC 硬件配置和梯形图程序下载到 S7-1200 PLC 中，可以通过网线直连的方式（见图 1-36a），也可以通过路由器/交换机进行连接（见图 1-36b）。

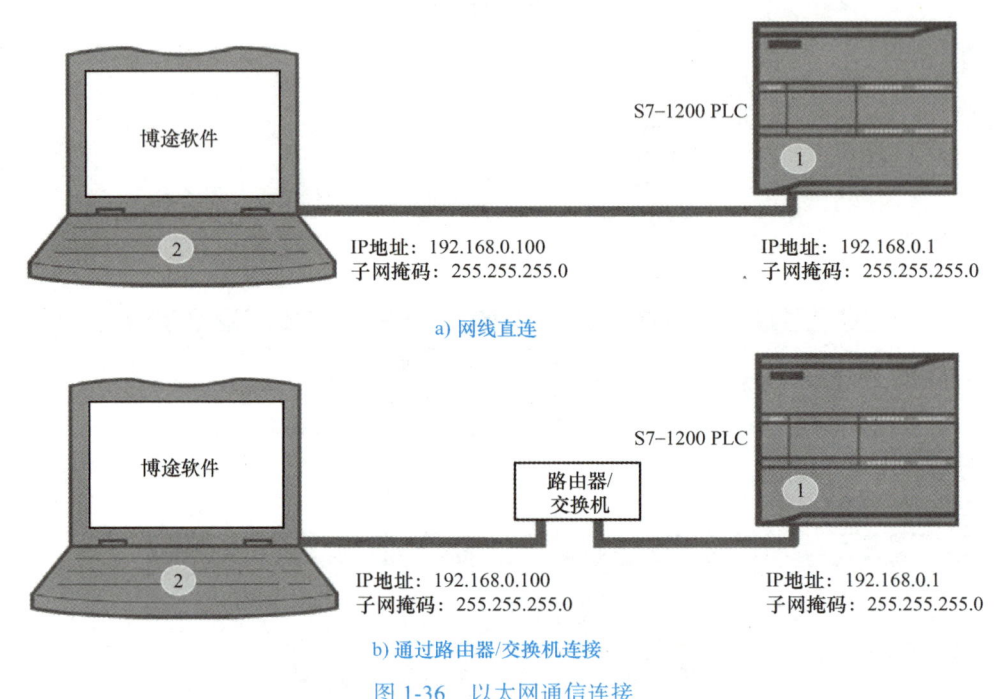

图 1-36 以太网通信连接

①—S7-1200 PLC　②—装有博途软件的计算机

按以上步骤完成通信连接后，就要确认 S7-1200 PLC 端和装有博途软件的计算机端的 IP 地址、子网掩码是否设置正确。这里解释一下 IP 地址和子网掩码。

（1）IP 地址

每个设备都必须具有一个 Internet 协议（Internet protocol，IP）地址，且不能重复。该地址使设备可以在复杂的路由网络中传送数据。IP 地址由 32 位二进制数组成。为了方便记录，将 32 位的 IP 地址分为 4 组，每 8 位为一组，每组以"."隔开，再将每组数转换为十进制数（即 0 ~ 255），具体如图 1-37 所示。

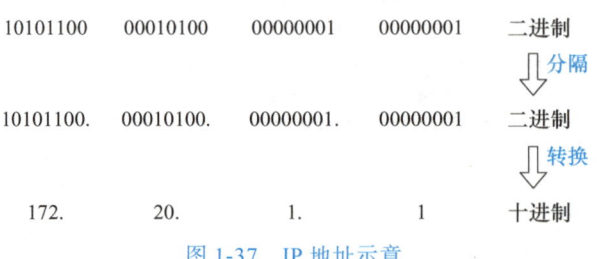

图 1-37 IP 地址示意

如图 1-38 所示，IP 地址第 1、2 段表示网络，第 3、4 段是用于区分该设备的 ID，即主机号。在 PLC 系统中，要求所有设备在同一网段内，如 PLC 设置为 192.168.0.1，PC 设置为 192.168.0.100 等。

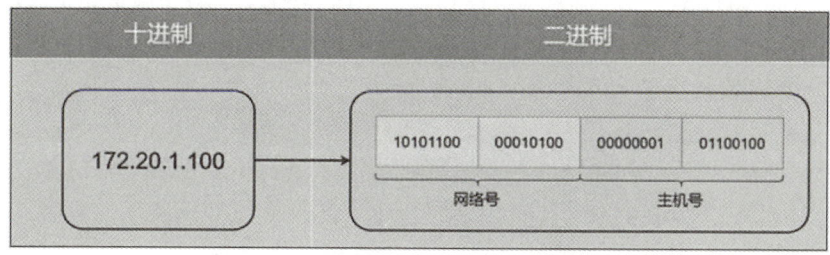

图 1-38　IP 地址含义

（2）子网掩码

早期网络地址采用固定网络位长度的方式，导致 IPv4 地址遭到大量浪费。如今网段地址的长度可变，同时也需要一种标识来获取网段地址，以便路由器对数据包进行转发，这种识别码就是子网掩码。子网掩码用 32 位的二进制数表示，IP 地址的网段地址部分设置为 1，IP 地址的主机地址部分设置为 0。换句话说，IP 地址有多少位网段地址，子网掩码就有多少位取 1，其余都取 0。

为了方便记录，将子网掩码分为 4 组，每 8 位为一组，以"."隔开，再转换为十进制数。将子网掩码和 IP 地址进行"与"（AND）运算，可得到这个 IP 地址的网段地址，如图 1-39 所示。

子网掩码 255.255.255.0 通常适用于小型本地网络，意味着此网络中所有 IP 地址的前 3 位应该是相同的，该网络中的各个设备由最后一个数来进行标识和区分。

PLC 的 IP 地址已经在图 1-28 中进行设置。计算机端的 IP 地址和子网掩码的设置通过"网络和 Internet"选项进行设置，完成后可以通过 ipconfig 命令来确认是否已经成功设置，也可以通过 ping 指令来确认 PC（计算机）是否与以太网上的其他地址正常通信，如 ping 192.168.0.1 就是确认在同一网络上是否存在 192.168.0.1 的以太网设备。

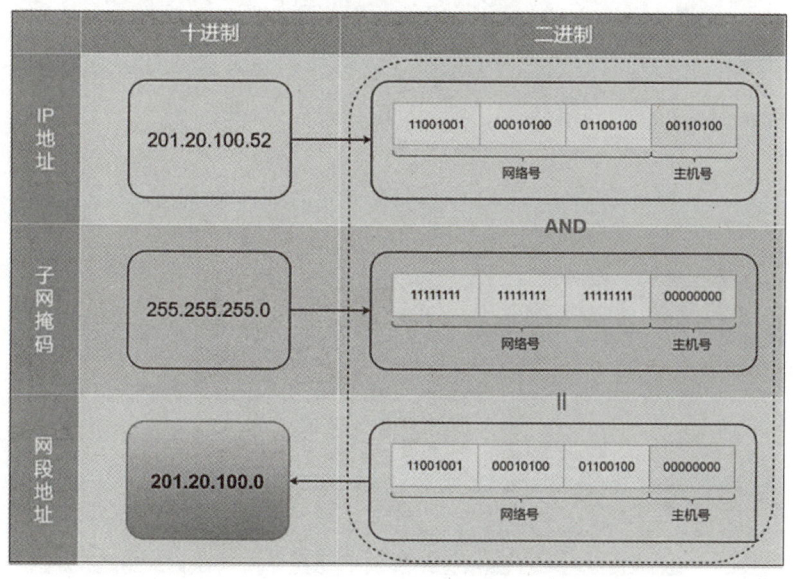

图 1-39　网段地址计算

2. 编译与下载

在编辑阶段只是完成了梯形图语法的输入验证,要完成程序的可行性验证还必须执行"编译"命令。如图 1-40 所示,选择"项目树"中的"PLC_1[CPU 1215C DC/DC/DC]",右击弹出快捷菜单,用户可以单独选择编译命令,也可以直接选择下载命令(包括菜单选项或图标),博途软件会自动先执行编译命令。

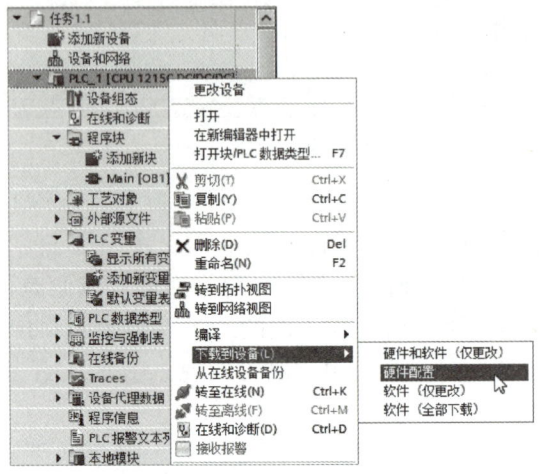

图 1-40 下载到设备的选项

如图 1-41 所示,第一次联机时,存在 PLC 的 IP 地址与 PC 的 IP 地址不在同一个频段、PLC 的 CPU 第一次使用无 IP 地址等情况,因此在"选择目标设备"时,不能选择"显示地址相同的设备",而应选择"显示所有兼容的设备",可能会出现接口类型为 ISO、访问地址是 MAC 地址的情况,此时可以连接该 CPU,等下载结束后再正常联机。图 1-42 所示是下载到设备后的状态和动作。

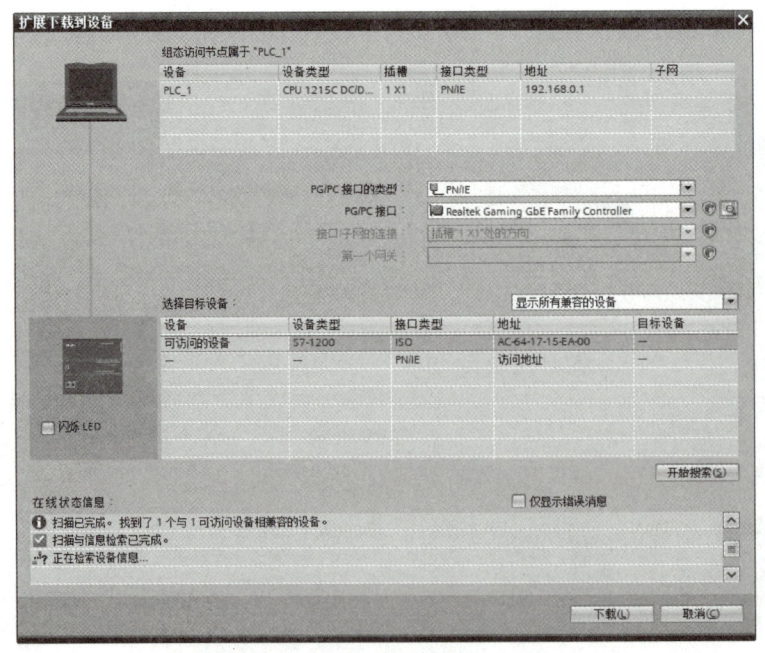

图 1-41 第一次上电使用的 PLC 联机

图 1-42 下载结果

对于设置过 IP 地址的 PLC 来说，选择"显示所有兼容的设备"，单击"开始搜索"按钮，就会出现有 IP 地址的 PLC，如图 1-43 所示。

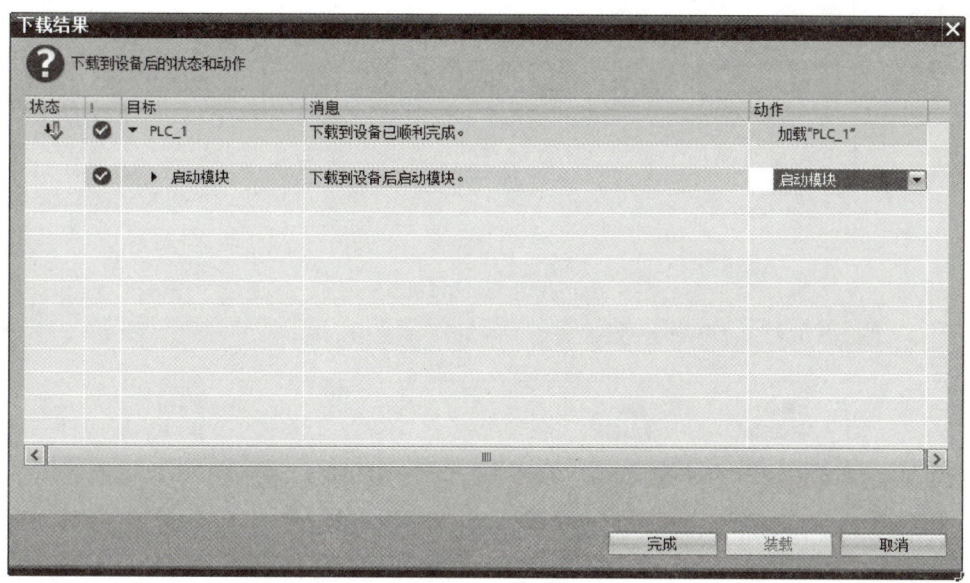

图 1-43 已经配置 IP 地址的 PLC 联机

需要注意的是，除了下载硬件配置，还必须下载软件（即梯形图程序或其他语言的程序）。

3. 程序调试

下载后，PLC 会自动切换到运行状态，此时选择图标栏中的 进入程序块的在线监控。图 1-44 给出了程序段 1 的在线监控情况，用实线表示接通、虚线表示断开。

4. 联机

如果在联机过程中出现图 1-45 所示的"下位组件不同"标志，表示 PLC 实际的程序与 PC 中的程序不一致，需要重新下载。

S7-1200 PLC 没有硬件的 RUN 开关，因此只有当与实际 PLC 联机后，才会出现图 1-46 所示的 CPU 操作面板，能进行 RUN、STOP 或 MRES 操作，也能读取现在的 PLC 状态，即 RUN/STOP、ERROR、MAINT。

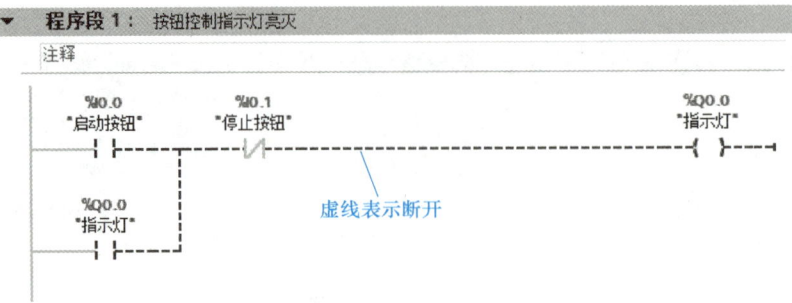

a) 初始状态或灭灯状态

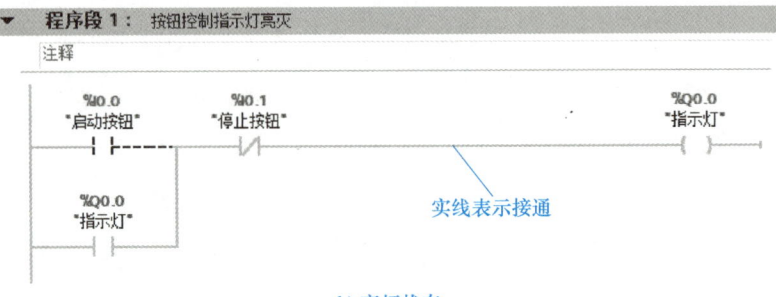

b) 亮灯状态

图 1-44　程序块在线监控

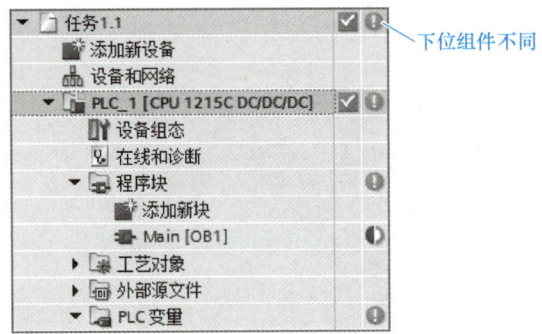

图 1-45　联机现象

图 1-46　CPU 操作面板

任务记录

根据任务实施的情况，如实填写表 1-4 所示的任务 1.1 实施记录表。

表 1-4　任务 1.1 实施记录表

任务实施步骤	实际执行情况说明	计划时间 /min	实际时间 /min
PLC 输入 / 输出分配			
PLC 电气原理图绘制			
电气接线			
使用博途软件新建 PLC 项目			
以太网通信设置与程序调试			

任务评价

按要求完成考核任务 1.1，并按表 1-5 所示评分标准进行任务评价，具体配分可以根据实际考评情况进行调整。

表 1-5 评分标准

序号	考核项目	考核内容及要求	配分	得分
1	职业素养	遵守安全操作规程，落实安全措施	15%	
		认真负责，团结合作，对实操任务充满热情		
		正确认识新型工业化的含义		
2	系统方案制定	PLC 控制对象说明与分析	20%	
		PLC 控制方案合理		
		PLC 控制电路图正确		
3	编程能力	独立完成 PLC 硬件配置	15%	
		独立完成 PLC 梯形图编程		
4	操作能力	根据电气图正确接线，美观且可靠	25%	
		正确输入程序并进行程序调试		
		根据系统功能进行正确操作演示		
5	实践效果	系统工作可靠	15%	
		PLC 变量规范命名		
		按规定的时间完成任务		
6	创新实践	在本任务中有另辟蹊径、独树一帜的实践内容	10%	
		合计	100%	

任务 1.2　多个开关控制一个指示灯亮灭

任务描述

如图 1-47 所示，PLC 输入部分外接四个开关 S1、S2、S3、S4，输出部分接一个指示灯 HL1，实现如下两种任务要求：

任务一：当 S4 为 ON 时，采用 S1～S3 中的任何一个开关都可以控制该指示灯的亮与灭；而当 S4 为 OFF 时，该指示灯必须为灭。

任务二：用四个开关 S1～S4 控制一个指示灯 HL1，任何一个开关都可以控制该指示灯的亮与灭。

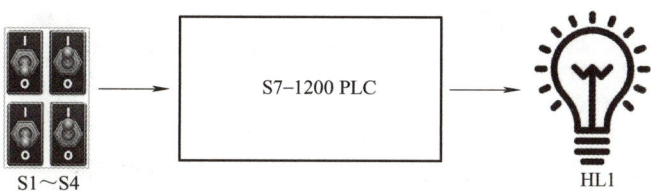

图 1-47　任务 1.2 控制示意

知识探究

1.2.1 字节、字和双字的寻址方式

8位二进制数组成1B（B表示字节，即byte），如图1-48a所示的MB10是由M10.0～M10.7共8位的状态构成的，其中第二位字符"B"表示字节的英文"byte"的首字母。由2B可以构成1个字，即MW10是由M11.0～M10.7共16位的状态构成，其中第二位字符"W"表示字的英文"word"的首字母。由2个字构成1个双字，即MD10是由M13.0～M10.7共32位的状态构成，其中第二位字符"D"表示双字的英文"Dword"的首字母。按照西门子公司的命名规范，以起始字节的地址作为字、双字的地址，起始字节为最高位的字节，这一点尤其需要注意，因为不同处理器的规则不尽相同。图1-48b所示的最高字节是MB10，因此MW10=H0102，而不是H0201；同理，MD10=H01020304，而不是H04030201。

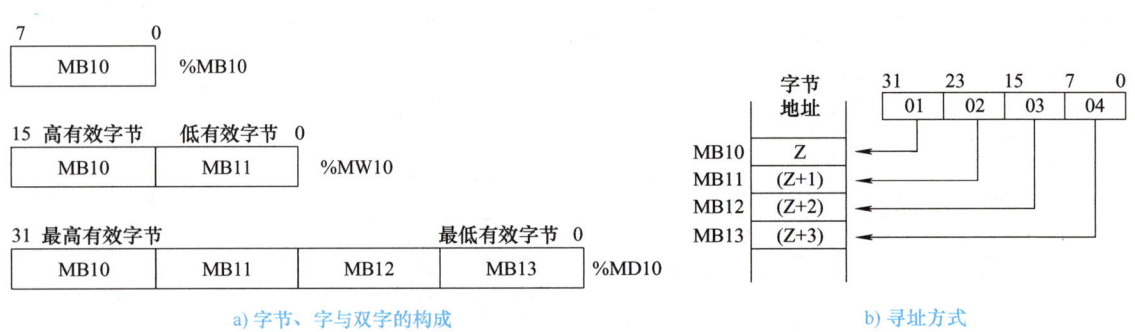

a）字节、字与双字的构成　　　　b）寻址方式

图1-48　字节、字和双字的寻址方式示例

1.2.2 异或、置位与复位逻辑

1-5 异或、置位与复位逻辑

1. "异或"逻辑

"异或"逻辑是指如果a、b两个值不相同，则异或结果为"1"；如果a、b两个值相同，则异或结果为"0"。异或也称为半加运算，其运算法则相当于不带进位的二进制加法。图1-49所示为"异或"逻辑及其真值表，图1-50所示为"异或"逻辑时序图。

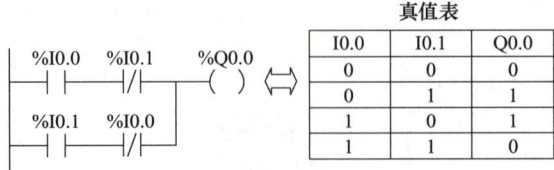

图1-49　"异或"逻辑及其真值表

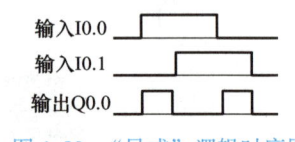

图1-50　"异或"逻辑时序图

2. 置位与复位

在功能上，置位就是使得线圈为1，复位就是使得线圈为0。（R）为复位输出，即输

出为"0";(S)为置位输出,即输出为"1";RESET_BF 为复位域指令,将指定的地址开始的连续若干个地址复位(变为 0 状态并保持);SET_BF 为置位域指令,将指定的地址开始的连续若干个地址置位(变为 1 状态并保持)。

除了以上 4 个置位、复位指令,S7-1200 PLC 还提供了两个双稳态触发器(见图 1-51),即 SR 复位优先触发器和 RS 置位优先触发器,优先级是带后缀"1",比如 R1 为复位优先、S1 为置位优先。

1)SR 复位优先触发器的逻辑为:S=0,R=0 时,Q 保持不变(0 或 1);S=0,R=1 时,Q=0;S=1,R=0 时,Q=1;S=1,R=1 时,Q=0。

2)RS 置位优先触发器的逻辑为:S=0,R=0 时,Q 保持不变(0 或 1);S=0,R=1 时,Q=0;S=1,R=0 时,Q=1;S=1,R=1 时,Q=1。

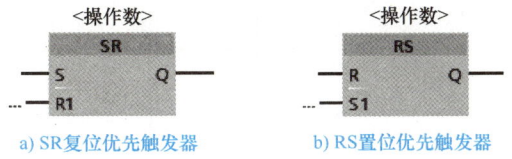

图 1-51 双稳态触发器

1.2.3 PLC 扫描周期

PLC 在运行工作模式时,执行一次扫描操作所需的时间称为扫描周期,即规定了从扫描过程中的一点开始,经过顺序扫描又回到该点的过程为一个扫描周期。扫描周期典型值为 1～100ms。

如图 1-52 所示,PLC 的扫描周期由输入刷新阶段、程序执行阶段、输出刷新阶段等三部分组成,各阶段的执行顺序和耗时直接影响整体周期长度。输入刷新阶段仅在扫描周期开始时执行一次,输入状态在本周期内保持不变,即通过输入模块读取外部传感器、按钮等输入设备的状态,并将数据存入输入映像寄存器。程序执行阶段是指 PLC 按从上到下、从左到右的顺序扫描用户程序,计算逻辑结果,并将结果存入到输出映像寄存器。输出刷新阶段是将输出映像寄存器中的数据通过输出模块发送到外部执行机构,更新实际输出状态。其他系统任务阶段为可选,包括通信处理、自诊断、系统参数更新等。

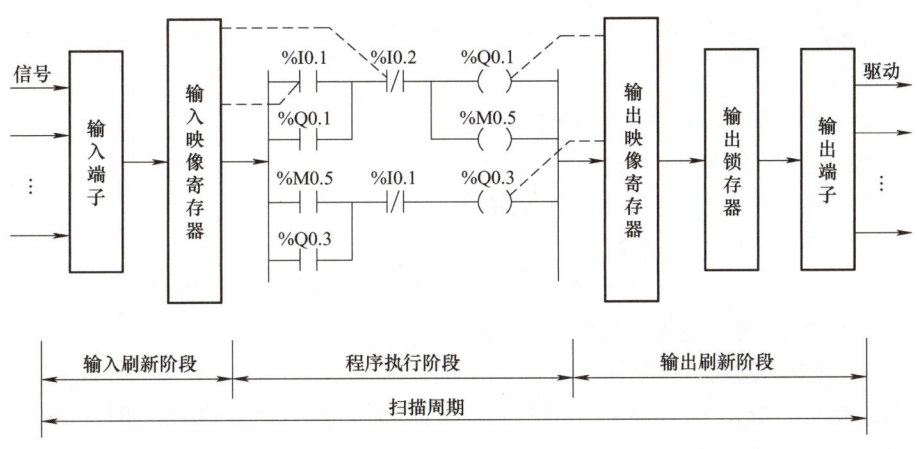

图 1-52 PLC 扫描周期

任务实施

1-6 多个开关控制一个指示灯亮灭

1.2.4 PLC I/O 分配和控制电路接线

可以选择西门子 CPU 1215C DC/DC/DC，外接 4 个开关输入和指示灯 HL1 输出。表 1-6 所示是输入/输出分配。

表 1-6 输入/输出分配表

输入	功能	输出	功能
I0.0	S1/开关 1（NO）	Q0.0	HL1/指示灯
I0.1	S2/开关 2（NO）		
I0.2	S3/开关 3（NO）		
I0.3	S4/开关 4（NO）		

图 1-53 所示为 PLC 电气接线示意。

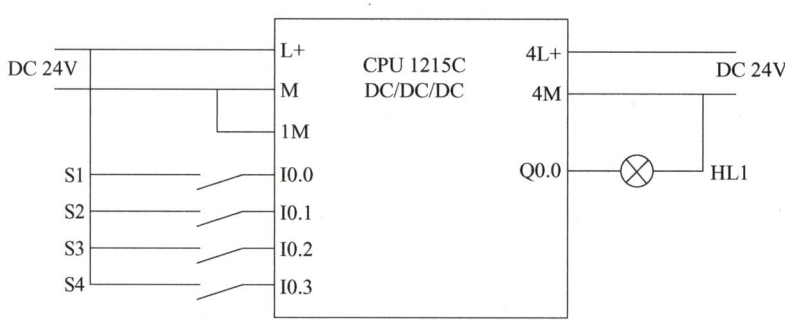

图 1-53 PLC 电气接线示意

1.2.5 PLC 梯形图编程

按照如下步骤依次进行 PLC 梯形图编程。
1）创建新项目（命名任务 1.2）。
2）设备组态（选择 CPU 1215C DC/DC/DC）。
3）硬件配置（IP 地址设置）。
4）变量定义。如图 1-54 所示定义变量，其中变量地址可以选择操作数标识符、地址和位号。图 1-55 所示是本任务用到的 5 个输入/输出变量说明。
5）任务一梯形图编程。经分析可知，只有一个开关闭合时灯亮，再有另外一个开关闭合时灯灭，推而广之，即有奇数个开关闭合时灯亮，偶数个开关闭合时灯灭。根据控制要求列出真值表，见表 1-7。

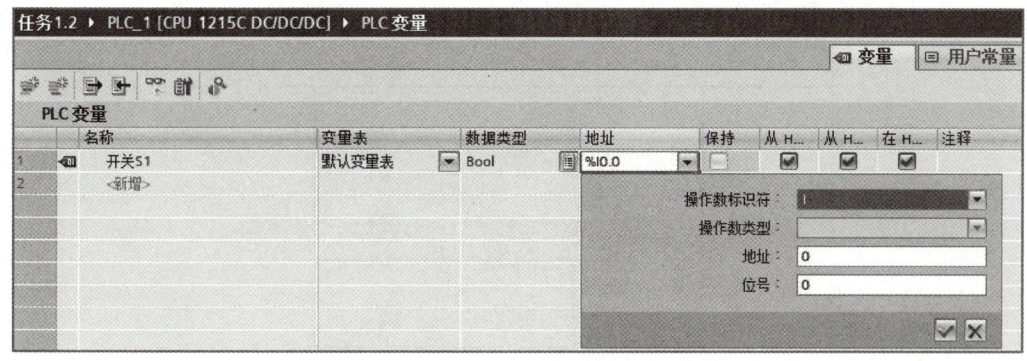

图 1-54　变量定义

图 1-55　变量说明

表 1-7　任务一真值表

S4	S3	S2	S1	HL1
1	0	0	0	0
1	0	0	1	1
1	0	1	0	1
1	0	1	1	0
1	1	0	0	1
1	1	0	1	0
1	1	1	0	0
1	1	1	1	1
0	任何值	任何值	任何值	0

根据真值表和接线图，可以列出 PLC 输入 / 输出的逻辑表达式：

$$Q0.0 = I0.3(\overline{I0.2} \cdot \overline{I0.1} \cdot I0.0 + \overline{I0.2} \cdot I0.1 \cdot \overline{I0.0} + I0.2 \cdot \overline{I0.1} \cdot \overline{I0.0} + I0.2 \cdot I0.1 \cdot I0.0)$$
$$= I0.3[\overline{I0.2}(\overline{I0.1} \cdot I0.0 + I0.1 \cdot \overline{I0.0}) + I0.2(\overline{I0.1} \cdot \overline{I0.0} + I0.1 \cdot I0.0)] \tag{1-1}$$

图 1-56 所示为梯形图，程序解释如下：

程序段 1：根据式（1-1）进行梯形图编程，完成多开关控制指示灯亮灭。

6）任务二梯形图编程。有奇数个开关闭合时灯亮，偶数个开关闭合时灯灭。根据控制要求列出真值表，见表 1-8。

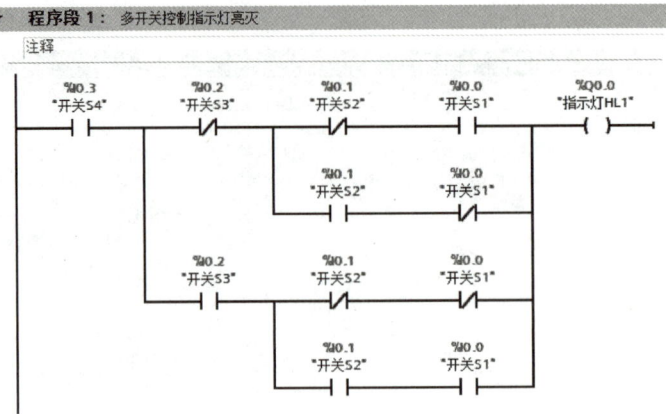

图 1-56 任务一梯形图

表 1-8 任务二真值表

序号	S4I0.3	S3I0.2	S2I0.1	S1I0.0	HL1Q0.0	说明
0	0	0	0	0	0	无开关动作时灯灭
1	0	0	0	1	1	一个开关动作时灯亮
2	0	0	1	0	1	一个开关动作时灯亮
3	0	0	1	1	0	两个开关动作时灯灭
4	0	1	0	0	1	一个开关动作时灯亮
5	0	1	0	1	0	两个开关动作时灯灭
6	0	1	1	0	0	两个开关动作时灯灭
7	0	1	1	1	1	三个开关动作时灯亮
8	1	0	0	0	1	一个开关动作时灯亮
9	1	0	0	1	0	两个开关动作时灯灭
10	1	0	1	0	0	两个开关动作时灯灭
11	1	0	1	1	1	三个开关动作时灯亮
12	1	1	0	0	0	两个开关动作时灯灭
13	1	1	0	1	1	三个开关动作时灯亮
14	1	1	1	0	1	三个开关动作时灯亮
15	1	1	1	1	0	四个开关动作时灯灭

根据真值表，可以列出 PLC 输入/输出的逻辑表达式：

$$Q0.0 = I0.0 \cdot \overline{I0.1} \cdot \overline{I0.2} \cdot \overline{I0.3} + \overline{I0.0} \cdot I0.1 \cdot \overline{I0.2} \cdot \overline{I0.3} + \overline{I0.0} \cdot \overline{I0.1} \cdot I0.2 \cdot \overline{I0.3}$$
$$+ \overline{I0.0} \cdot \overline{I0.1} \cdot \overline{I0.2} \cdot I0.3 + \overline{I0.0} \cdot I0.1 \cdot I0.2 \cdot I0.3 + I0.0 \cdot \overline{I0.1} \cdot I0.2 \cdot I0.3$$
$$+ I0.0 \cdot I0.1 \cdot \overline{I0.2} \cdot I0.3 + I0.0 \cdot I0.1 \cdot I0.2 \cdot \overline{I0.3}$$
$$= (I0.0 \cdot \overline{I0.1} + \overline{I0.0} \cdot I0.1) \cdot \overline{I0.2} \cdot \overline{I0.3} + (I0.2 \cdot \overline{I0.3} + \overline{I0.2} \cdot I0.3) \cdot \overline{I0.0} \cdot \overline{I0.1}$$
$$+ (I0.0 \cdot \overline{I0.1} + \overline{I0.0} \cdot I0.1) \cdot I0.2 \cdot I0.3 + (I0.2 \cdot \overline{I0.3} + \overline{I0.2} \cdot I0.3) \cdot I0.0 \cdot I0.1$$
$$= (I0.0 \cdot \overline{I0.1} + \overline{I0.0} \cdot I0.1)(\overline{I0.2} \cdot \overline{I0.3} + I0.2 \cdot I0.3)$$
$$+ (\overline{I0.0} \cdot \overline{I0.1} + I0.0 \cdot I0.1)(I0.2 \cdot \overline{I0.3} + \overline{I0.2} \cdot I0.3)$$

（1-2）

根据式（1-2）可以画出图 1-57 所示的梯形图。

图 1-57　任务二梯形图

1.2.6　调试与监控

这里以任务一为例进行说明，图 1-58 所示为梯形图监控。

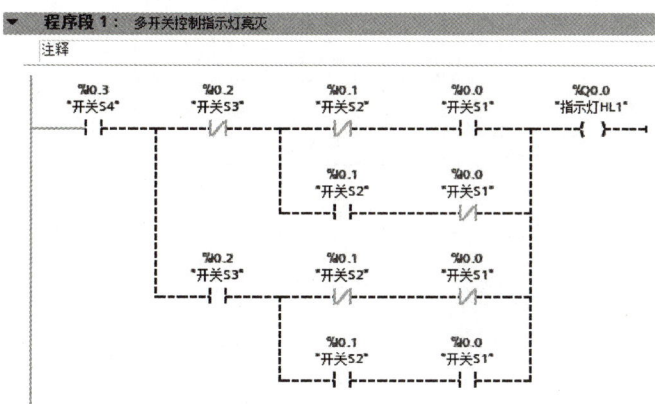

a) S4 开关为 OFF 时

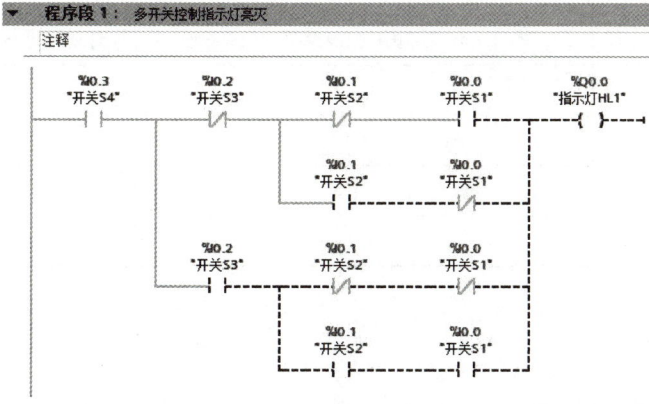

b) S4 开关为 ON，其他为 OFF

图 1-58　梯形图监控

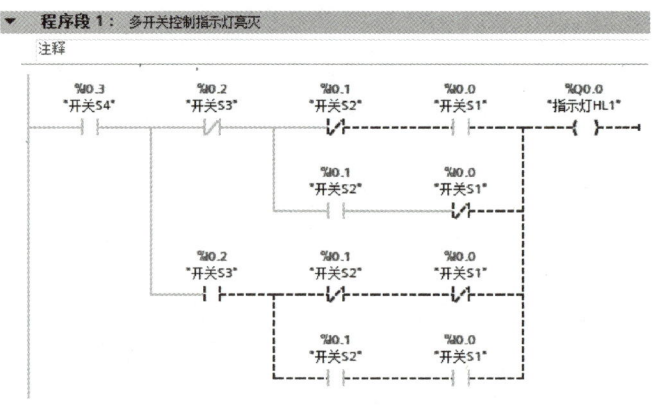

c) S4开关为ON，S2开关为ON，其他为OFF

d) S4开关为ON，S1和S2为ON，S3为OFF

图 1-58　梯形图监控（续）

任务记录

根据任务实施的情况，如实填写表1-9所示的任务1.2实施记录表。

表 1-9　任务1.2 实施记录表

任务实施步骤	实际执行情况说明	计划时间 /min	实际时间 /min
PLC I/O 分配			
控制电路接线			
PLC 梯形图编程			
调试与监控			

任务评价

按要求完成考核任务1.2，评分标准见表1-10，具体配分可以根据实际考评情况进行调整。

表 1-10 评分标准

序号	考核项目	考核内容及要求	配分	得分
1	职业素养	遵守安全操作规程,落实安全措施	15%	
		认真负责,团结合作,对实操任务充满热情		
		正确认识工业化与信息化的逻辑关系		
2	系统方案制定	PLC 控制方案合理	20%	
		PLC 控制电路图正确		
3	编程能力	独立完成 PLC 硬件配置	20%	
		独立完成 PLC 梯形图编程		
4	操作能力	根据电气图正确接线,美观且可靠	20%	
		正确输入程序并进行程序调试		
		根据系统功能进行正确操作演示		
5	实践效果	系统工作可靠,满足工作要求	15%	
		PLC 变量规范命名		
		按规定的时间完成任务		
6	创新实践	在本任务中有另辟蹊径、独树一帜的实践内容	10%	
	合计		100%	

任务 1.3 故障信号控制指示灯闪烁

任务描述

如图 1-59 所示,用西门子 S7-1200 CPU 1215C DC/DC/DC PLC 来控制某生产线故障指示灯,任务要求如下:

1)故障指示灯,共有四种模式。

模式 1:当故障 1 信号出现时,指示灯为 2s 接通、2s 断开的慢闪模式。

模式 2:当故障 2 信号出现时,指示灯为 0.5s 接通、0.5s 断开的快闪模式。

模式 3:当故障 3 信号出现时,指示灯为 2s 接通、0.5s 断开的闪烁模式。

模式 4:当有 2 个故障信号及以上时,指示灯常亮。

2)该故障指示灯一旦触发,将按照要求闪烁或常亮,即使中途故障消失。只有当故障消失时,按下复位按钮后,指示灯才会灭掉。

请进行电气设计与 PLC 编程。

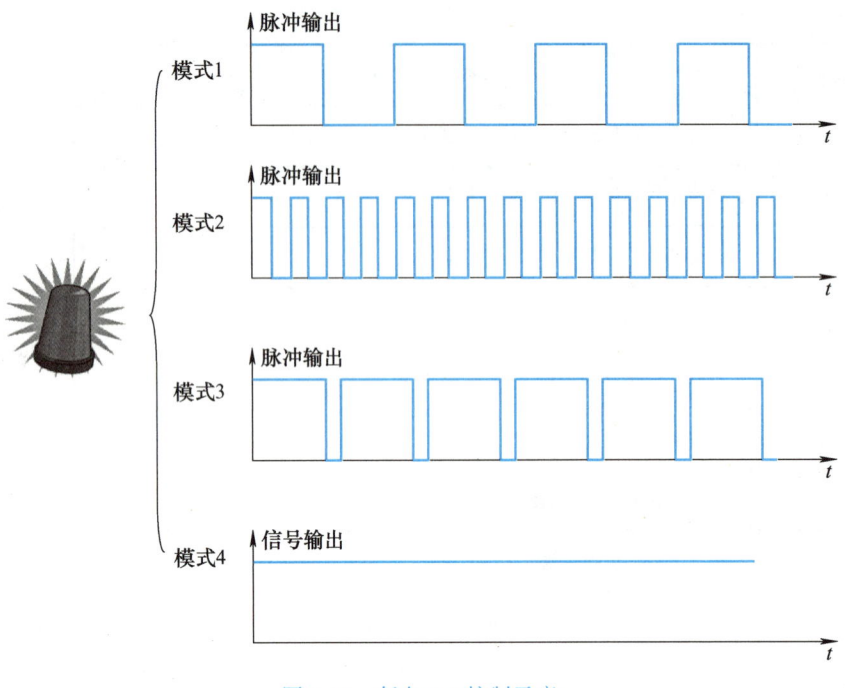

图 1-59 任务 1.3 控制示意

知识探究

1.3.1 通用定时器硬件与 PLC 定时器

1. 通用定时器硬件

定时器，又称时间继电器，是指当加入（或去掉）输入动作信号后，其输出电路需经过规定的准确时间才产生跳跃式变化（或触点动作）的一种继电器。常见的有接通延时定时器和关断延时定时器。图 1-60 所示是定时器的工作示意。

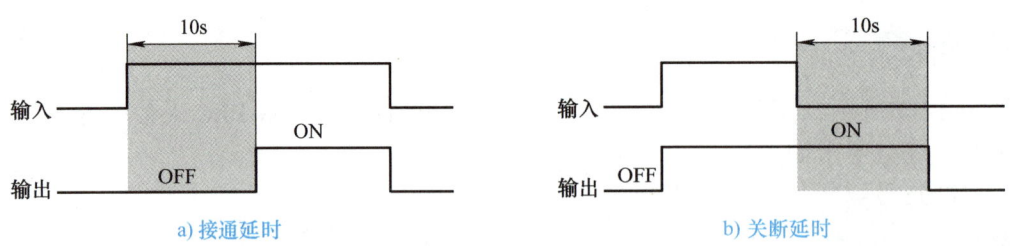

a) 接通延时   b) 关断延时

图 1-60 定时器工作示意

传统定时器被广泛应用在遥控、通信、自动操控的设备里面，用于精准地操控时间，从而提升产品的精度和性能，但它也有缺点，就是一个定时线路需要一个定时器，从而导致线路复杂、成本居高不下。图 1-61 所示为旋钮式定时器和数码开关式定时器外观。

a) 旋钮式定时器

b) 数码开关式定时器

图 1-61 定时器外观

2. S7-1200 PLC 的四种定时器

在 PLC 中，传统定时器硬件已经被定时器软元件所取代，采用定时器指令用以创建可编程的延迟时间，不仅数量可以很多，而且精度也更高。

表 1-11 所示为 S7-1200 PLC 所有的定时器指令，最常用的为如下四种：

1）TON：接通延时定时器，在预设的延时过后输出 Q 设置为 ON，等同于接通延时继电器。

2）TOF：关断延时定时器，在预设的延时过后输出 Q 重置为 OFF，等同于关断延时继电器。

3）TP：脉冲定时器，可生成具有预设宽度时间的脉冲。

4）TONR：保持型接通延时定时器，输出在预设的延时过后设置为 ON。在使用 R 输入重置经过的时间之前，会跨越多个定时时段一直累加经过的时间。

表 1-11　S7-1200 PLC 定时器指令

LAD	说明
TON	接通延时（带有参数）
TOF	关断延时（带有参数）
TP	生成脉冲（带有参数）
TONR	记录一个位信号为 1 的累计时间（带有参数）
——(TP)	启动脉冲定时器
——(TON)	启动接通延时定时器
——(TOF)	启动关断延时定时器
——(TONR)	记录一个位信号为 1 的累计时间
——(RT)	复位定时器
——(PT)	加载定时时间

1.3.2　S7-1200 PLC 定时器指令

1-7　S7-1200 PLC 定时器指令

1. TON 定时器

TON 定时器是接通延时定时器，输出 Q 在预设的延时过后设置为 ON，其指令形式如图 1-62 所示，参数及其数据类型见表 1-12。图 1-63 所示为 TON 逻辑时序图。当参数 IN 从 0 跳变为 1 时将启动定时器 TON，经过设定的 PT 时间后，Q 输出；当 IN 从 1 变为 0 时，Q 停止输出。

表 1-12　TON 参数及数据类型

参数	数据类型	说明
IN	Bool	启用定时器输入
PT	Time	预设的时间值输入
Q	Bool	定时器输出
ET	Time	经过的时间值输出
定时器数据块	DB	指定要使用 RT 指令复位的定时器

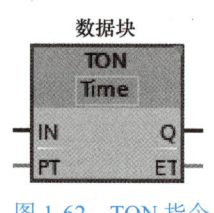

图 1-62　TON 指令　　　　　　　图 1-63　TON 逻辑时序图

PT（预设时间）和 ET（经过的时间）值以表示"毫秒时间"的有符号双精度整数形式并存储在存储器中（见表 1-13），默认单位为 ms。Time 数据使用 T# 标识符，可以用简单时间单元"T#200ms"或复合时间单元"T#2s_200ms（或 T#2s200ms）"的形式输入。

表 1-13　Time 数据类型

数据类型	大小	有效数值范围
Time	32bit 存储形式	T#-24d_20h_31m_23s_648ms 到 T#24d_20h_31m_23s_647ms -2147483648ms 到 +2147483647ms

如图 1-64 所示，在指令窗口中选择"基本指令"→"定时器操作"→"TON 接通延时"，并将之拖拽到程序段中，就会弹出一个"调用选项"对话框（见图 1-65），选择自动编号，则会直接生成数据块，也可以选择手动编号，根据用户需要生成 DB 数据块。需要注意的是，图 1-66 所示的单个实例就是数据块。

图 1-64　选择 TON 定时器操作

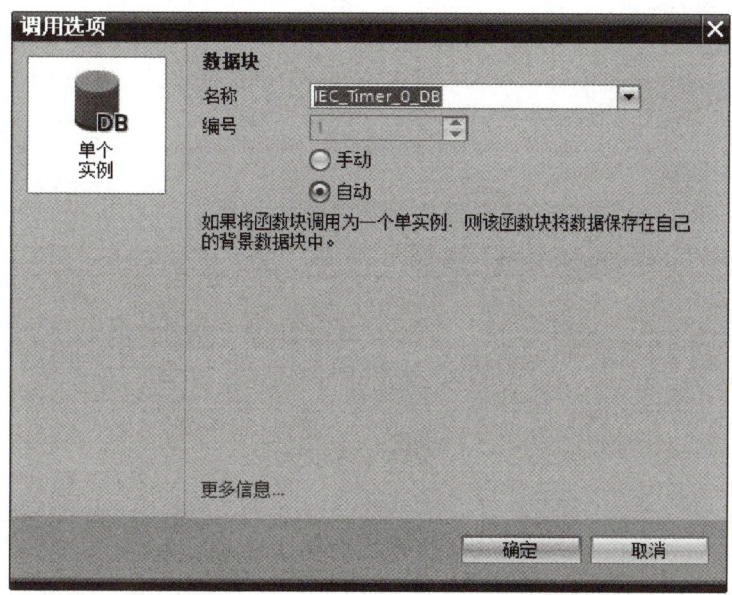

图 1-65　TON 指令调用数据块

在项目树的"程序块"中，可以看到自动生成的"IEC_Timer_0_DB[DB1]"数据块，生成后的 TON 指令调用如图 1-66 所示。根据 PLC 寻址方式，可以分别用 DB1.PT、DB1.ET、DB1.IN 和 DB1.Q 来读出输入/输出值。

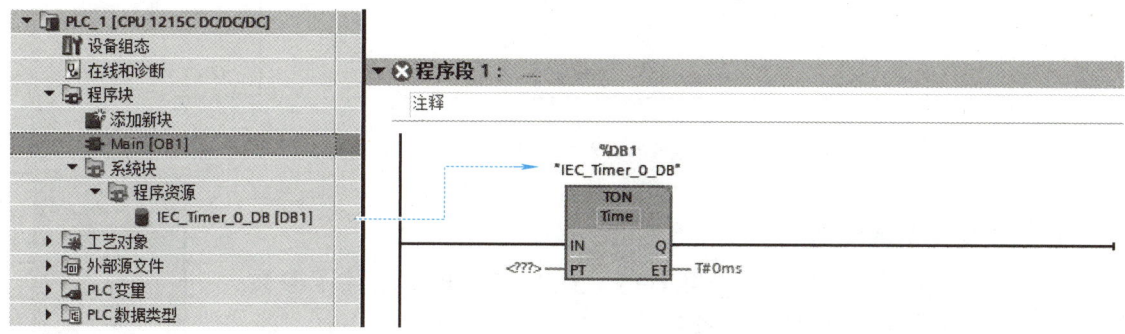

图 1-66　TON 指令调用示意

2. TOF 定时器

TOF 定时器可以直接从基本指令中拖拽进来,不同的定时器指令也可以从图 1-67 所示的右上角黄色标记处进行切换。TOF 关断延时定时器的参数与 TON 相同,区别在于 IN 从 1 跳变为 0 后才启动定时器,其逻辑时序图如图 1-68 所示。

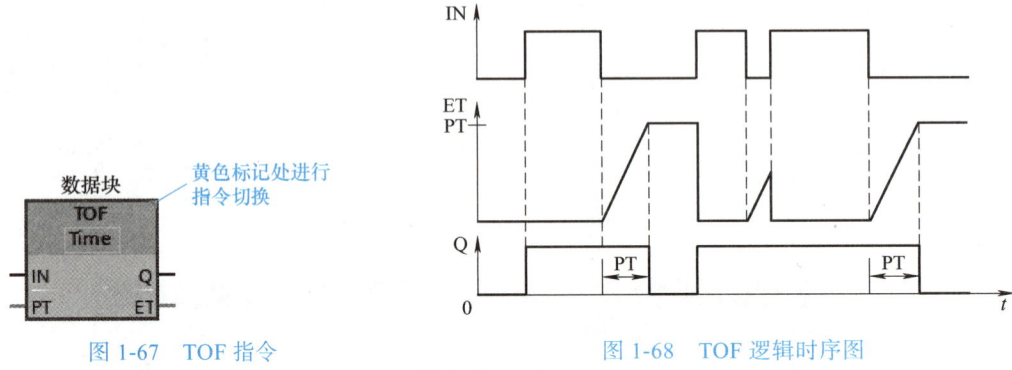

图 1-67 TOF 指令

图 1-68 TOF 逻辑时序图

3. TP 脉冲定时器

如图 1-69 所示,TP 脉冲定时器虽然参数格式与 TON、TOF 一致,但含义跟接通延时和关断延时不同,它是在 IN 输入从 0 跳变到 1 之后,立即输出一个脉冲信号,且持续时长受 PT 值控制。

图 1-70 所示为 TP 逻辑时序图,从图中可以看到:当 TP 的 IN 信号还处于"1"状态,TP 指令输出 Q 在完成 PT 时长后,就不再保持为"1";当 TP 的 IN 信号为多个"脉冲"信号时,输出 Q 也能完成 PT 时长的脉冲。

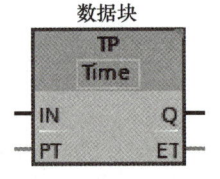

图 1-69 TP 指令

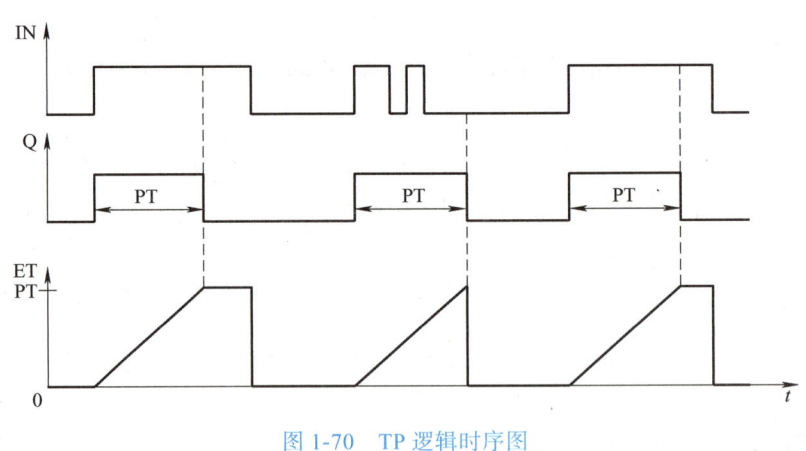

图 1-70 TP 逻辑时序图

4. TONR 时间累加器

TONR 指令如图 1-71 所示,与 TON、TOF、TP 相比增加了参数 R,相关的参数及数据类型见表 1-14。

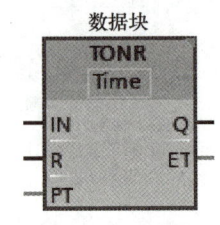

图 1-71 TONR 指令

表 1-14 TONR 参数及数据类型

参数	数据类型	说明
IN	Bool	启用定时器输入
R	Bool	将 TONR 经过的时间重置为零
PT	Time	预设的时间值输入
Q	Bool	定时器输出
ET	Time	经过的时间值输出
定时器数据块	DB	指定要使用 RT 指令复位的定时器

图 1-72 所示为 TONR 逻辑时序图,当 IN 信号不连续输入时,定时器 ET 的值一直在累计,直到定时时间 PT 到,ET 的值保持为 PT 值;当 R 信号 ON 时,ET 的值复位为零。

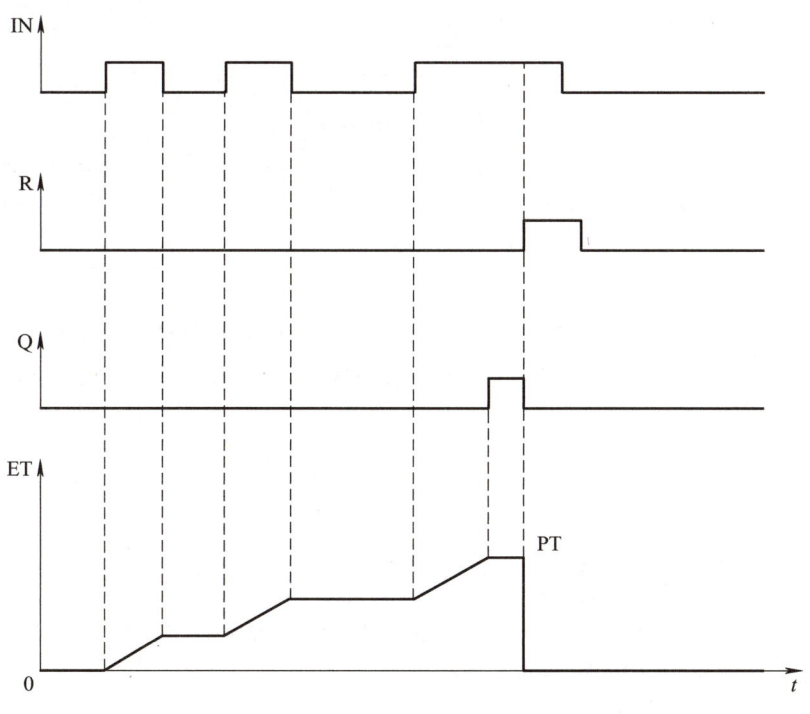

图 1-72 TONR 逻辑时序图

1.3.3 系统存储器位与时钟存储器位

S7-1200 PLC 除了使用 TON 等定时器指令,还有一种系统和时钟存储器用于用户固定的时间控制,如每次 PLC 上电后只出现一次信号、始终为 ON 或 OFF 信号、定时周期 0.5s 或 1s 脉冲信号等。要使用该项功能,必须在图 1-73 所示界面中选择 PLC 属性中的"系统和时钟存储器"选项,然后勾选右边对话框中的"启用系统存储器字节"和"启用时钟存储器字节"复选框,采用默认的 MB1、MB0 作为系统存储器字节、时钟存储器字节,也可以修改该 2 个字节的地址。

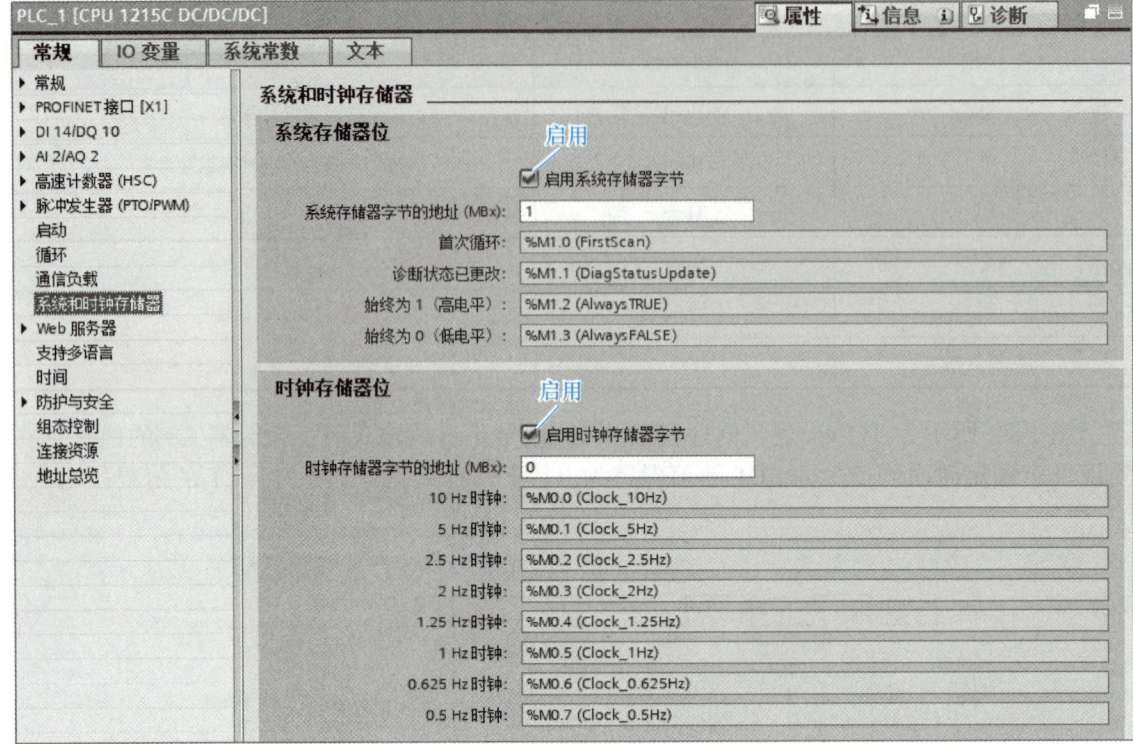

图 1-73　系统和时钟存储器

（1）系统存储器位

将 MB1 设置为系统存储器字节后，该字节的 M1.0 ～ M1.3 辅助继电器含义包括 FirstScan、DiagStatusUpdate、AlwaysTRUE 和 AlwaysFALSE，具体如图 1-74 所示。

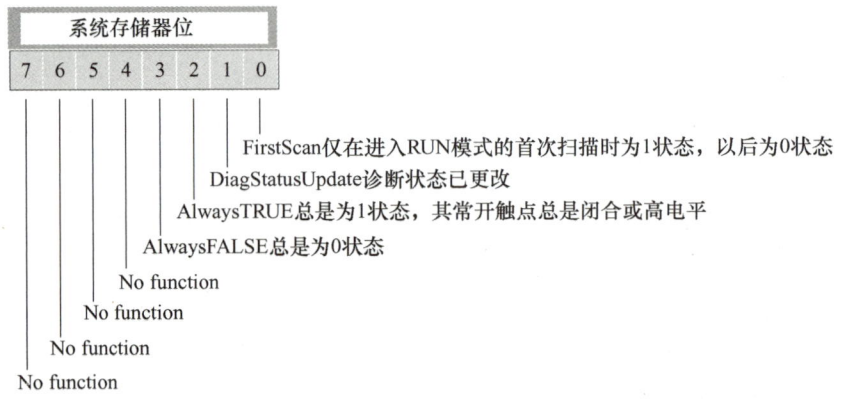

图 1-74　系统存储器位含义

（2）时钟存储器位

时钟存储器位是一个周期内 0 状态和 1 状态所占的时间各为 50% 的方波信号。以 M0.5 为例，其时钟脉冲的周期为 1s，如果用它的触点来控制接在某输出点的指示灯，指示灯将以 1Hz 的频率闪动，亮 0.5s、熄灭 0.5s。因为系统存储器和时钟存储器不是保留的存储器，用户程序或通信可能改写这些存储单元从而破坏其中的数据。图 1-75 所示是时钟存储器位含义。

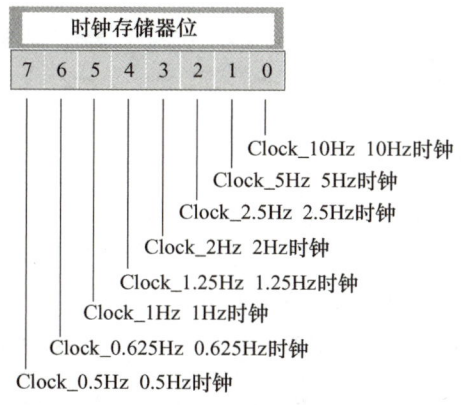

图 1-75 时钟存储器位含义

指定了系统存储器和时钟存储器字节后，这些字节不能再作它用，否则将会使用户程序运行出错，甚至造成设备损坏或人身伤害。需要注意的是：系统和时钟存储器一旦启用，就必须重新编译硬件配置并进行下载，否则该功能无法使用。

任务实施

1-8 故障信号控制指示灯闪烁

1.3.4 PLC I/O 分配和控制电路接线

经分析，本任务选择西门子 CPU 1215C DC/DC/DC，外接故障信号 1、故障信号 2、故障信号 3、复位按钮等 4 个输入，并外接指示灯 HL1 输出。表 1-15 所示是输入/输出分配表。

表 1-15 输入/输出分配表

输入	功能	输出	功能
I0.0	S1/ 故障信号 1（NO）	Q0.0	HL1/ 指示灯 1
I0.1	S2/ 故障信号 2（NO）		
I0.2	S3/ 故障信号 3（NO）		
I0.3	SB1/ 复位按钮（NO）		

图 1-76 所示为 PLC 电气接线示意。

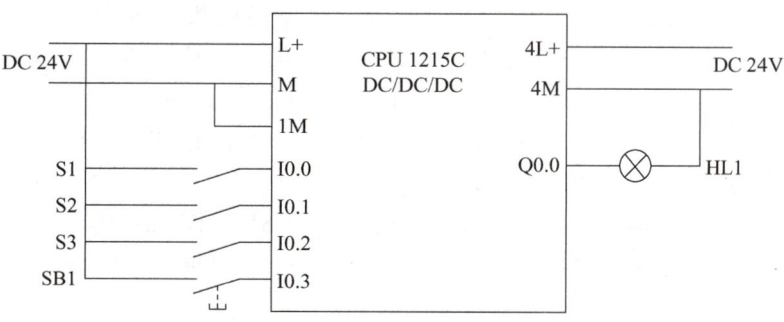

图 1-76 PLC 电气接线示意

1.3.5 PLC 梯形图编程

按照如下步骤依次进行 PLC 梯形图编程。

1）创建新项目（命名任务 1.3）。

2）设备组态（选择 CPU 1215C DC/DC/DC）。

3）硬件配置（IP 地址设置、启用系统和时钟存储器等）。从本任务开始的所有程序都需要启用系统和时钟存储器，默认为 MB0 和 MB1。

4）变量定义，如图 1-77 所示，定义变量，包括输入、输出和中间变量。本任务中 M10.0 等中间变量根据不同的编程人员而定义不同，这里仅供参考。

名称	变量表	数据类型	地址
故障1信号F1	默认变量表	Bool	%I0.0
故障2信号F2	默认变量表	Bool	%I0.1
故障3信号F3	默认变量表	Bool	%I0.2
复位按钮SB1	默认变量表	Bool	%I0.3
指示灯HL1	默认变量表	Bool	%Q0.0
故障1触发	默认变量表	Bool	%M10.0
故障2触发	默认变量表	Bool	%M10.1
故障3触发	默认变量表	Bool	%M10.2
闪烁1中间变量1	默认变量表	Bool	%M11.0
闪烁1中间变量2	默认变量表	Bool	%M11.1
闪烁2中间变量1	默认变量表	Bool	%M11.2
闪烁2中间变量2	默认变量表	Bool	%M11.3
闪烁3中间变量1	默认变量表	Bool	%M11.4
闪烁3中间变量2	默认变量表	Bool	%M11.5
闪烁2中间变量3	默认变量表	Bool	%M11.6

图 1-77 变量说明

5）梯形图编程。图 1-78 所示为梯形图，程序解释如下：

程序段 1：故障 1～3 信号一旦变为 ON 就自动触发到 M10.0、M10.1、M10.2，这些中间变量不会随着故障信号从 ON 变为 OFF 后自动变为 OFF，而是一直保持到复位按钮按下。

程序段 2：模式 1 时，采用两个 TON 定时器实现交替慢闪，中间变量 M11.0 和 M11.1 也是交替出现 ON/OFF。需要注意的是，M11.0 是一个 2s 断开、2s 接通的周期信号，因此输出指示灯时要采用 M11.0 的取反信号；M11.1 是一个 4s 断开、1 个扫描周期接通的周期信号，不能用作指示灯输出。

程序段 3：模式 2 时，采用 TONR 和 TON 两个定时器实现交替快闪。TONR 需要采用 R 信号，该信号在程序段 4 中实现。中间变量 M11.2 是一个 0.5s 断开、0.5s 接通的周期信号，因此输出指示灯时要采用 M11.2 的取反信号；M11.3 是一个 1s 断开、1 个扫描周期接通的周期信号，不能用作指示灯输出。

程序段 4：模式 2 时，TONR 的复位信号同时需要 M11.3 和 I0.3，其中 M11.3 是周期性复位，而 I0.3 则是当 TONR 的 IN 信号为 0 时复位整个定时器。这是 TONR 作为累积定时器的特殊作用，而与 TON 不同，这一点尤其需要引起注意。

程序段 5：模式 3 时，采用两个 TP 定时器实现交替闪烁。跟模式 1 和 2 不同，第二个 TP 定时器的输入信号是第一个 TP 定时器的取反信号，这是因为 TP 输出的是一个跟 IN 信号同步的脉冲信号，而不是延时信号。两者比较如图 1-79 所示。

程序段 6：指示灯输出，以并联的方式将模式 1～4 输出到同一个指示灯 Q0.0。其中模式 4 是采用 M10.0～M10.2 的三种组合。

程序段 7：故障复位按钮 SB1 按下时，用 RESET_BF 指令将 M10.0、M10.1 和 M10.2 均复位。如果故障信号还是为 ON 则在下一个扫描周期的程序段 1 中再次被置位。

图 1-78 控制指示灯闪烁的程序

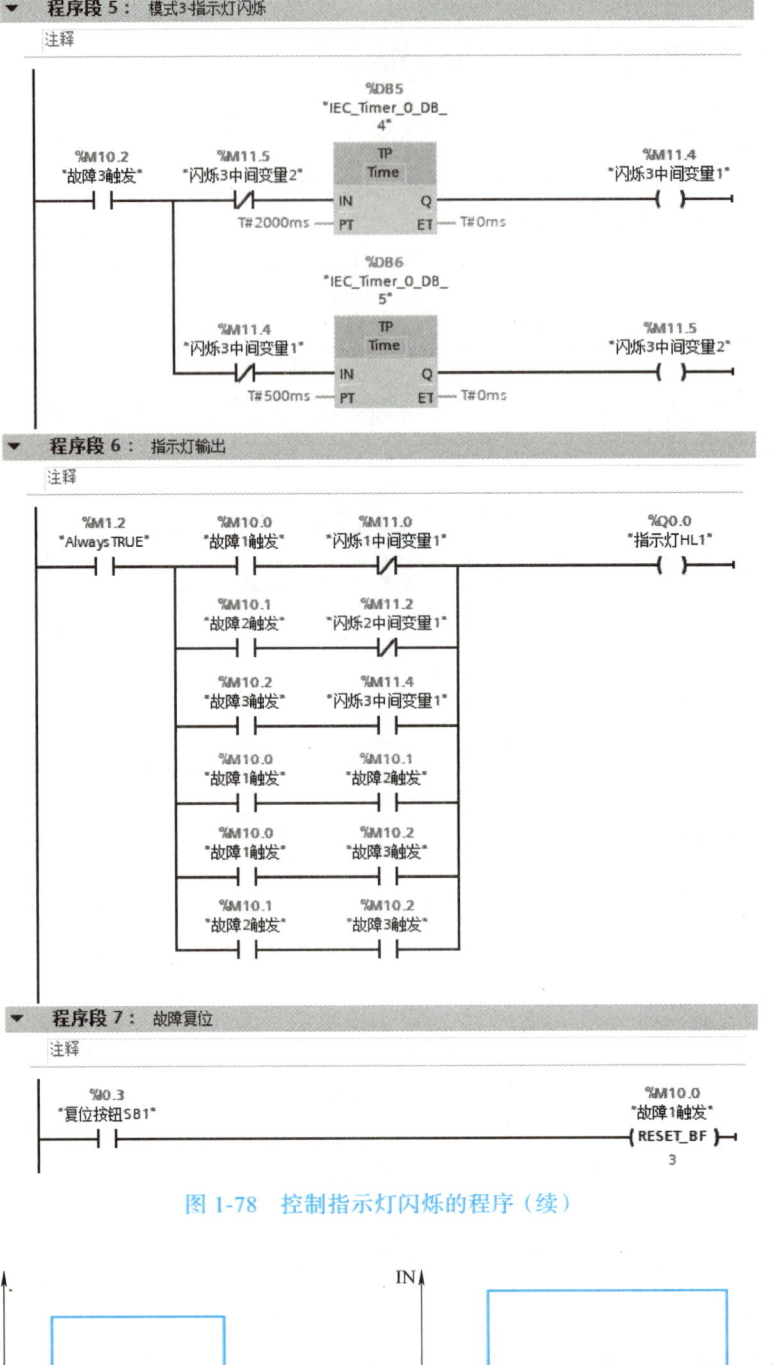

图 1-78 控制指示灯闪烁的程序（续）

a) TP 即时脉冲信号　　b) TON 延时脉冲信号

图 1-79　TP 与 TON 信号相比

图 1-80 所示为模式 1～3 时六个定时器调用时所产生的数据块，即 DB1～DB6。

项目 1　PLC 控制指示灯亮灭

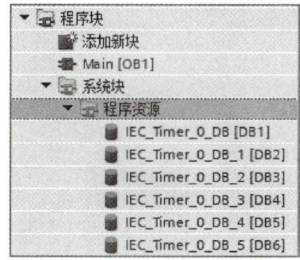

图 1-80　定时器调用时产生的数据块

1.3.6　调试与监控

由于采用了启用系统和时钟存储器等硬件配置，所以下载程序前，需要首先在离线状态下下载本任务的硬件配置，然后下载 PLC 程序。定时器部分共分模式 1、模式 2 和模式 3 三种情况进行计时监控，如图 1-81 所示。

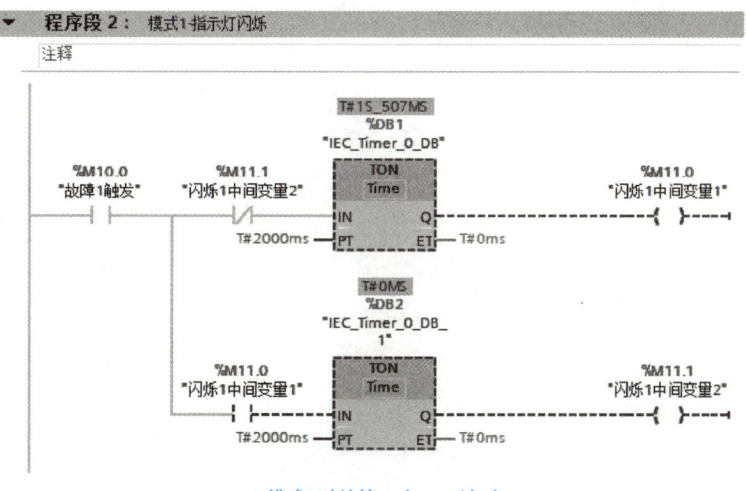

a) 模式1时的第一个TON计时

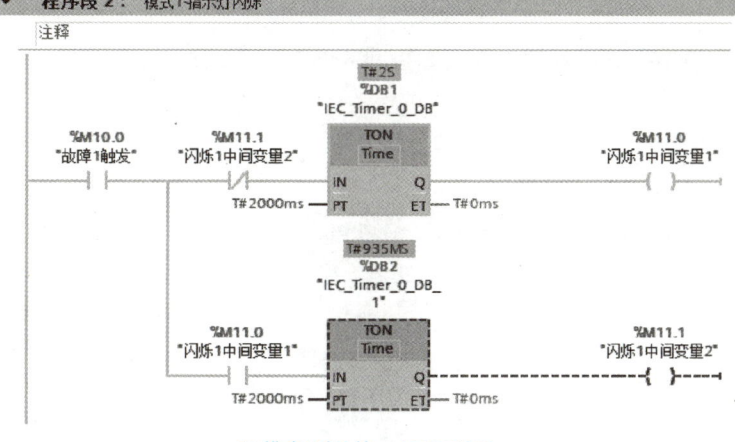

b) 模式1时的第二个TON计时

图 1-81　梯形图计时监控

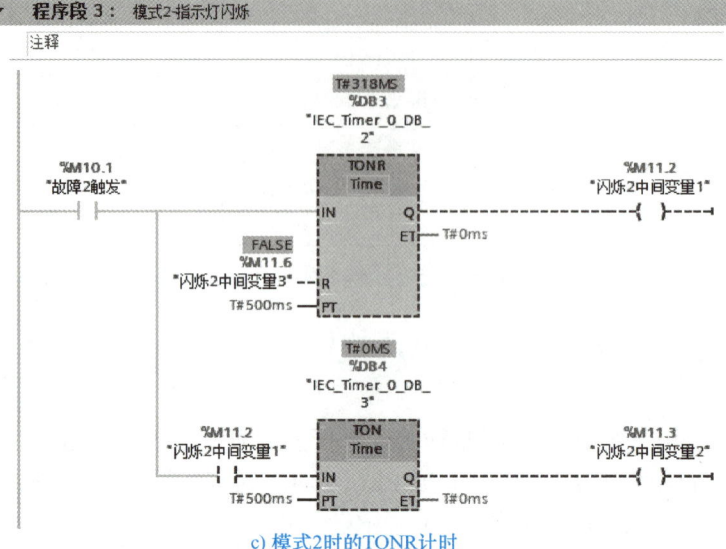

c) 模式2时的TONR计时

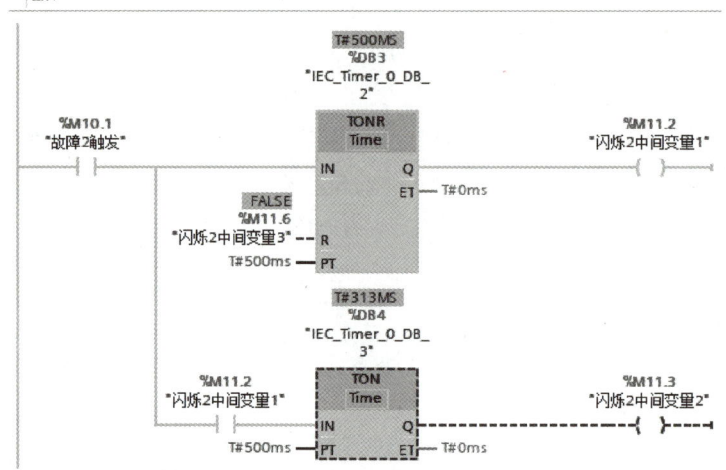

d) 模式2时的TON计时

e) 模式3时的第一个TP计时

图1-81 梯形图计时监控（续）

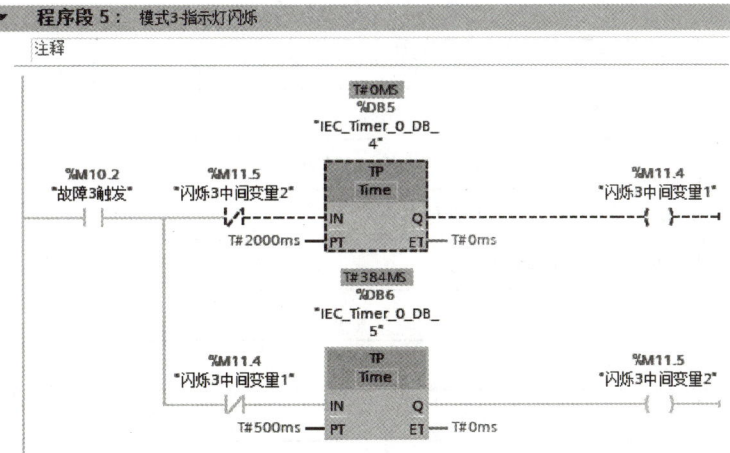

f）模式3时的第二个TP计时

图 1-81　梯形图计时监控（续）

除了梯形图进行监控，还可以对定时器数据块进行监控。如图 1-82 所示，在联机在线模式下，单击 图符即可激活数据实时监控，包括 ET 值、IN 状态和 Q 状态等。

图 1-82　模式 3 时第一个 TP 定时器数据块监控

任务记录

根据任务实施的情况，如实填写表 1-16 所示的任务 1.3 实施记录表。

表 1-16　任务 1.3 实施记录表

任务实施步骤	实际执行情况说明	计划时间 /min	实际时间 /min
PLC I/O 分配			
控制电路接线			
PLC 梯形图编程			
调试与监控			

任务评价

按要求完成考核任务 1.3，并按表 1-17 所示评分标准进行任务评价，具体配分可以根据实际考评情况进行调整。

表 1-17 评分标准

序号	考核项目	考核内容及要求	配分	得分
1	职业素养	遵守安全操作规程，落实安全措施	15%	
		认真负责，团结合作，对实操任务充满热情		
		正确认识制造业新发展阶段的含义		
2	系统方案制定	PLC 控制对象说明与分析	20%	
		PLC 控制方案合理		
		PLC 控制电路图正确		
3	编程能力	独立完成 PLC 硬件配置	15%	
		独立完成 PLC 梯形图编程		
4	操作能力	根据电气图正确接线，美观且可靠	25%	
		正确输入程序并进行程序调试		
		根据系统功能进行正确操作演示		
5	实践效果	系统工作可靠	15%	
		PLC 变量规范命名		
		按规定的时间完成任务		
6	创新实践	在本任务中有另辟蹊径、独树一帜的实践内容	10%	
		合计	100%	

拓展阅读

信息化和工业化深度融合是中国特色新型工业化道路的集中体现，是高质量发展的重要方向和路径。单有信息化发展，容易脱实向虚；单有工业化发展，难以走出传统发展模式。信息化与工业化融合，是转变经济发展方式、优化经济结构、转换增长动力的重要抓手。通过信息化与工业化融合，可以有效破解资源约束，提高发展平衡性和协调性。党的二十大报告围绕加快构建新发展格局、着力推动高质量发展做出了一系列重大部署，强调促进数字经济和实体经济深度融合，为推动我国经济不断迈上新台阶、开创事业发展新局面指明了前进方向。推动高质量发展，需要工业化与信息化的内在融合。所谓内在融合，是指让信息化真正在工业化内部起作用，让工业化在信息化内部起作用。信息化在工业化内部起作用，意味着信息化促使工业化内部分化，使原先通过严密组织向外扩张的工业化生产，以内部零部件分散化、向外扩张的方式进行生产。原先的整体性结构功能组合，被分散化的结构功能扩张代替，工业化围绕生产中心分布的产业链、供应链、创新链，被各个分散的产业链、供应链、创新链代替，生产外包化、组合化明显。各个零部件生产，以灵活组织的方式，在原有基础上进行生产创新，满足相关组织生产的灵活部件需求。产业链、供应链、创新链得到大大扩张，并变得可以灵活组合。工业化在信息化内部起作用，意味着信息传输与实体生产结合，遵循现实的物理规律，以实体的工业生产进步为基础，让信息化对现实生活、工作的改变有更加可靠的实体支撑。

思考与练习

习题 1.1 某指示灯由 2 个按钮和 1 个选择开关通过 PLC 编程进行控制（见图 1-83），当 SA1 选择开关为 ON 时，指示灯始终为 ON；当 SA1 选择开关为 OFF 时，指示灯的亮灭由 SB1 和 SB2 进行控制，其中 SB1 为启动按钮、SB2 为停止按钮。请绘制电气接线图，列出输入 / 输出分配表，并编写程序实现该功能。

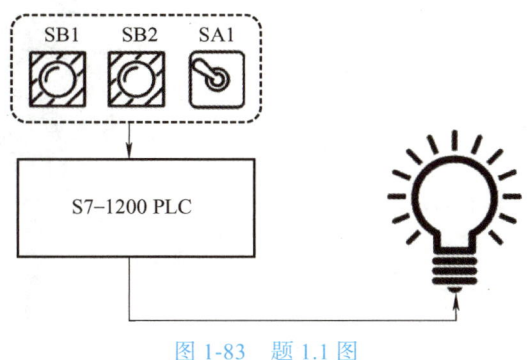

图 1-83　题 1.1 图

习题 1.2 图 1-84 所示为由 PLC 控制两个指示灯，当 SA1 选择开关为 ON 时，指示灯 1 的亮灭由 SB1 和 SB2 进行控制，其中 SB1 为启动按钮、SB2 为停止按钮；指示灯 2 的亮灭由 SB3 和 SB4 进行控制，其中 SB3 为启动按钮、SB4 为停止按钮。当 SA1 选择开关为 OFF 时，指示灯 1 和 2 同步亮灭，其中启动按钮可以是 SB1 或 SB3，停止按钮可以是 SB2 或 SB4。请绘制电气接线图，列出输入 / 输出分配表，并编写程序实现该功能。

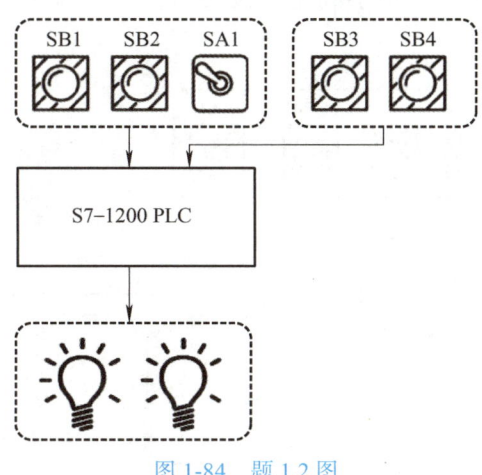

图 1-84　题 1.2 图

习题 1.3 在习题 1.1 的基础上，增加当 SA1 选择开关为 OFF 时灭灯延时 5s 功能。请编写程序实现该功能。

习题 1.4 在习题 1.2 的基础上，修改"当 SA1 选择开关为 OFF 时，指示灯 1 和 2 同步亮灭"为"当 SA1 选择开关为 OFF 时，指示灯 1 先灭、指示灯 2 延时 7s 灭"。请编写程序实现该功能。

习题 1.5　有 1#、2# 两盏彩灯，当按下开始按钮时，1# 彩灯亮，6s 后熄灭，同时 2# 彩灯亮，再过 4s 后，2# 彩灯熄灭，1# 彩灯又亮，按此循环。当按下停止按钮时，彩灯全部熄灭。请绘制电气接线图，列出输入/输出分配表，并编写程序实现该功能。

习题 1.6　图 1-85 所示的交通灯，共有红、黄和绿三个灯，当按下启动按钮时，绿灯先亮 12s，接下来黄灯闪烁 3s 后，红灯亮 10s，依次循环，直至按下停止按钮。请用 S7-1200 PLC 进行控制电路设计，通过编程实现交通灯功能。

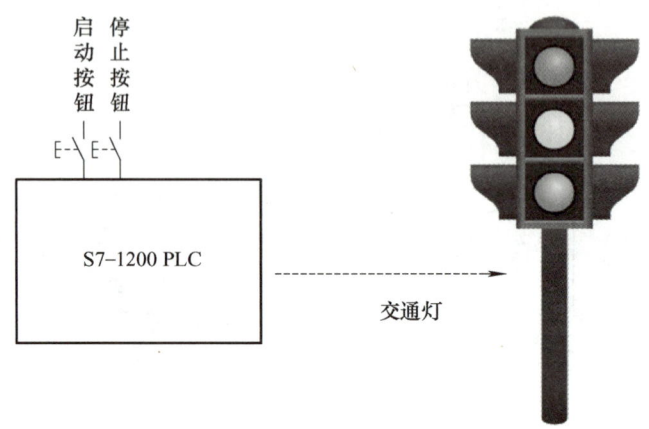

图 1-85　题 1.6 图

习题 1.7　图 1-86 所示为某堆场照明控制示意，当 SA1 为 OFF 时，SB1 按下控制 1# 灯点亮，SB4 按下 1# 灯灭掉；SB2 按下控制 2# 灯点亮，SB4 按下 2# 灯灭掉；SB3 按下控制 3# 灯点亮，SB4 按下 3# 灯灭掉。当 SA1 为 ON 时，SB1 按下时，1# 灯先亮，延时 5s 后 2# 灯亮，再延时 5s 后 3# 灯亮；SB2 按下时，2# 灯先亮，延时 5s 后 3# 灯亮，再延时 5s 后 1# 灯亮；SB3 按下时，3# 灯先亮，延时 5s 后 1# 灯亮，再延时 5s 后 2# 灯亮；任何时候按下 SB4，所有灯都灭。请绘制电气接线图，列出输入/输出分配表，并编写程序实现该功能。

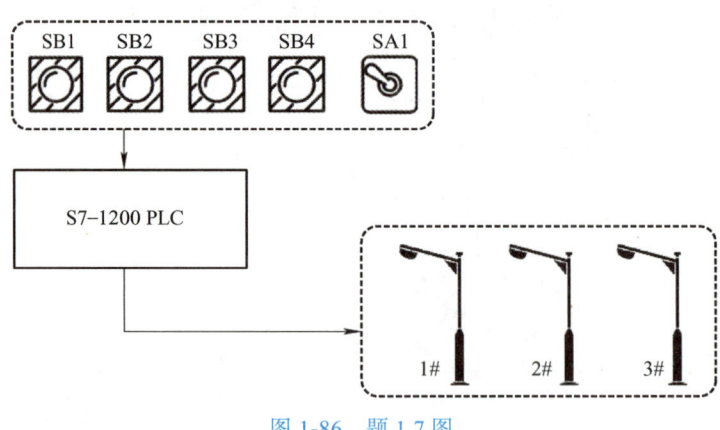

图 1-86　题 1.7 图

习题 1.8　某东西向和南北向十字交通灯，共有红 1、黄 1、绿 1 和红 2、黄 2、绿 2 六个灯，其运行时序图如图 1-87 所示。请用 S7-1200 PLC 进行控制电路设计，通过编程实现十字交通灯功能。

项目 1　PLC 控制指示灯亮灭

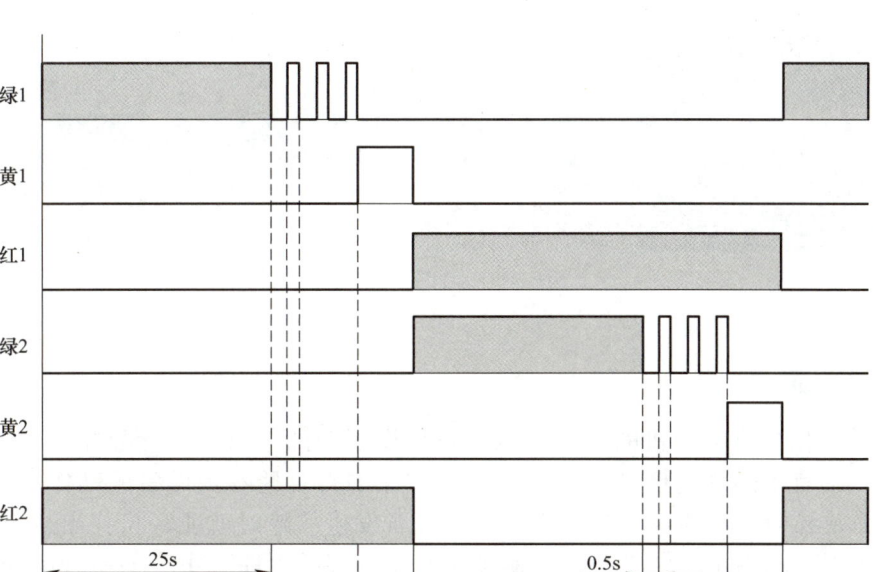

图 1-87　题 1.8 图

项目 2　PLC 控制电动机启停

项目导读

PLC 对三相异步电动机的控制可以不再使用复杂的定时器、计数器和各种各样的中间继电器,没有了烦琐的硬件电路,还能在程序中直观地看到设备的动作顺序和逻辑变化,通过简单易懂且规律性较强的程序,在设备发生故障时就能轻松找出故障所在位置。采用步序控制,利用步和转换条件,避免了复杂的互锁电路,更容易实现电动机的控制。本项目通过电动机正反转次数控制、电动机延时记忆控制和电动机往复步序控制三个任务来介绍 PLC 控制电动机启停的操作技能。

❖ **知识目标:**

了解 PLC 基本数据类型与地址区。
熟悉计数器指令的类型与调用方式。
掌握数据块寻址原理、添加方式和断电保持设置。
掌握移位、循环、字逻辑运算指令和相关数学指令。

❖ **能力目标:**

能绘制 S7-1200 PLC 用于电动机控制的电路图。
能根据要求正确使用计数器解决电动机控制问题。
能使用运算指令和数学指令进行 PLC 应用。
能使用步序控制进行梯形图编程。

❖ **素养目标:**

面对智能制造岗位中的技术难题有较强的求知欲。
保持勇攀高峰、再创辉煌的学习热情。
具有成为制造业数字化转型中高技能人才的紧迫感。

任务 2.1　电动机正反转次数控制

任务描述

如图 2-1 所示,用 PLC 来控制三相异步电动机的正转和反转,同时分别进行计数,任务要求如下:

1) 外部接按钮盒,设有正转按钮、反转按钮、停止按钮和复位按钮。

2)电动机只有在故障指示灯和计数满指示灯都灭掉的情况下才能进行正转运行或反转运行,且正转和反转切换时必须先按下停止按钮。

3)能实现电动机热继电器保护并进行故障指示,当热继电器信号正常后,故障指示才可以用复位按钮复位。

4)当正转次数达到 6 次或反转次数达到 3 次时,计数满指示灯将报警闪烁,并停止任何操作。只有当使用复位按钮后,所有正反转次数清零,允许重新实现正反转控制。

5)两种指示灯闪烁要有区分度。

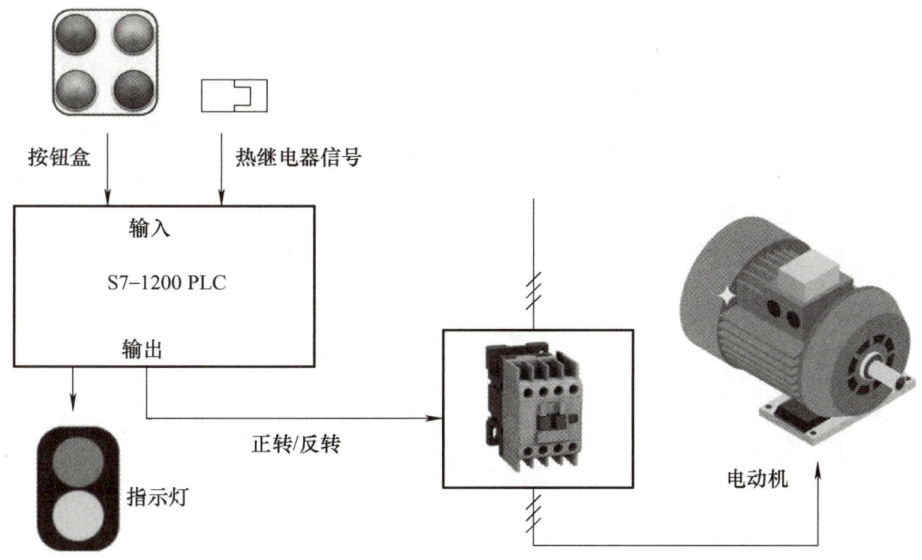

图 2-1　任务 2.1 控制示意

知识探究

2.1.1　PLC 基本数据类型与地址区

1. 位、字节、字和双字数据类型

在 PLC 中,布尔型数据类型即 Bool,该数据类型是"位(bit)",可被赋予"TRUE"(即"1")或"FALSE"(即"0"),占用 1 位存储空间。Byte(字节)、Word(字)、DWord(双字)则是在"位"的基础上进行拓展,其数值范围和示例见表 2-1。

表 2-1　位、字节、字和双字数据类型的数值范围和示例

数据类型	位大小	数值类型	数值范围	常数示例	地址示例
Bool	1	布尔运算	FALSE 或 TRUE	TRUE	I1.0 Q0.1 M50.7 DB1.DBX2.3 Tag_name
		二进制	2#0 或 2#1	2#0	
		无符号整数	0 或 1	1	
		八进制	8#0 或 8#1	8#1	
		十六进制	16#0 或 16#1	16#1	

(续)

数据类型	位大小	数值类型	数值范围	常数示例	地址示例
Byte	8	二进制	2#0 ~ 2#1111_1111	2#1000_1001	IB2 MB10 DB1.DBB4 Tag_name
		无符号整数	0 ~ 255	15	
		有符号整数	-128 ~ 127	-63	
		八进制	8#0 ~ 8#377	8#17	
		十六进制	B#16#0 ~ B#16#FF, 16#0 ~ 16#FF	B#16#F、16#F	
Word	16	二进制	2#0 ~ 2#1111_1111_1111_1111	2#1101_0010_1001_0110	MW10 DB1.DBW2 Tag_name
		无符号整数	0 ~ 65535	61680	
		有符号整数	-32768 ~ 32767	72	
		八进制	8#0 ~ 8#177_777	8#170_362	
		十六进制	W#16#0 ~ W#16#FFFF、16#0 ~ 16#FFFF	W#16#F1C0、16#A67B	
DWord	32	二进制	2#0 ~ 2#1111_1111_1111_1111_1111_1111_1111_1111	2#1101_0100_1111_1110_1000_1100	MD10 DB1.DBD8 Tag_name
		无符号整数*	0 ~ 4_294_967_295	15_793_935	
		有符号整数*	-2_147_483_648 ~ 2_147_483_647	-400000	
		八进制	8#0 ~ 8#37_777_777_777	8#74_177_417	
		十六进制	DW#16#0000_0000 ~ DW#16#FFFF_FFFF、16#0000_0000 ~ 16#FFFF_FFFF	DW#16#20_F30A、16#B_01F6	

2. 整数数据类型

整型变量可以是 USInt（有符号字节）、SInt（有符号整数）、UInt（无符号整数）、Int（整数）、UDInt（无符号双整数）和 DInt（双整数）等，其中 USInt、UInt、UDInt 是无符号数，SInt、Int、DInt 是有符号数。整数数据类型的数值范围和示例见表 2-2。

表 2-2 整数数据类型的数值范围和示例

数据类型	位大小	数值范围	常数示例	地址示例
USInt	8	0 ~ 255	78, 2#01001110	MB0、 DB1.DBB4、 Tag_name
SInt	8	-128 ~ 127	+50, 16#50	
UInt	16	0 ~ 65535	65295, 0	MW2、 DB1.DBW2、 Tag_name
Int	16	-32768 ~ 32767	30000, +30000	
UDInt	32	0 ~ 4294967295	4042322160	MD6、 DB1.DBD8、 Tag_name
DInt	32	-2147483648 ~ 2147483647	-2131754992	

在计算机系统中，所有的数据都是以二进制进行存储的，整数一律用补码来表示和存储，并且正整数的补码为原码，负整数的补码为绝对值的反码加 1。因此 SInt、Int、DInt 的最高位为符号位，符号位为 "0" 表示正整数，符号位为 "1" 表示负整数。

3. 浮点数数据类型

在 S7-1200 PLC 中，浮点数以 32 位单精度数（Real）或 64 位双精度数（LReal）表示，其数值范围和示例见表 2-3。

表 2-3 浮点数数据类型的数值范围和示例

数据类型	位大小	数值范围	常数示例	地址示例
Real	32	−3.402823e+38 ～ −1.175495e−38、±0、+1.175495e−38 ～ +3.402823e+38	123.456，−3.4，1.0e−5	MD100、DB1.DBD8、Tag_name
LReal	64	−1.7976931348623158e+308 ～ −2.2250738585072014e−308、±0、+2.2250738585072014e−308 ～ +1.7976931348623158e+308	12345.123456789e+40、1.2e+40	DB_name、var_name

浮点数的最高位为符号位，符号位为"0"表示正实数，符号位为"1"表示负实数。

4. 时间和日期数据类型

S7-1200 PLC 的时间和日期数据类型包括 Time、Date、Time_of_Day 三种。表 2-4 所示是时间和日期数据类型的数值范围和示例。

Time 数据作为有符号双整数值存储，基本单位为毫秒（ms）。可以选择日期（d）、小时（h）、分钟（m）、秒（s）和毫秒（ms）作为单位。

Date 数据作为无符号整数值存储，用以获取指定日期。

TOD（Time_of_Day）数据作为无符号双整数值存储，为自指定日期的凌晨算起的毫秒数。

表 2-4 时间和日期数据类型的数值范围和示例

数据类型	大小	数值范围	常量输入示例
Time	32 位	T#−24d_20h_31m_23s_648ms ～ T#24d_20h_31m_23s_647ms 存储形式：−2147483648ms ～ +2147483647ms	T#5m_30s T#1d_2h_15m_30s_45ms TIME#10d20h30m20s630ms 500h10000ms 10d20h30m20s630ms
Date	16 位	D#1990−1−1 ～ D#2168−12−31	D#2009−12−31 DATE#2009−12−31 2009−12−31
Time_of_Day	32 位	TOD#0:0:0.0 ～ TOD#23:59:59.999	TOD#10:20:30.400 TIME_OF_DAY#10:20:30.400 23:10:1

5. 字符数据类型

字符数据类型包括 Char、String、WChar 和 WString。

Char 数据类型为字符，将单个字符存储为 ASCII 编码形式。每个字符占用空间为 1B。

String 数据类型为字符串，操作数可存储多个字符，最多可包括 254 个字符。例如：

abcdefg 叫字符串，而其中的每个元素叫字符。

WChar 数据类型称为宽字符，占用 2B 的内存。它是将单个字符保存为 UFT-16 编码形式。

WString 数据类型称为宽字符串，用于在一个字符串中存储多个数据类型为 Wchar 的 Unicode 字符。如果未指定长度，则字符串的长度为预置的 254 个字。

6. 地址区

上述数据类型的变量可以存放在过程映像输入 I 区、过程映像输出 Q 区、位存储器 M 区和数据块 DB 区等 PLC 地址区。地址区的说明见表 2-5。每个存储单元都有唯一的地址，用户程序利用这些地址访问存储单元中的信息。

绝对地址一般由以下元素组成：

1）地址区助记符，如 I、Q 或 M。

2）要访问数据的单位，如 "B" 表示 Byte、"W" 表示 Word、"D" 表示 DWord。

3）数据地址，如 Byte 5、Word 5。

表 2-5 地址区的说明

地址区	可以访问的地址单位	符号	说明
过程映像输入 I 区	输入（位）	I	CPU 在循环开始时从输入模块读取输入值并将这些值保存到过程映像输入表
	输入字节	IB	
	输入字	IW	
	输入双字	ID	
过程映像输出 Q 区	输出（位）	Q	CPU 在循环开始时将过程映像输出表中的值写入输出模块
	输出字节	QB	
	输出字	QW	
	输出双字	QD	
位存储器 M 区	位存储器（位）	M	用于存储程序中计算出的中间结果
	存储器字节	MB	
	存储器字	MW	
	存储器双字	MD	
数据块 DB 区	数据位	DBX	数据块存储程序信息，可以定义，以便可以被所有代码块访问，也可以将其分配给特定的 FB 函数块
	数据字节	DBB	
	数据字	DBW	
	数据双字	DBD	
局部数据	局部数据位	L	包含块处理过程中块的临时数据
	局部数据字节	LB	
	局部数据字	LW	
	局部数据双字	LD	

2-1 S7-1200 PLC 计数器指令

2.1.2 S7-1200 PLC 计数器指令

1. 指令概述

S7-1200 PLC 有三种计数器：加计数器（CTU）、减计数器

（CTD）和加减计数器（CTUD），如图 2-2 所示。表 2-6 所示为计数器指令参数说明。

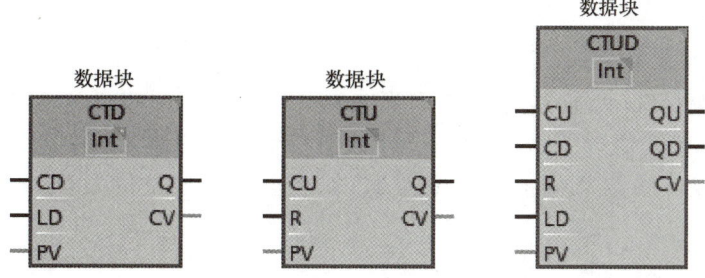

图 2-2　三种计数器指令

表 2-6　三种计数器指令参数说明

参数	数据类型	说明
CU、CD	Bool	加计数或减计数，按加 1 或减 1 计数
R（CTU、CTUD）	Bool	将计数值重置为零
LD（CTD、CTUD）	Bool	预设值的装载控制
PV	SInt、Int、DInt、USInt、UInt、UDInt	预设计数值
Q、QU	Bool	CV≥PV 时为真
QD	Bool	CV≤0 时为真
CV	SInt、Int、DInt、USInt、UInt、UDInt	当前计数值

2. 计数器调用选项

使用任何一种计数器，都可以从图 2-3a 所示界面中将指令拖拽入程序块，同时也会随之带来数据块调用选项，如图 2-3b 中所示的 IEC_Counter_0_DB。

a）计数器基本指令

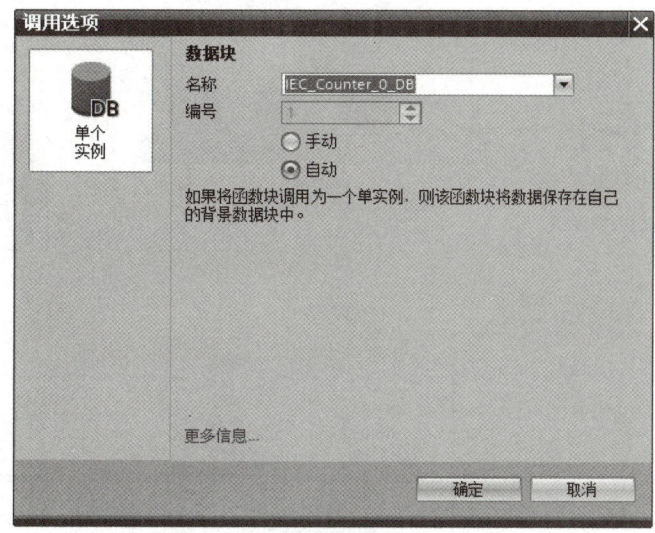

b）调用选项

图 2-3　计数器操作指令与背景数据块调用选项

2.1.3 CTU、CTD 和 CTUD 计数器指令应用

1. CTU 计数器指令应用

图 2-4 所示为 CTU 计数器时序图。当参数 CU 的值从 0 变为 1 时，CTU 计数值 CV 加 1。如果参数 CV 的值大于或等于预设计数值参数 PV 的值（图中为 3），则计数器输出参数 Q=1。如果复位参数 R 的值从 0 变为 1，则当前计数值复位为 0。

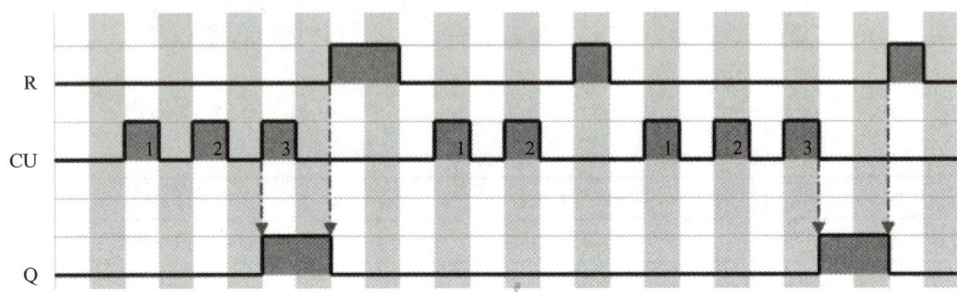

图 2-4　CTU 计数器时序图

图 2-5 所示为 CTU 计数器应用示意，即在输送带上的物品经过感应开关动作区域时，PLC 端就会接收到相应信号（I0.0），当实际计数值 MW10 达到设定值 5 时，指示灯（Q0.0）就会亮起来；按下复位按钮（I0.1）后，PLC 会重新计数。图 2-6 所示为 CTU 计数器应用程序。

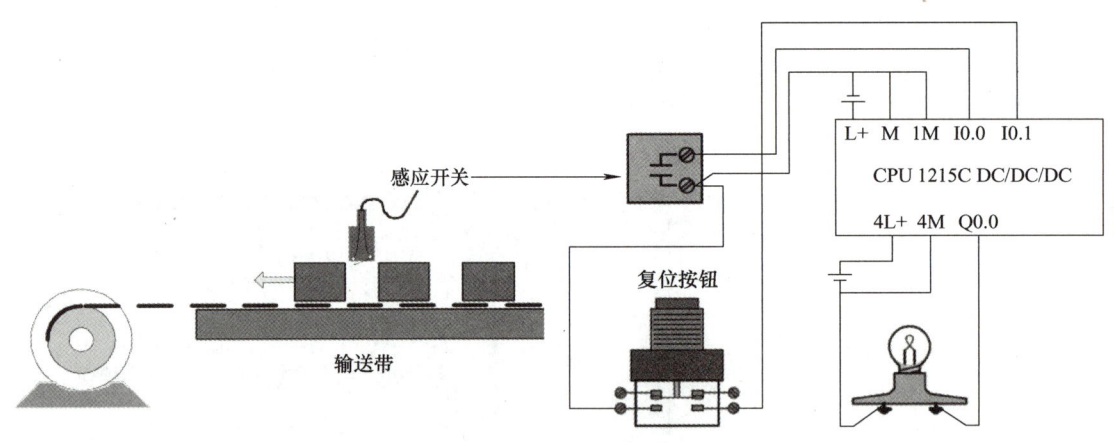

图 2-5　CTU 计数器应用示意

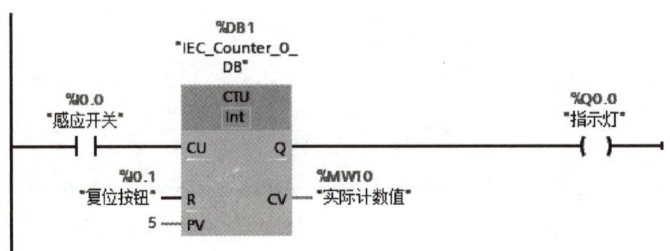

图 2-6　CTU 计数器应用程序

2. CTD 计数器指令应用

图 2-7 所示为 CTD 计数器（即减计数器）指令应用，它可以由 CTU 指令直接修改为 CTD 指令得到。当 I0.0（即参数 CD 的值）从 0 变为 1 时，CTD 计数值 MW10 减 1。如果参数 CV 的值（当前计数值）≤0，则计数器输出参数 Q=1。如果参数 LD 的值从 0 变为 1，则参数 PV 的值（预设值）将作为新的 CV（当前计数值）装载到计数器。图 2-8 所示为 CTD 计数器时序图。

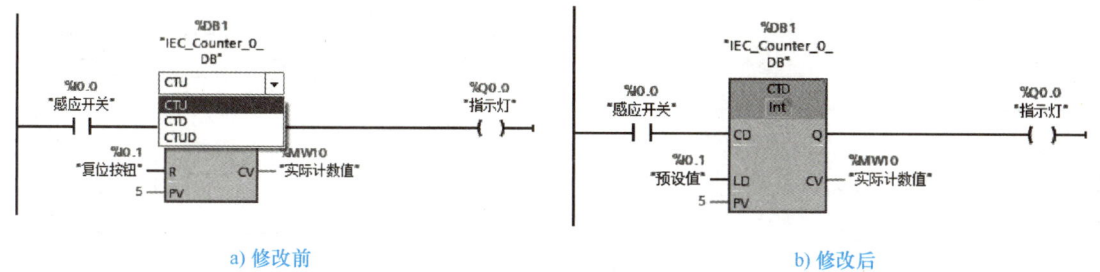

a) 修改前 b) 修改后

图 2-7 CTD 计数器指令应用

3. CTUD 计数器指令应用

图 2-9 所示为 CTUD 计数器（即加减计数器）的应用示意，图 2-10 为梯形图。当 A 相超前 B 相或 A 相落后于 B 相的信号从 0 跳变为 1 时，CTUD 计数值加 1 或减 1。如果参数 CV 的值（当前计数值）≥参数 PV 的值（预设值），则计数器输出参数 QU=1；如果参数 CV 的值≥0，则计数器输出参数 QD=1。如果 I0.3（即参数 LD）的值从 0 变为 1，则参数 PV 的值（预设值）将作为新的 CV（当前计数值）装载到计数器；如果 I0.2（即复位参数 R）的值从 0 变为 1，则当前计数值复位为 0。图 2-11 所示为 CTUD 计数器时序图。

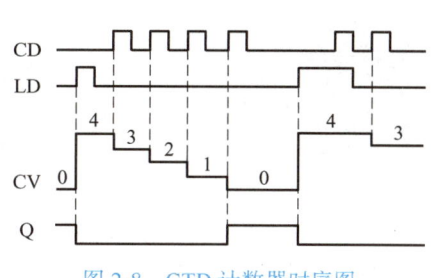

图 2-8 CTD 计数器时序图

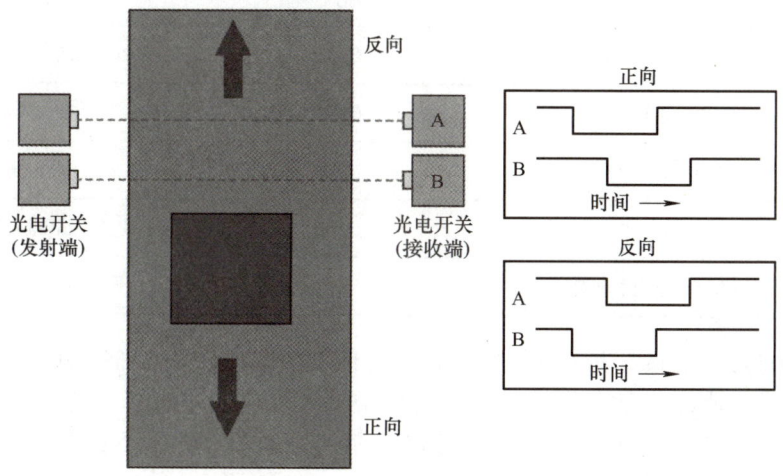

图 2-9 CTUD 计数器（加减计数器）应用示意

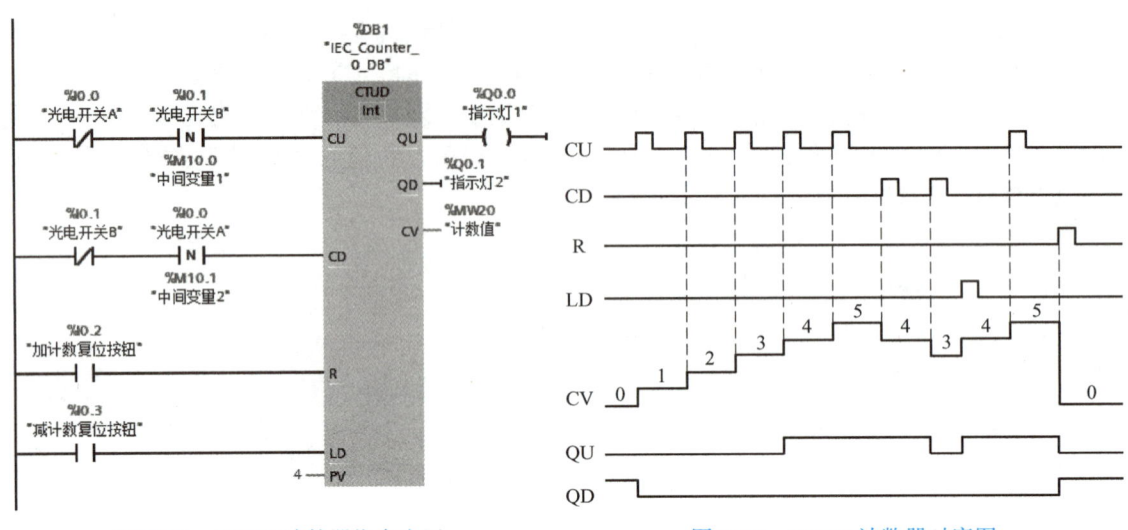

图 2-10 CTUD 计数器指令应用　　　　图 2-11 CTUD 计数器时序图

任务实施

2-2 电动机正反转次数控制

2.1.4 PLC I/O 分配

从三相电动机正反转控制电路出发,需要使用停止按钮、正转按钮、反转按钮、复位按钮和热继电器故障信号作为 PLC 的输入,故障指示灯、计数满指示灯、正转继电器和反转继电器则作为 PLC 的输出。I/O 分配见表 2-7,确定用户的输入为 5 个点、输出为 4 个点,选用 CPU 1215C DC/DC/DC 符合点数要求。

表 2-7 三相电动机正反转的 I/O 分配表

输入	功能	输出	功能
I0.0	SB1/ 停止按钮(NC)	Q0.0	HL1/ 故障指示灯
I0.1	SB2/ 正转按钮(NO)	Q0.1	HL2/ 计数满指示灯
I0.2	SB3/ 反转按钮(NO)	Q0.2	KA1/ 正转继电器
I0.3	SB4/ 复位按钮(NO)	Q0.3	KA2/ 反转继电器
I0.4	FR1/ 热继电器故障(NC)		

在 I/O 分配表中的按钮等信号加上 NC(常闭)、NO(常开),这是因为按钮、热继电器等元件同时具有常闭、常开触点,用户可以根据实际情况来选择。除了紧急情况下部分元件必须用 NC 触点,一般情况下的元件输入都可以选择 NC 和 NO 两者中的任意一个,这一点在后续任务的输入信号中有所体现,如停止按钮可以接 NC 点,也可以接 NO 点,与之相应的程序中的触点也要做相应更改。

2.1.5 PLC 接线电气原理绘制与电气接线

图 2-12 所示为 PLC 接线原理图，CPU 1215C DC/DC/DC 的进线电源部分为 DC 24V，输入部分可以采取公共点 1M 接 0V（即 M 端子）的漏型接法，输出部分采用 DC 24V 指示灯和 DC 24V 中间继电器。常用的电动机接触器线圈是 AC 220V，因此需要用中间继电器进行信号转换，如图中的正转继电器 KA1 和反转继电器 KA2，分别用来控制正转接触器 KM1 和反转接触器 KM2。

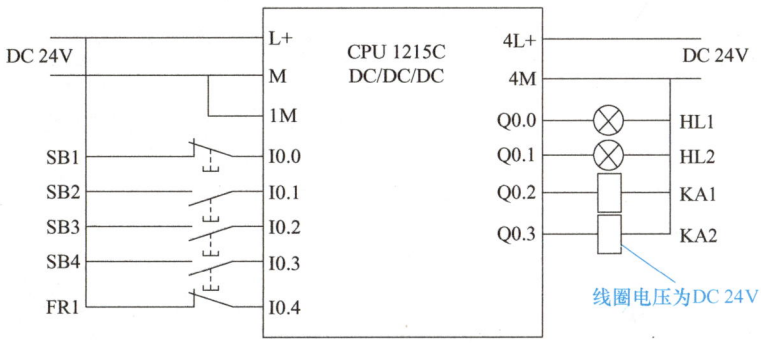

图 2-12 PLC 接线原理图

PLC 电气接线如图 2-13 所示。需要注意的是，SB1 停止按钮和热继电器 FR1 接的都是常闭触点。

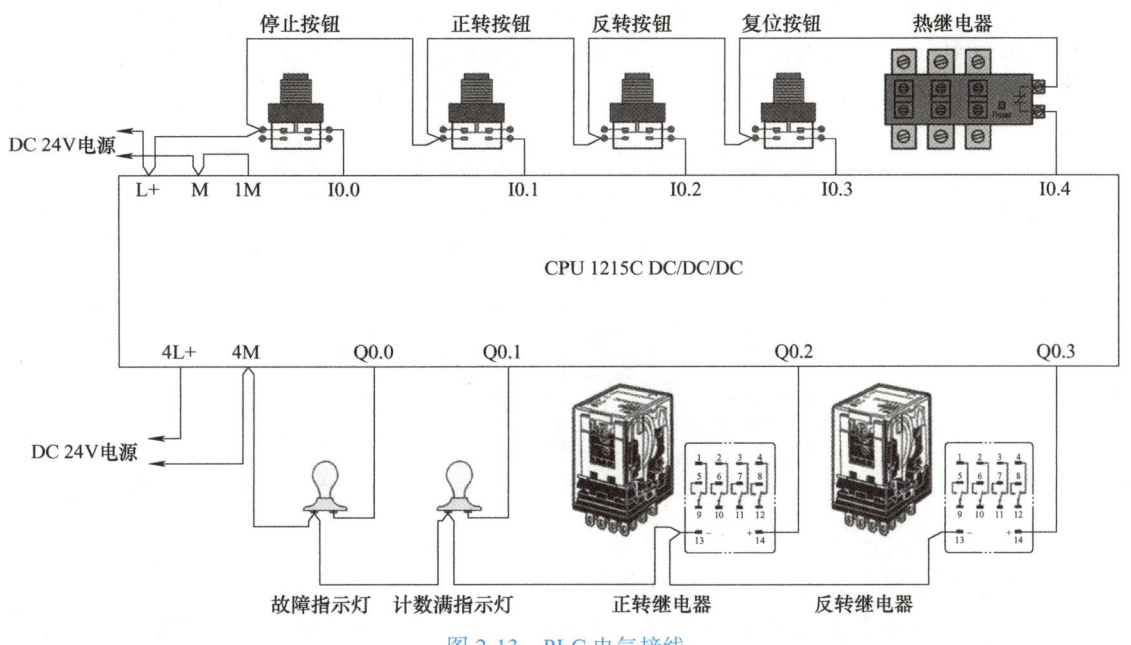

图 2-13 PLC 电气接线

图 2-14 所示为主电路图，其中 KM1 和 KM2 可以实现电气互锁。

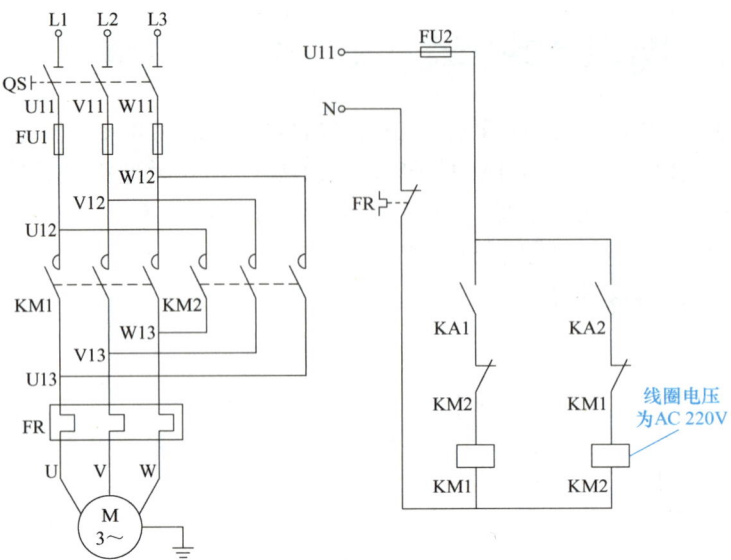

图 2-14 主电路图

2.1.6 PLC 项目创建与编程

按照如下步骤进行 PLC 项目创建与编程。

1）创建新项目（命名任务 2.1）。
2）设备组态（选择 CPU 1215C DC/DC/DC）。
3）硬件配置（IP 地址设置、启用系统和时钟存储器等）。
4）变量定义。根据表 2-7 所示的三相电动机正反转的 I/O 分配表以及程序设计中需要用到的中间变量 MB10（用到了 M10.0～M10.5 共计 6 个位）进行变量定义，如图 2-15 所示。

名称	变量表	数据类型	地址
SB1停止按钮	默认变量表	Bool	%I0.0
SB2正转按钮	默认变量表	Bool	%I0.1
SB3反转按钮	默认变量表	Bool	%I0.2
SB4复位按钮	默认变量表	Bool	%I0.3
FR1热继电器	默认变量表	Bool	%I0.4
HL1故障指示灯	默认变量表	Bool	%Q0.0
HL2计数满指示灯	默认变量表	Bool	%Q0.1
KA1正转继电器	默认变量表	Bool	%Q0.2
KA2反转继电器	默认变量表	Bool	%Q0.3
故障中间变量	默认变量表	Bool	%M10.0
计数中间变量	默认变量表	Bool	%M10.1
正转计数满输出	默认变量表	Bool	%M10.2
反转计数满输出	默认变量表	Bool	%M10.3
下降沿变量1	默认变量表	Bool	%M10.4
下降沿变量2	默认变量表	Bool	%M10.5

图 2-15 变量定义

5）梯形图编程（见图 2-16）。程序解释如下：
程序段 1：上电初始化或复位按钮动作时将故障指示灯和计数满指示灯复位。这里是用 RESET_BF 直接复位中间变量 M10.0 和 M10.1，而不是指示灯 Q0.0 和 Q0.1。
程序段 2：电动机正转控制逻辑。在热继电器、停止按钮两个信号未动作和两种指示灯正常未点亮的情况下，按下正转按钮，正转自锁运行（即 Q0.2），并与反转形成信号互锁。

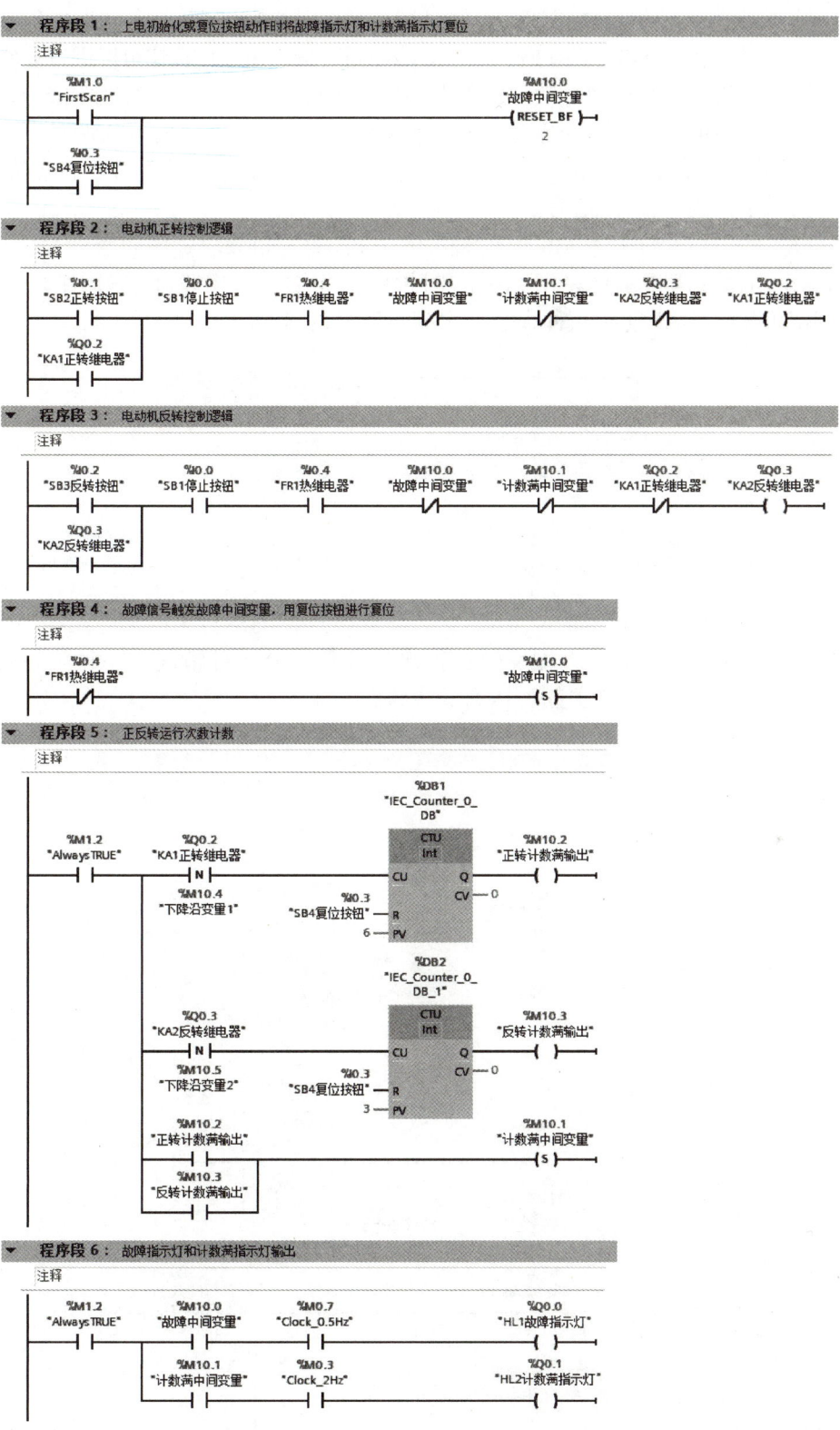

图 2-16 梯形图

程序段3：电动机反转控制逻辑。在热继电器、停止按钮两个信号未动作和两种指示灯正常未点亮的情况下，按下反转按钮，反转自锁运行（即Q0.3），并与正转形成信号互锁。

程序段4：当热继电器信号动作时，触发故障中间变量，用复位按钮可以进行复位操作。

程序段5：正反转运行次数计数。这里需要采用正转运行或反转运行的下降沿作为CTU计数的输入信号，而不是正转运行命令或反转运行命令，图2-17所示为两种不同信号计数的区别。需要注意的是，在S7-1200 PLC指令中，—|P|—指令表示上升沿触点输入信号，—|N|—指令表示下降沿触点输入信号。

程序段6：故障指示灯采用M0.7（时钟频率为0.5Hz）串联故障中间变量M10.0进行输出实现闪烁，而计数满指示灯采用M0.3（时钟频率为2Hz）串联计数满中间变量M10.1进行输出实现闪烁，这样就使两种指示灯之间有明显的区分度。

图2-17　两种不同信号计数的区别

2.1.7　调试与监控

下载程序后，PLC会自动切换到运行状态，此时选择图标栏中的 进入程序块的在线监控。图2-18给出了程序段5：正反转运行次数计数，分两种情况，一种是正转次数未达到6次状态，另一种是正转次数已达到6次状态。

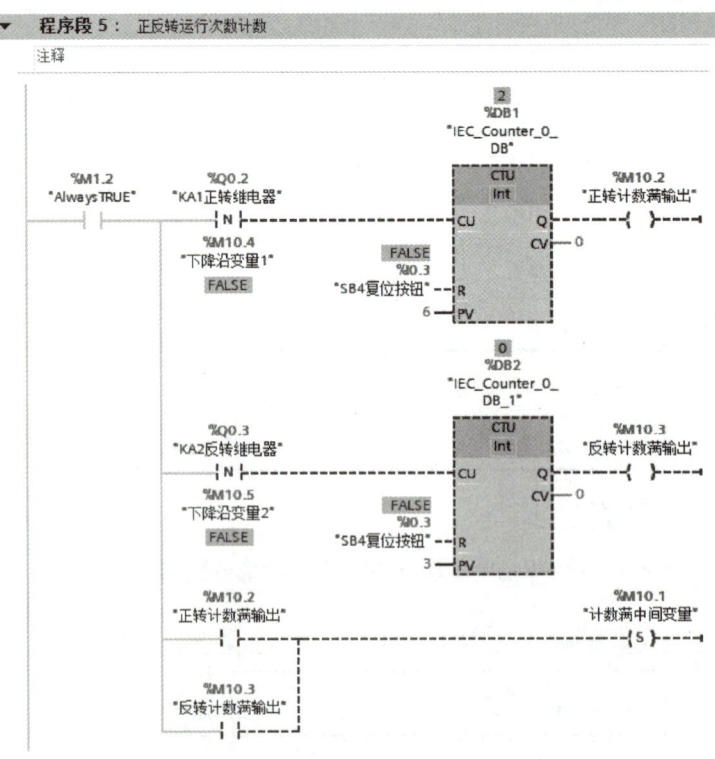

a) 正转次数未达到6次状态

图2-18　计数运行状态监控

项目 2 PLC 控制电动机启停

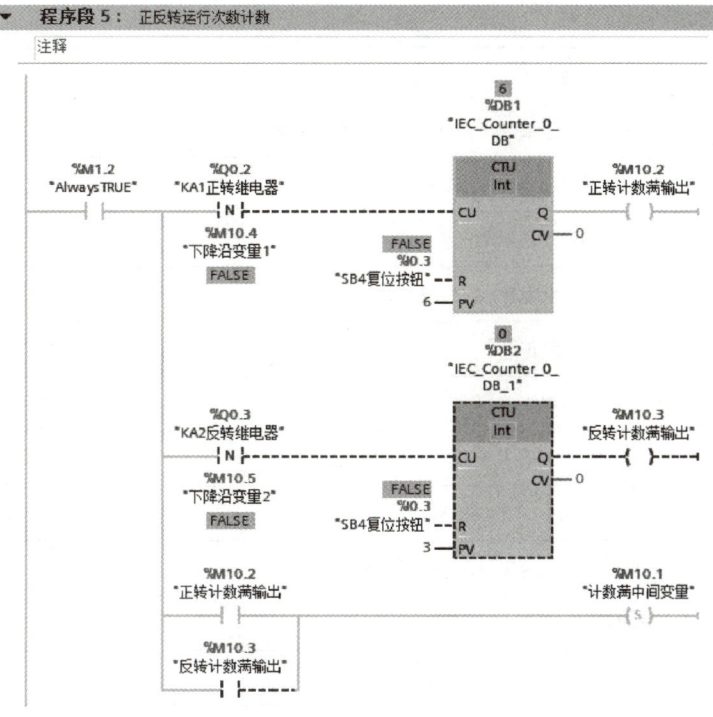

b) 正转次数已达到6次状态

图 2-18 计数运行状态监控（续）

任务记录

根据任务实施的情况，如实填写表 2-8 所示的任务 2.1 实施记录表。

表 2-8 任务 2.1 实施记录表

任务实施步骤	实际执行情况说明	计划时间 /min	实际时间 /min
PLC 输入 / 输出分配			
PLC 接线电气原理绘制			
电气接线			
PLC 项目创建与编程			
调试与监控			

任务评价

按要求完成考核任务 2.1，并按表 2-9 所示评分标准进行任务评价，具体配分可以根据实际考评情况进行调整。

表 2-9 评分标准

序号	考核项目	考核内容及要求	配分	得分
1	职业素养	遵守安全操作规程，落实安全措施	15%	
		认真负责，团结合作，对实操任务充满热情		
		正确认识制造业新发展阶段的含义		
2	系统方案制定	PLC 控制对象说明与分析合理	25%	
		选用常开、常闭触点和线圈合理		
		电动机主电路正确		
		PLC 控制电路正确		
3	编程能力	独立完成 PLC 硬件配置	20%	
		独立完成 PLC 梯形图编程		
4	操作能力	根据电气图正确接线，美观且可靠	15%	
		正确输入程序并进行程序调试		
		根据系统功能进行正确操作演示		
5	实践效果	系统工作可靠	15%	
		PLC 变量规范命名		
		按规定的时间完成任务		
6	创新实践	在本任务中有另辟蹊径、独树一帜的实践内容	10%	
		合计	100%	

任务 2.2　电动机延时记忆控制

任务描述

星三角减压启动是空压机等大功率电动机负载启动控制方式，现在采用图 2-19 所示的 PLC 定时器控制替代原先的时间继电器，需要将控制电路改造后进行编程、调试。任务要求如下：

1）按钮 A 按下时，先闭合星三角电路的主接触器和星形接触器，定时 6s 后，星形接触器断开、三角形接触器闭合，完成启动过程；按钮 B 按下时，三个接触器都断开，电动机停止运行。

2）热继电器动作时，所有接触器都断开，电动机停止运行，并进行报警指示。

3）可以用数据块来存储相关定时记录。定时时间可以用按钮+来调整，调整顺序是单向从 6s → 7s → 8s → 9s → 3s → 4s → 5s → 6s →……，依次循环调整。

4）调整后的定时时间存储在数据块中，下次断电可以继续使用该值。

项目 2　PLC 控制电动机启停

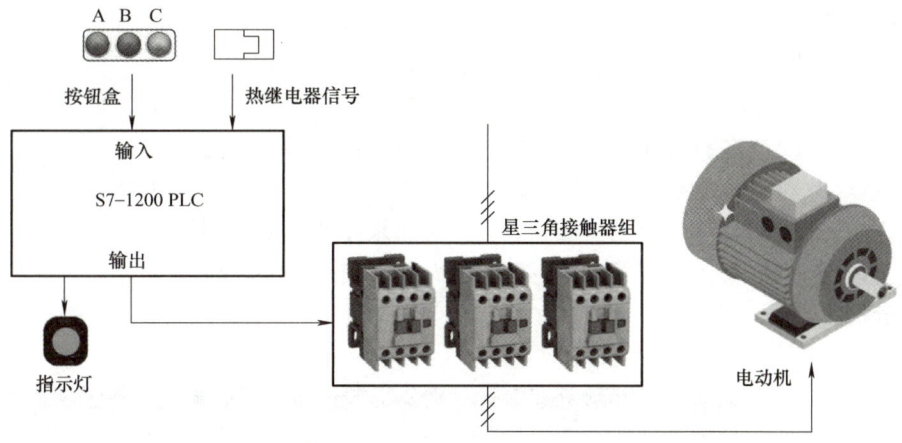

图 2-19　任务 2.2 控制示意

知识探究

2-3　数据块寻址与断电保持

2.2.1　数据块寻址与断电保持

1. 数据块寻址

数据块又称 DB 块，是用于存储大容量数据的区域。从定时器和计数器应用可以看出，每使用一个定时器或计数器，都需要相应的数据块作为其输入 / 输出存储。

数据块绝对位置寻址如图 2-20 所示，以字节为单位可以表示为 DBB0、DBB1、DBB2、DBB3 等；以字为单位可以表示为 DBW0、DBW1 等；以双字为单位可以表示为 DBD0 等；以位为单位则可以表示为 DBX4.1 或 DBX5.2 等。

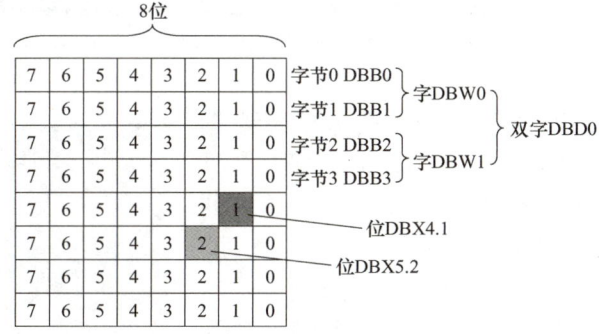

图 2-20　数据块绝对位置寻址

举例如下：

DB10.DBX4.2 表示数据块 DB10 中的第 4 个数据字节 DBB4 中的第 3 个数据位；

DB10.DBB4 表示数据块 DB10 中的第 4 个数据字节 DBB4；

DB10.DBW4 表示数据块 DB10 中的第 4 个数据字 DBW4；

DB10.DBD4 表示数据块 DB10 中的第 4 个数据双字节 DBD4。

除了绝对位置寻址，还可以采用符号寻址，如定时器数据块的输入 / 输出寻址。第 0 个数据字节为 DBB0，第 0 个数控字为 DBW0、第 0 个数据双字为 DBD0。

2. 数据块添加

在项目中添加了 S7-1200 设备之后，在项目树中此 PLC 的"程序块"下可以添加新块（见图 2-21）。

如图 2-22 所示，在打开的"添加新块"对话框中选择"数据块"。以下是对此对话框中各项配置的说明：

1）名称：此处可以输入 DB 块的符号名。如果不做更改，那么将保留系统分配的默认符号名。例如此处为 DB 块分配的符号名为"数据块_1"。

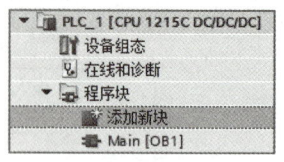

图 2-21 添加新块

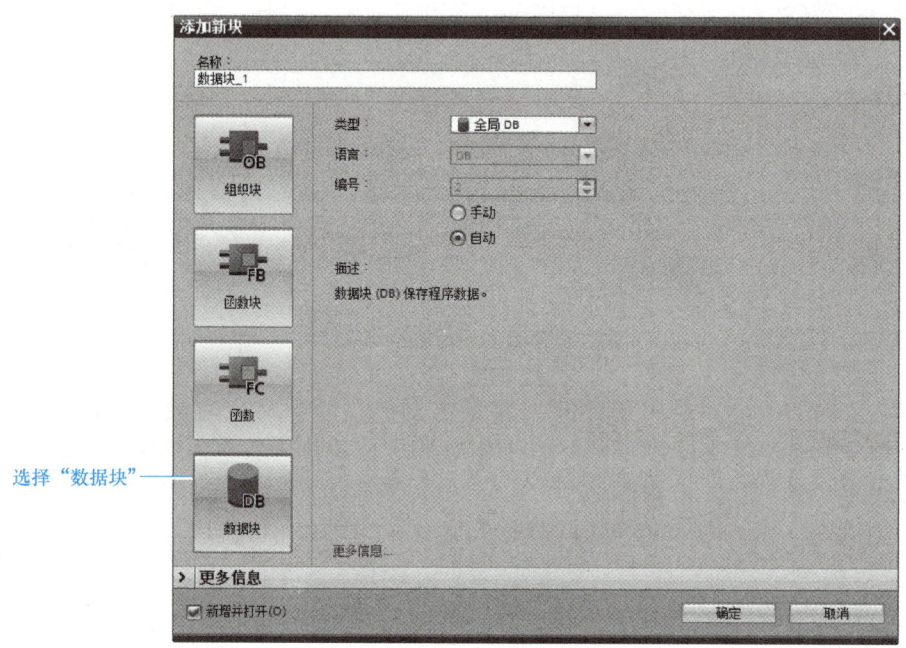

图 2-22 数据块属性选择

2）类型：此处可以通过下拉列表选择所要创建的数据块类型，即全局 DB 或背景数据块（见图 2-23）。如果要创建背景数据块，在下拉菜单中列出了此项目中已有的 FB 供用户选择。

3）语言：对于创建数据块，此处不可更改。

4）编号：默认配置为"自动"，即系统自动为所生成的数据块分配块号。当然也可以选择"手动"，则"编号"处的下拉列表变为高亮状态，以便用户自行分配 DB 块编号。

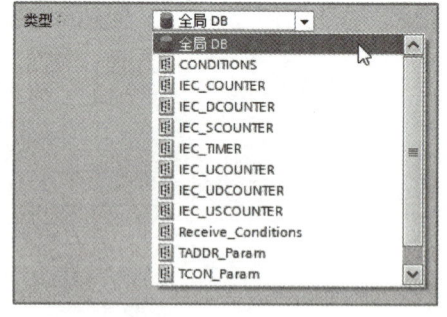

图 2-23 数据块类型

数据块新增完成后，即可进行属性查看，如图 2-24 所示，可以看到默认选项"优化的块访问"。当选择此项时，数据块中的变量仅有符号名，没有地址偏移量的信息，该数据块仅可进行符号寻址访问。选择"已优化"创建数据块可优化 CPU 对存储空间的分配及访问，提升 CPU 性能。表 2-10 所示为优化 DB 与标准 DB 之间的差异。

项目 2　PLC 控制电动机启停　67

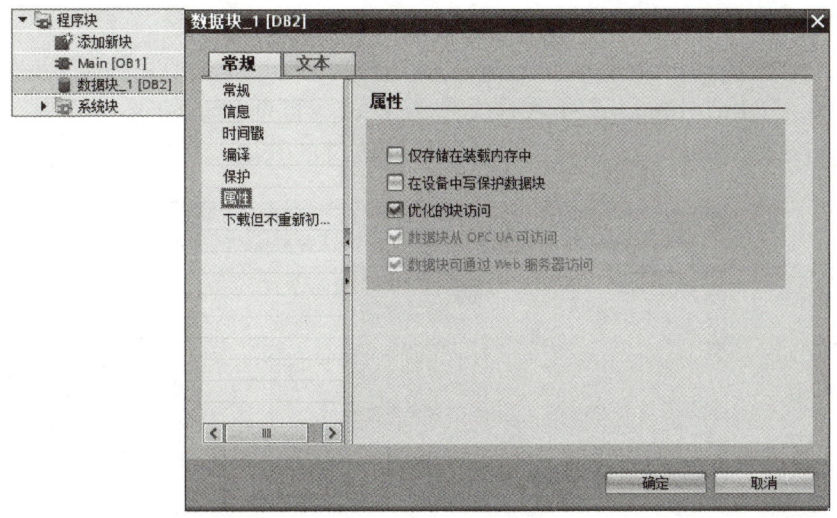

图 2-24　数据块属性

表 2-10　优化 DB 与标准 DB 之间的差异

项目	标准 DB	优化 DB
数据管理	取决于变量的声明。用户可以生成用户定义或一个内存优化的数据结构	数据被系统管理和优化。用户可以生成用户定义的数据结构，系统进行优化以节省内存的空间
存储方式	每个变量的存储地址在 DB 块中，每个变量的偏移地址可见	每个变量的存储地址由 CPU 自动分配，无偏移地址
访问方式	可通过符号地址、绝对地址以及指针方式寻址	仅可通过符号地址访问
下载无需初始化功能	不支持	支持（仅 S7-1500 PLC）
访问速度	慢	快
数据保持性	以整个 DB 块为单位设置保持性	DB 块内的每个变量均可单独设置保持性
兼容性	与 S7-300/400 PLC 兼容	与 S7-300/400 PLC 不兼容
出错概率	绝对地址访问（例如 HMI 或间接寻址），声明修改后可能导致数据的不一致	默认为符号访问，不会造成数据的不一致，例如 HMI 只与符号名称对应

标准块与优化块的存储结构如图 2-25 所示，显然优化块占据空间更小、访问速度更快。

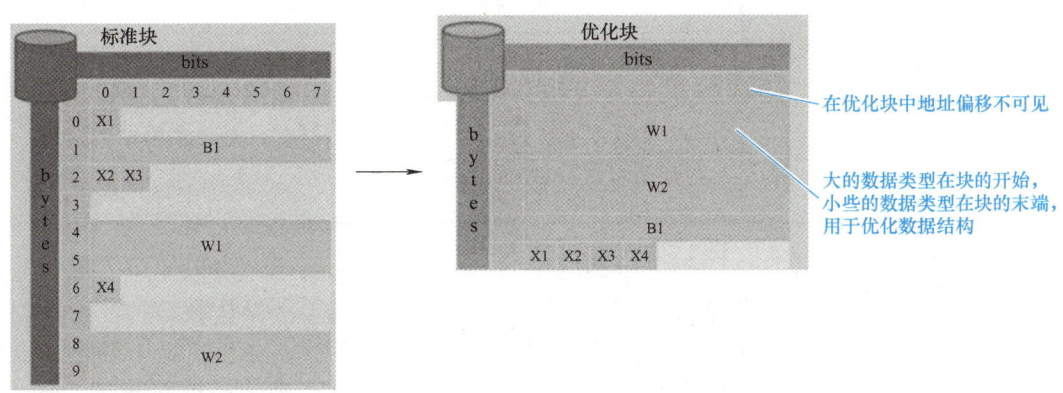

图 2-25　标准块与优化块的存储结构

3. 为数据块定义变量

双击打开数据块即可逐行添加变量，如图 2-26 所示，增加两个时间变量，即 time1 选择数据类型为 DInt，time2 选择数据类型为 Time。同时可以勾选"保持"下对应的复选框，表示该变量在断电后依然可以保持最后修改过的数值。

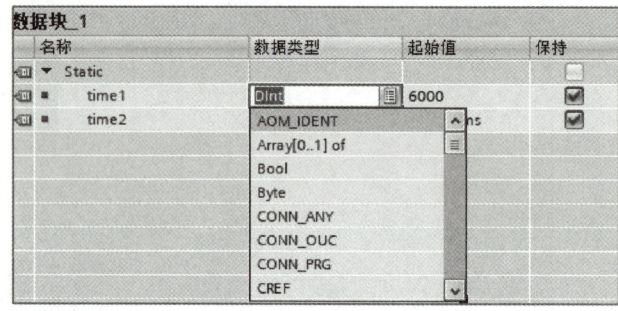

图 2-26　为数据块定义变量

2.2.2　比较、移动和交换指令

1. 比较指令

比较指令常用于工业控制中位置、数量的比较及其所引发的相关参数的控制。在梯形图指令中，比较指令就是用于两个相同数据类型的有符号数或无符号数 IN1 和 IN2 的比较判断操作，涉及的运算有"==、>=、<=、>、<、<>"等，分别表示"等于、大于或等于、小于或等于、大于、小于、不等于"，见表 2-11。比较指令是以常开触点的形式进行编程，在触点的中间用"???"注明比较参数和比较运算符，当比较的结果为真时，该触点闭合。

表 2-11　比较指令

指令	关系类型	满足以下条件时比较结果为真
─┤ == ├─ 　　???	==（等于）	IN1=IN2
─┤ <> ├─ 　　???	<>（不等于）	IN1 ≠ IN2
─┤ >= ├─ 　　???	>=（大于或等于）	IN1 ≥ IN2
─┤ <= ├─ 　　???	<=（小于或等于）	IN1 ≤ IN2
─┤ > ├─ 　　???	>（大于）	IN1>IN2
─┤ < ├─ 　　???	<（小于）	IN1<IN2

这里以"等于"比较指令为例进行编程说明。如图 2-27a 所示，可以使用"等于"指令确定第一个比较值（<操作数 1>）是否等于第二个比较值（<操作数 2>）。比较器运算指令可以通过指令右上角黄色三角的第一个选项来选择等于、大于或等于等比较器类型（见图 2-27b），也可以通过指令右下角黄色三角的第二个选项来选择数据类型，如整数（Int）、实数（Real）等（见图 2-27c）。

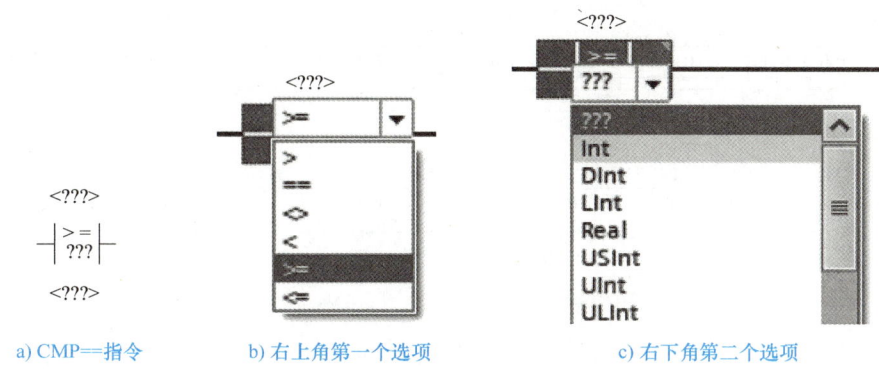

a) CMP==指令　　b) 右上角第一个选项　　c) 右下角第二个选项

图 2-27　比较器运算指令

2. 移动指令

移动指令（即 MOVE 指令）是将数据元素复制到新的存储器地址，移动过程中不更改源数据。如图 2-28 所示，可以使用 MOVE 指令将 IN 输入操作数中的内容传送给 OUT1 输出的操作数中。始终沿地址升序方向进行传送。在 MOVE 指令中，若 IN 输入端数据类型的位长度超出了 OUT1 输出端数据类型的位长度，则传送源值中多出来的有效位会丢失。若 IN 输入端数据类型的位长度小于 OUT1 输出端数据类型的位长度，则用零填充传送目标值中多出来的有效位。

在初始状态，指令框中包含 1 个输出（OUT1），可以用鼠标单击图符 ※ 扩展输出数目，可以输出多个地址 OUT1、OUT2、OUT3 等。

如果要实现块移动，则使用 MOVE_BLK 指令（见图 2-29a），即将存储区（源区域）的内容移动到其他存储区（目标区域），它使用参数 COUNT 指定待复制到目标区域中的元素个数，通过 IN 输入端的元素宽度来指定待复制元素的宽度，并按地址升序顺序执行复制操作。

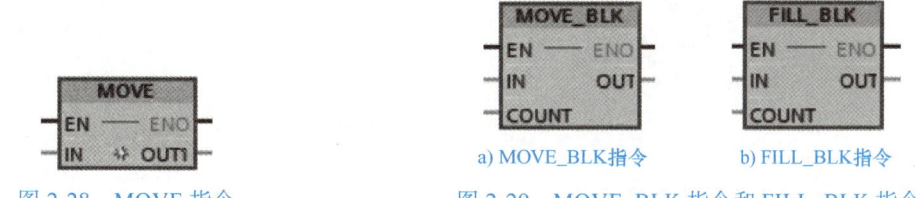

图 2-28　MOVE 指令　　　　a) MOVE_BLK 指令　　b) FILL_BLK 指令

图 2-29　MOVE_BLK 指令和 FILL_BLK 指令

如果要实现块填充，则使用 FILL_BLK 指令（见图 2-29b），用 IN 输入的值填充一个存储区域（目标区域）。将以 OUT 输出指定的起始地址，填充目标区域，实现填充块功能。它可以使用参数 COUNT 指定复制操作的重复次数。执行该指令时，将 IN 输入的值复制到目标区域，次数由 COUNT 参数指定。

3. 交换指令

交换指令（即 SWAP 指令）可以更改输入 IN 中字节的顺序，并在输出 OUT 中查询结果，实现交换功能。图 2-30 说明了如何使用交换指令交换数据类型为 DWord 的操作数的字节。

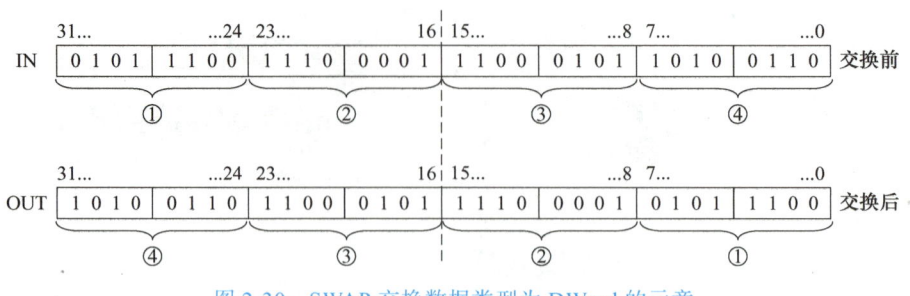

图 2-30　SWAP 交换数据类型为 DWord 的示意

2.2.3　数学运算指令

在数学运算指令中，ADD、SUB、MUL 和 DIV 分别是加、减、乘、除指令，其操作数的数据类型可选 SInt、Int、Dint、USInt、UInt、UDInt 和 Real。在运算过程中，操作数的数据类型应该相同。

1. 加法 ADD 指令

加法 ADD 指令可以从博途软件右边指令窗口的"基本指令→数学函数"中直接添加（见图 2-31a）。使用 ADD 指令，根据图 2-31b 选择的数据类型，将输入 IN1 的值与输入 IN2 的值相加，并在输出 OUT（OUT=IN1+IN2）处查询总和。

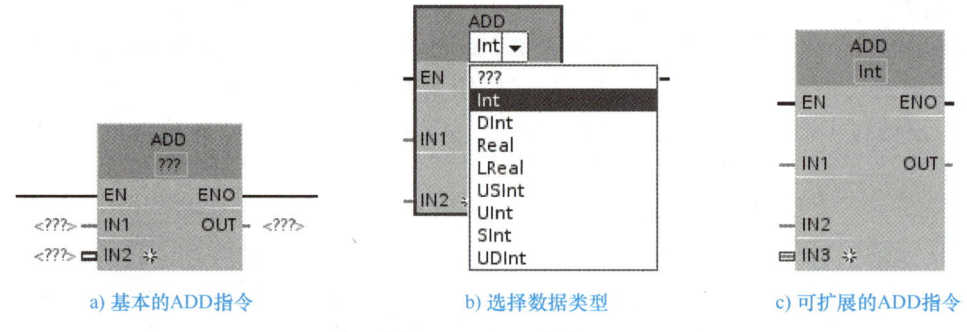

a) 基本的ADD指令　　　b) 选择数据类型　　　c) 可扩展的ADD指令

图 2-31　ADD 指令

在初始状态下，指令框中至少包含两个输入（IN1 和 IN2），可以用鼠标单击图符 扩展输入数目（见图 2-31c），在功能框中按升序对插入的输入进行编号。执行该指令时，将所有可用输入参数的值相加，并将求得的和存储在输出 OUT 中。

2. 减法 SUB 指令

如图 2-32 所示，可以使用减法 SUB 指令从输入 IN1 的值中减去输入 IN2 的值，并在输出 OUT（OUT=IN1−IN2）处查询差值。SUB 指令的参数与 ADD 指令相同。

3. 乘法 MUL 指令

如图 2-33 所示，可以使用乘法 MUL 指令将输入 IN1 的值乘以输入 IN2 的值，并在输出 OUT（OUT=IN1×IN2）处查询乘积。同 ADD 指令一样，可以在指令功能框中展开输入的数字，并在功能框中以升序对输入进行编号。

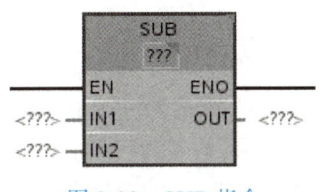
图 2-32　SUB 指令

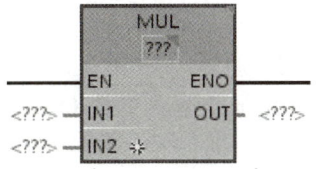
图 2-33　MUL 指令

4. 除法 DIV 和返回除法余数 MOD 指令

除法 DIV 和返回除法余数 MOD 指令如图 2-34 所示，前者是返回除法的商，后者是余数。需要注意的是，MOD 指令只有在整数相除时才能应用。

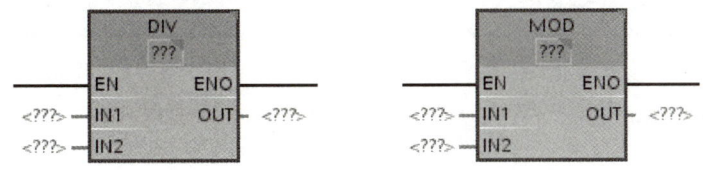
图 2-34　DIV 和 MOD 指令

除了上述运算指令，还有 NEG、INC、DEC 和 ABS 等数学运算指令，具体说明如下：

1）NEG 指令：将输入 IN 的值取反，保存在 OUT 中。
2）INC 和 DEC 指令：参数 IN/OUT 的值分别加 1 和减 1。
3）ABS 指令：求输入 IN 中有符号整数或实数的绝对值。

2.2.4　日期和时间基本指令

1. 转换时间并提取 T_CONV

使用指令 T_CONV（见图 2-35）将 IN 输入参数的数据类型转换为 OUT 上输出的数据类型。从输入和输出的指令框中选择进行转换的数据格式。表 2-12 所示是 T_CONV 的输入 / 输出含义。

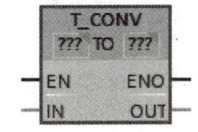
图 2-35　T_CONV 指令

表 2-12　T_CONV 的输入 / 输出含义

参数	声明	数据类型	存储区	说明
IN	Input	整数、Time、日期和时间	I、Q、M、D、L、P 或常量	要转换的值
OUT	Return	整数、Time、日期和时间	I、Q、M、D、L、P	转换结果

2. 时间相加 T_ADD

如图 2-36 所示，使用 T_ADD 指令将 IN1 输入中的时间信息加到 IN2 输入中的时间信息上，可以在 OUT 输出参数中查询结果。可以对下列格式的参数进行相加操作：将一个时间段加到另一个时间段上，如将一个 Time 数据类型加到另一个 Time 数据类型上；也可以将一个时间段加到某个时间上，如将一个 Time 数据类型加到 DTL 数据类型上。

在输入和输出的指令框中选择即可定义输入参数 IN1 和输出参数 OUT 中的值对应的数据类型。在 IN2 输入参数中，只能指定 Time 格式的时间信息。

3. 时间相减 T_SUB

如图 2-37 所示，使用 T_SUB 指令将 IN1 输入参数中的时间值减去 IN2 输入参数中的时间值，可通过输出参数 OUT 查询差值。可以对下列格式的参数进行相减操作：将时间段减去另一个时间段，如将数据类型为 Time 的时间段减去数据类型为 Time 的另一个时间段；也可以从某个时间中减去时间段，如将数据类型为 Time 的时间段减去数据类型为 DTL 的时间。结果可输出到 DTL 格式的变量中。

图 2-36　T_ADD 指令

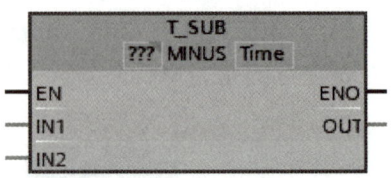
图 2-37　T_SUB 指令

任务实施

2-4　电动机延时记忆控制

2.2.5　PLC I/O 分配和控制电路接线

分析三相电动机的星三角启动过程，可以选择西门子 CPU 1215C DC/DC/DC，且外接启动按钮、停止按钮、时间+按钮、热继电器故障信号等 4 个输入，并外接指示灯 HL1、控制接触器 KM1～KM3 的中间继电器 KA1～KA3 等 4 个输出。表 2-13 所示是电动机星三角启动的输入/输出分配表。

表 2-13　电动机星三角启动的输入/输出分配表

输入	功能	输出	功能
I0.0	SB1/ 停止按钮（NC）	Q0.0	HL1/ 指示灯
I0.1	SB2/ 启动按钮（NO）	Q0.1	KA1/ 控制主接触器 KM1
I0.2	SB3/ 时间+按钮（NO）	Q0.2	KA2/ 控制三角形接触器 KM2
I0.3	FR1/ 热继电器故障信号（NC）	Q0.3	KA3/ 控制星形接触器 KM3

图 2-38 所示为 PLC 电气接线示意。从图中可以看出，这里选择接触器的线圈电压仍为 AC 220V，如果为 AC 380V，则更改进线电源 L1/N 为 L1/L2；采用中间继电器 KA1～KA3 分别来控制接触器 KM1～KM3。

2.2.6　PLC 梯形图编程

按照如下步骤进行 PLC 梯形图编程。
1）创建新项目（命名任务 2.2）。
2）设备组态（选择 CPU 1215C DC/DC/DC）。
3）硬件配置（IP 地址设置、启用系统和时钟存储器等）。
4）变量定义，如图 2-39 所示，定义变量，包括输入、输出变量。

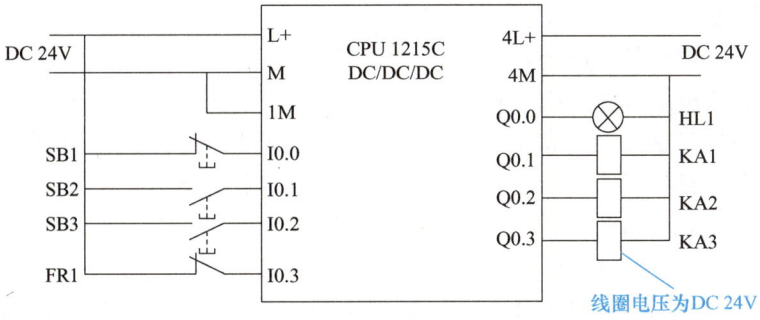

a) 控制电路图

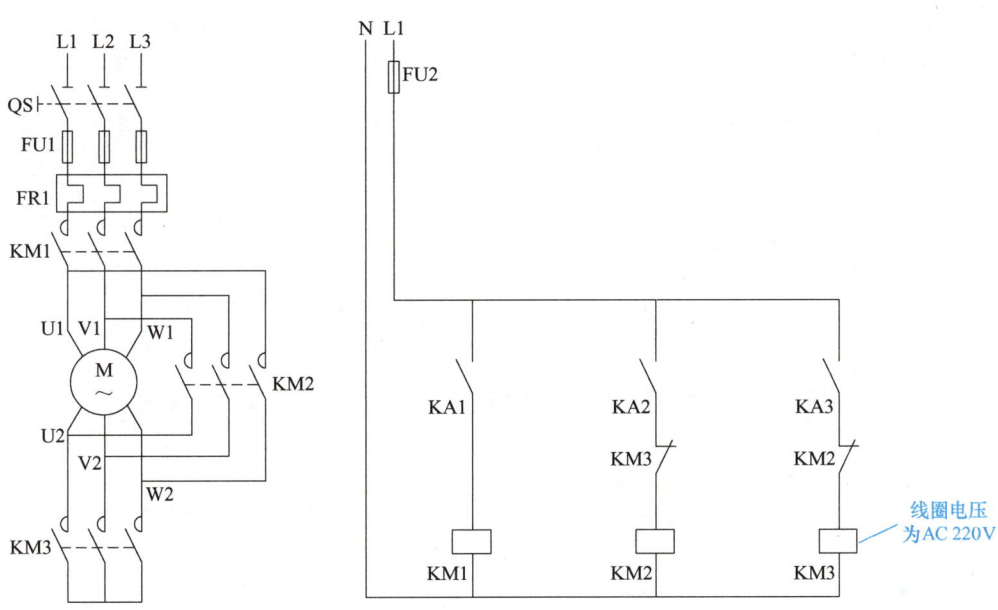

b) 主电路图

图 2-38 电气接线示意

名称	变量表	数据类型	地址
SB1停止按钮	默认变量表	Bool	%I0.0
SB2启动按钮	默认变量表	Bool	%I0.1
SB3时间+按钮	默认变量表	Bool	%I0.2
FR1热继电器	默认变量表	Bool	%I0.3
HL1故障指示灯	默认变量表	Bool	%Q0.0
KA1控制主接触器	默认变量表	Bool	%Q0.1
KA2控制三角形接触器	默认变量表	Bool	%Q0.2
KA3控制星形接触器	默认变量表	Bool	%Q0.3
上升沿变量	默认变量表	Bool	%M10.0

图 2-39 变量说明

5）添加数据块，创建两个变量 time1 和 time2（见图 2-40），进行初始值设定（即 6000），同时需要勾选"保持"复选框以确保断电保持功能。

数据块_1			
名称	数据类型	起始值	保持
▼ Static			
time1	DInt	6000	☑
time2	Time	T#6000ms	☑

断电保持

图 2-40 创建变量

6）梯形图编程。

图 2-41 所示为梯形图，程序解释如下：

程序段 1：电动机主接触器自锁回路，启动按钮与主接触器的触点信号形成自锁，在按下停止按钮或热继电器故障动作时，自锁解除。在延时未到时，星形接触器动作，实施星形运行。为确保星形接触器和三角形接触器切换不出故障，控制电路中需要进行信号互锁。

程序段 2：当主接触器闭合时，开始延时，在延时到了之后，实施三角形运行。

程序段 3：SB3 时间＋按钮动作，进行数据计算，即动作一次，加 1s（即 1000ms），当超过 9000ms 时自动变为 3000ms（即用 MOVE 指令）。注意这里要采用按钮的上升沿脉冲进行动作。

程序段 4：通过 T_CONV 指令实现数据块 _1 中 time1 和 time2 的数据类型转换。

程序段 5：当热继电器动作时，与时钟存储器 M0.5 进行串联，进行故障闪烁指示。

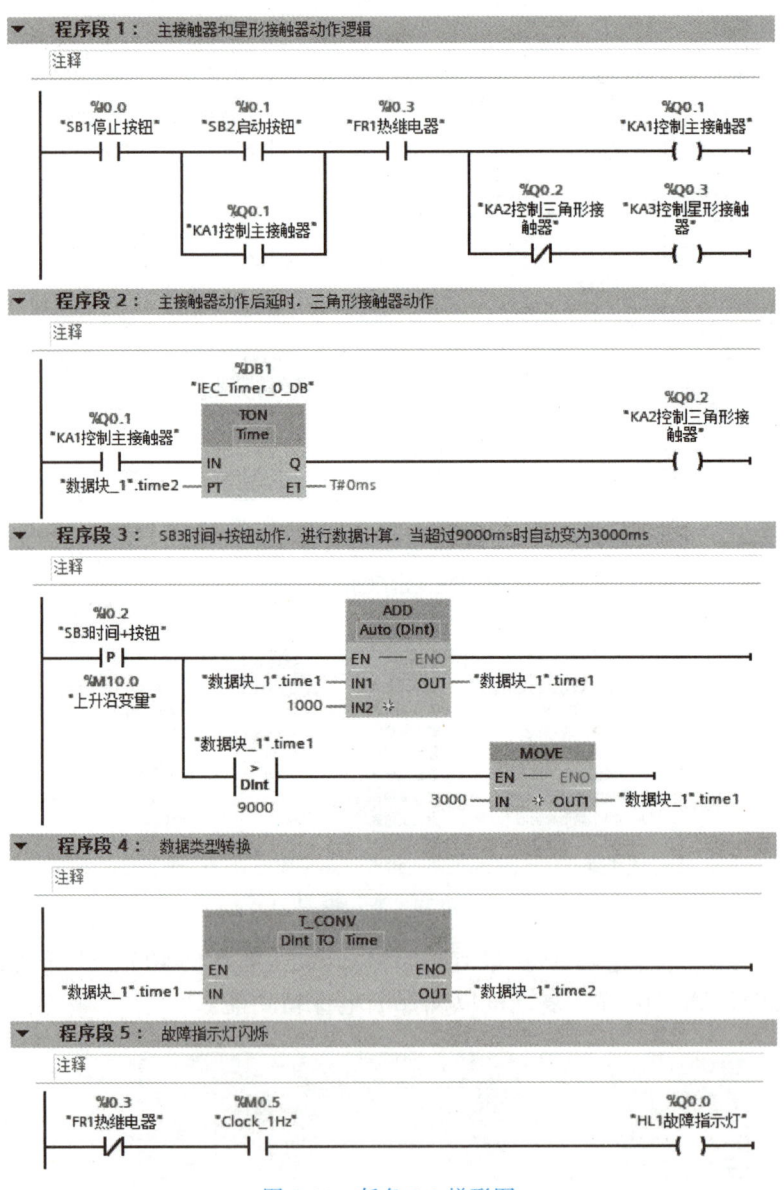

图 2-41　任务 2.2 梯形图

2.2.7 调试与监控

将 PLC 程序下载后，先用 SB3 进行相应时间调整，从默认的 6s 调整至 5s。并分两种情况进行监控：图 2-42a 所示为启动按钮动作后，主接触器和星形接触器为 ON，此时定时器开始计时；计时到设定值后，就到了图 2-42b 所示的状态，三角形接触器为 ON，而星形接触器为 OFF。

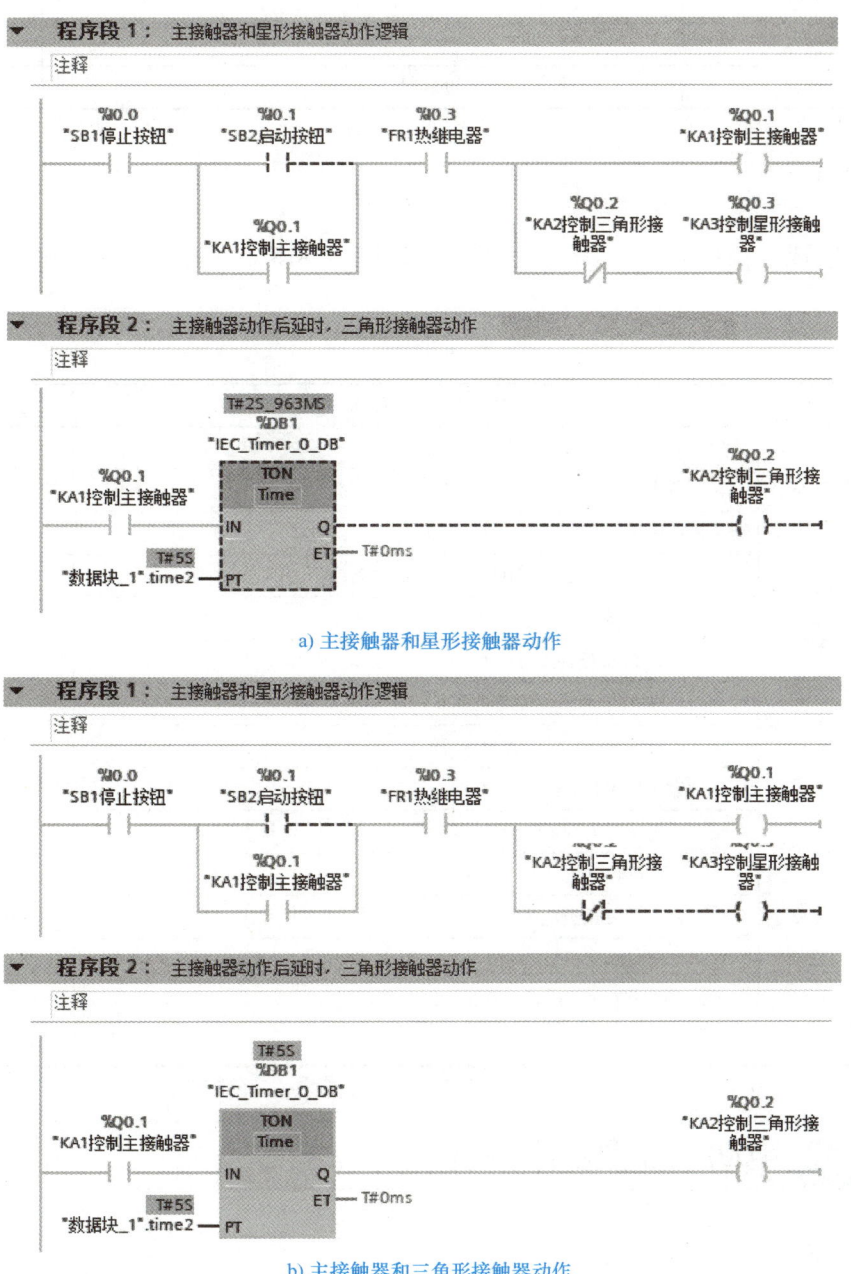

a) 主接触器和星形接触器动作

b) 主接触器和三角形接触器动作

图 2-42 梯形图定时监控

任务记录

根据任务实施的情况，如实填写表 2-14 所示的任务 2.2 实施记录表。

表 2-14　任务 2.2 实施记录表

任务实施步骤	实际执行情况说明	计划时间 /min	实际时间 /min
PLC I/O 分配			
控制电路接线			
PLC 梯形图编程			
调试与监控			

任务评价

按要求完成考核任务 2.2，评分标准见表 2-15，具体配分可以根据实际考评情况进行调整。

表 2-15　评分标准

序号	考核项目	考核内容及要求	配分	得分
1	职业素养	遵守安全操作规程，落实安全措施 认真负责，团结合作，对实操任务充满热情 正确认识我国新能源汽车发展进程	15%	
2	系统方案制定	能区分传统定时器电路图与 PLC 控制电路图 PLC 控制方案合理	15%	
3	编程能力	独立完成 PLC 硬件配置 独立完成 PLC 梯形图编程	25%	
4	操作能力	根据电气图正确接线，美观且可靠 正确输入程序并进行程序调试 根据系统功能进行正确操作演示	20%	
5	实践效果	系统工作可靠，满足工作要求 PLC 定时器使用规范 按规定的时间完成任务	15%	
6	创新实践	在本任务中有另辟蹊径、独树一帜的实践内容	10%	
		合计	100%	

任务 2.3　电动机往复步序控制

任务描述

图 2-43 所示是电动机往复步序控制示意图，物品放置在输送带上，通过电动机可

以进行往复运行,两边各安装有光电开关,左边为光电开关 L,右边为光电开关 R。操控面板含 4 个选择开关(SA1 ～ SA4)、2 个按钮(SB1 和 SB2)和 2 个指示灯(HL1 和 HL2)。任务要求如下:

1) 选择开关 SA1 用来选择自动或手动,手动 OFF、自动 ON。选择手动时,在未触及光电开关的情况下,可以用 SB1(左行)、SB2(右行)点动运行电动机。

2) 选择开关 SA2、SA3 和 SA4 组成输送带往复次数设定值(1 ～ 7 次),即二进制 001 ～ 111。

3) 在 SA1=ON 情况下,按下 SB1 按钮后,读取往复次数设定值,输送带带动物品按照 SA1 先左向运行,遇到左光电开关感应停留 4s 后,折回运行至右侧的光电开关,这样往返计为一次。按照设定的计数值,如果已经达到,则停留在该光电开关处;如果没有达到,则停留 4s 后,继续执行下一次运行。在运行过程中,切换 SA2 ～ SA4,不改变任何运行过程,只有等下一次 SB1 动作时,才执行新的次数设置。

4) 在 SA1=ON 情况下,SB2 是停止按钮,按下该按钮后,将停止所有流程,并清除已经往复运行的次数。等按下 SB1 时,按照全新的流程进行。当 SA1 从 ON 切换到 OFF 时,也进行类似清零动作。

5) HL1 是左右行指示,其中左行为点亮、右行为闪烁;HL2 是执行完指示,等所有次数执行完毕后,该指示灯点亮。

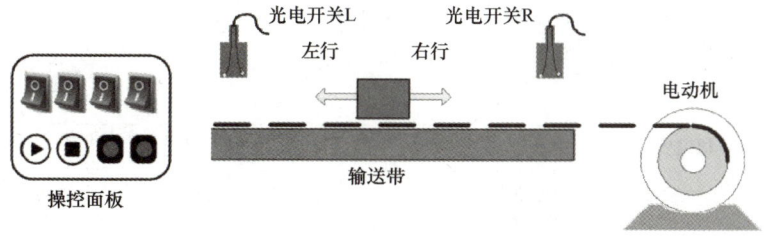

图 2-43　任务 2.3 控制示意

知识探究

2.3.1 移位、循环和字逻辑运算指令

1. 移位和循环指令

移位指令可以将输入参数 IN 中的内容向左或向右逐位移动。循环指令可以将输入参数 IN 中的全部内容循环地逐位左移或右移,空出的位用输入 IN 移出位的信号状态填充。该指令可以对 8、16、32 及 64 位的字或整数进行操作。移位和循环指令与说明见表 2-16。

表 2-16　移位和循环指令与说明

指令	说明
SHR	右移
SHL	左移
ROR	循环右移
ROL	循环左移

字移位指令移位的范围为 0～15，双字移位指令移位的范围为 0～31，长字移位指令移位的范围为 0～63。对于字、双字和长字移位指令，移出的位信号丢失，移空的位使用 0 补足。例如将一个字左移 6 位，移位前后位排列次序如图 2-44 所示。

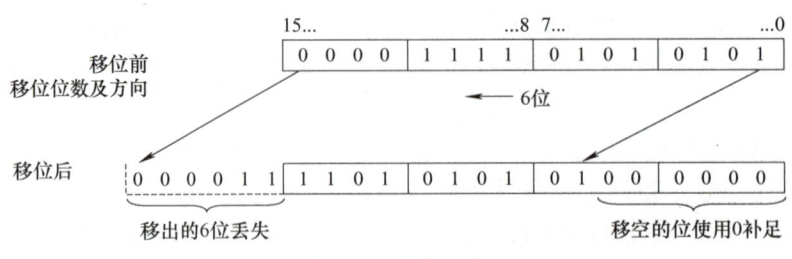

图 2-44　左移 6 位

带有符号位的整数移位范围为 0～15；双整数移位范围为 0～31；长整数移位指令移位的范围为 0～63。移位方向只能向右，移出的位信号丢失，移空的位使用符号位补足。如果整数为负值，符号位为 1；如果整数为正值，符号位为 0。例如将一个整数右移 4 位，移位前后位排列次序如图 2-45 所示。

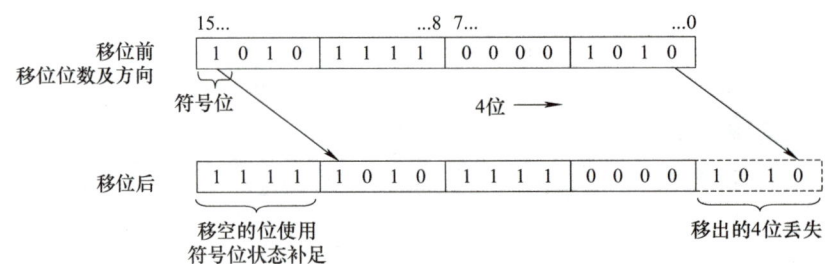

图 2-45　右移 4 位

2. 字逻辑运算指令

字逻辑指令可以对 Byte（字节）、Word（字）、DWord（双字）或 LWord（长字）逐位进行"与"（AND）、"或"（OR）、"异或"（XOR）等逻辑运算操作。

"与"操作可以判断两个变量在相同的位数上有多少位为 1，通常用于变量的过滤，如一个字变量与常数 W#16#00FF 相"与"，则可以将字变量中的高字节过滤为 0；"或"操作可以判断两个变量中为 1 位的个数；"异或"操作可以判断两个变量有多少位不相同。

图 2-46 所示为 AND 指令示意，它是将输入 IN1 的值和输入 IN2 的值按位进行"与"运算，并在输出 OUT 中查询结果。执行该指令时，输入 IN1 的值的位 0 和输入 IN2 的值的位 0 进行"与"运算，结果存储在输出 OUT 的位 0 中。对指定值的所有其他位都执行相同的逻辑运算。可以在指令功能框中展开输入的数字，在功能框中以升序对输入进行编号。指令执行时，将对所有可用输入参数的值进行"与"运算，结果存储在输出 OUT 中。只有该逻辑运算中的两个位的信号状态均为"1"时，结果位的信号状态才为"1"。如果该逻辑运算的两个位中有一个位的信号状态为"0"，则对应的结果位将复位。表 2-17 所示是 AND 指令参数说明。

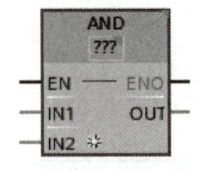

图 2-46　AND 指令

表 2-17　AND 指令参数说明

参数	声明	数据类型	存储区	说明
EN	Input	Bool	I、Q、M、D、L 或常量	使能输入
ENO	Output	Bool	I、Q、M、D、L	使能输出
IN1	Input	位字符串	I、Q、M、D、L、P 或常量	逻辑运算的第一个值
IN2	Input	位字符串	I、Q、M、D、L、P 或常量	逻辑运算的第二个值
INn	Input	位字符串	I、Q、M、D、L、P 或常量	其值要进行逻辑组合的其他输入
OUT	Output	位字符串	I、Q、M、D、L、P	指令的结果

2.3.2　步序控制设计法

步序控制设计法是一种按工艺流程图进行编程的图形化编程思路，在部分 PLC 中也是一种编程语言，在 PLC 各领域中应用广泛。在生产过程中，各执行机构按照生产工艺中预先设定的动作顺序以及相应的转换条件，自动有序的过程就可以采用步序控制设计。这样一来，控制系统的任一程序步的得电，必须以前一步的得电并且本步的转换主令信号已发出为条件，如果前一步动作未完成，后一步动作就无法进行，不会导致动作顺序错乱。

采用步序控制设计法编程的优点是：

1）在程序中可以直观地看到设备的动作顺序，程序的规律性较强，容易读懂。

2）在设备发生故障时能很容易找出故障所在位置。

3）不需要复杂的互锁电路，更容易设计和维护系统。

步序控制的标准结构是状态或步 + 该步工序中的动作或命令 + 有向连接 + 转换和转换条件，如图 2-47 所示。

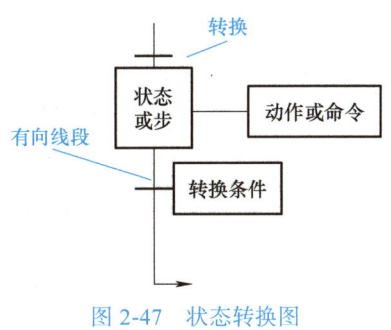

图 2-47　状态转换图

步的划分是分析被控对象的工作过程及控制要求，将系统的工作过程划分成若干个阶段，这些阶段称为"步"。转换条件的确定是使系统从当前步进入下一步的条件，常见的转换条件有按钮、行程开关、定时器和计数器的触点的动作（通/断）等。步序控制设计规则是从初始状态或步开始执行，当每步的转换条件成立时，就由当前状态或步转为执行下一步，最后结束所有状态或步的运行。

图 2-48 所示是机械手工作示意图。若原点条件满足且工位 A 处有工件，按下启动按钮，机械手将按照"原点（见图 2-48a）→下降→夹紧（见图 2-48b）→上升（见图 2-48c）→右移（见图 2-48d）→下降（见图 2-48e）→放松→上升（见图 2-48f）→左移→原点（见图 2-48g）"的步骤进行。

使用步序控制设计法编程将机械手控制要求分为初始步、机械手下降、夹紧工件、机械手上升、机械手右行、机械手下降、松开工件、机械手上升、机械手左行等九个工作状态（或步），从一个工作状态（或步）到另一个工作状态（或步）通过满足转换条件来实现转移，具体如图 2-49 所示。

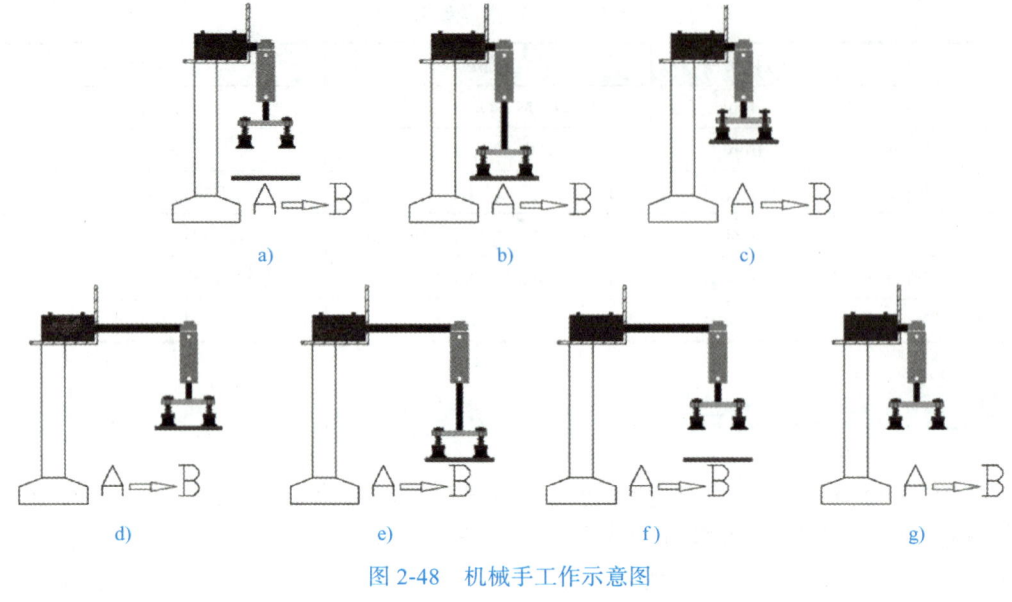

图 2-48 机械手工作示意图

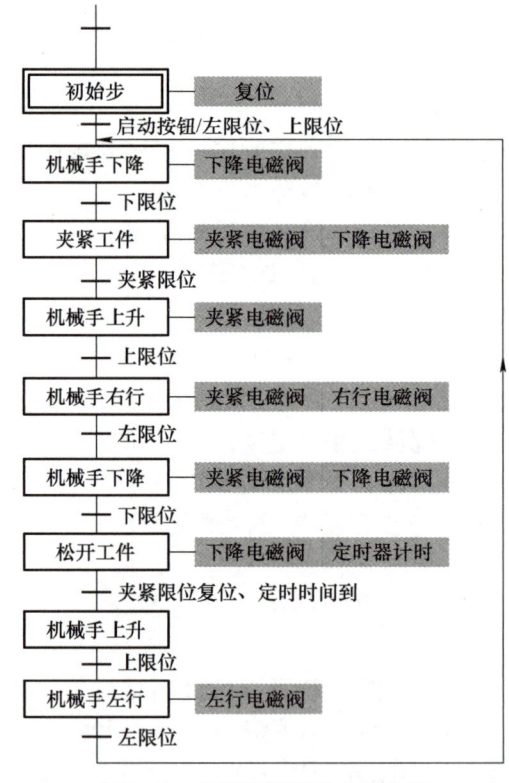

图 2-49 步序控制设计方法实例

2.3.3 读取相关 CPU 信息

在博途软件中新建项目，添加新的 DB 块，在 DB 块中建立变量"类型"和"数据"。其中"类型"数据类型为 UInt，起始值设为 0。"数据"数据类型为 IM0_Data，该数据类型需要手动输入，然后按 <Enter> 键生效，用来存储读取的信息，如图 2-50 所示。

在主程序中添加指令 Get_IM_Data，该指令位于"扩展指令"中的"诊断"文件夹下，如图 2-51 所示。

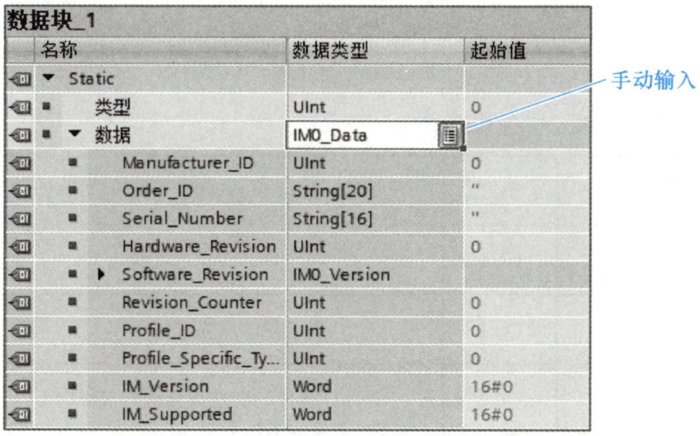

图 2-50　数据类型输入 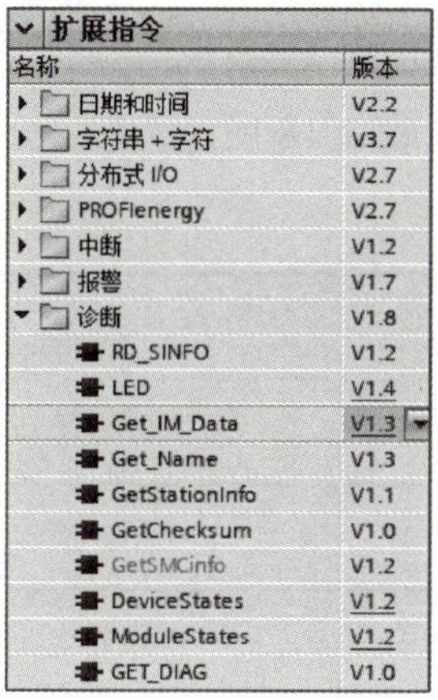　　　　　　　　　图 2-51　Get_IM_Data 指令

在图 2-52 所示的调用指令 Get_IM_Data 语句中，LADDR 为硬件标识符，可在 PLC 默认变量表中系统常量下查看；IM_TYPE 和 DATA 则是数据块中定义的两个变量："数据块 _1".类型、"数据块 _1".数据。编译下载程序，在线监视 DB 块中"数据"变量，如图 2-53 所示，其中 Serial_Number 为 CPU 序列号，此外还可以从变量中看到订货号、硬件版本号、固件版本等信息。

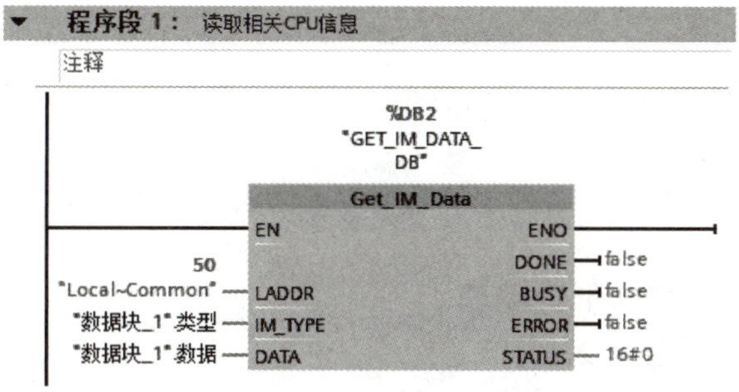

图 2-52　调用指令 Get_IM_Data

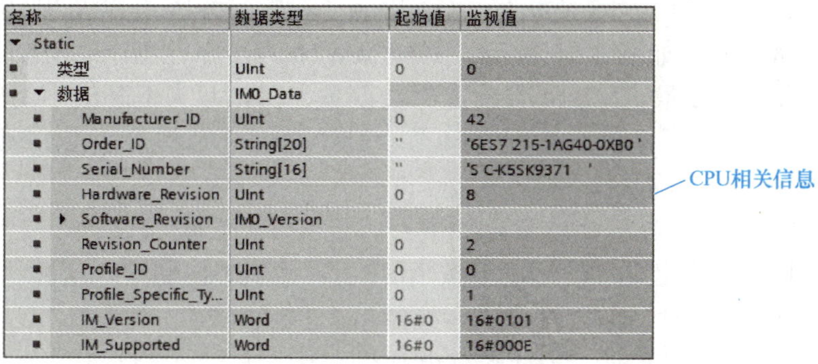

图 2-53　监控 DB 块信息

任务实施

2.3.4 PLC I/O 分配与外围电路接线

表 2-18 所示为输入 / 输出定义。

表 2-18 输入 / 输出定义

输入	功能	输出	功能
I0.0	SA1/ 手动 OFF_ 自动 ON	Q0.0	HL1/ 左右行指示
I0.1	SA2/ 次数设定二进制位 1	Q0.1	HL2/ 完成指示
I0.2	SA3/ 次数设定二进制位 2	Q0.2	KA1/ 控制左行接触器 KM1
I0.3	SA4/ 次数设定二进制位 3	Q0.3	KA2/ 控制右行接触器 KM2
I0.4	SB1/ 按钮 1（NO）		
I0.5	SB2/ 按钮 2（NO）		
I0.6	SQ1/ 光电开关 L（NO）		
I0.7	SQ2/ 光电开关 R（NO）		

图 2-54 所示为 PLC 原理图与主电路图。

2.3.5 PLC 梯形图编程

按照如下步骤进行 PLC 梯形图编程。
1）创建新项目（命名任务 2.3）。
2）设备组态（选择 CPU 1215C DC/DC/DC）。
3）硬件配置（IP 地址设置、启用系统和时钟存储器等）。
4）变量定义。根据表 2-18 所示的 I/O（输入 / 输出）分配表以及程序设计中需要用到的变量进行变量定义，如图 2-55 所示，其中 MW10 为步序控制字，MB12 为实际次数，MB13 为设定次数中间变量，MB14 为设定次数变量，M15.0 为下降沿中间变量。
5）程序编写。分为手动和自动两个环节，其中自动环节按照表 2-19 所示进行编写。步序控制流程如图 2-56 所示。

梯形图如图 2-57 所示，程序段解释如下：
程序段 1：上电初始化或自动情况下按下 SB2 清零步序控制字、实际次数。当选择开关 SA1 从 ON 拨到 OFF 时，也要清零步序控制字、实际次数。
程序段 2：当 SA1=OFF 时，手动控制电动机左行、右行。
程序段 3：当 SA1=ON 时进入自动状态，按下 SB1 即进入步序控制字 1 状态。

项目 2　PLC 控制电动机启停

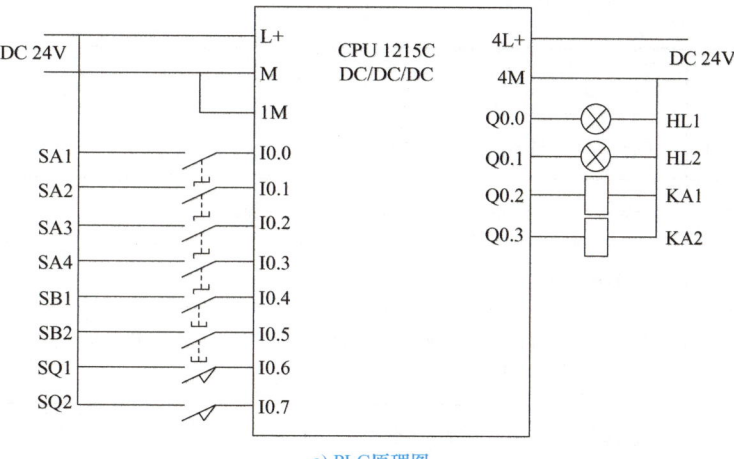

a) PLC 原理图

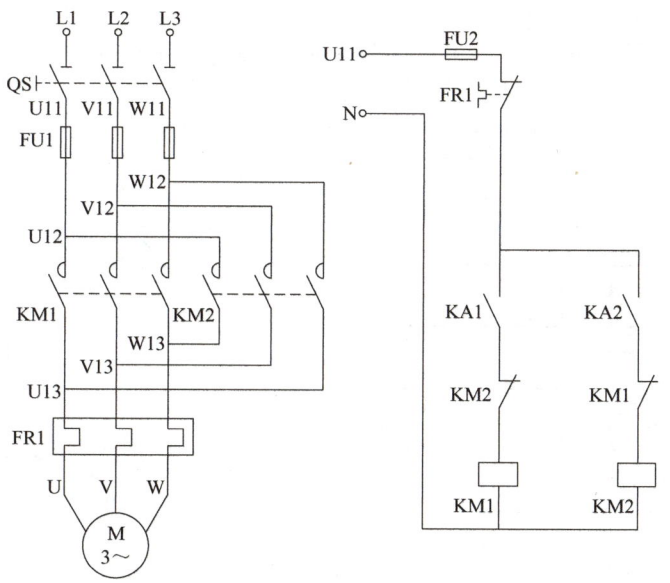

b) 主电路图

图 2-54　PLC 原理图与主电路图

名称	变量表	数据类型	地址
字节IB0	默认变量表	Byte	%IB0
SA1 手动OFF_自动ON	默认变量表	Bool	%I0.0
SA2次数设定二进制位1	默认变量表	Bool	%I0.1
SA3次数设定二进制位2	默认变量表	Bool	%I0.2
SA4次数设定二进制位3	默认变量表	Bool	%I0.3
SB1按钮1	默认变量表	Bool	%I0.4
SB2按钮2	默认变量表	Bool	%I0.5
SQ1光电开关L	默认变量表	Bool	%I0.6
SQ2光电开关R	默认变量表	Bool	%I0.7
HL1左右行指示	默认变量表	Bool	%Q0.0
HL2完成指示	默认变量表	Bool	%Q0.1
KA1控制左行接触器	默认变量表	Bool	%Q0.2
KA2控制右行接触器	默认变量表	Bool	%Q0.3
步序控制字	默认变量表	Int	%MW10
实际次数	默认变量表	SInt	%MB12
设定次数中间变量	默认变量表	Byte	%MB13
设定次数变量	默认变量表	Byte	%MB14
下降沿中间变量	默认变量表	Bool	%M15.0

图 2-55　变量说明

表 2-19 步序状态与动作

状态	变量	转换条件与执行动作
步序 0	MW10=0	按下 SB1 即进入步序控制字 1 状态
步序 1	MW10=1	先向左行,达到左边感应开关时,进入步序控制字 2 状态
步序 2	MW10=2	定时 4s,进入步序控制字 3 状态
步序 3	MW10=3	右行达到右边感应开关时,进行计数,并判断是否达到设定值。如果未达到设定值,则进入步序 4;如达到则进入步序 6
步序 4	MW10=4	定时 4s,进入步序控制字 1 状态
步序 6	MW10=6	输出完成指示

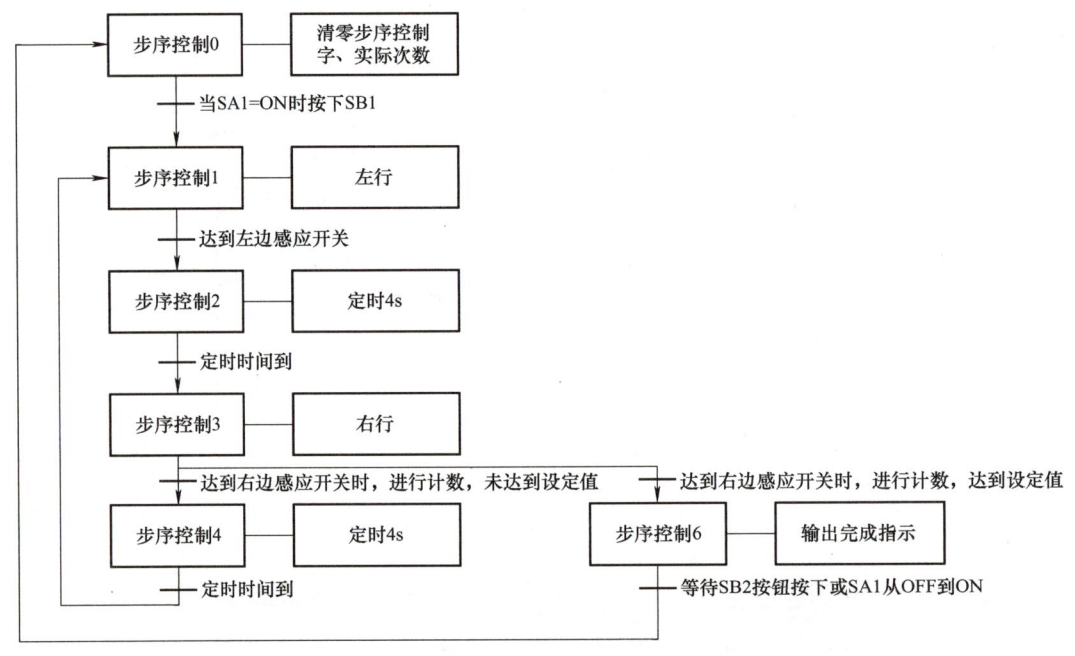

图 2-56 步序控制流程

程序段 4:自动状态时,步序控制字 1 状态下,先向左行,达到左边感应开关时,进入步序控制字 2 状态。

程序段 5:自动状态时,步序控制字 2 状态下,定时 4s,进入步序控制字 3 状态。

程序段 6:自动状态时,步序控制字 3 状态下,右行达到右边感应开关时,进行计数,并判断是否达到设定值。如果未达到设定值,则进入步序 4;如达到则进入步序 6。

程序段 7:自动状态时,步序控制字 4 状态下,定时 4s,进入步序控制字 1 状态。

程序段 8:自动状态时,步序控制字 6 状态下,输出完成指示。

程序段 9:左行右行指示灯输出。

图 2-57 梯形图程序

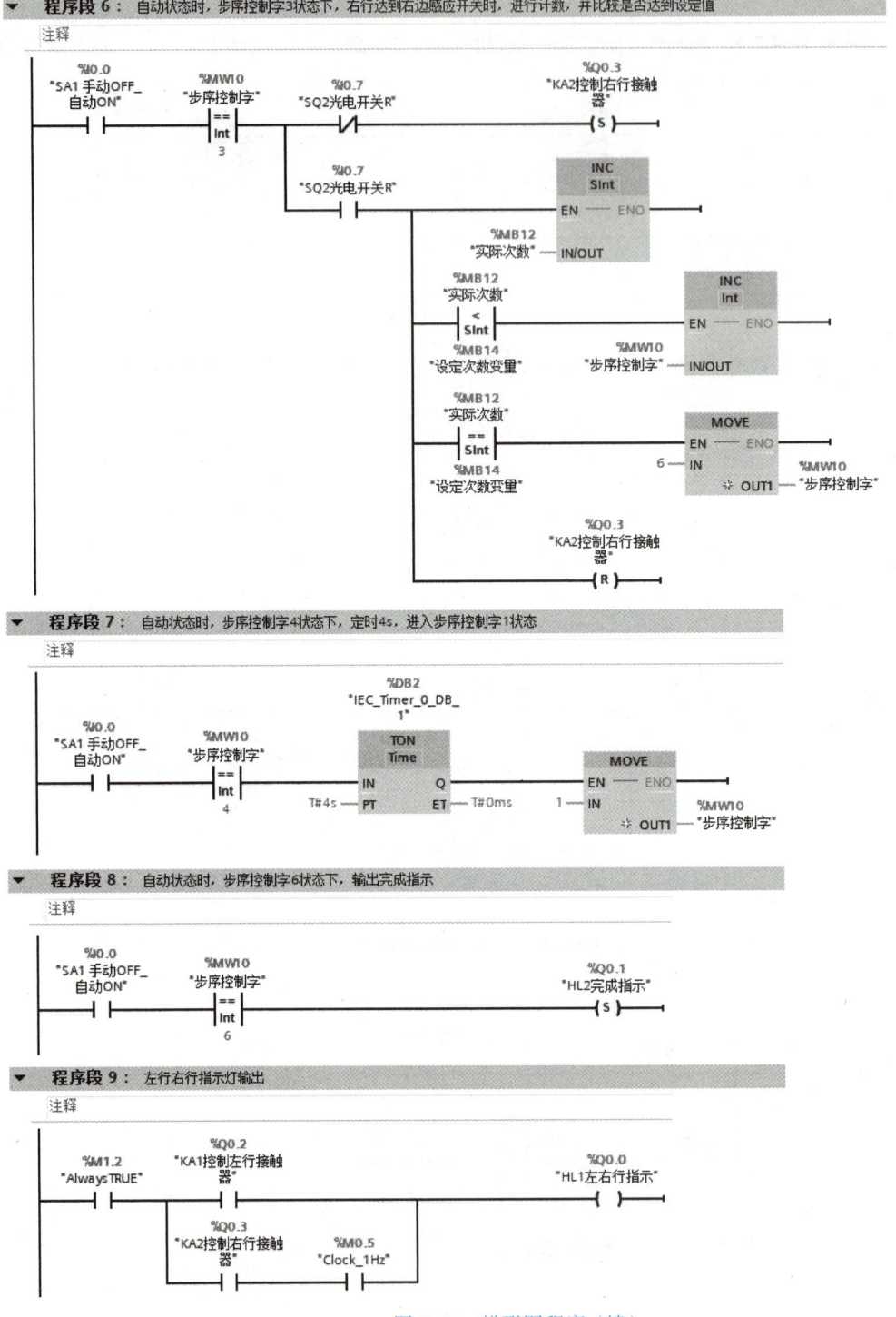

图 2-57 梯形图程序（续）

2.3.6　S7-1200 PLC 恢复出厂设置

打开博途软件，填写项目名称、路径等信息，创建 PLC 新项目。创建完成后，单击"打开项目视图"找到"在线访问"（见图 2-58），找到连接 PLC 使用的网卡，然后单击

"更新可访问的设备"。

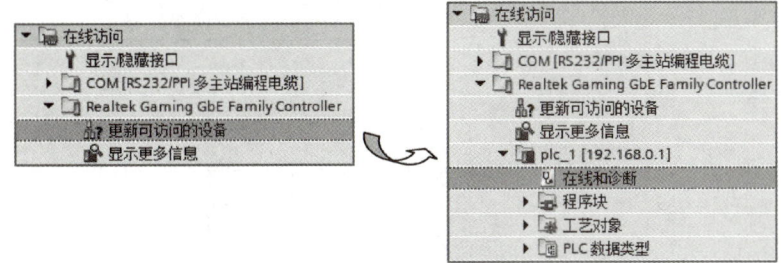

图 2-58　在线访问

找到需要复位的 PLC，单击其下的"在线和诊断"，在弹出的对话框中可以找到该 PLC 的常规信息（见图 2-59），如 PLC 名称、订货号、固件版本等。

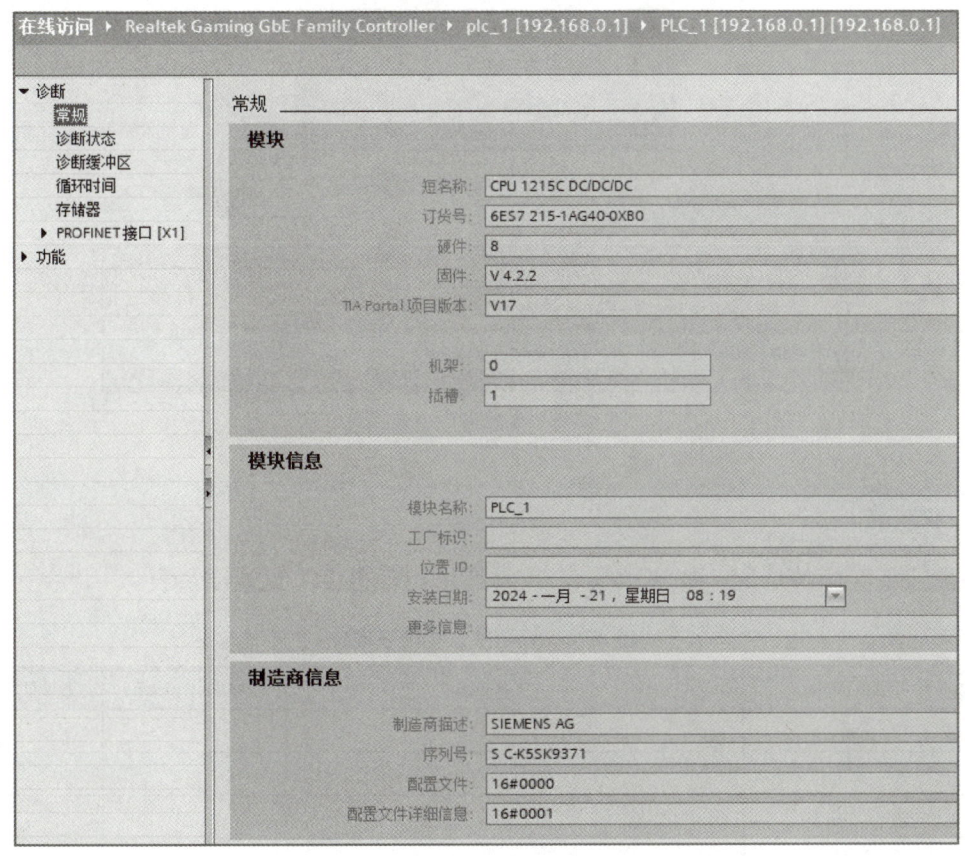

图 2-59　常规信息

在"功能"菜单下选择"复位为出厂设置"，如图 2-60 所示，可以选择"保持 IP 地址"或"删除 IP 地址"。单击"复位"按钮后，就会出现图 2-61 所示的在线与诊断功能提示，然后按提示复位该模块。复位完成后，马上出现相关的恢复出厂设置消息（见图 2-62），即输出栏与状态栏均会提示"模块已复位"，至此 PLC 恢复为出厂设置。若是在复位过程中提示输入密码，则该 PLC 存在密码，在不知道密码的情况下可以使用存储卡的方式来复位。

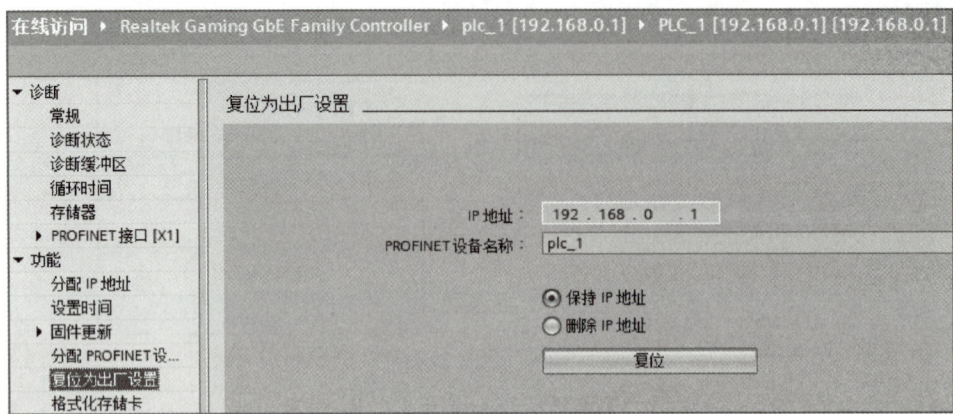

图 2-60 复位为出厂设置

图 2-61 在线与诊断功能提示

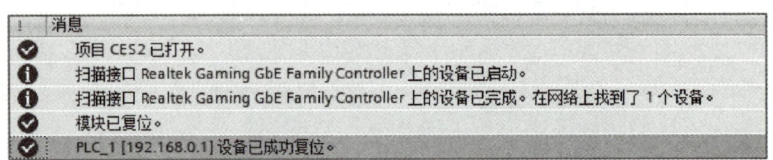

图 2-62 恢复出厂设置消息

任务记录

根据任务实施的情况，如实填写表 2-20 所示的任务 2.3 实施记录表。

表 2-20 任务 2.3 实施记录表

任务实施步骤	实际执行情况说明	计划时间 /min	实际时间 /min
PLC I/O 分配			
外围电路接线			
步序控制流程图绘制			
PLC 梯形图编程			
调试与监控			
S7-1200 PLC 恢复出厂设置			

任务评价

按要求完成考核任务 2.3，评分标准见表 2-21，具体配分可以根据实际考评情况进行调整。

表 2-21 评分标准

序号	考核项目	考核内容及要求	配分	得分
1	职业素养	遵守安全操作规程，落实安全措施	15%	
		认真负责，团结合作，对实操任务充满热情		
		正确认识我国汽车工业发展史		
2	系统方案制定	PLC 控制方案合理	20%	
		正确采用步序控制流程		
		PLC 控制电路图正确		
3	编程能力	独立完成 PLC 硬件配置	15%	
		充分体验复杂逻辑并进行编程		
4	操作能力	根据电气图正确接线，美观且可靠	20%	
		正确指出监控中的步序控制字变化规律		
		根据系统功能进行正确操作演示		
5	实践效果	系统工作可靠，满足工作要求	20%	
		步序控制字变化符合要求		
		按规定的时间完成任务		
6	创新实践	在本任务中有另辟蹊径、独树一帜的实践内容	10%	
		合计	100%	

拓展阅读

汽车是现代工业技术集大成者，也是公认的最能体现国家制造实力的重要标志之一。近年来，我国将汽车产业列入新战略重点突破的领域，在汽车制造中实现生产智能化和高度自动化，有力推动"中国制造"向"中国智造"迈进。目前我国已经是全球最大的汽车生产国、消费国。2023 年我国汽车产销量首次双双突破 3000 万辆，创下历史新高，出口更是同比增长超过 50%，成为全球第一大汽车出口国。这是我国汽车产业发展的历史性时刻，展现着新时代"中国智造"的力量。从 1953 年 7 月 15 日，我国第一座汽车厂——长春第一汽车制造厂奠基，新中国汽车工业起步，到 2009 年，我国汽车产销量首次双突破 1000 万辆大关，首次超越美国，成为世界第一大汽车产销国，并在此后连续十五年保持着这个纪录，再到 2023 年，汽车产销量创历史新高，超过 3000 万辆，我国汽车工业经过 70 年的发展，从无到有，已经成为全球汽车工业不可或缺的一部分。新能源汽车是全球汽车产业转型升级和绿色发展的主要方向，我国新能源汽车产业在大潮未起之时就已经牢牢盯住了这一领域，把握住了这一机遇。新能源汽车能在竞争激烈的国际市场中赢得一席之地，最根本的原因是产品力以及我国企业不断追求创新的内生力。

思考与练习

习题 2.1 图 2-63 所示是按时间顺序控制三相交流异步电动机的电气原理图。请用 S7-1200 PLC 进行控制电路改造，原 KT 时间继电器用 PLC 的定时器来替代，且定时时间可以用按钮进行调整（范围为 6~12s），绘制电气接线图，列出输入/输出分配表，并编写程序实现该功能。

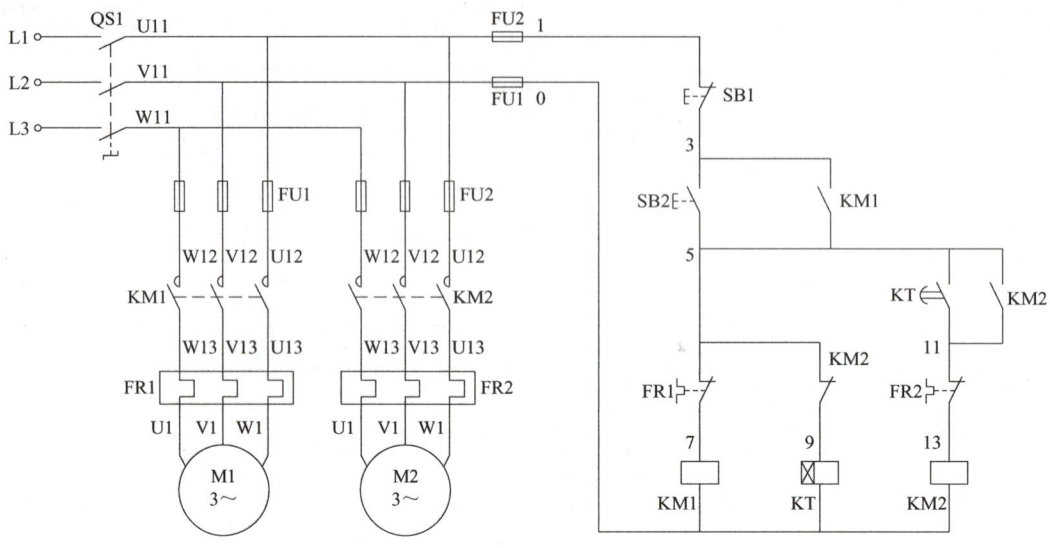

图 2-63　题 2.1 图

习题 2.2　图 2-64a 所示为一个行程控制电路，电动机正、反转带动运动部件前进、后退。运动部件上的撞块 1、2 和行程开关 SQ1 ～ SQ4 的安装位置如图 2-64b 所示。SQ1 和 SQ2 是复合式行程开关，具有一个常闭触点和一个常开触点，既可以切断正转控制电路，也可以闭合反转控制电路；行程开关在撞块 1、2 的撞击下，可控制电动机正、反转，带动运动部件前进、后退。行程开关 SQ3 和 SQ4 具有一个常闭触点，当撞块撞击行程开关 SQ1 或 SQ2，而 SQ1 或 SQ2 由于故障没有动作时，运动部件按原来的方向继续运动，使撞块撞击 SQ3 或 SQ4，切断控制电路，并使电动机停止，从而起到终端限位保护的作用。

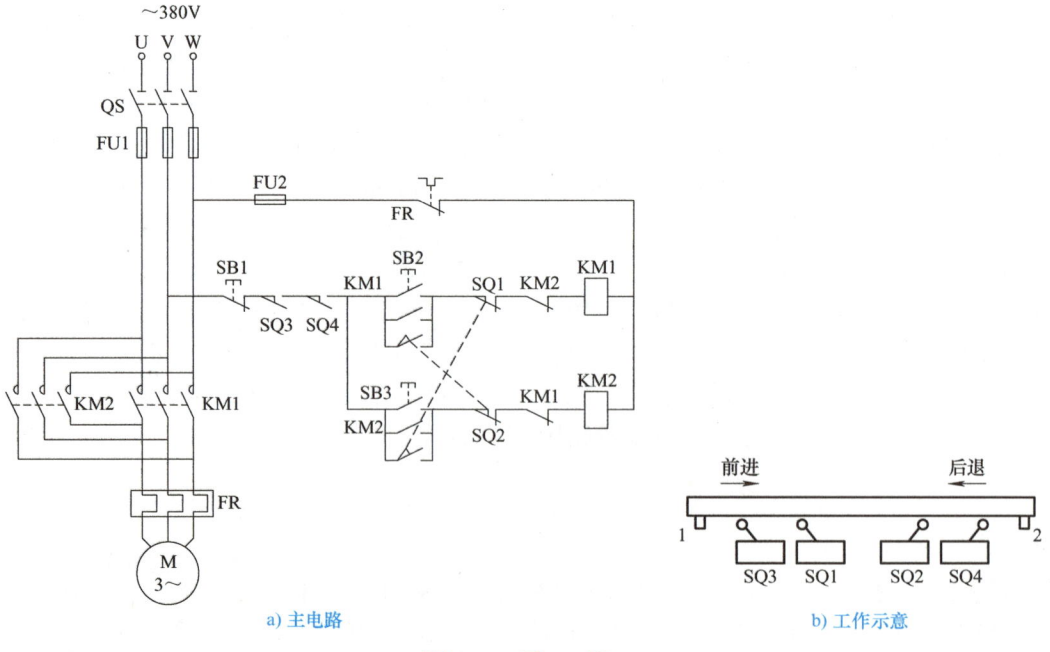

图 2-64　题 2.2 图

习题 2.3　请分析图 2-65 所示的电动机控制过程，并用 PLC 定时器来替代传统的 KT1 和 KT2 定时器，同时将选择开关 SA 采用一个按钮来代替，绘制电气接线图，列出输入 / 输出分配表，并编写程序实现该功能。

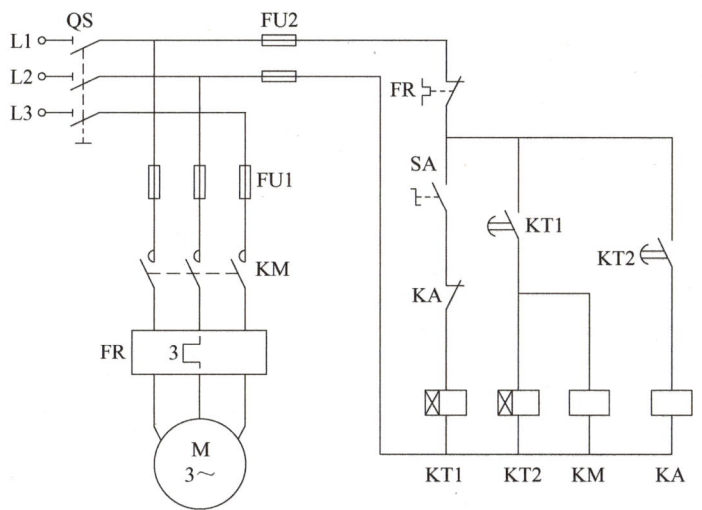

图 2-65　题 2.3 图

习题 2.4　电动机电容制动电路如图 2-66 所示。请分析该电动机的启动和制动过程，现在要求用 PLC 来实现电动机控制功能，并用按钮可以增减制动时间，范围为 5～15s，且能在断电时保存制动时间，列出输入 / 输出分配表，并编写程序实现该功能。

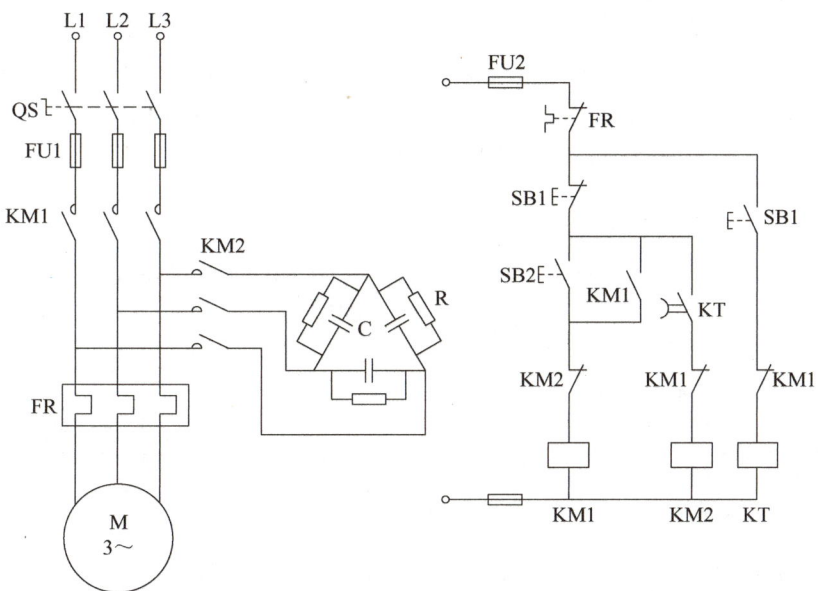

图 2-66　题 2.4 图

习题 2.5　某双速电动机主电路和控制电路如图 2-67 所示，它采用按钮和接触器来实现低速 △ 运行和高速 丫丫 运行，现在要求用 PLC 来实现电动机双速控制功能，请绘制电气接线图，列出输入 / 输出分配表，并编写程序实现该功能。

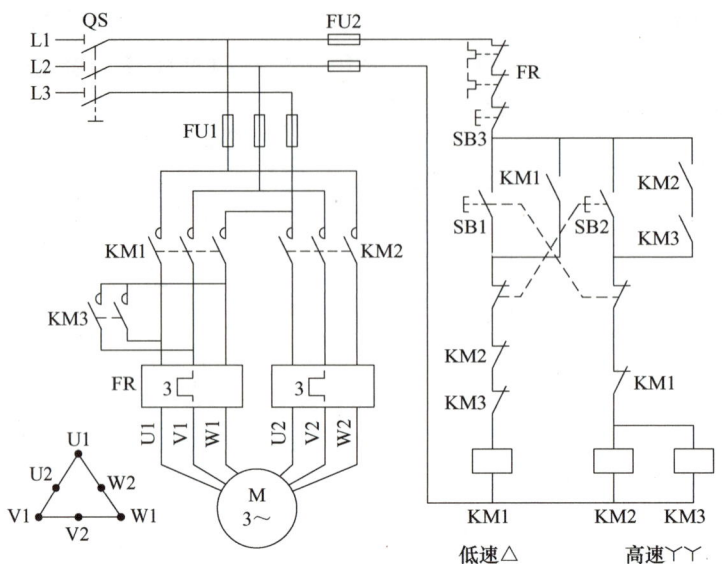

图 2-67 题 2.5 图

习题 2.6 某双速电动机电路如图 2-68 所示，它采用按钮、KT 定时器和接触器来实现低速启动低速运行和低速启动高速运行两种状态，现在要求用 PLC 来实现上述功能，请绘制电气接线图，列出输入/输出分配表，并编写程序实现该功能。

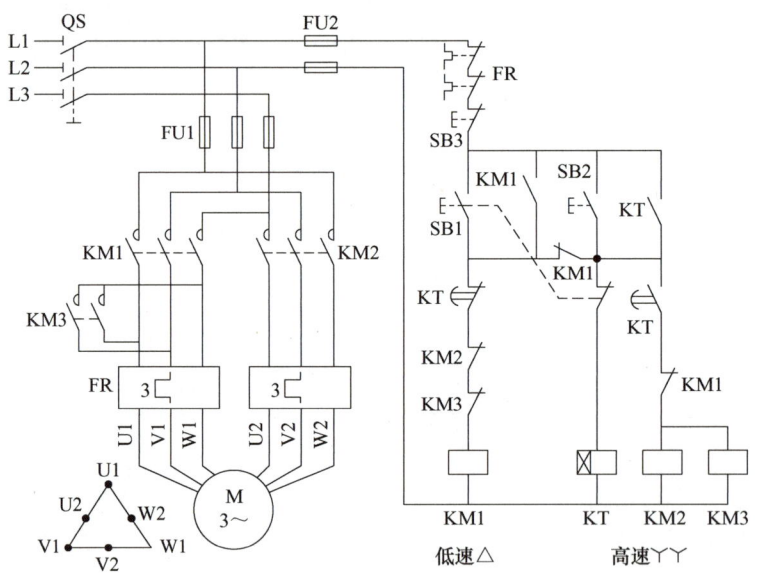

图 2-68 题 2.6 图

习题 2.7 在一个车间中有一个电动葫芦，用于上下卸料，通过手柄控制向前、向后、向上、向下运动，主电路如图 2-69 所示。现采用 S7-1200 PLC 进行控制电路设计，要求如下：

（1）按下急停按钮，葫芦不能移动；急停旋出，可以操作按钮。

（2）按下向前按钮，葫芦前后电动机向前，到达前限位开关时，不能再前进。

（3）按下向后按钮，葫芦前后电动机向后，到达后限位开关时，不能再后退。

（4）按下向上按钮，葫芦升降电动机上升；到达上限位开关时，不能再上升。

（5）按下向下按钮，葫芦升降电动机下降；没有下限位开关，人工判断下降极限。

请绘制控制电路图，并进行接线、编程。

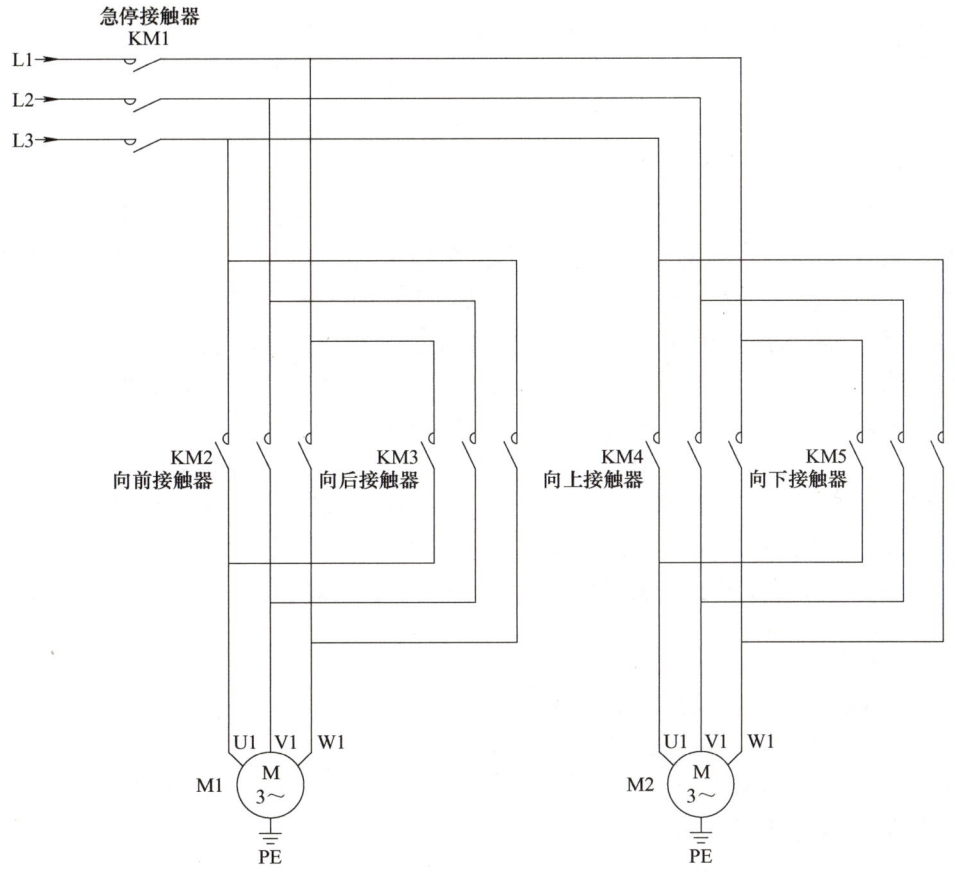

图 2-69　题 2.7 图

习题 2.8　请用步序控制编程实现图 2-48 所示的机械手控制流程。

习题 2.9　图 2-70 所示是物件在输送带上移动的示意图。要求物块在所示位置出发，输送带正转带动物件移动到右限位置，当物件碰到右限传感器时，输送带改变运行方向，输送带反转带动物件到达左限位置，停留在左限位置 3s，3s 后输送带正转带动物件再次向右移动，到达输送带中间停止传感器处停下。请用步序控制编程实现输送功能。

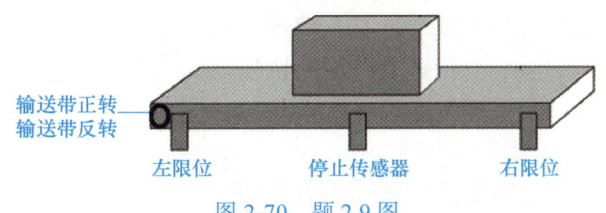

图 2-70　题 2.9 图

项目 3　结构化编程控制生产流程

项目导读

结构化程序设计是一种编程典范，它采用子程序、程序码区块、FOR 循环以及 WHILE 循环等结构，使得程序阅读起来更加简洁、调试起来更加方便。采用 FC 块和 FB 块可以将程序设计过程做成标准的流程格式，将各控制功能细分成更小的功能块，当这些模块分别设计好后，在主程序中就可以调用相应的功能模块，将它们组合成一套完整的 PLC 控制系统。这种事半功倍的效果，大大提高了程序开发设计的效率和设备的稳定性、易用性。跟梯形图不同，结构化编程中 IF...THEN、CASE... OF...、FOR、WHILE...DO、REPEAT...UNTIL 等语句被用来构造条件、循环、判断等结构，可以实现多种复杂逻辑判断。本项目通过使用 FC 块实现电动机控制、使用 FB 块实现搅拌机控制和使用 SCL（结构化控制语言）实现生产线信息记录三个任务，可以使读者更好地理解 PLC 的结构化编程和代码的可复用性。

❖ **知识目标：**

熟悉 S7-1200 PLC 实现控制的过程。
熟悉 FC、FB 和 OB 的概念与调用过程。
掌握字符串、日期相关指令及复杂数据类型 array 和 struct。
掌握结构化编程的优点和实例应用。

❖ **能力目标：**

能根据任务要求进行数据类型的定义。
能进行 FC 函数的创建和实例编程。
能进行 FB 函数块的创建和实例编程。
能将 SCL 用于自动化应用案例。

❖ **素养目标：**

树立对编程精益求精、精雕细琢的工匠精神。
善于找到不断发现问题并从中解决问题的快乐。
把握工业发展规律，创新工业互联网思维。

任务 3.1　使用 FC 块实现电动机控制

任务描述

车间里的电动机一般都要进行启停控制和故障报警，如图 3-1 所示，按要求实现如下功能：

1）每台电动机可以通过启动按钮进行启动，通过停止按钮实现停机。

2）每台电动机有过电压、过载两个故障报警信号输入。任何一个故障信号输入即点亮故障报警灯进行报警，同时将运行中的电动机停止。

3）每次故障报警后要输出对应的故障字符串。

4）能使用 FC 块来实现两台电动机的控制。

图 3-1 任务 3.1 控制示意

知识探究

3-1 代码块与用户程序结构

3.1.1 代码块与用户程序结构

在 S7-1200 PLC 中，CPU 支持 OB、FC、FB、DB 代码块，使用它们可以创建有效的用户程序结构。

1. 组织块 OB

OB 是定义程序的结构。在组织块中，OB1 是用于循环执行用户程序的默认组织块，为用户程序提供基本结构，是唯一用户必需的程序块。其他 OB 具有预定义的行为和启动事件，但用户也可以创建具有自定义启动事件的 OB。

如果程序中包括其他 OB，这些 OB 会中断 OB1 的执行。如图 3-2 所示添加循环中断 OB30（中断时间为 100ms），其工作示意如图 3-3 所示。

2. 函数 FC 和函数块 FB

函数 FC 和函数块 FB 是包含与特定任务或参数组合相对应的程序代码。每个 FC 或 FB 都能提供一组输入和输出参数，其中 FB 还使用相关联的数据块（或称为背景数据块）来保存执行期间的值状态。

3. 用户程序的结构

用户程序的执行顺序是：从一个或多个在进入 RUN 模式时运行一次的可选启动组织块（OB）开始，然后执行一个或多个循环执行的程序循环 OB。OB 也可以与中断事件（可以是标准事件或错误事件）相关联，并在相应的标准或错误事件发生时执行。

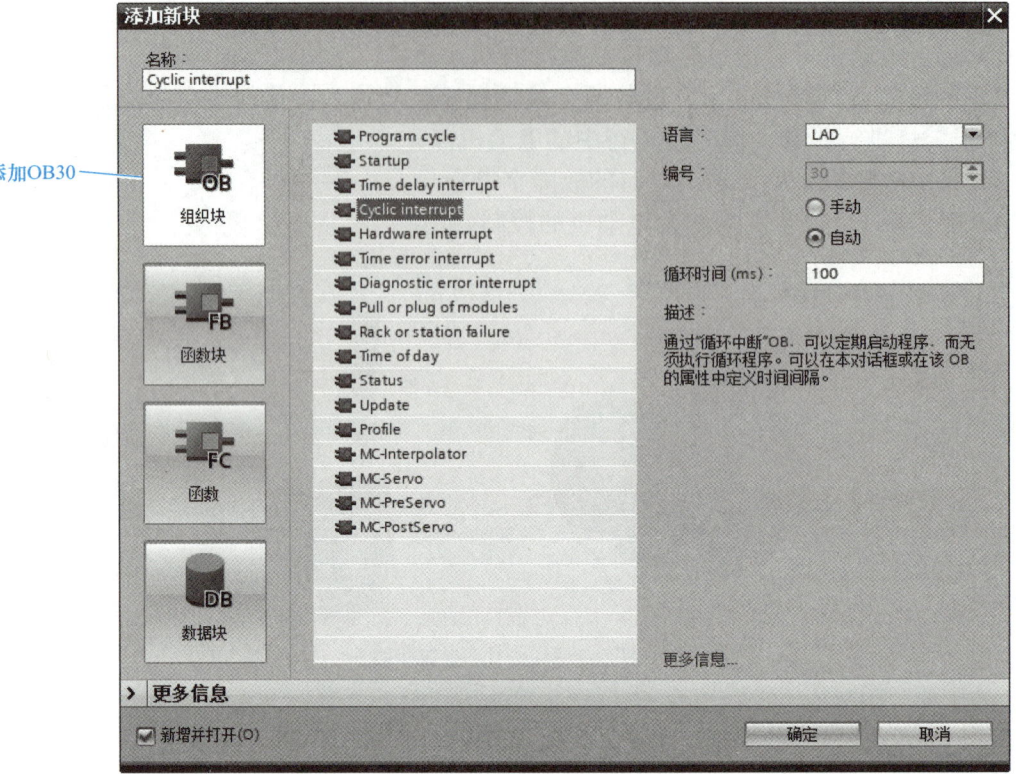

图 3-2　添加循环中断 OB30

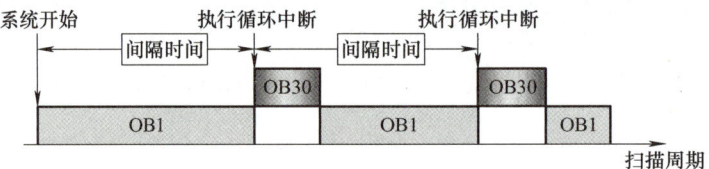

图 3-3　循环中断 OB30 的工作示意

如图 3-4 所示，根据实际应用要求，可选择线性结构或模块化结构来创建用户程序。线性程序按顺序逐条执行自动化任务的所有指令，通常线性程序将所有程序指令都放入用于循环执行程序的 OB（默认为 OB1）中。模块化程序调用可执行特定任务的特定代码块。要创建模块化结构，需要将复杂的自动化任务划分为与过程的工艺功能相对应的更小的次级任务，每个代码块都为每个次级任务提供程序段，通过从另一个块中调用其中一个代码块来构建程序。

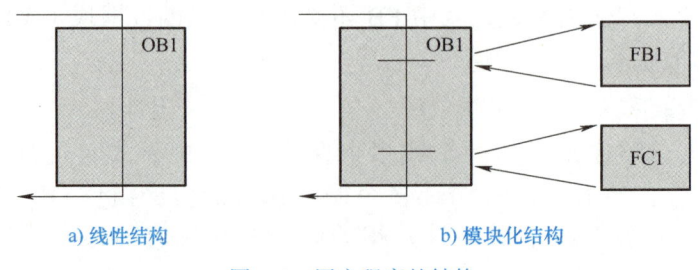

a) 线性结构　　　　　　b) 模块化结构

图 3-4　用户程序的结构

3.1.2 函数 FC

1. 函数的定义

函数（function，FC）是指一段可以直接被另一段程序或代码（即 OB、FB 或 FC）引用的程序或代码。在 PLC 编程中，一个较大的程序一般应分为若干个程序块，每一个程序块用来实现一个特定的功能。OB1 可以由若干个函数构成，并在其中调用其他函数，其他函数也可以互相调用。在 PLC 程序设计中，常将一些常用的功能模块编写成函数，放在函数库中供选用。设计程序时应善于利用函数，以减少重复编写程序段的工作量。

FC 不具有相关的背景 DB，是不带"存储器"的代码块。由于没有可以存储块参数值的存储数据区，调用函数时，必须给所有形参分配实参。用户在函数中编写程序，在其他代码块中调用该函数。

函数 FC 一般有两个作用：

1）作为子程序使用。将相互独立的控制设备分成不同的 FC 编写，统一由 OB 块调用，这样就实现了对整个程序进行结构化划分，便于程序调试及修改，使整个程序的条理性和易读性增强。

2）可以在程序的不同位置多次调用同一个函数。函数中通常带有形参，通过多次调用，并对形参赋值不同的实参，可实现对功能类似的设备进行统一编程和控制。

2. 函数的形参接口区

从项目树的 PLC 处选择"程序块"→"添加新块"→"FC 函数"，如图 3-5 所示，添加 FC 函数，名称可以采用中文或英文，编号可以选择手动或自动，默认为梯形图编程语言。

图 3-5　添加 FC 函数

图 3-6 所示为函数 FC1（名称为"块_1"）的形参接口区，其参数类型分为输入参数、输出参数、输入/输出参数和返回值。本地数据包括临时数据及本地常量。每种形参类型和本地数据均可以定义多个变量。

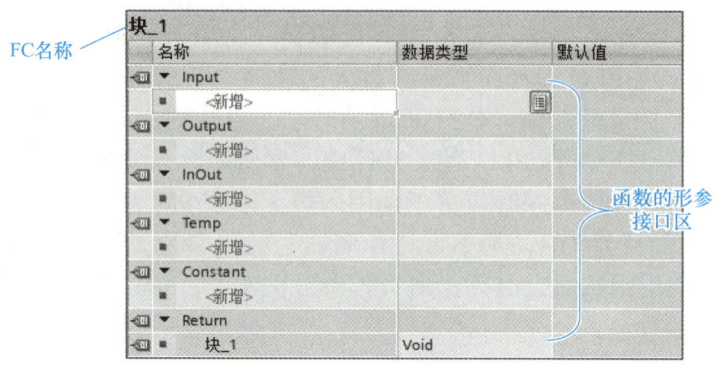

图 3-6 函数形参接口区

FC 函数形参具体说明如下：

1）Input：输入参数，只能读取，函数调用时将用户程序数据传递到函数中，实参可以为常数。

2）Output：输出参数，只能写入，函数调用时将函数执行结果传递到用户程序中，实参不能为常数。

3）InOut：输入/输出参数，可读取和写入，调用时由函数读取其值后进行运算，执行后将结果返回，实参不能为常数。

4）Temp：用于存储临时中间结果的变量，为本地数据区 L，只能用于函数内部作为中间变量。临时变量在函数调用时生效，函数执行完成后临时变量区被释放，所以临时变量不能存储中间数据。临时变量在调用函数时由系统自动分配，退出函数时系统自动回收，所以数据不能保持。因此采用上升沿/下降沿信号时如果使用临时变量区存储上一个周期的位状态，将会导致错误。如果是非优化的函数，临时变量的初始值为随机数；如果是优化存储的函数，临时变量中的基本数据类型的变量会初始化为"0"。比如 Bool 型变量初始化为"FALSE"，Int 型变量初始化为"0"。

5）Constant：声明常量符号名后，程序中可以使用符号代替常量，这使得程序具有可读性且易于维护。符号常量由名称、数据类型和常量值三个元素组成。局部常量仅在块内适用。

6）Return：函数 FC 的执行返回情况，数据类型为 Void。

3. 无形参函数（子程序功能）

在函数的接口数据区中可以不定义形参变量，即调用程序与函数之间没有数据交换，只是运行函数中的程序，这样的函数可作为子程序调用。使用子程序可将整个控制程序进行结构化划分，清晰明了，便于设备的调试及维护。

例如控制三个相互独立的电气设备，可分别编写三个子程序，然后在主程序中分别调用各个子程序，实现对电气设备的控制，其程序结构如图 3-7 所示。

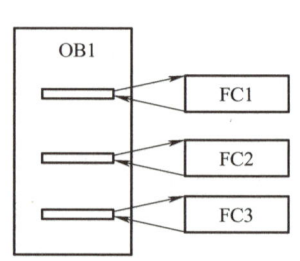

图 3-7 无形参函数 FC 的调用

3.1.3 字符串及相关指令

1. 字符串格式

在西门子 S7-1200 PLC 中，字符串作为复杂数据类型中的一种，是以字节（Byte）为单位进行存储的。字符串的存储格式由三部分组成：字符串最大长度、字符串的实际长度、字符串中的字符。

图 3-8 所示为字符串存储示意，其存储的逻辑过程是：第一个地址用于存放字符串的最大长度，第二个地址用于存储字符串的实际长度，第三个地址用于存储字符串的第一个字节，第四个地址用于存储字符串的第二个字节，后面以此类推。在实际的应用中，一般会定义字符串的长度，比如定义一个 STRING 的数据类型 STRINGData[16]，它表示字符串的最大长度是 16 字节，如果没有定义字符串的长度，那么默认值就是 254B。

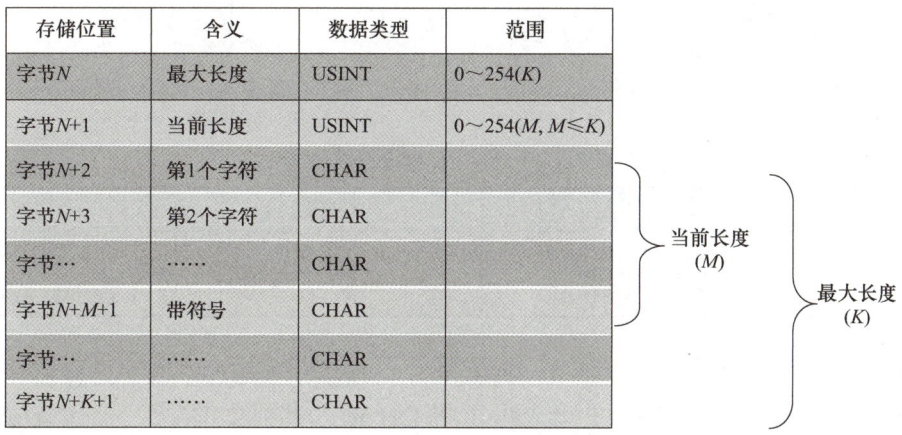

图 3-8 字符串存储示意

字符串的特点如下：

1）包含 STRING 和 WSTRING 两种格式的字符串。

2）STRING 数据类型变量的最大长度为 256 字节，包含 254 字节的用户数据。

3）创建变量时，需指定变量的最大长度；对字符串进行预分配或编辑时，需输入当前长度（字符串实际使用的长度 = 有效的字符数量）。

4）对于 STRING 数据类型变量，其最大长度位于字符串的第一个字节中，当前长度位于第二个字节中，之后为具体字符，字符编码取决于 Windows 中的代码页设置。

5）WSTRING 字符串可以包含多达 6554 个字；使用方括号定义其长度，如定义 WSTRING[20]。

WSTRING 字符串举例：

```
WSTRING#'Hello World'
WSTRING#'Hello Wo...'（该字符串的实际长度超出了屏幕空间）
WSTRING#''（该字符串为空）
```

WSTRING 字符串可以用来表示中文，其格式如图 3-9 所示。wchar 表示宽字符，占用 2 个字节。

2. 移动字符串 S_MOVE

S_MOVE 指令可以移动字符串,使用图 3-10 所示指令将参数 IN 中字符串(W)STRING 的内容写入在参数 OUT 中指定的数据区域。表 3-1 列出了 S_MOVE 指令的参数说明。

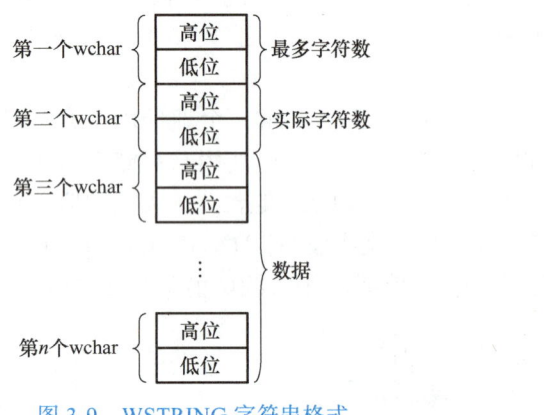

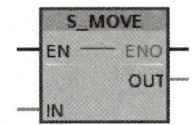

图 3-9　WSTRING 字符串格式　　　　　图 3-10　S_MOVE 指令

表 3-1　S_MOVE 指令参数说明

参数	声明	数据类型	存储区	说明
IN	Input	STRING, WSTRING	D、L 或常量	源字符串
OUT	Output	STRING, WSTRING	D、L	目标字符串

3. 合并字符串 CONCAT

使用图 3-11 所示的 CONCAT 指令可以将 IN1 输入参数中的字符串与 IN2 输入参数中的字符串合并在一起。结果以(W)STRING 格式通过 OUT 输出参数输出。如果生成的字符串长度大于 OUT 输出参数中指定的变量长度,则将生成的字符串限制到可用长度。如果在指令的执行过程中发生错误而且可写入 OUT 输出参数中,则将输出空字符串。表 3-2 所示是 CONCAT 指令参数说明。

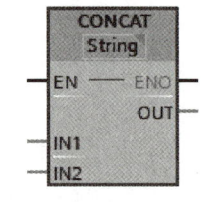

图 3-11　CONCAT 指令

表 3-2　CONCAT 指令参数说明

参数	声明	数据类型	存储区	说明
IN1	Input	STRING, WSTRING	D、L 或常量	字符串
IN2	Input	STRING, WSTRING	D、L 或常量	字符串
OUT	Return	STRING, WSTRING	D、L	生成的字符串

4. 其他指令

1)FIND:在字符串中查找字符(见图 3-12a)。使用 FIND 指令,可在 IN1 输入参数中的字符串内搜索特定的字符串。使用 IN2 输入参数指定要搜索的值。搜索从左向右进行。

2)LEN:确定字符串的长度(见图 3-12b)。(W)STRING 数据类型的变量包含两个长度:最大长度和当前长度(即当前有效字符的数量)。使用方括号为 STRING 关键字中的每个变量指定字符串的最大长度。字符串占用的字节数为最大长度加 2。使用方括号为 WSTRING 关键字中的每个变量指定字符串的最大长度。字符串占用的字数为最大长度加 2。当前长度表示实际使用的字符位置数。当前长度必须小于或等于最大长度。

3）LEFT：读取字符串左边的字符（见图 3-12c）。使用 LEFT 指令提取以 IN 输入参数中字符串的第一个字符开头的部分字符串。在 L 参数中指定要提取的字符数。提取的字符以（W）STRING 格式通过 OUT 输出参数输出。如果要提取的字符数大于字符串的当前长度，则 OUT 输出参数会将输入字符串作为结果返回。如果 L 参数包含值"0"或者输入值为空字符串，则将返回空字符串。如果 L 参数中的值为负数，则将输出空字符串。

4）RIGHT：读取字符串右边的字符（见图 3-12d）。使用 RIGHT 指令提取 IN 输入参数中字符串的最后一个 L 字符。在 L 参数中指定要提取的字符数。提取的字符以（W）STRING 格式通过 OUT 输出参数输出。如果要提取的字符数大于字符串的当前长度，则 OUT 输出参数会将输入字符串作为结果返回。如果 L 参数包含值"0"或者输入值为空字符串，则将返回空字符串。如果 L 参数中的值为负数，则将输出空字符串。

5）MID：读取字符串的中间字符（见图 3-12e）。使用 MID 指令提取 IN 输入参数中字符串的一部分。使用 P 参数指定要提取的第一个字符的位置。使用 L 参数定义要提取的字符串的长度。OUT 输出参数中输出提取的部分字符串。

6）DELETE：删除字符串中的字符（见图 3-12f）。使用 DELETE 指令删除 IN 输入参数中字符串的一部分。使用 P 参数指定要删除的第一个字符的位置。在 L 参数中指定要删除的字符数。剩余的部分字符串以（W）STRING 格式通过 OUT 输出参数输出。

7）INSERT：在字符串中插入字符（见图 3-12g）。使用 INSERT 指令将 IN2 输入参数中的字符串插入到 IN1 输入参数中的字符串中。使用 P 参数指定开始插入字符的位置。结果以（W）STRING 格式通过 OUT 输出参数输出。

8）REPLACE：替换字符串中的字符（见图 3-12h）。使用 REPLACE 指令，可将 IN1 输入参数中字符串的一部分替换为 IN2 输入参数中的字符串。使用 P 参数指定要替换的第一个字符的位置。使用 L 参数指定要替换的字符数。结果以（W）STRING 格式通过 OUT 输出参数输出。

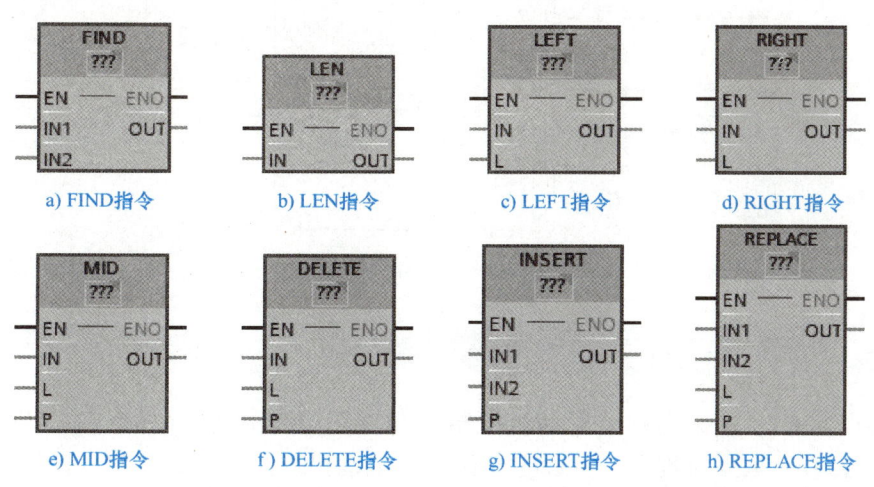

图 3-12 字符串相关指令

任务实施

3-2 使用FC块实现电动机控制

3.1.4 PLC I/O 分配和控制电路接线

从任务要求出发，确定两台电动机各有过电压、过载故障信号和启动、停止按钮共计 8 个输入，同时外接运行接触器和故障报警灯等 4 个输出。表 3-3 所示为分配 I/O，PLC 选用西门子 CPU 1215C DC/DC/DC。

表 3-3 输入 / 输出定义

输入	功能	输出	功能
I0.0	K11/1# 电动机过电压信号（NO）	Q0.0	HL1/1# 电动机故障报警灯
I0.1	K12/1# 电动机过载信号（NO）	Q0.1	KA1/1# 电动机运行
I0.2	K21/2# 电动机过电压信号（NO）	Q0.2	HL2/2# 电动机故障报警灯
I0.3	K22/2# 电动机过载信号（NO）	Q0.3	KA2/2# 电动机运行
I0.4	SB11/1# 电动机启动按钮（NO）		
I0.5	SB12/1# 电动机停止按钮（NC）		
I0.6	SB21/2# 电动机启动按钮（NO）		
I0.7	SB22/2# 电动机停止按钮（NC）		

图 3-13 所示为 PLC 控制电气原理图，电动机运行均采用 DC 24V 中间继电器带动接触器，相关接线请参考项目 2，后面不再赘述。

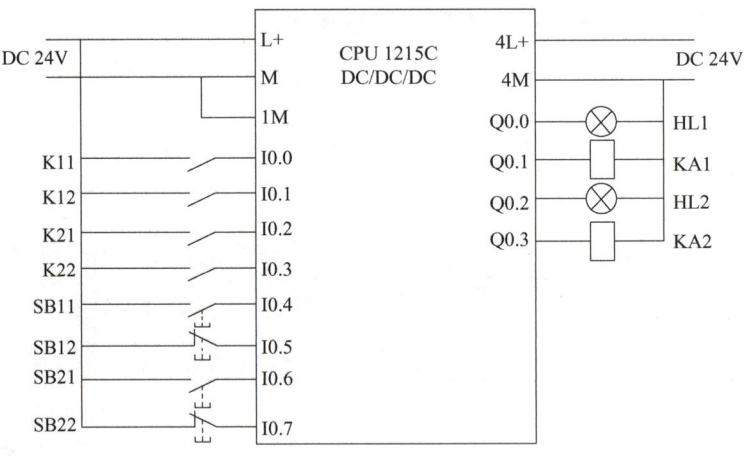

图 3-13 电气原理图

3.1.5 电动机控制 FC 块的梯形图编程

添加函数 FC1，输入名称"电动机控制"，编程语言为 LAD（梯形图），即可进行 FC 块的新增并打开。根据流程图，可以定义函数"电动机控制"的形参接口区（见图 3-14）。参数需要选择合适的数据类型，如故障信息（Output）、字符串（Temp）、故障信息 1（Constant）、故障信息 2（Constant）、故障信息 3（Constant）为 String，其余变量均为

Bool。参数还需要正确选择 Input、Output、InOut、Temp 和 Constant 形参接口,基本原则是如果该参数需要记住上一次扫描,则需要采用 InOut 而不是 Output 或 Temp,如 FC 中的运行、故障激活 1 和故障激活 2。

图 3-15 所示是 FC1 函数的编程,其中 FC 变量均以"#"开始。程序解释如下:

程序段 1:过电压信号触发,当 #过电压信号有上升沿时通过 S 指令置位 #故障激活 1。

程序段 2:过载信号触发,当 #过载信号有上升沿时通过 S 指令置位 #故障激活 2。

程序段 3:电动机启停逻辑控制,通过自锁指令启停。输出的 #运行同时作为触点输入,因此在定义时,必须为 InOut 形参接口,而不是 Output 形参接口。

程序段 4:故障指示灯输出,由于这里同样采用了 #故障激活 1 和 #故障激活 2 的触点,所以在定义上述两个变量时,必须为 InOut 形参接口。

图 3-14 定义 FC1 函数的形参输入

程序段 5:故障信息输出(分四种情况),即 #故障激活 1、#故障激活 2 分别为 0 或 1 时,这里用到了字符串的 S_MOVE 和 CONCAT 指令,用于传送或合并字符串操作。

程序段 6:故障激活 1 和故障激活 2 复位发生在 #停止按钮动作时,因为停止按钮接线是 NC 触点,所以这里用的是 –|N|– 指令。

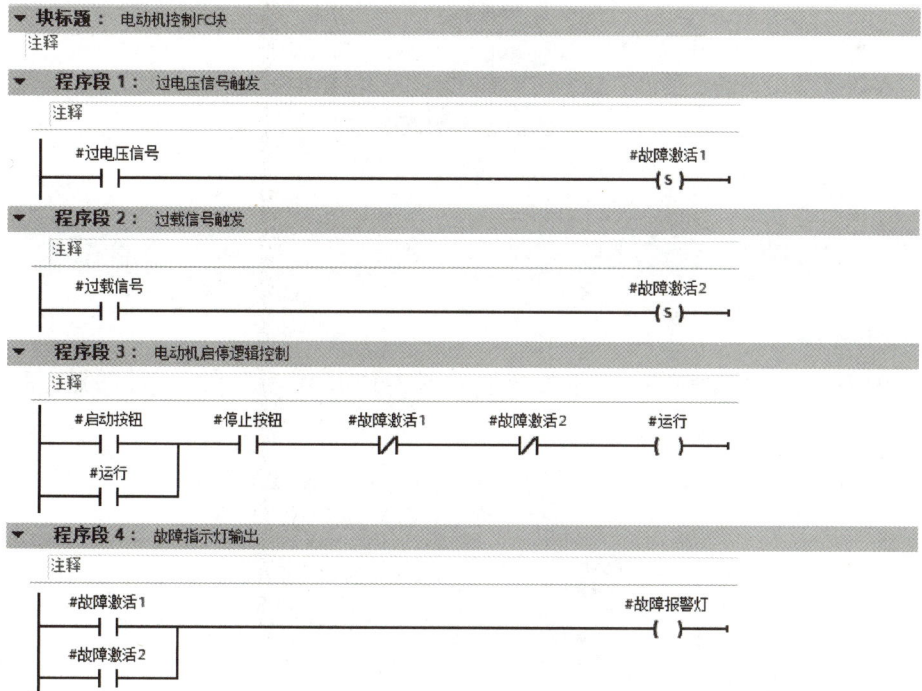

图 3-15 FC1 的梯形图编程

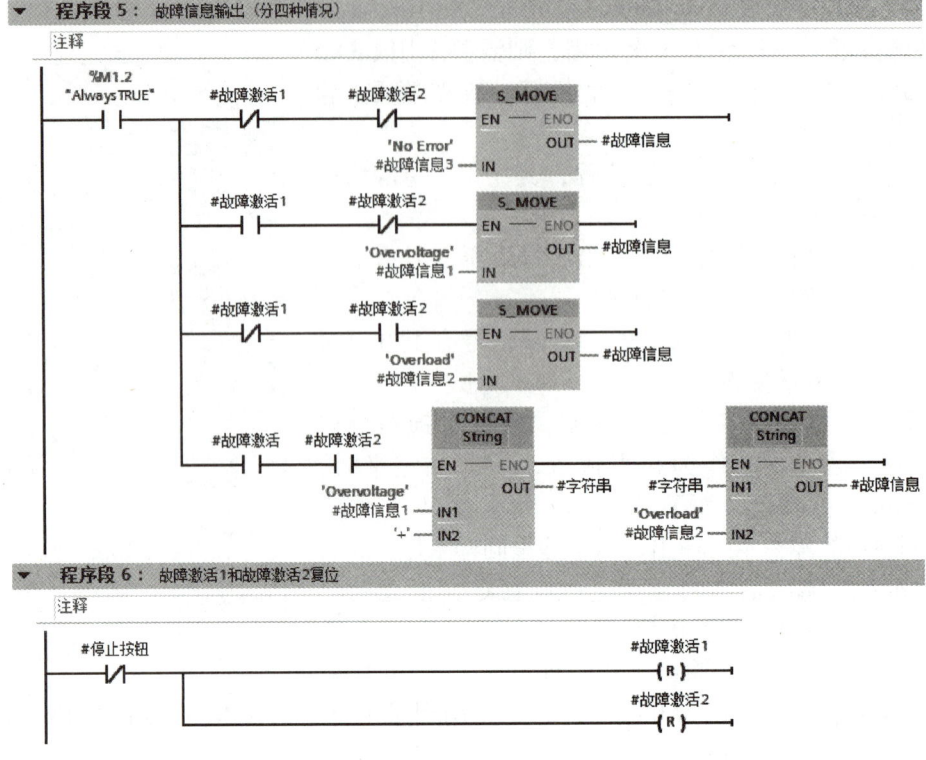

图 3-15　FC1 的梯形图编程（续）

图 3-16 所示为完成后的 FC1 位置示意。

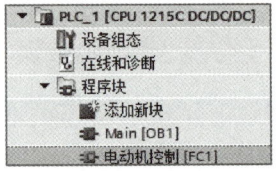

图 3-16　完成后的 FC1 位置

3.1.6　主程序调用 FC 块

1. 新建 DB 块

新建 DB 块用于存储字符串等相关变量。图 3-17 所示为两台电动机的故障信息字符串和故障变量。

名称	数据类型	起始值
▼ Static		
1#故障信息字符串	String	''
1#故障变量1	Bool	false
1#故障变量2	Bool	false
2#故障信息字符串	String	''
2#故障变量1	Bool	false
2#故障变量2	Bool	false

图 3-17　DB 块变量说明

2. 调用 FC 块

调用 FC 块的方式就是在 OB1 块中直接拖拽 FC1 块即可进行梯形图编辑。图 3-18 所示为 OB1 块主程序，具体说明如下：

程序段 1：1# 电动机调用 FC1，需要将相关变量一一输入到相应端口。

程序段 2：2# 电动机调用 FC1。

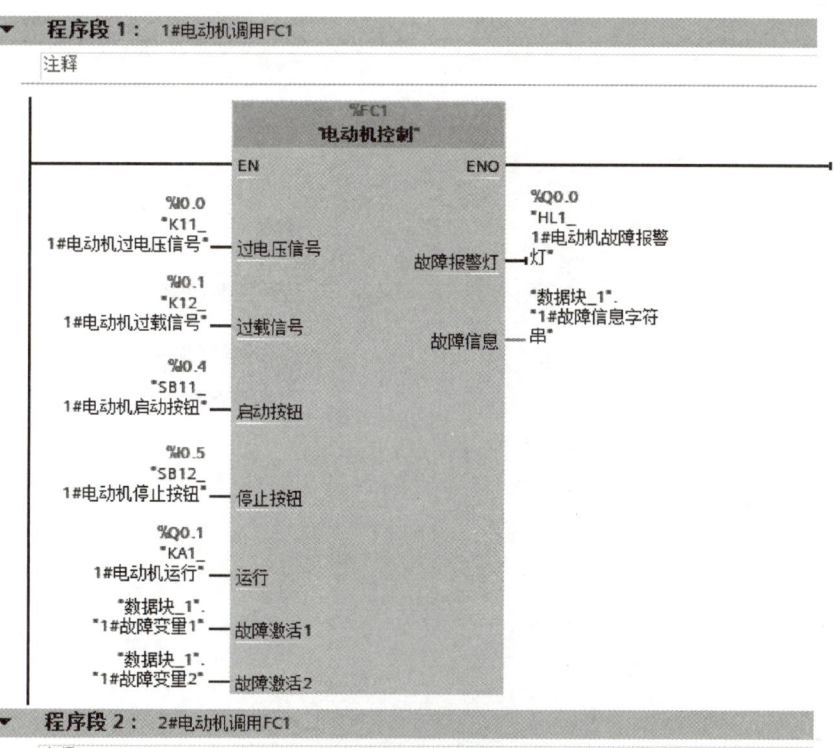

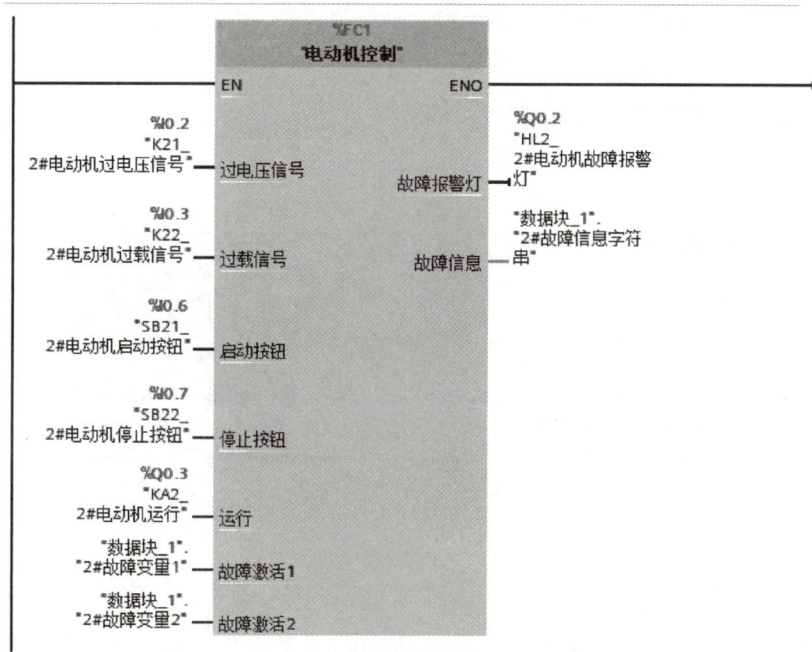

图 3-18　OB1 块调用 FC1

3.1.7 调试与监控

图 3-19 所示为主程序监控，当 1# 电动机过电压信号和 1# 电动机过载信号同时发生时，故障报警灯 HL1 点亮，此时故障信息显示"Overvoltage+Overload"。图 3-20 所示为相应的数据块监控。

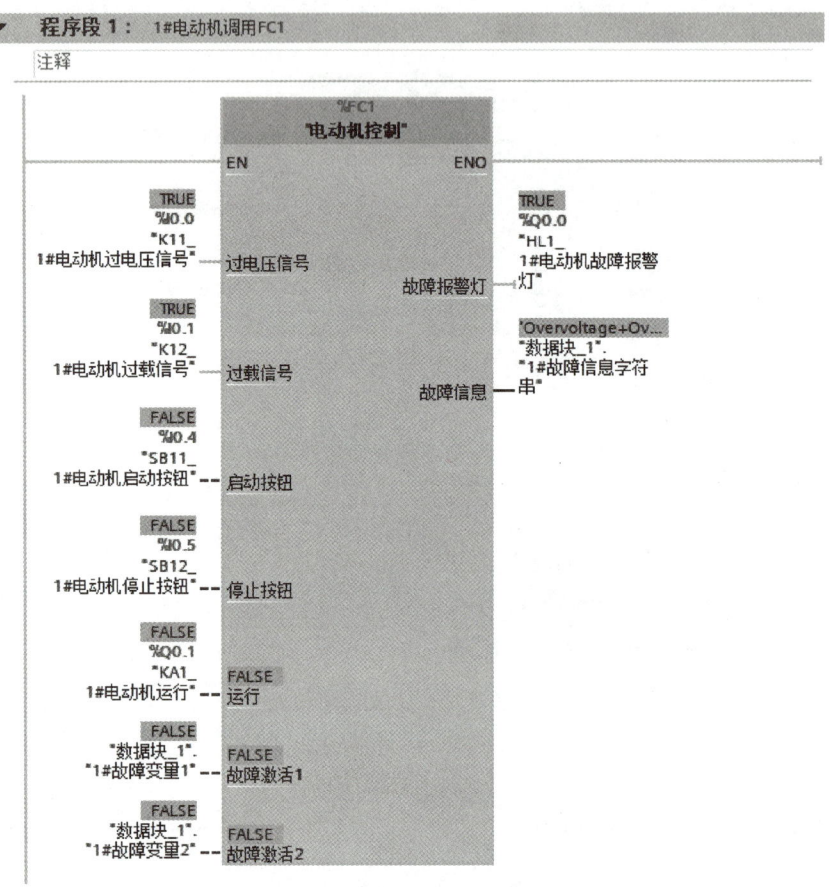

图 3-19　主程序监控

图 3-20　数据块监控

任务记录

根据任务实施的情况，如实填写表 3-4 所示的任务 3.1 实施记录表。

表 3-4 任务 3.1 实施记录表

任务实施步骤	实际执行情况说明	计划时间 /min	实际时间 /min
PLC I/O 分配			
控制电路接线			
FC 块的梯形图编程			
主程序调用 FC 块			
调试与监控			

任务评价

按要求完成考核任务 3.1，评分标准见表 3-5，具体配分可以根据实际考评情况进行调整。

表 3-5 评分标准

序号	考核项目	考核内容及要求	配分	得分
1	职业素养	遵守安全操作规程，落实安全措施	15%	
		认真负责，团结合作，对实操任务充满热情		
		对国产工业产品充满自豪感		
2	系统方案制定	PLC 控制方案合理	20%	
		PLC 控制电路图正确		
		FC 块接口定义正确		
3	编程能力	独立完成 FC 块梯形图编程	20%	
		独立完成主程序梯形图编程		
4	操作能力	根据电气图正确接线，美观且可靠	20%	
		正确输入程序并进行程序调试		
		根据系统功能进行正确操作演示		
5	实践效果	系统工作可靠，满足工作要求	15%	
		FC 块参数规范命名		
		按规定的时间完成任务		
6	创新实践	在本任务中有另辟蹊径、独树一帜的实践内容	10%	
	合计		100%	

任务 3.2　使用 FB 块实现搅拌机控制

任务描述

如图 3-21 所示，车间里的搅拌机都需要进行启停、正转定时、反转定时。任务要求如下：

1）按下 SB1 后搅拌机开始运行，首先按照预设的正转定时时间正转，等该时间一到，马上按照预设的反转定时时间反转，时间一到就停机。在任何时候，按下 SB2，搅拌机就停机。此时，再次按下 SB1 会继续将未完成的工序按时完成。

2）编写一个 FB 块实现每台搅拌机的控制功能，并应用在 2 台搅拌机上。

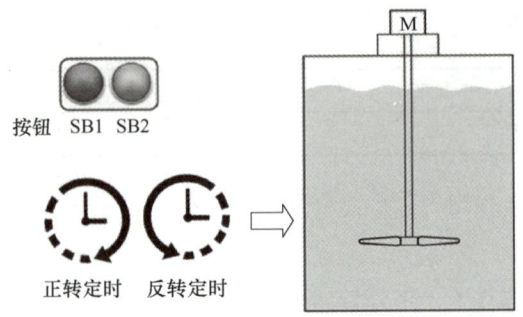

图 3-21　任务 3.2 控制示意

知识探究

3.2.1　块调用与可嵌套块

在 PLC 编程中，通过设计 FB 和 FC 块来执行通用任务，可创建模块化程序块，然后由其他程序块调用这些可重复使用的模块来构建程序，调用块将设备特定的参数传递给被调用块，具体如图 3-22 所示。当一个程序块调用另一个程序块时，CPU 会执行被调用块中的程序代码。执行完被调用块后，CPU 会继续执行该块调用之后的指令。

如图 3-23 所示，使用可嵌套块调用来实现更加模块化的结构。

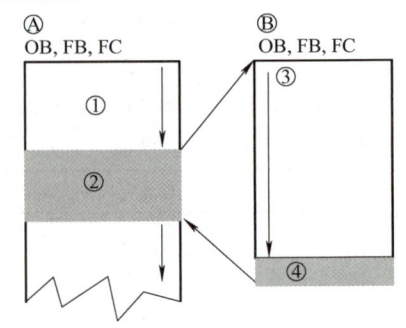

图 3-22　块调用示意

Ⓐ—调用块　Ⓑ—被调用（或中断）块
①—程序执行　②—可调用其他块的操作
③—被调用程序执行　④—块结束（返回到调用块）

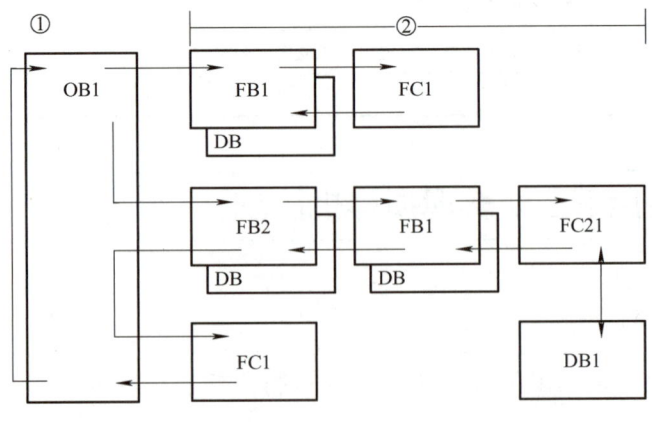

图 3-23　可嵌套块

①—循环开始　②—嵌套深度

3.2.2 函数块 FB

1. 函数块 FB 接口区

从项目树的 PLC 处选择"程序块"→"添加新块"→"FB 函数块",如图 3-24 所示添加 FB 函数块,名称可以采用中文或英文,编号可以选择手动或自动,默认为梯形图编程语言。

3-3 函数块 FB

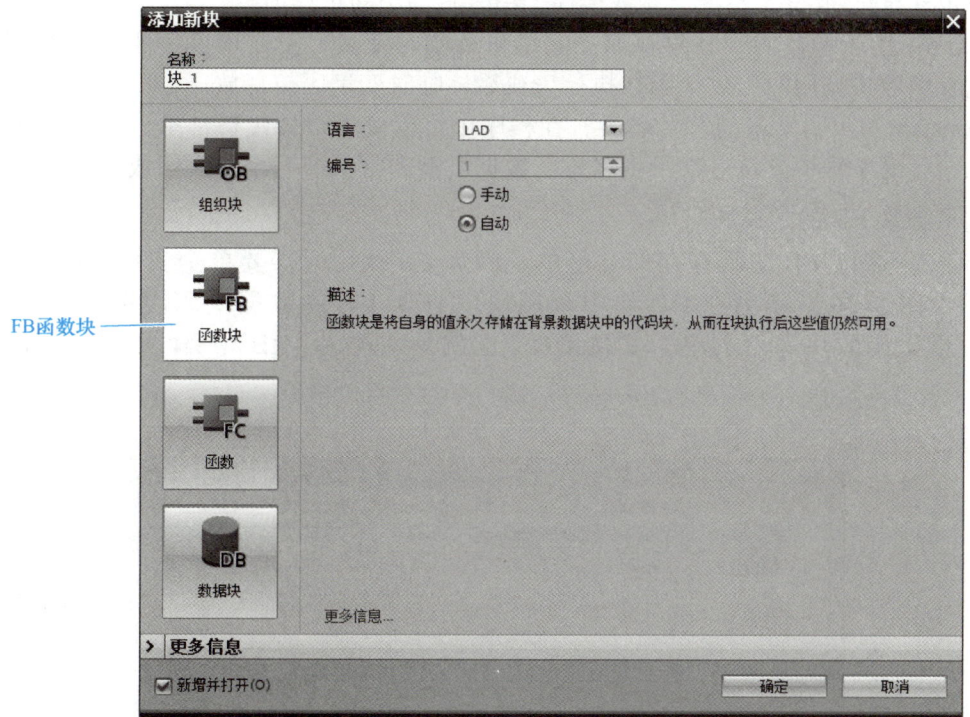

图 3-24 添加 FB 函数块

与函数 FC 相同,函数块 FB 也带有形参接口区。参数类型除输入参数、输出参数、输入/输出参数、临时数据区、本地常量外,还带有存储中间变量的静态数据区,参数接口如图 3-25 所示。

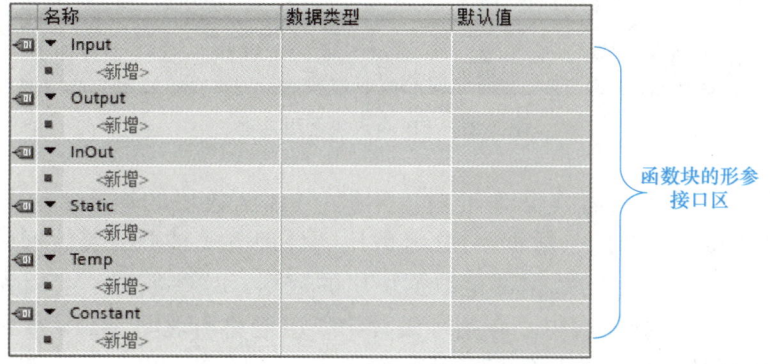

图 3-25 FB 函数块及其形参接口区

FB 函数块形参说明如下：

Input：输入参数，函数块调用时将用户程序数据传递到函数块中，实参可以为常数。

Output：输出参数，函数块调用时将函数块的执行结果传递到用户程序中，实参不能为常数。

InOut：输入/输出参数，函数块调用时由函数块读取其值后进行运算，执行后将结果返回，实参不能为常数。

Static：静态变量，不参与参数传递，用于存储中间过程值。

Temp：用于函数内部临时存储中间结果的临时变量，不占用单个实例 DB 空间。临时变量在函数块调用时生效，函数执行完成后，临时变量区被释放。

Constant：声明常量的符号名后，在程序中可以使用符号代替常量，这使得程序可读性增强，且易于维护。符号常量由名称、数据类型和常量值三个元素组成。

2. 函数块 FB 的数据块

与 FC 不同，FB 是具有存储功能的，因为 FB 调用时需要单个实例 DB，而 FC 是没有的。图 3-26 所示为在 OB 块中调用块_1[FB1] 时的数据块调用选项，程序会自动建立以该函数块命名的单个实例 DB，也就是"块_1_DB"，编号可以选择手动或自动。

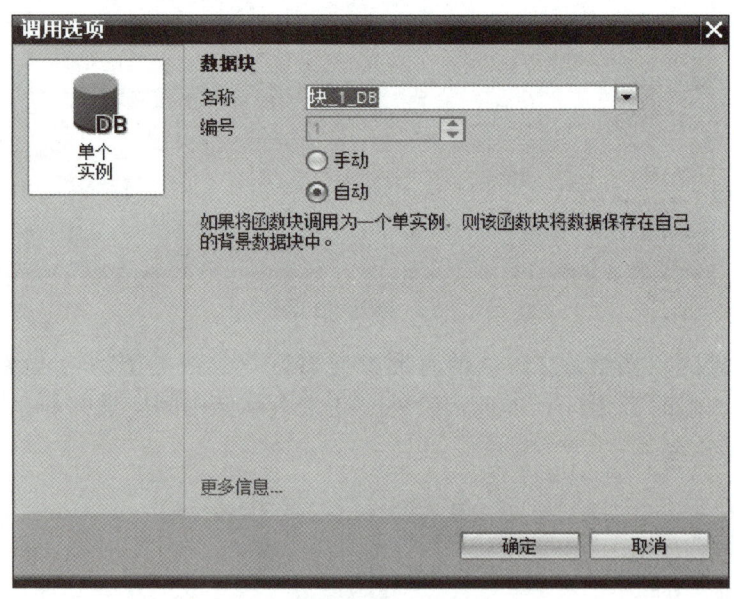

图 3-26　FB 函数块调用选项

与 FC 的输入/输出没有实际地址对应不同，FB 函数块的输入/输出对应单个实例 DB 地址，且 FB 参数传递的是数据。FB 函数块的处理方式是围绕着数据块处理数据，它的输入/输出参数及 Static 的数据都是数据块里的数据，这些数据不会因为函数块消失而消失，它会一直保持在数据块里。在实际编程中，应避免出现图 3-27a 所示的 OB、FC 和其他 FB 直接访问某一个 FB 单个实例 DB 的方式，而应通过 FB 的接口参数来访问（见图 3-27b）。

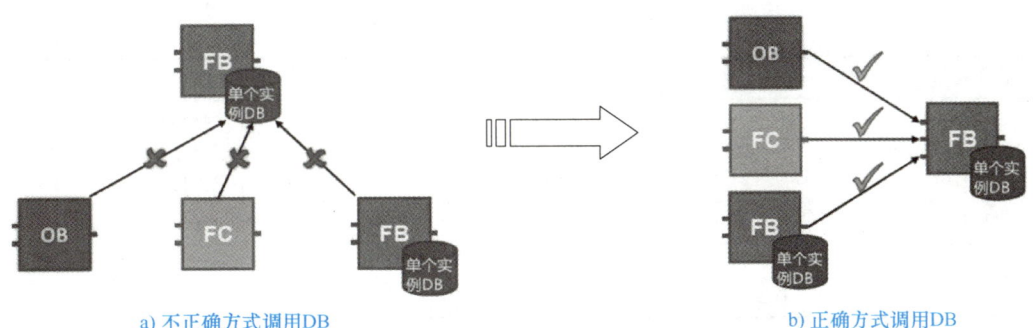

a) 不正确方式调用DB   b) 正确方式调用DB

图 3-27 访问 FB 块中单个实例 DB 的方式

3.2.3 时间数据变量相关指令

S7-1200 PLC 的 CPU 的实时时钟（time-of-day clock）在 CPU 断电时由超级电容提供的能量保证时钟的运行。CPU 上电至少 24h 后，超级电容充的能量可供时钟运行 10 天。实时时钟的数据结构 DTL（日期时间）共占据 12B，具体见表 3-6。

表 3-6 DTL 数据结构

数据	字节数	取值范围	数据	字节数	取值范围
年	2	1970～2554	h	1	0～23
月	1	1～12	min	1	0～59
日	1	1～31	s	1	0～59
星期	1	1～7（周日～周六）	ns	4	0～999999999

1. 时间相减 T_SUB

使用图 3-28 所示的 T_SUB 指令将 IN1 输入参数中的时间值减去 IN2 输入参数中的时间值。可通过输出参数 OUT 查询差值。

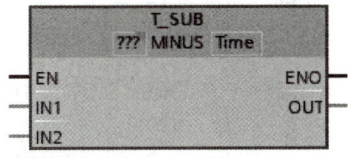

图 3-28 T_SUB 指令

可以对下列格式进行相减操作。

（1）将时间段减去另一个时间段

将数据类型为 Time 的时间段减去数据类型为 Time 的另一个时间段，结果可输出到 Time 格式的变量中，其参数含义见表 3-7。

表 3-7 将时间段减去另一个时间段参数含义

参数	声明	数据类型	存储区	说明
IN1	Input	Time	I、Q、M、D、L、P 或常量	被减数
IN2	Input	Time	I、Q、M、D、L、P 或常量	减数
OUT	Return	DInt、DWord、Time、TOD、UDInt	I、Q、M、D、L、P	相减的结果

（2）从某个时间中减去时间段

将数据类型为 Time 的时间段减去数据类型为 DTL 的时间，结果可输出到 DTL 格式的变量中，其参数含义见表 3-8。

表 3-8　从某个时间中减去时间段参数含义

参数	声明	数据类型	存储区	说明
IN1	Input	DTL、TOD	I、Q、M、D、L、P 或常量	被减数 对于参数 IN2 中的 LTime，仅支持 LTOD、LDT 或 DTL
IN2	Input	Time	I、Q、M、D、L、P 或常量	减数
OUT	Return	DTL、DInt、DWord、Time、TOD、UDInt	I、Q、M、D、L、P	相减的结果

2. 时间相加 T_ADD

使用图 3-29 所示的 T_ADD 指令将 IN1 输入参数中的时间信息加到 IN2 输入参数中的时间信息上。可以在 OUT 输出参数中查询结果。

可以对下列格式进行相加操作。

（1）将一个时间段加到另一个时间段上

将一个 Time 数据类型加到另一个 Time 数据类型上，其参数含义见表 3-9。

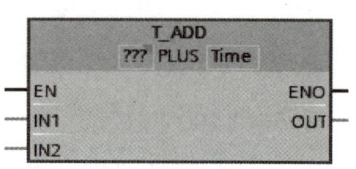

图 3-29　T_ADD 指令

表 3-9　将一个时间段加到另一个时间段上参数含义

参数	声明	数据类型	存储区	说明
IN1	Input	Time	I、Q、M、D、L、P 或常量	要相加的第一个数
IN2	Input	Time	I、Q、M、D、L、P 或常量	要相加的第二个数
OUT	Return	DInt、DWord、Time、TOD	I、Q、M、D、L、P	相加的结果 数据类型的选择取决于为 IN1 和 IN2 输入参数选择的数据类型

（2）将一个时间段加到某个时间上

将一个 Time 数据类型加到 DTL 数据类型上，其参数含义见表 3-10。

表 3-10　将一个时间段加到某个时间上参数含义

参数	声明	数据类型	存储区	说明
IN1	Input	DTL、TOD	I、Q、M、D、L、P 或常量	要相加的第一个数 对于参数 IN2 中的 LTime，只能使用 LTOD、LDT 或 DTL
IN2	Input	Time	I、Q、M、D、L、P 或常量	要相加的第二个数
OUT	Return	DInt、DWord、Time、TOD、UDInt、DTL	I、Q、M、D、L、P	相加的结果 数据类型的选择取决于为 IN1 和 IN2 输入参数选择的数据类型

3. 时间值相减 T_DIFF

使用图 3-30 所示的 T_DIFF 指令将 IN1 输入参数中的时间值减去 IN2 输入参数中的时间值。结果将发送到输出参数 OUT 中。如果 IN2 输入参数中的时间值大于 IN1 输入参数中的时间值，则 OUT 输出参数中将输出一个负数结果。如果减法运算的结果超出 Time 值范围，则使能输出 ENO 的值为 "0"。根据所用的数据类型，获得的结果值截断或为 "0"（0:00）。如果选择 DTL 数据类型的被减数和减数，则计算结果的数据类型为 Time。不能大于 24 天，否则使能输出 ENO 的值为 "0"，且结果为 "0"。如果选择数据类型为 LDT 的被减数和减数，则可避免该限制条件。表 3-11 所示是 T_DIFF 指令参数含义。

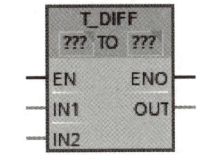

图 3-30　T_DIFF 指令

表 3-11　T_DIFF 指令参数含义

参数	声明	数据类型	存储区	说明
IN1	Input	DTL、Date、TOD	I、Q、M、D、L、P 或常量	被减数
IN2	Input	DTL、Date、TOD	I、Q、M、D、L、P 或常量	减数
OUT	Return	Time、Int	I、Q、M、D、L、P	输入参数之间的差值

4. 组合时间 T_COMBINE

图 3-31 所示的 T_COMBINE 指令用于合并日期值和时间值，并生成一个合并日期时间值。表 3-12 所示为 T_COMBINE 指令参数含义，其中日期在输入参数 IN1 中输入，对于数据类型 Date，应使用介于 1990-01-01 和 2089-12-31 之间的值（系统不会对此进行检查）。时间则在 IN2 输入值（TOD/LTOD 数据类型）中输入。合并后的日期和时间值数据类型在 OUT 输出值中输出。

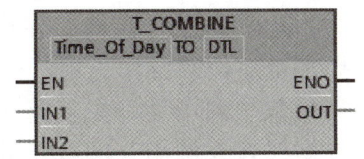

图 3-31　T_COMBINE 指令

表 3-12　T_COMBINE 指令参数含义

参数	声明	数据类型	存储区	说明
IN1	Input	Date	I、Q、M、D、L、P 或常量	日期的输入变量
IN2	Input	TOD	I、Q、M、D、L、P 或常量	时间的输入变量
OUT	Return	DTL	I、Q、M、D、L、P	日期和时间的返回值

任务实施

> 3-4　使用 FB 块实现搅拌机控制

3.2.4　PLC I/O 分配和控制电路接线

从任务要求出发，确定两台电动机各有启动、停止按钮共计 4 个输入，同时外接运行接触器 4 个输出。表 3-13 所示为 I/O 分配，PLC 选用西门子 CPU 1215C DC/DC/DC。

表 3-13　输入/输出定义

输入	功能	输出	功能
I0.0	SB11/1# 电动机启动按钮（NO）	Q0.0	KA11/1# 电动机正转
I0.1	SB12/1# 电动机停止按钮（NC）	Q0.1	KA12/1# 电动机反转
I0.2	SB21/2# 电动机启动按钮（NO）	Q0.2	KA21/2# 电动机正转
I0.3	SB22/2# 电动机停止按钮（NC）	Q0.3	KA22/2# 电动机反转

图 3-32 所示为 PLC 控制电气原理图。

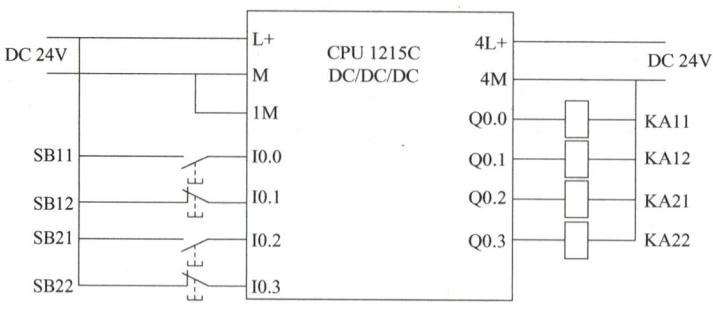

图 3-32　电气原理图

3.2.5　搅拌机控制 FB 块的梯形图编程

图 3-33 所示为 FB1 块的输入/输出参数定义，其中定时器不需要直接定义，而是在编程时直接生成。由于本实例的 FB 块编程时要采用 2 个定时器 TON 指令，在指令调用时，可以选择多重实例的调用选项，如图 3-34 所示。如果将函数块调用为一个多重实例，则该函数块将数据保存在调用它的背景数据块中，而非自己的背景数据块中。这样，可将实例数据集中在一个块中，并通过程序中少数背景数据块获取，从而避免在程序资源中生成过多的背景数据块，否则每一个定时器都会自动产生一个背景数据块。通过采用 TON 和 SR 等组合逻辑实现延时启停功能。完成后的 FB 参数增加了 2 个接口参数，即 IEC_Timer_0_Instance、IEC_Timer_0_Instance_1，其数据类型为 TON_TIME。

图 3-33　FB 参数

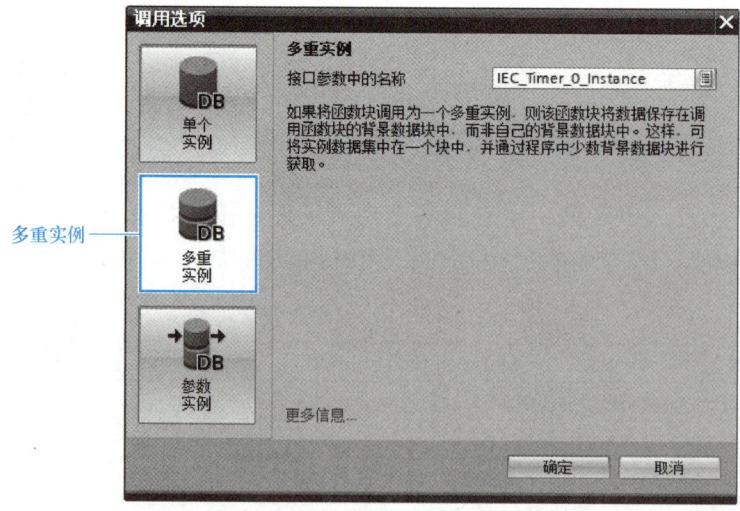

图 3-34　多重实例调用选项

图 3-35 为 FB1 梯形图，程序解释如下：

程序段 1：启动按钮在运行状态 =0 时，将运行状态设为 1；在运行状态 =10 时，将运行状态设为 2。

程序段 2：在运行状态 =1 时，开始正转定时，定时结束后将运行状态设为 2。

程序段 3：在运行状态 =2 时，开始反转定时，定时结束后将运行状态设为 3。

程序段 4：在运行状态 =3 时，将运行状态设为 0。

程序段 5：输出正转和反转。

程序段 6：停止按钮动作（分 2 种情况），即在正转运行和反转运行时按下按钮分别进行分析。在正转运行时停止，记录当时已经完成的 #时间 1，并将运行状态设为 0；在反转运行时停止，记录当时已经完成的 #时间 2，并将运行状态设为 10。

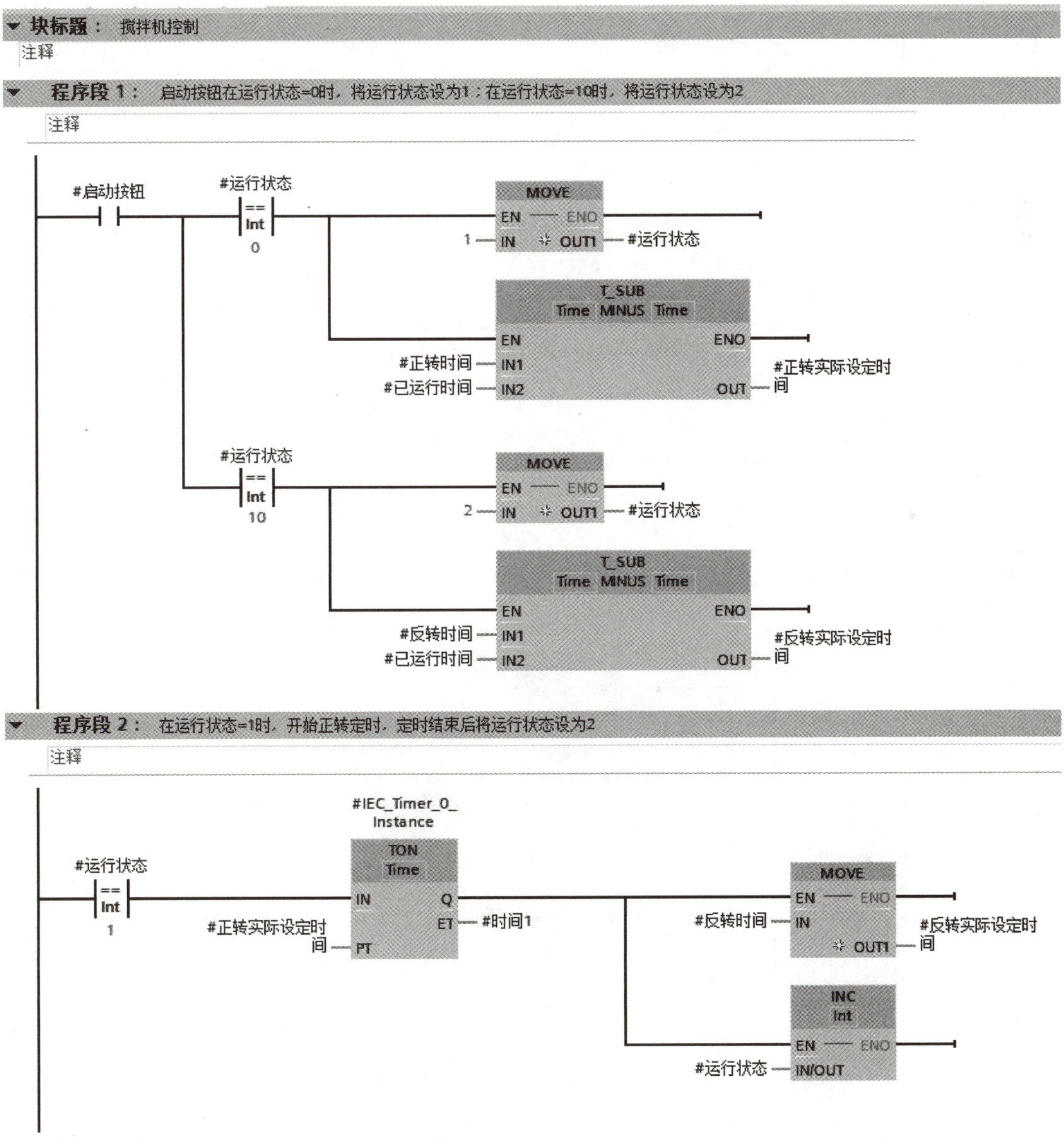

图 3-35　FB1 梯形图

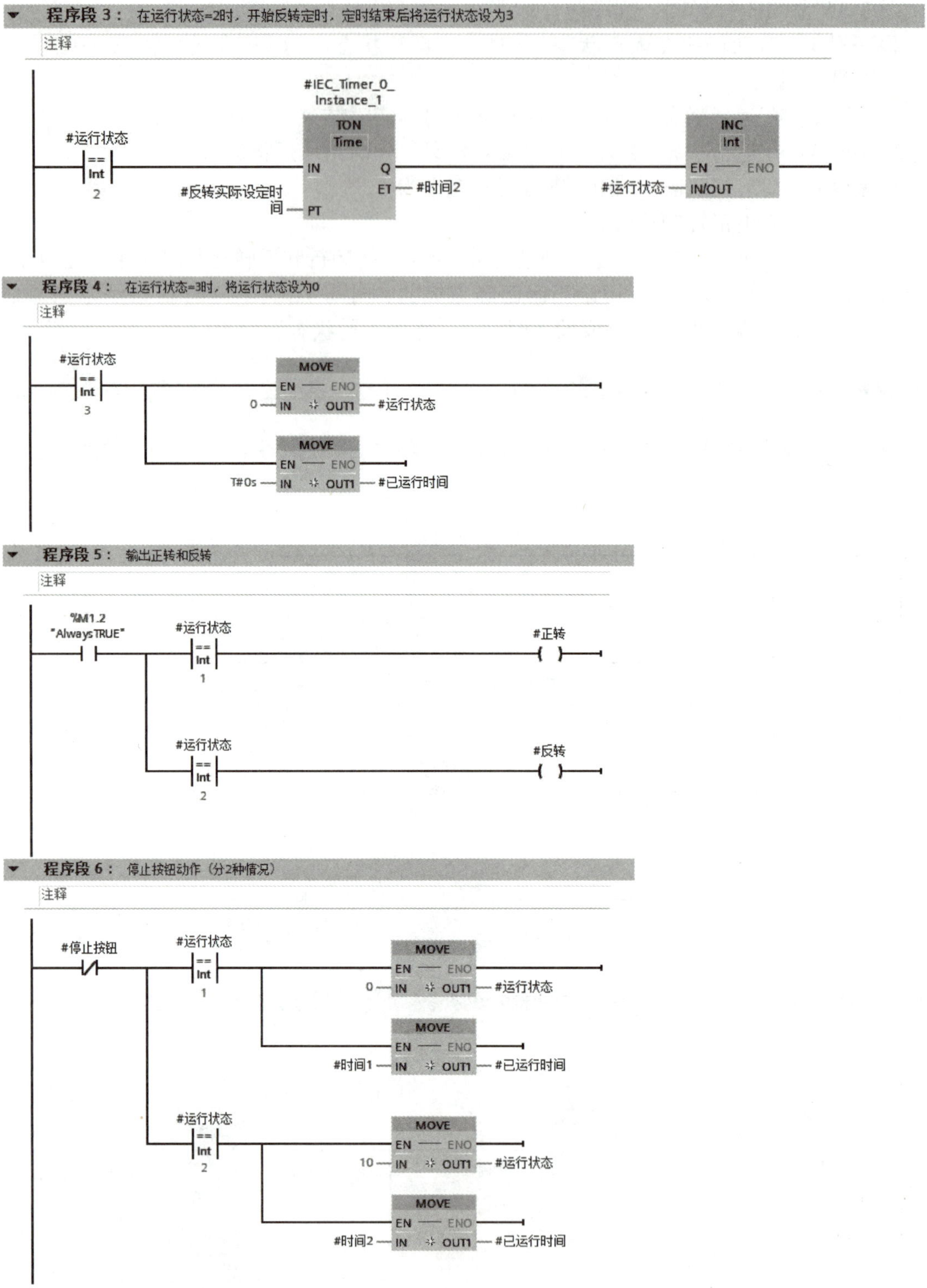

程序段 3： 在运行状态=2时，开始反转定时，定时结束后将运行状态设为3

注释

程序段 4： 在运行状态=3时，将运行状态设为0

注释

程序段 5： 输出正转和反转

注释

程序段 6： 停止按钮动作（分2种情况）

注释

图 3-35　FB1 梯形图（续）

表 3-14 所示是运行状态说明，分别阐述了运行状态为 0、1、2、3、10 时的含义。

表 3-14　运行状态说明

运行状态	含义	备注
0	上电初始化时设置或正常的一个周期结束或状态 1 时按下停止按钮	—
1	正转运行	TON 的 PT= 正转时间 – 已运行时间
2	反转运行	TON 的 PT= 反转时间 – 已运行时间
3	正常的一个周期结束后的过渡状态，直接到状态 0	—
10	在状态 2 时按下停止按钮后切换到状态 10	—

3.2.6　主程序调用 FB 块

在 OB1 编程时，每次将 FB1 块拖拽入程序段的时候，会自动生成 1 个 DB 块，本实例为二次调用 FB1 模块，生成 2 个 DB 块。完成后的梯形图如图 3-36 所示，程序解释如下：

程序段 1：上电初始化。
程序段 2：1# 搅拌机调用 FB1。
程序段 3：2# 搅拌机调用 FB1。

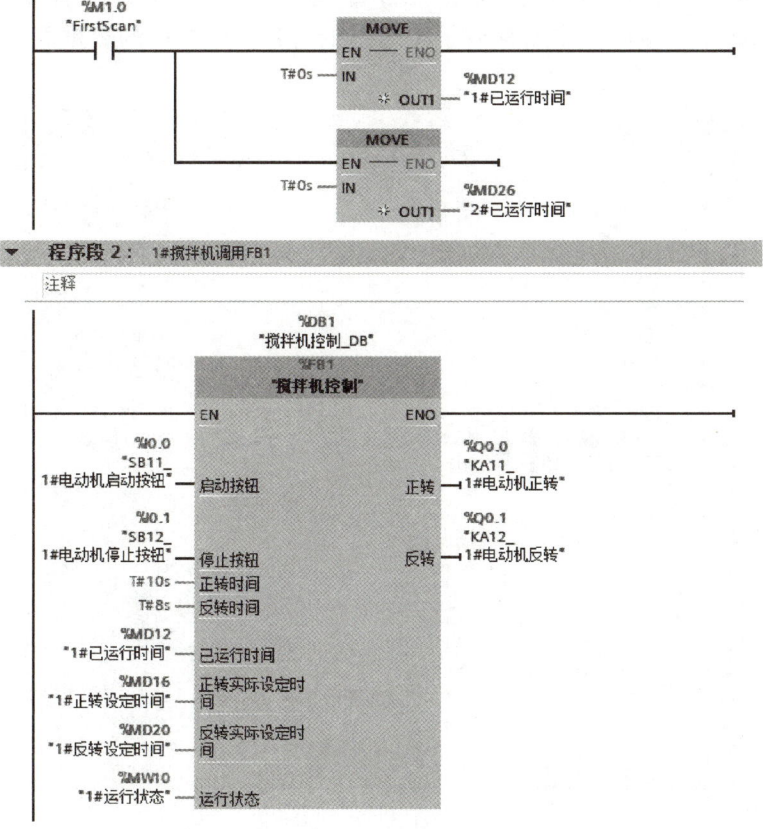

图 3-36　OB1 梯形图

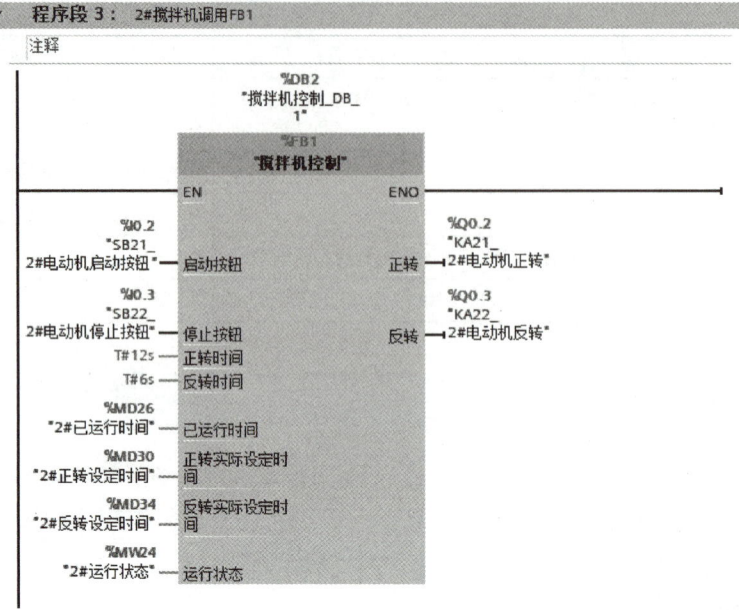

图 3-36　OB1 梯形图（续）

3.2.7　调试与监控

如图 3-37 所示，打开"搅拌机控制 _DB"，可查看到该 DB 块中存放的 FB 块接口区的各参数，在 Static 的接口区中就存放了定时器的背景 DB 相关的数据。

搅拌机控制_DB				
	名称	数据类型	起始值	监视值
▼	Input			
■	启动按钮	Bool	false	FALSE
■	停止按钮	Bool	false	TRUE
■	正转时间	Time	T#0ms	T#10S
■	反转时间	Time	T#0ms	T#8S
▼	Output			
■	正转	Bool	false	FALSE
■	反转	Bool	false	TRUE
▼	InOut			
■	已运行时间	Time	T#0ms	T#0MS
■	正转实际设定时间	Time	T#0ms	T#10S
■	反转实际设定时间	Time	T#0ms	T#8S
■	运行状态	Int	0	2
▼	Static			
▼	IEC_Timer_0_Instance	TON_TIME		
■	PT	Time	T#0ms	T#10S
■	ET	Time	T#0ms	T#0MS
■	IN	Bool	false	FALSE
■	Q	Bool	false	FALSE
▼	IEC_Timer_0_Instance_	TON_TIME		
■	PT	Time	T#0ms	T#8S
■	ET	Time	T#0ms	T#2S_847MS
■	IN	Bool	false	TRUE
■	Q	Bool	false	FALSE

图 3-37　搅拌机控制 _DB 监控

任务记录

根据任务实施的情况，如实填写表 3-15 所示的任务 3.2 实施记录表。

表 3-15 任务 3.2 实施记录表

任务实施步骤	实际执行情况说明	计划时间 /min	实际时间 /min
PLC I/O 分配和控制电路接线			
FB 块梯形图编程			
主程序编程			
调试与监控			

任务评价

按要求完成考核任务 3.2，评分标准见表 3-16，具体配分可以根据实际考评情况进行调整。

表 3-16 评分标准

序号	考核项目	考核内容及要求	配分	得分
1	职业素养	遵守安全操作规程，落实安全措施	15%	
		认真负责，团结合作，对实操任务充满热情		
		正确认识我国工业互联网的发展趋势		
2	系统方案制定	PLC 控制方案合理	15%	
		正确绘制 FB 块流程图		
3	编程能力	独立完成 FB 块参数定义和梯形图编程	20%	
		独立完成 PLC OB1 梯形图编程和 FB 块调用		
4	操作能力	根据电气图正确接线，美观且可靠	20%	
		正确输入程序并进行程序调试		
		根据系统功能进行正确操作演示		
5	实践效果	系统工作可靠，满足工作要求	20%	
		FB 块输入 / 输出参数规范命名		
		按规定的时间完成任务		
6	创新实践	在本任务中有另辟蹊径、独树一帜的实践内容	10%	
	合计		100%	

任务 3.3 使用 SCL 实现生产线信息记录

任务描述

某生产线需要进行信息记录，如图 3-38 所示。任务要求如下：

1)该生产线的报警信号输入 PLC 中,该信号出现高电平时触发一次,将触发的时间记录到 PLC 中,共有 100 个记录时间,采用先进先出的堆栈原理,始终保持最新的 100 个记录时间集合。PLC 同时设置写入本地时间按钮和记录清零按钮,其中时间统一设置为 2025-01-01-00:00:00(可以自己定义为实际时间)。

2)该生产线还增加一个通电信号,当该信号为 ON 时,开始进行通电时间记录;当该信号为 OFF 时,记录该次通电时间。

3)采用 SCL 来编写子程序 FB。

图 3-38 任务 3.3 控制示意

知识探究

3.3.1 SCL 指令概述

SCL 是 structured control language 的简称,即结构化控制语言。在博途软件中,默认支持 SCL,在建立 OB、FB、FC 等程序块时可以直接选择 SCL。SCL 类似计算机高级语言,如果有 C、Java、C++、Python 等高级语言的学习经历,再学习 SCL 就会容易很多。

在用 SCL 编程时,主要用 IF...THEN、CASE... OF...、FOR、WHILE...DO、REPEAT... UNTIL 等语句构造条件、循环、判断这样的结构,在这些结构中再添加指令,去实现逻辑判断。所有程序的编写都是在纯文本的环境下,不像梯形图那么直观,但应用起来非常灵活,这也是目前主流 PLC 支持的编程语言,符合 IEC 61131-3 规范。

1. SCL 输入 / 输出定义

SCL 共有 Input、Output、InOut、Static、Temp 和 Constant 等输入 / 输出变量需要定义,其数据类型主要有:

1)布尔型:Bool,1 位。

2)字节:Byte,1B(1 个字节)。

3)整数:Int,2B(2 个字节)。

4)长整数:DInt,4B(4 个字节)。

5)字:Word,2B(2 个字节)。

6)长字:DWord,4B(4 个字节)。

7)浮点数:Real,4B(4 个字节)。

8)字符:Char,1B(1 个字节)。

9)字符串:String[XX],XX+2 个字节。

10)数组定义:Array[X..X] of 类型。

2. SCL 指令的规范

1)一行代码结束后要添加英文分号,表示该行代码结束。

2)所有代码程序都为英文字符,在英文输入法下输入字符。

3)可以添加中文注释,注释前先添加双斜杠,即 //。这种注释方法只能添加行注释,段注释要插入一个注释段。

4)在 SCL 中变量需要在双引号内,定义好变量后软件能辅助添加双引号。

每种高级语言的编写都有各自的基础规则,建议大家多了解,不要在基础知识上犯错误。

3. SCL 赋值指令

赋值是比较常见的指令,在 SCL 中赋值指令的格式是:一个冒号加等号,即":="。从梯形图到 SCL 指令,具体的赋值变化见表 3-17。

表 3-17 梯形图与 SCL 指令的对比

梯形图	SCL 指令
M400.0 ─┤ ├─ M400.1 ─( )─	M400.1:=M400.0
M100.0 ─┤/├─ M100.1 ─( )─	M100.1:=NOT M100.0
M100.0 ─┤ ├─ M100.1 ─(S)─	IF (**M100.0**) THEN **M100.1**:=TRUE; END_IF
M100.0 ─┤ ├─ M100.1 ─(R)─ END_IF	IF (**M100.0**) THEN **M100.1**:=FALSE; END_IF

4. 位逻辑运算指令

在 SCL 中常用的位逻辑运算指令有:

1)取反指令:NOT,与梯形图中的 NOT 指令用法相同。

2)与运算指令:AND,相当于梯形图中的串联关系。

3)或运算指令:OR,相当于梯形图中的并联关系。

4)异或运算指令:XOR,在梯形图中字逻辑运算中有异或运算指令,没有 Bool 的异或指令。

5. 数学运算指令

SCL 中数学运算指令与梯形图中的用法基本相同,但助记符不同。常用的数学运算有:

1)加法:用符号"+"运算。

2)减法:用符号"-"运算。

3)乘法:用符号"*"运算。

4）除法：用符号"/"运算。

5）取余数：用符号"MOD"运算。

6）幂：用符号"**"运算。

其他数学函数包括 SIN、COS、TAN、LN、LOG、ASIN、ACOS、ATAN 等。

6. 条件控制指令

常见的条件控制指令如 IF...THEN、CASE... OF... 等，这些指令可以从博途软件 SCL 编辑环境中直接选取。

（1）IF...THEN 指令

根据分支的类型，可以对以下形式的指令进行编程：

形式一：IF 分支

```
IF <condition> THEN
    相关指令1
END_IF;
```

如果满足该条件（<condition>），则将执行 THEN 后编写的相关指令 1。如果不满足该条件，则程序将从 END_IF 后的下一条指令开始继续执行。

形式二：IF 和 ELSE 分支

```
IF <condition> THEN
    相关指令2
ELSE
    相关指令3
END_IF;
```

如果满足该条件，则将执行 THEN 后编写的相关指令 2。如果不满足该条件，则将执行 ELSE 后编写的相关指令 3。此后，程序将从 END_IF 后的下一条指令开始继续执行。

形式三：IF、ELSIF 和 ELSE 分支

```
IF <condition1> THEN
    相关指令4
ELSIF <condition2> THEN
    相关指令5
ELSE
    相关指令6
END_IF;
```

如果满足第一个条件（<condition1>），则将执行 THEN 后的指令（相关指令 4）。执行这些指令后，程序将从 END_IF 后继续执行。如果不满足第一个条件，则将检查第二个条件（<condition2>）。如果满足第二个条件，则将执行 THEN 后的指令（相关指令 5）。执行这些指令后，程序将从 END_IF 后继续执行。如果不满足任何条件，则先执行 ELSE 后的指令（相关指令 6），再执行 END_IF 后的程序部分。

需要注意的是，在 IF 指令内可以嵌套任意多个 ELSIF 和 THEN 组合，可以选择对 ELSE 分支进行编程。在条件控制指令中常常会用到变量比较，如 >、>=、<、<=、=，也会用到逻辑符号，如 and、or、not 等。

（2）CASE... OF... 指令

CASE... OF... 指令可以创建多路分支，并根据表达式的值执行多个指令序列中的一个。其中表达式的值必须为整数或位字符串。执行 CASE 指令时，会将表达式（变量）的值与多个常数的值进行比较。如果表达式（变量）的值等于某个常数的值，则满足条件且将执行紧跟在该常数后编写的指令。

可按如下方式声明此指令：

```
CASE <Tag> OF
    <Constant1>: <Instructions1>;
    <Constant2>: <Instructions2>;
    <常量 X>: <指令 X>;
    ELSE <Instructions0>;
END_CASE;
```

根据以上声明格式进行举例：

```
CASE "Tag_Value" OF
        0 :"Tag_1" := 1;
        1,3,5 : "Tag_2" := 1;
        6...10 : "Tag_3" := 1;
        16,17,20...25 : "Tag_4" := 1;
ELSE
        "Tag_5" := 1;
END_CASE;
```

上述语句执行的结果见表 3-18。

表 3-18　CASE... OF... 指令举例结果

操作数	值				
Tag_Value	0	1、3、5	6、7、8、9、10	16、17、20、21、22、23、24、25	2
Tag_1	1	—	—	—	—
Tag_2	—	1	—	—	—
Tag_3	—	—	1	—	—
Tag_4	—	—	—	1	—
Tag_5	—	—	—	—	1

7. 循环控制指令

共有三种循环控制指令，分别是 FOR、WHILE...DO、REPEAT...UNTIL 指令，具体如下：

（1）FOR 指令

FOR 指令，即"在计数循环中执行"指令，重复执行程序循环，直至运行变量不在指定的取值范围内，它可以嵌套程序循环。在程序循环内，可以编写包含其他运行变量的其他程序循环。通过指令"复查循环条件"（CONTINUE），可以终止当前连续运行的程序循环。通过指令"立即退出循环"（EXIT）终止整个循环的执行。

可按如下方式声明此指令：

```
FOR Control Variable:= Start TO End BY Increment DO
// Statement Section
;
END_FOR;
```

(2) WHILE...DO 指令

WHILE...DO 指令，即"满足条件时执行"指令，可以重复执行程序循环，直至不满足执行条件为止。该条件是结果为布尔值（TRUE 或 FALSE）的表达式。可以将逻辑表达式或比较表达式作为条件。执行该指令时，将对指定的表达式进行运算。如果表达式的值为 TRUE，则表示满足该条件；如果其值为 FALSE，则表示不满足该条件。它也可以嵌套程序循环。在程序循环内，可以编写包含其他运行变量的其他程序循环。通过指令"复查循环条件"（CONTINUE），可以终止当前连续运行的程序循环。通过指令"立即退出循环"（EXIT）终止整个循环的执行。

可按如下方式声明此指令：

```
WHILE a = b DO
// Statement Section
;
END_WHILE;
```

(3) REPEAT...UNTIL 指令

REPEAT...UNTIL 指令，即"不满足条件时执行"指令，可以重复执行程序循环，直至满足执行条件为止。该条件是结果为布尔值（TRUE 或 FALSE）的表达式。可以将逻辑表达式或比较表达式作为条件。执行该指令时，将对指定的表达式进行运算。如果表达式的值为 TRUE，则表示满足该条件；如果其值为 FALSE，则表示不满足该条件。即使满足终止条件，此指令也只执行一次。它也可以嵌套程序循环。在程序循环内，可以编写包含其他运行变量的其他程序循环。通过指令"复查循环条件"（CONTINUE），可以终止当前连续运行的程序循环。通过指令"立即退出循环"（EXIT）终止整个循环的执行。

可按如下方式声明此指令：

```
REPEAT
// Statement Section
;
UNTIL a = b
END_REPEAT;
```

以上三个循环控制指令会经常和条件控制指令配合使用。

3.3.2 复杂数据类型 Array 和 Struct

1. Array 类型

Array 类型，即数组类型，它可以在 DB、OB/FC/FB 接口区、PLC 数据类型处定义，无法在 PLC 变量表中定义。数组就是元素序列，有限个类型相同的变量的集合的名称为数组名。组成数组的各个变量称为数组的分量，也称为数组的元素，有时也称为下标变量。用于区分数组的各个元素的数字编号称为下标。在程序设计中，为了处理方便，数组可以把具有相同类型的若干元素按无序的形式组织起来，这些无序排列的同类数据元素的集合就称为数组。

Array 类型表现形式是：ARRAY[下限 .. 上限] of < 数据类型 >，数据限值范围是 [–2147483648..2147483647] of < 数据类型 >。图 3-39 所示为在 DB 块中定义 Array 类型示意。

1）在方括号内定义下标的限值，并在关键字"of"之后定义数据类型，如 Bool、Int 等，可以通过下拉菜单实现。

2）Array 限值可使用整数或全局 / 局部常量定义的固定值，也可定义为块的形参，或使用 ARRAY[*] 进行定义。如使用 FC 的 Input 定义数组 Array[*] of Int。

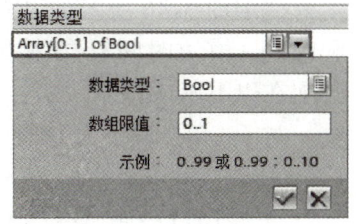

图 3-39　DB 块中定义 Array 类型示意

3）下限值必须小于或等于上限值，同时下限值不一定必须从 0 开始，可以根据实际进行修改，不过默认值是 0。

4）一个 Array 最多可包含六个维度，也就是通常所说的六维数组，各维度的限值使用逗号进行分隔。

5）Array 的最大限值取决于以下因素：元素的数据类型、存储区预留（仅适用于优化访问的块）、数据块的最大容量、CPU 的最大存储空间。

2. Struct 结构体

Struct 数据类型是由若干个数据组成的容器封装，其数据类型可以一样，也可以不一样。也就是说，Struct 数据类型可以是基本的数据类型，也可以是 Struct、Array 等复杂的数据类型，或是 PLC 数据类型（UDT）。

Struct 结构体具备以下特点：

1）Struct 可以组成该 Struct 的元素单独使用，也可以作为一个整体变量使用。

2）Struct 中的元素的数据类型可以是 Struct 数据类型，在这种情况下，称之为 Struct 的嵌套。Struct 的嵌套层数不能超过 8 级。具体嵌套的层数与 PLC CPU 的类型有关。

3）Struct 的使用非常灵活，可以在 DB、OB、FC、FB 的接口中定义使用，也可以在 PLC 数据类型 UDT 中定义。

4）与 UDT 数据类型相比，进行一次性修改后，不能重构，需要多次修改，效率偏低。

5）Struct 与 UDT 相比，即使数据结构相同，也不能兼容。

6）对于每一个 Struct 都有一个单独的对象，并将其描述信息加载至 PLC 中，所以会占用较多的 PLC 存储空间。

7）因 PLC 在运行时会扫描检查所有结构的数据类型是否匹配，所以会导致 PLC 的运行系统偏慢，不过在少量使用该数据类型时，也感受不出来。

8）在变量中直接使用的结构声明称为匿名结构，对于该结构的所有元素采取统一的寻址方式，不考虑该元素是采用 UDT 数据类型还是 Struct 数据类型。

3.3.3　时间函数

1. CPU 时钟的模块时间

CPU 时钟将模块时间转换为世界协调时间（UTC）。因此，模块时间总是存储在 CPU 时钟中，而不带因子"本地时区"或"夏令时"。之后，CPU 时钟将基于模块时间计算 CPU 时钟的本地时间。CPU 时钟的模块时间将用作 CPU 发起的所有时间处理过程的模板。

2. 设置时间 WR_SYS_T

使用图 3-40 所示的 WR_SYS_T 指令可设置 CPU 时钟的日期和时间（模块时间）。在输入参数 IN 中输入日期和时间。输入值必须在以下范围内：

对于 DT：最小为 DT#1990-01-01-0:0:0，最大为 DT#2089-12-31-23:59:59.999。

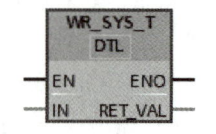

图 3-40　WR_SYS_T 指令

对于 LDT：最小为 LDT#1970-01-01-0:0:0.000000000，最大为 LDT#2200-12-31-23:59:59.999999999。

对于 DTL：最小为 DTL#1970-01-01-00:00:00.0，最大为 DTL#2200-12-31-23:59:59.999999999。

可以在 RET_VAL 输出参数中查询在执行该指令期间是否发生了错误。需要注意的是，WR_SYS_T 指令不能用于传递有关本地时区或夏令时信息。表 3-19 所示是 WR_SYS_T 指令参数说明。

表 3-19　WR_SYS_T 指令参数说明

参数	声明	数据类型	存储区	说明
IN	Input	DTL	I、Q、M、D、L、P 或常量 *	日期和时间
RET_VAL	Return	INT	I、Q、M、D、L、P	指令的状态

3. 写入本地时间 WR_LOC_T

图 3-41 所示的 WR_LOC_T 指令用于设置 CPU 时钟的日期和时间。在输入参数 LOCTIME 中，输入日期和时间作为本地时间。

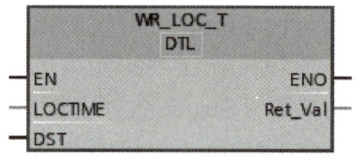

图 3-41　WR_LOC_T 指令

输入值必须在以下范围内：

DTL：最小值为 DTL#1970-01-01-00:00:00.0，最大值为 DTL#2200-12-31-23:59:59.999999999。

LDT：最小值为 LDT#1970-01-01-0:0:0.000000000，最大值为 LDT#2200-12-31-23:59:59.999999999。

本地时间和系统时间的时间信息粒度与具体 PLC 产品有关，且至少为 1ms。对于 LOCTIME 参数中小于 CPU 所支持的值的输入值，将在系统计算期间进行上舍入。可以在 Ret_Val 输出参数中查询在执行该指令期间是否发生了错误。表 3-20 所示是 WR_LOC_T 指令参数说明。

表 3-20　WR_LOC_T 指令参数说明

参数	声明	数据类型	存储区	说明
LOCTIME	Input	DTL	I、Q、M、D、L、P 或常量 *	本地时间
DST	Input	BOOL	I、Q、M、D、L、P、T、C 或常量	daylight saving time 仅在"双重小时值"期间时钟更改为标准时间时才进行求值。 • TRUE= 夏令时（第一个小时值） • FALSE= 标准时间（第二个小时值）
Ret_Val	Return	INT	I、Q、M、D、L、P	错误消息

4. 读取时间 RD_SYS_T 和读取本地时间 RD_LOC_T

使用图 3-42a 所示的 RD_SYS_T 指令读取 CPU 时钟的当前日期和当前时间（模块时间）。在此指令的 OUT 输出参数中输出读取的日期。得出的值不包含有关本地时区或夏令时的信息。

使用图 3-42b 所示的 RD_LOC_T 指令从 CPU 时钟读取当前本地时间，并将此时间在 OUT 输出参数中输出。在输出本地时间时，会用到夏令时和标准时间的时区和开始时间（已在 CPU 时钟的组态中设置）的相关信息。

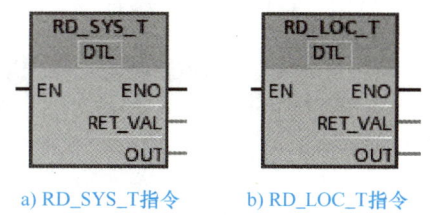

a) RD_SYS_T 指令　　b) RD_LOC_T 指令

图 3-42　RD_SYS_T 和 RD_LOC_T 指令

任务实施

3.3.4 PLC I/O 分配和控制电路接线

从任务要求出发，确定报警信号、写时间按钮、报警记录清零按钮、通电信号共计 4 个输入，同时外接故障指示和通电指示 2 个输出。表 3-21 所示为 I/O 分配，PLC 选用西门子 CPU 1215C DC/DC/DC。

表 3-21　输入/输出定义

输入	功能	输出	功能
I0.0	F1/报警信号（NO）	Q0.0	HL1/故障指示
I0.1	SB1/写时间按钮（NO）	Q0.1	HL2/通电指示
I0.2	SB2/报警记录清零按钮（NO）		
I0.3	KA1/通电信号（NO）		

图 3-43 所示为 PLC 控制电气原理图。

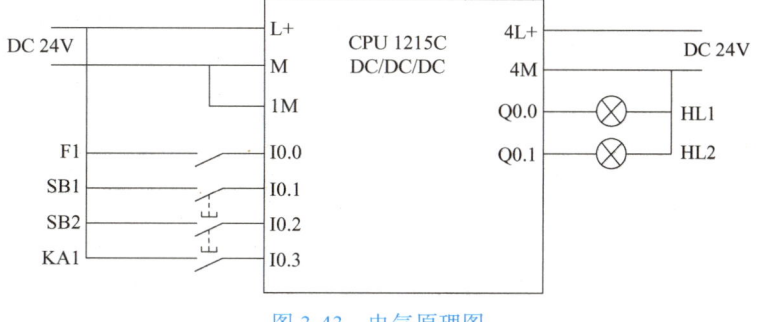

图 3-43　电气原理图

3.3.5 生产线信息记录 FB 块 SCL 编程

本任务采用 FB 块比较合适，因为 FB 可以自带 DB 块，可以将 100 个记录放在该 DB 块中。这里采用两个 FB 块，并用 SCL 进行编程。

1. FB1（报警记录 FB）

如图 3-44 所示，添加语言为 SCL 的 FB 块，并命名为"报警记录"。

图 3-44 添加语言为 SCL 的 FB 块

图 3-45 所示是报警记录 FB 参数定义，其中 Rec_yes 为报警记录开始信号，Clear 为故障清零信号。静态参数包括：dtl_temp 为读取时间的返回值，数据类型为 Int；dtl_arr 为数组 Array[0..99] of DTL，就是所用到的 100 个时间记录；i 为循环控制变量。

SCL 语句如下：

```
IF #Rec_yes THEN
    FOR #i := 1 TO 99 DO
        #dtl_arr[100 - #i] := #dtl_arr[99 - #i];
    END_FOR;
    #dtl_temp := RD_LOC_T(#dtl_arr[0]);
END_IF;
IF #Clear THEN
    FOR #i := 0 TO 99 DO
        #dtl_arr[#i] := DTL#2025-01-01-00:00:00;
    END_FOR;
END_IF;
```

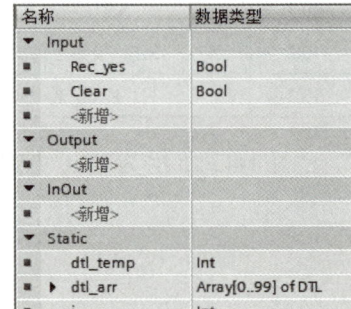

图 3-45 报警记录 FB 参数定义

在上述程序中，读取时钟的指令"#dtl_temp:=RD_LOC_T（#dtl_arr[0]）；"非常简洁。而先进先出的时间记录则可以采用 FOR 指令。

2. FB2（通电时间 FB）

图 3-46 所示是通电时间 FB 块参数定义。

名称	数据类型
▼ Input	
Run_ON	Bool
Run_OFF	Bool
<新增>	
▼ Output	
Run_time	Time
<新增>	
▼ InOut	
<新增>	
▼ Static	
dtl_temp	Int
▶ dtl_arr	Array[0..1] of DTL

图 3-46　通电时间 FB 块参数定义

SCL 语句如下：

```
IF #Run_ON THEN
    #dtl_temp := RD_LOC_T(#dtl_arr[0]);
    #dtl_arr[1] := #dtl_arr[0];
END_IF;
IF #Run_OFF THEN
    #dtl_temp := RD_LOC_T(#dtl_arr[1]);
    #Run_time := T_DIFF(IN1 := #dtl_arr[1], IN2 := #dtl_arr[0]);
END_IF;
```

该程序中，通电时间统计采用 T_DIFF（时间差）指令，即“通电结束时”的 DTL 值减去“通电开始时”的 DTL 值，差值就是 Time 数据类型的“通电时间”。

3.3.6　主程序梯形图编程

首先根据输入 / 输出和程序相关进行变量定义，具体如图 3-47 所示。

名称	变量表	数据类型	地址
F1报警信号	默认变量表	Bool	%I0.0
SB1写时间按钮	默认变量表	Bool	%I0.1
SB2报警记录清零按钮	默认变量表	Bool	%I0.2
KA1通电信号	默认变量表	Bool	%I0.3
HL1故障指示	默认变量表	Bool	%Q0.0
HL2通电指示	默认变量表	Bool	%Q0.1
写时间中间变量1	默认变量表	Bool	%M10.0
写时间中间变量2	默认变量表	Bool	%M10.1
写入时间返回值	默认变量表	Int	%MW12
报警中间变量1	默认变量表	Bool	%M10.2
报警中间变量2	默认变量表	Bool	%M10.3
通电中间变量1	默认变量表	Bool	%M10.4
通电中间变量2	默认变量表	Bool	%M10.5
通电时间值	默认变量表	Time	%MD14

图 3-47　OB1 主程序变量定义

然后编写主程序，如图 3-48 所示，程序解释如下：

程序段 1：写入本地时间，调用 WR_LOC_T 指令写入 DTL#2025-01-01-00:00:00。注意，该时间可以根据实际要求修改。

程序段 2：调用 FB1，进行报警记录，数据记录在背景数据块的 dtl_arr 数组中。
程序段 3：调用 FB2，进行通电记录，通电时间保存在 MD14 中。
程序段 4：输出指示。

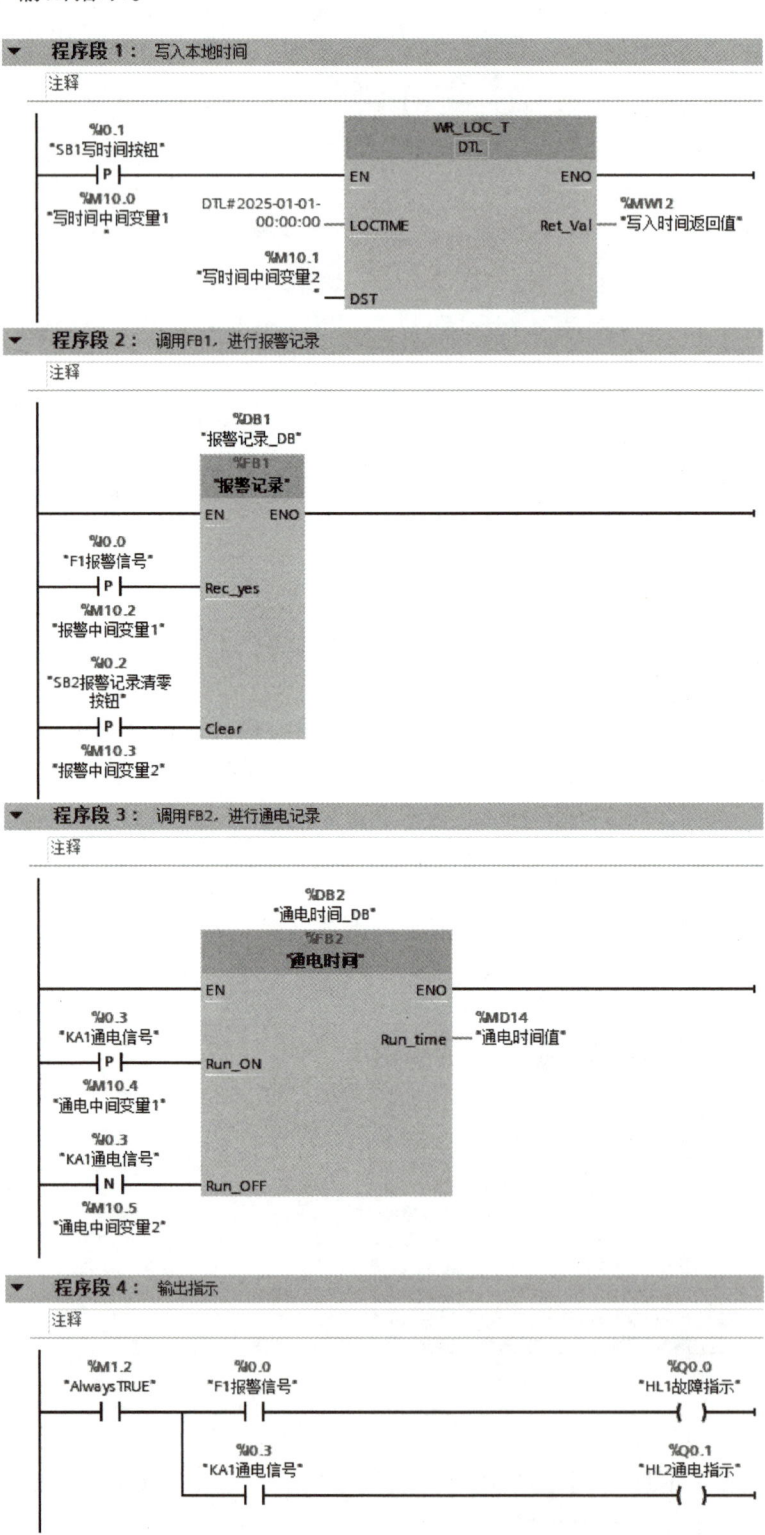

图 3-48　主程序梯形图

3.3.7　调试与监控

1. 报警记录

采用监视状态，当输入 I0.2 信号进行报警记录清零后，如图 3-49 所示，全部清零为 DTL#2025-01-01-00:00:00。

当报警信号 I0.0 动作时，依次记录相关的触发时间，如图 3-50 所示。

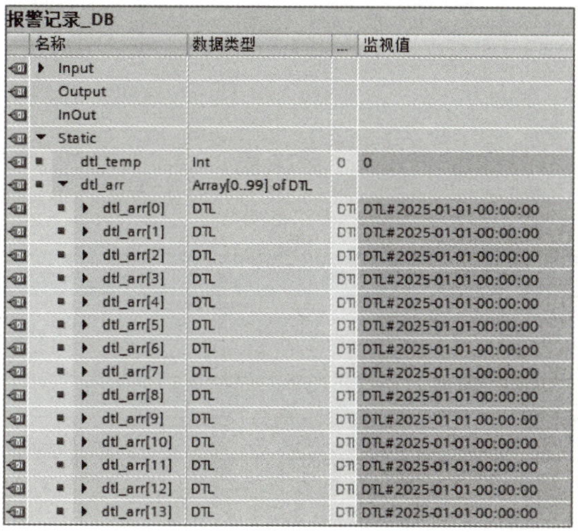

报警记录_DB

名称	数据类型	...	监视值
Input			
Output			
InOut			
Static			
dtl_temp	Int	0	0
dtl_arr	Array[0..99] of DTL		
dtl_arr[0]	DTL	DTI	DTL#2025-01-01-00:00:00
dtl_arr[1]	DTL	DTI	DTL#2025-01-01-00:00:00
dtl_arr[2]	DTL	DTI	DTL#2025-01-01-00:00:00
dtl_arr[3]	DTL	DTI	DTL#2025-01-01-00:00:00
dtl_arr[4]	DTL	DTI	DTL#2025-01-01-00:00:00
dtl_arr[5]	DTL	DTI	DTL#2025-01-01-00:00:00
dtl_arr[6]	DTL	DTI	DTL#2025-01-01-00:00:00
dtl_arr[7]	DTL	DTI	DTL#2025-01-01-00:00:00
dtl_arr[8]	DTL	DTI	DTL#2025-01-01-00:00:00
dtl_arr[9]	DTL	DTI	DTL#2025-01-01-00:00:00
dtl_arr[10]	DTL	DTI	DTL#2025-01-01-00:00:00
dtl_arr[11]	DTL	DTI	DTL#2025-01-01-00:00:00
dtl_arr[12]	DTL	DTI	DTL#2025-01-01-00:00:00
dtl_arr[13]	DTL	DTI	DTL#2025-01-01-00:00:00

图 3-49　记录清零监控

报警记录_DB

名称	数据类型	...	监视值
Input			
Output			
InOut			
Static			
dtl_temp	Int	0	0
dtl_arr	Array[0..99] of DTL		
dtl_arr[0]	DTL	DTI	DTL#2025-01-01-00:47:05.053818
dtl_arr[1]	DTL	DTI	DTL#2025-01-01-00:46:52.339224
dtl_arr[2]	DTL	DTI	DTL#2025-01-01-00:45:16.156784
dtl_arr[3]	DTL	DTI	DTL#2025-01-01-00:44:15.167191
dtl_arr[4]	DTL	DTI	DTL#2025-01-01-00:43:46.079171
dtl_arr[5]	DTL	DTI	DTL#2025-01-01-00:43:30.204587
dtl_arr[6]	DTL	DTI	DTL#2025-01-01-00:00:00
dtl_arr[7]	DTL	DTI	DTL#2025-01-01-00:00:00
dtl_arr[8]	DTL	DTI	DTL#2025-01-01-00:00:00
dtl_arr[9]	DTL	DTI	DTL#2025-01-01-00:00:00
dtl_arr[10]	DTL	DTI	DTL#2025-01-01-00:00:00
dtl_arr[11]	DTL	DTI	DTL#2025-01-01-00:00:00
dtl_arr[12]	DTL	DTI	DTL#2025-01-01-00:00:00
dtl_arr[13]	DTL	DTI	DTL#2025-01-01-00:00:00

图 3-50　报警记录 _DB 监控

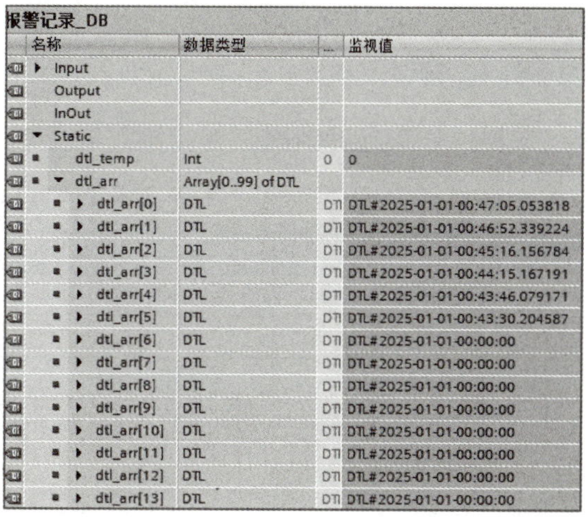

2. 通电记录

图 3-51 所示为通电记录主程序。图 3-52 所示为通电时间 _DB 监控。

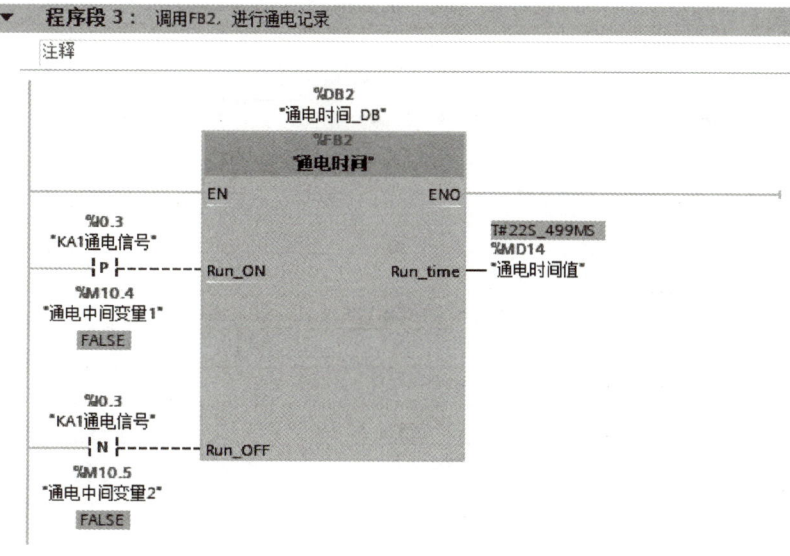

图 3-51　通电记录主程序

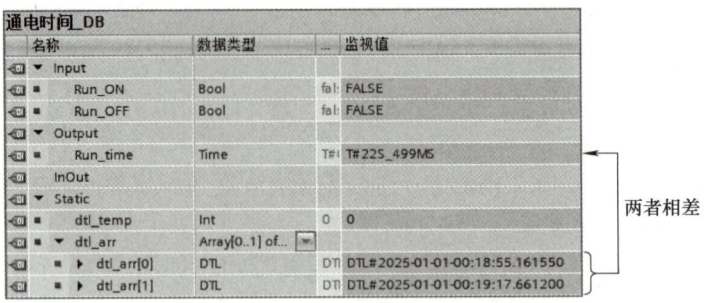

图 3-52　通电时间 _DB 监控

任务记录

根据任务实施的情况，如实填写表 3-22 所示的任务 3.3 实施记录表。

表 3-22　任务 3.3 实施记录表

任务实施步骤	实际执行情况说明	计划时间 /min	实际时间 /min
PLC I/O 分配和控制电路接线			
FB 块 SCL 编程			
主程序梯形图编程			
调试与监控			

任务评价

按要求完成考核任务 3.3，评分标准见表 3-23，具体配分可以根据实际考评情况进行调整。

表 3-23　评分标准

序号	考核项目	考核内容及要求	配分	得分
1	职业素养	遵守安全操作规程，落实安全措施	15%	
		认真负责，团结合作，对实操任务充满热情		
		正确认识我国"5G+ 工业互联网"的重点任务		
2	系统方案制定	PLC 控制方案合理	20%	
		PLC 控制电路图正确		
		SCL 编程设计理念正确		
3	编程能力	独立完成 PLC 硬件配置	15%	
		充分体验复杂逻辑并进行 SCL 编程		
4	操作能力	根据电气图正确接线，美观且可靠	20%	
		正确输入程序并进行程序调试		
		根据系统功能进行正确操作演示		
5	实践效果	系统工作可靠，满足工作要求	20%	
		SCL 指令使用恰当		
		按规定的时间完成任务		
6	创新实践	在本任务中有另辟蹊径、独树一帜的实践内容	10%	
		合计	100%	

拓展阅读

截至 2023 年底，我国累计建成 5G 基站 337.7 万个，5G 移动电话用户达 8.05 亿户，网络基础日益完备。我国已建成全球最大的光纤和移动宽带网络，全国行政村通 5G 比例超 80%。通信杆塔资源与社会杆塔资源双向共享取得显著成效，目前 90% 以上的基站实现共建共享，5G 基站单站址能耗相较于商用初期降低 20% 以上。我国 5G 技术产业在技术标准、网络设备、终端设备等方面创新能力不断增强。轻量化 5G 核心网、定制化基站等实现商用部署。5G 工业网关、巡检机器人等一批新型终端成功研发。5G 标准必要专利声明量全球占比超 42%，持续保持全球领先。融合应用广度和深度不断拓展，5G 应用已融入 71 个国民经济大类，应用案例数超 9.4 万个，5G 行业虚拟专网超 2.9 万个，5G 应用在工业、矿业、电力、港口、医疗等行业深入推广，"5G+ 工业互联网"项目数超 1 万个。国际电信联盟定义了 5G 的三大应用场景：增强移动宽带（eMBB，速率是 4G 的 10 倍）、低时延高可靠通信（uRLLC，时延是 4G 的 1/10）、海量机器类通信（mMTC，连接密度是 4G 的 50 倍），后两个场景主要面向工业等实体经济行业需求设计。5G 可有效解决工业有线技术移动性差、组网不灵活、特殊环境铺设困难等问题，突破现有工业无线技术在可靠性、连接密度、传输能力等方面的局限，有效满足大规模数据采集和感知、精准操控、远程控制等工业生产需要，不断提升工业互联网网络基础能力，拓展工业互联网融合创新业态，成为工业互联网纵深发展的强大动能。

思考与练习

习题 3.1 图 3-53 所示为自动水位控制系统，其功能如下：所有液位开关为常开触点，低液位开关 L3 为 OFF 时，阀门 YV2 关闭，不让出水，此时打开进水阀门 YV1，直至中液位开关 L2 为 ON 时，才能打开 YV2 出水；当高液位开关 L1 为 ON 时，进水阀门 YV1 关闭，直到中液位开关为 OFF 时，才打开 YV1 进水；整个开关阀门动作都是要确保水位在 L1 为 OFF 而 L3 为 ON 的相对恒定水位状态中。请根据上述功能编写一个 FC 块，并在 OB 块中进行调用。

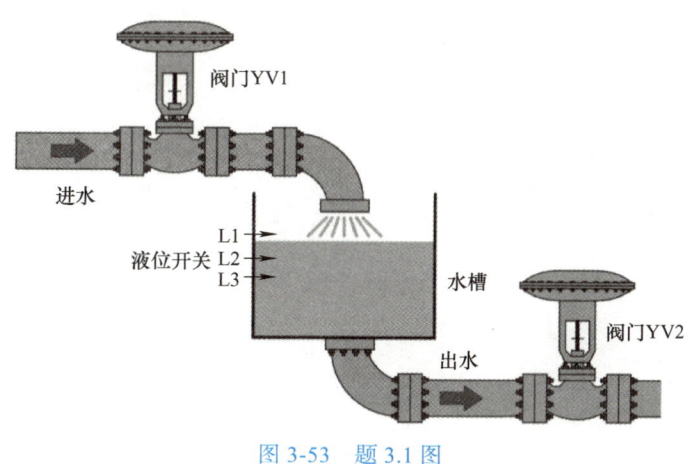

图 3-53 题 3.1 图

习题 3.2 图 3-54 所示为水槽自动排水控制系统，共设有高液位 L1、低液位 L2、水泵、自动/手动选择开关、启停按钮、泵运行指示灯、高液位报警指示灯、低液位报警指示灯。手动时，可以启停水泵。自动时，当液位 L2 为 ON 时水泵开启，至少开启 10s 才能停机，即使 L2 已经变为 OFF；高液位和低液位与指示灯相一致。请用 FC 块、FB 块两种方法分别实现自动排水控制功能，并在 OB 块中进行调用。

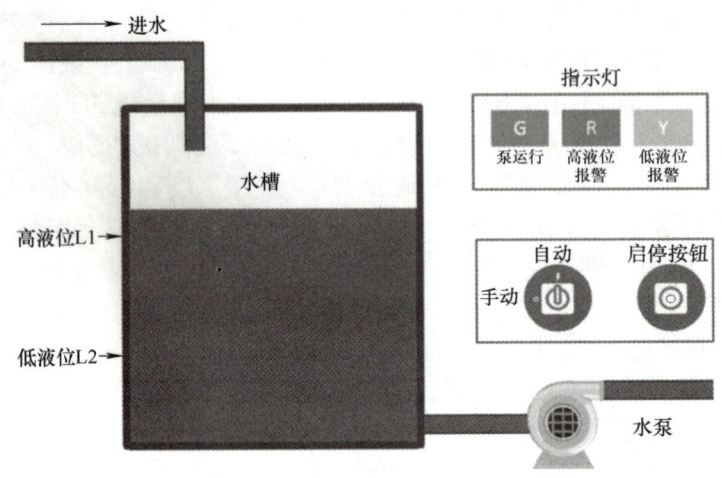

图 3-54　题 3.2 图

习题 3.3　在题 3.1 的基础上，增加定时器功能，即液位上升到 L2 时，阀门 YV2 延时 5s 打开；液位开关 L1 为 ON 或 L3 为 OFF 时，YV1 和 YV2 阀门正常动作，但液位信号持续 3s 则进行高液位报警（常亮）和低液位报警（闪烁），信号报警共用一个指示灯。请根据上述功能编写一个 FB 块，并在 OB 块中进行调用。

习题 3.4　利用 SCL 指令，将数据块中的 12 个整数合成一个数组 1，然后从小到大进行排序，并在数组 2 中输出并显示。

习题 3.5　将 S7-1200 PLC 的输入点 I0.0～I0.5 的 6 个位以数组的形式读取出来放在数据块中，并用 SCL 编程的 FB 块将该数组实时进行"位取反"存放，并进行输出。

习题 3.6　如图 3-55 所示，某电机故障信号为 I0.0，当故障信号为 ON 时，开始进行故障停机时间记录，等故障信号为 OFF 时，显示电机故障停机时间。请用基于 SCL 的 FB 块进行编程。

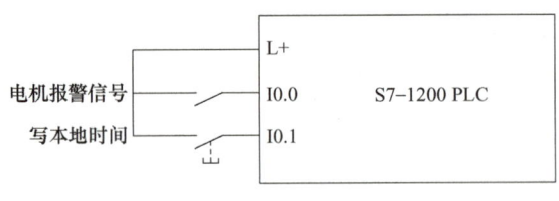

图 3-55　题 3.6 图

项目 4　触摸屏控制现场设备

项目导读

触摸屏的应用领域十分广泛，适应性强，跟 PLC 共同使用可实现人机交互、参数设置、设备远程控制、报警提示等功能，通过通信协议可将现场电气设备和上位机融合在一起，共同组成 PLC 控制系统。PLC 系统可利用多样化的通信接口，尤其是 PROFINET 通信来实现远程数据实时提取，将现场传感器、智能执行器、智能仪表等现场设备数字化集成在一起，实现现场设备高效控制。西门子 KTP 系列触摸屏可以在博途软件中与 PLC 共享变量，轻松实现设备的自动化控制。本项目主要阐述了触摸屏控制指示灯循环点亮、触摸屏实现通风机调度控制两个任务，充分展现了触摸屏在现场设备控制中的典型应用。

❖ 知识目标：

了解工业触摸屏的工作原理和选型特点。
掌握触摸屏的接线方法与组态软件的特点。
掌握触摸屏按钮、文本、图形等动画的常见制作方法。
掌握触摸屏动画的基本形式。

❖ 能力目标：

能够结合设备手册，正确下载触摸屏组态及测试程序。
能完成触摸屏与可编程控制器、计算机的网络连接。
会使用组态软件对触摸屏进行按钮、指示灯、I/O 域组态。
能使用博途软件进行 KTP700 触摸屏动画组态。

❖ 素养目标：

形成你追我赶、奋勇争先的浓厚氛围。
养成知行合一、身体力行的工程意识。
具有查阅资料和自学新技术、新产品的能力。

任务 4.1　触摸屏控制指示灯循环点亮

任务描述

图 4-1 所示是 KTP700 Basic 触摸屏与 S7-1200 PLC 通过 PROFINET 相连，并通过触摸屏的按钮控制 8 个灯的亮与灭。

任务要求如下：

1）完成触摸屏的电源接线，并用网线与PLC进行PROFINET连接，实现正常通信。

2）现有两种模式：手动和自动模式。选择手动模式时，每按下一次切换按钮，从右到左依次点亮一个灯，直到全部点亮8个灯；再按一下切换按钮，全部灯灭；依次循环。选择自动模式时，按下切换按钮，按间隔3s进行上述点灯顺序，直至停止按钮动作。

3）触摸屏上的8个灯亮灭与实际的8个灯同步显示。

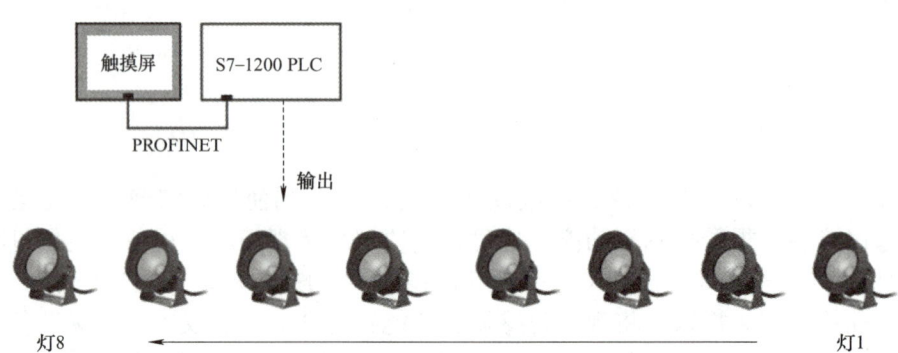

图4-1 任务4.1控制示意

知识探究

4-1 触摸屏工作原理

4.1.1 触摸屏工作原理

由于触摸屏技术的快速发展，可靠耐用的工业触摸屏彻底改变了工业现场传统的按钮控制方式，通过使用可提供精确且灵敏交互的工业触摸屏设备，现场操作、数据收集和分析变得更加高效和准确。众所周知，传统的工业控制系统一般使用按钮和指示灯来操作和监视系统，但很难实现参数的现场设置和修改，也不方便对整个系统的集中监控。触摸屏的主要功能就是取代传统的控制面板和显示仪表（见图4-2），通过与控制单元（如PLC）通信，实现人与控制系统的信息交换，更方便地实现对现场设备的操作和监视。

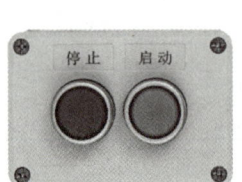

图4-2 传统的按钮指示灯到触摸屏画面

按照触摸屏的工作原理和传输信息的介质，可以把触摸屏分为电阻式、电容感应式、红外线式以及表面声波式等多种类型，无论哪一种，其工作原理基本如图4-3所示，即当手指触摸时，引起了电容、电阻、电压等物理量变化，反馈至控制器，控制器由此解析为实际触摸点位,最后将坐标反馈至系统。

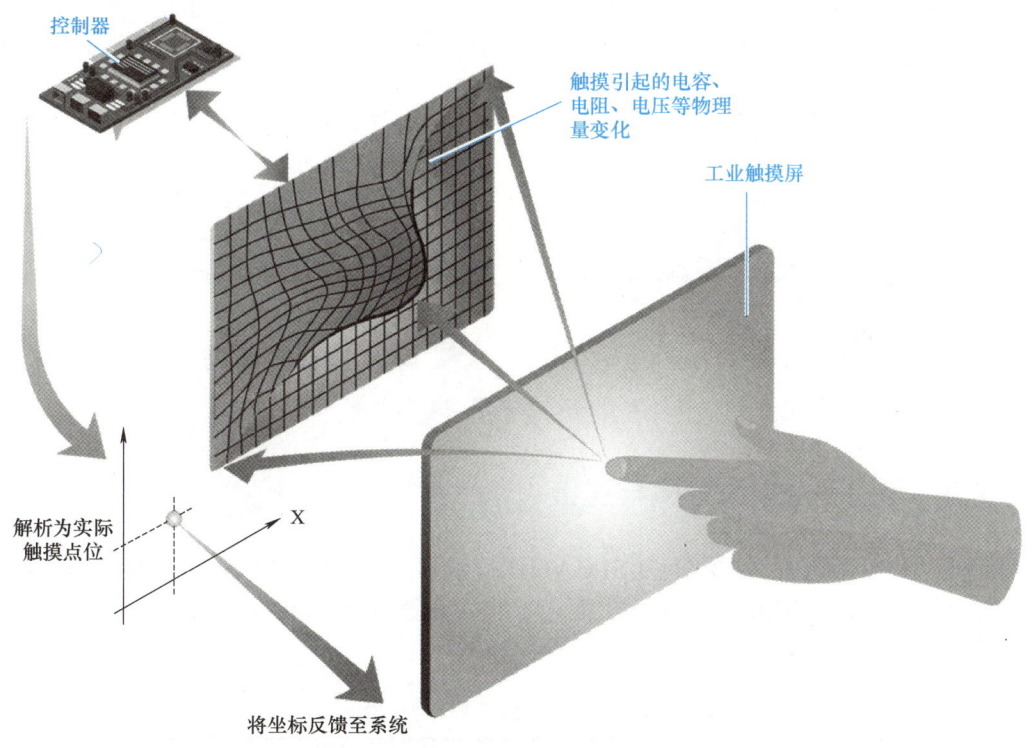

图 4-3 触摸屏工作原理

工业上用得较多的是电阻式触摸屏和电容式触摸屏。

1. 电阻式触摸屏

如图 4-4 所示,电阻式触摸屏的屏体部分最下面是一层玻璃或有机玻璃作为基层(即玻璃层),表面涂有一层透明导电层,上面再盖有一层外表面硬化处理、光滑防刮的薄膜层,薄膜层的内表面也涂有一导电层,在两层导电层之间有许多细小的透明隔离点将它们隔开、绝缘。当笔触或手指接触屏幕的薄膜层时,两导电层出现一个接触点,使得该处电压发生改变,控制器检测到这个电压信号后,进行模/数转换,并将得到的电压值与参考值进行比较,即可得出该笔触或手指触摸点的坐标。

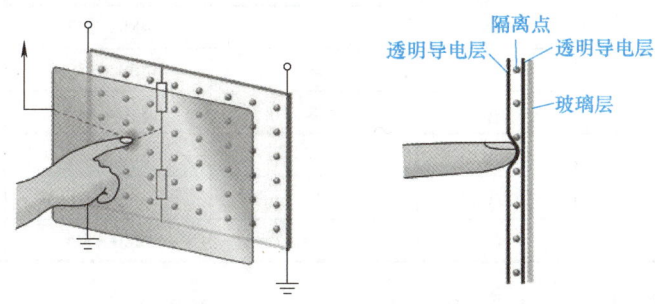

图 4-4 电阻式触摸屏的工作原理

2. 电容式触摸屏

如图 4-5 所示,电容式触摸屏在触摸屏四边均匀镀上狭长的电极,在导电体内形成一个低电压交流电场。当用户手指触摸屏幕时，基于人体电场，手指与导电体间会形成一个耦合电容，驱动缓冲器的脉冲电流会流向触点，而电流强弱与手指到接收电极的距离成正比，位于触摸屏幕后的控制器便会根据收集到的电荷计算电流的比例及强弱，最后准确计算出触摸点的位置。

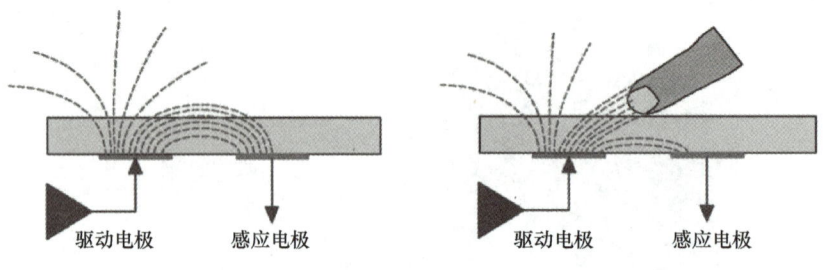

图 4-5　电容式触摸屏的工作原理

4.1.2　西门子触摸屏分类与连接

西门子触摸屏产品主要分为 SIMATIC 精简系列面板（以下简称精简触摸屏）、SIMATIC 精智面板和 SIMATIC 移动式面板，均可以通过博途软件进行组态。表 4-1 所示为西门子触摸屏型号汇总。

表 4-1　西门子触摸屏型号汇总

触摸屏类型	规格
SIMATIC 精简系列面板	3in、4in、6in、7in、9in、10in、12in、15in 显示屏
SIMATIC 精智面板	4in、7in、9in、10in、12in、15in、19in、22in 显示屏
SIMATIC 移动式面板	4in、7in、9in 显示屏；170s、270s 系列

注：1in=0.0254m。

其中精简触摸屏是面向基本应用的触摸屏，适合与 S7-1200 PLC 配合使用，常用型号见表 4-2。

表 4-2　精简触摸屏常用型号

型号	屏幕尺寸 /in	可组态按键	分辨率	网络接口
KTP400 Basic	4.3in	4	480×272	PROFINET
KTP700 Basic	7in	8	800×480	PROFINET
KTP700 Basic DP	7in	8	800×480	PROFIBUS DP
KTP700 Basic	9in	8	800×480	PROFINET
KTP1200 Basic	12in	10	1280×800	PROFINET
KTP1200 Basic DP	12in	10	1280×800	PROFIBUS DP

图 4-6 所示为触摸屏与 PC、PLC（这里是 S7-1200 CPU）之间通过交换机进行 PROFINET 连接的示意。一个博途项目可同时包含 PLC 和触摸屏程序，且 PLC 和触摸屏的变量可以共享，它们之间的通信不用编程。

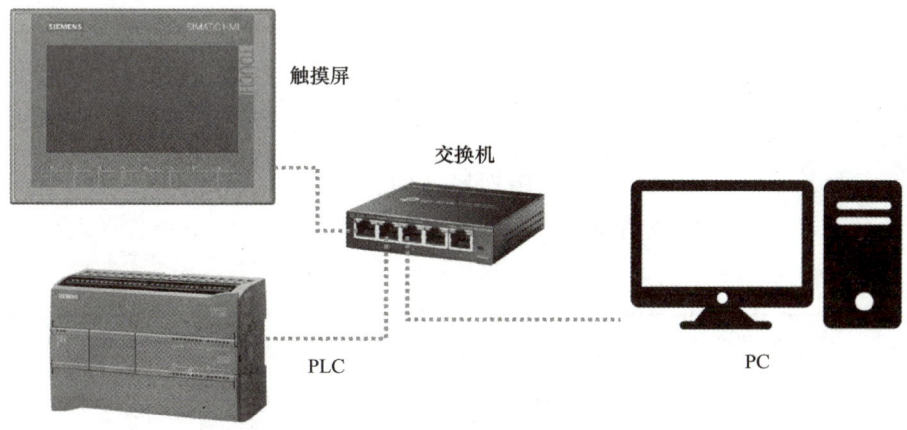

图 4-6 触摸屏连接示意

4.1.3 触摸屏的组态与使用

触摸屏的编程通常称为组态,是指操作人员根据工业应用对象及控制任务的要求,配置用户应用软件的过程,包括对象的定义、制作和编辑以及对象状态特征属性参数的设定等。不同品牌的触摸屏或操作面板所开发的组态软件不尽相同,但都会具有一些通用功能,如画面、标签、配方、上传、下载、仿真等。

如图 4-7 所示,触摸屏组态的目的在于操作与监控设备或过程,它们通过 PLC 等控制器连接设备,并利用变量进行信息交互。触摸屏上的按钮对应于 PLC 内部 Mx.y 的数字量"位",按下按钮时 Mx.y 置位(为"1"),释放按钮时 Mx.y 复位(为"0"),只有建立了这种对应关系,操作人员才可以与 PLC 的 CPU 程序建立关系。由此,触摸屏上的变量值写入 PLC 存储单元(变量映像区),而触摸屏又可以从该映像区读取信息。

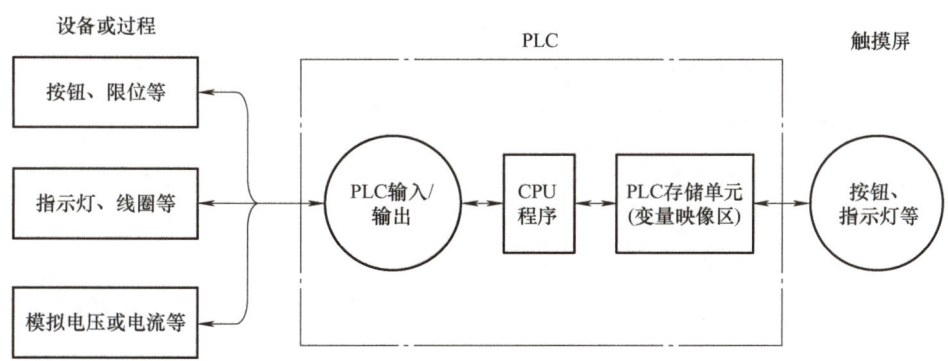

图 4-7 HMI 设备与 PLC 之间的对应关系

触摸屏通常能提供多种 PLC 等硬件设备的驱动程序,能与绝大多数 PLC 进行通信,实现 PLC 的在线实时控制和显示。有些触摸屏提供多个通信口,且可以同时使用,可以和任何开放协议的设备进行通信。触摸屏基于丰富灵活的组网功能,可以接入现场总线和互联网,使用户设备的成本降到最低,实现对整个车间、不同设备的集中监控。

任务实施

4-2 触摸屏控制指示灯循环点亮

4.1.4 PLC I/O 分配与电气接线

本任务不用现场按钮,只有输出灯信号。表 4-3 所示为 PLC I/O 分配表。

表 4-3 PLC I/O 分配表

输出	功能
Q0.0	HL1/灯 1
Q0.1	HL2/灯 2
…	…
Q0.7	HL8/灯 8

图 4-8 所示为电气接线图,其中触摸屏与 CPU 1215C DC/DC/DC 之间用 PROFINET 相连。PC 与 PLC 的另外一个网口相连,可以与 PLC、触摸屏同时下载程序。

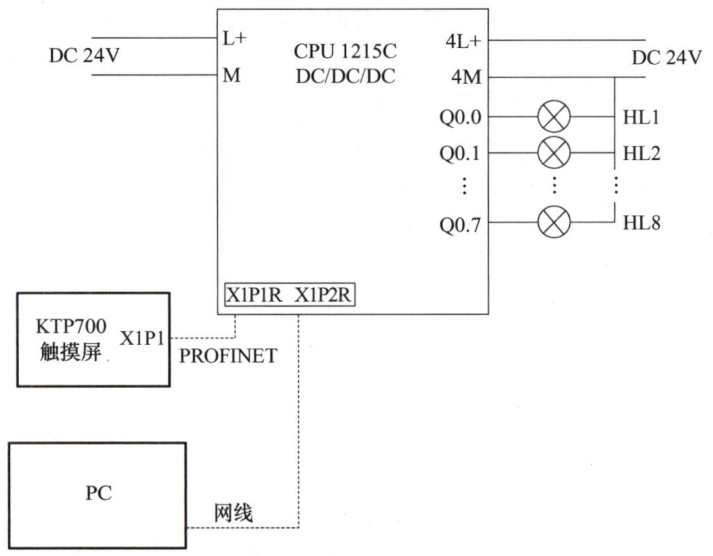

图 4-8 电气接线图

4.1.5 PLC 梯形图编程

1. 变量定义

本任务需要在触摸屏上设置 "SA1 手动 OFF_ 自动 ON" 一个选择开关、"SB1 切换" 和 "SB2 停止" 两个按钮以及同步显示 HL1~HL8 共计 8 个灯。触摸屏上的选择开关与按钮与实际的开关、按钮在定义上基本相同,只是把 I 变量换成了 M 变量,即分别定义为 M10.0(即 SA1)、M10.1(即 SB1)和 M10.2(即 SB2)。输出 8 个灯,直接采用 QB0 来控制。其他的为中间 M 变量,具体如图 4-9 所示。

名称	变量表	数据类型	地址
输出指示灯字节	默认变量表	Byte	%QB0
SA1手动OFF_自动ON	默认变量表	Bool	%M10.0
SB1切换	默认变量表	Bool	%M10.1
SB2停止	默认变量表	Bool	%M10.2
SB1上升沿	默认变量表	Bool	%M11.0
时钟脉冲上升沿	默认变量表	Bool	%M11.1
SA1上升沿	默认变量表	Bool	%M11.2
SA1下降沿	默认变量表	Bool	%M11.3
自动模式时运行	默认变量表	Bool	%M11.4
3s周期信号1	默认变量表	Bool	%M11.5
3s周期信号2	默认变量表	Bool	%M11.6
移位字	默认变量表	Word	%MW12
指示灯中间字节	默认变量表	Byte	%MB13

图 4-9　PLC 变量定义

2. 梯形图程序解释

图 4-10 所示为触摸屏控制梯形图。程序解释如下：

程序段 1：上电初始化或手动自动转换瞬间，将移位字 MW12 清零。

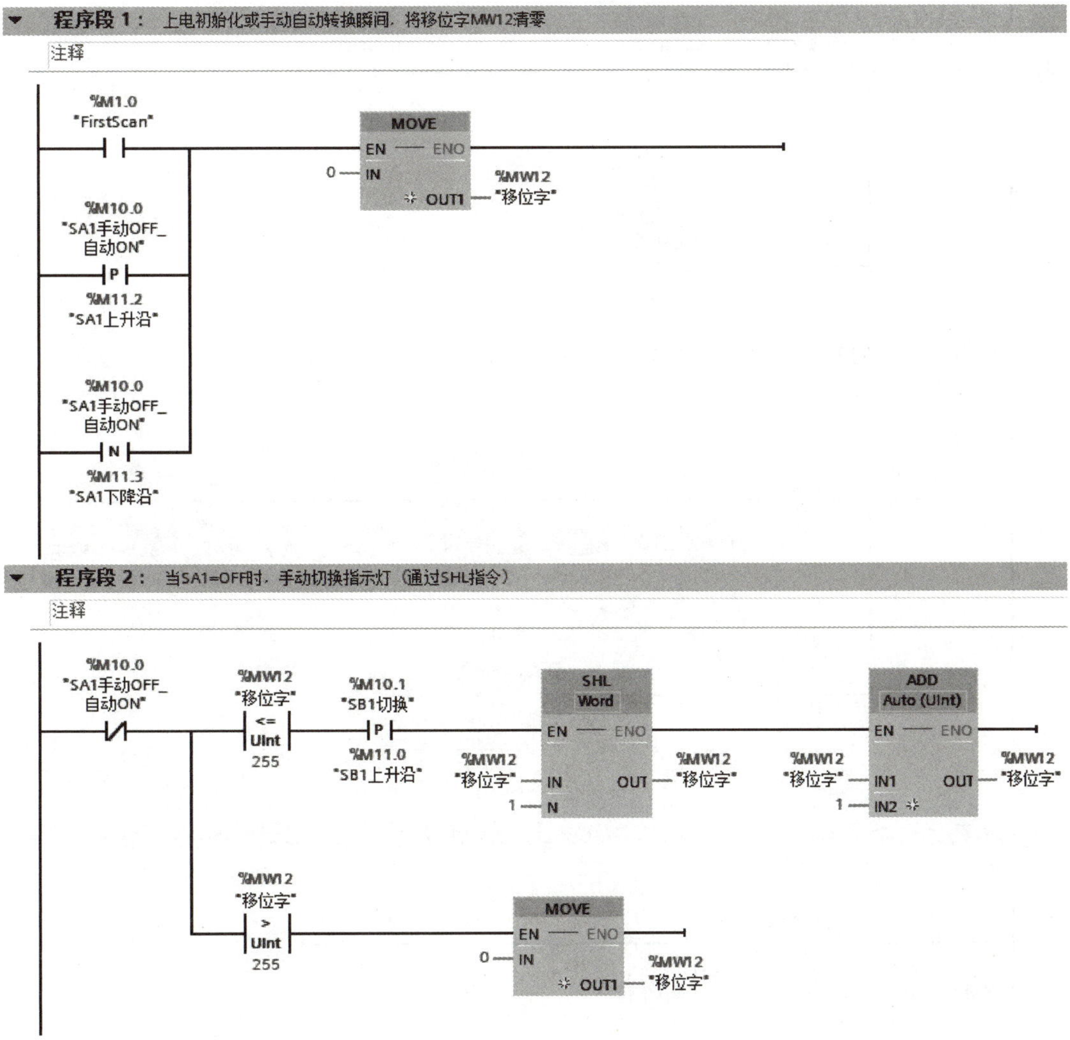

图 4-10　PLC 梯形图

▼ 程序段 3：当SA1=ON时，通过SB1和SB2启停M11.4变量
注释

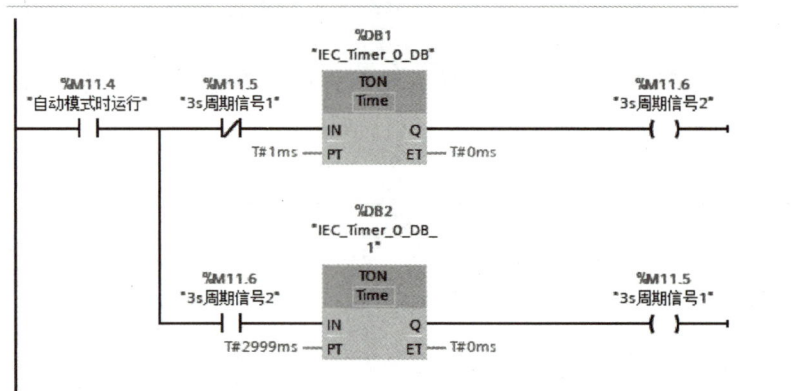

▼ 程序段 4：当M11.4=ON时，生成间隔3s的周期信号
注释

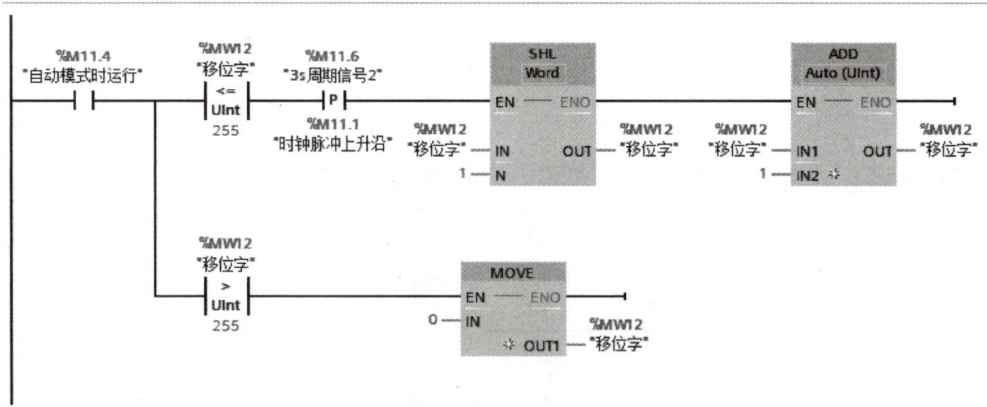

▼ 程序段 5：当M11.4=ON时，切换指示灯（通过SHL指令）
注释

▼ 程序段 6：输出指示灯
注释

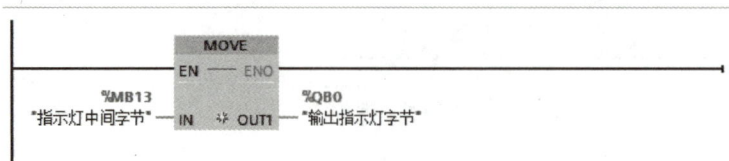

图 4-10　PLC 梯形图（续）

程序段 2：当 SA1=OFF 时，手动切换指示灯（通过 SHL 指令）。刚开始 MW12=0，SHL 指令结束后仍是 0，ADD+1 之后则变为 1；当 MW12=1 时，按照图 4-11a 所示进行 SHL 移位，变为 2#00000010，ADD+1 之后则变为 3；当 MW12=3 时，按照图 4-11b 所示进行 SHL 移位，变为 2#00000110，ADD+1 之后则变为 7；依次变为 F、1F、3F、7F、FF；当 MW12=FF 时，按照图 4-11c 所示进行 SHL 移位，变为 2#00011110，ADD+1 之后则大于 FF，此时应该将 MW12 清零。

程序段 3：当 SA1=ON 时，通过 SB1 和 SB2 启停 M11.4 变量。

程序段 4：当 M11.4=ON 时，生成间隔 3s 的周期信号。根据两个 TON 指令生成 3s 周期，需要注意的是，第一个 TON 和第二个 TON 的时间设定需要考虑到 M11.4 刚置位时指示灯就需要输出，因此第一个 TON 的 PT 设为 1ms，而第二个 TON 的 PT 设为 2999ms。

程序段 5：当 M11.4=ON 时，切换指示灯（通过 SHL 指令）。

程序段 6：输出指示灯。

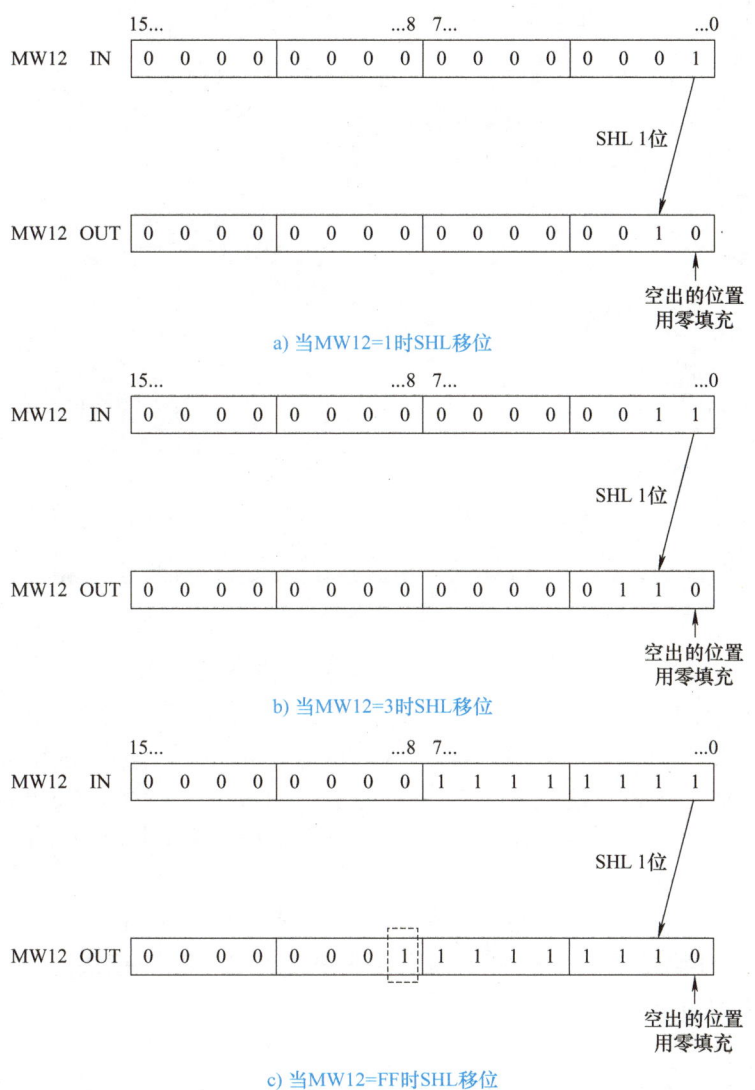

图 4-11　SHL 移位逻辑

4.1.6 触摸屏初次组态

1. 添加触摸屏

完成 PLC 编程之后,在项目树中添加新设备,如图 4-12 所示,选择本任务中用到的 KTP700 Basic,确认相应的订货号和版本。这里触摸屏的订货号为 6AV2 123-2GB03-0AX0,版本为 17.0.0.0。如果遇到软件版本较低的触摸屏,请选择用低版本进行替换,否则将无法正确下载触摸屏画面组态。

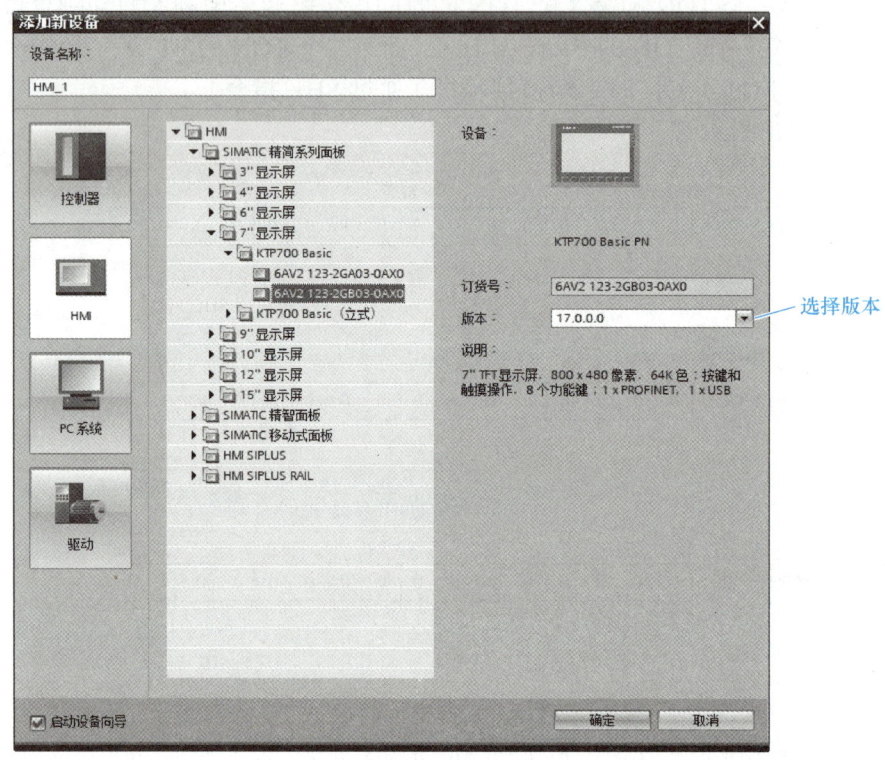

图 4-12 添加新设备

注:图中符号""表示英寸(in),1in=0.0254m。

确认后,出现图 4-13 所示的 HMI 设备向导,共包括 PLC 连接、画面布局、报警、画面、系统画面和按钮等步骤。这些步骤可以依次单击"下一步"按钮逐一完成,也可以直接单击"完成"按钮。这里只介绍 PLC 连接,在单击"浏览"按钮后会出现整个项目树中的所有 PLC,本任务中选择"PLC_1",单击☑后即可出现图 4-14 所示的 PLC 与 HMI 的通信属性。

在"项目树"→"设备和网络"中可以看到图 4-15 所示的 PN/IE 通信连接示意,即 PLC 与 HMI 之间自动连接 PROFINET 网络,并建立了 PN/IE_1 连接。

2. 触摸屏画面组态

(1) 画面管理

完成上述步骤之后,就会出现图 4-16 所示的根画面,也就是一个项目运行时的起始画面。根画面有类似 PPT 页面中的页眉、页脚的设置,可以放置 LOGO 和时间等图文信息。

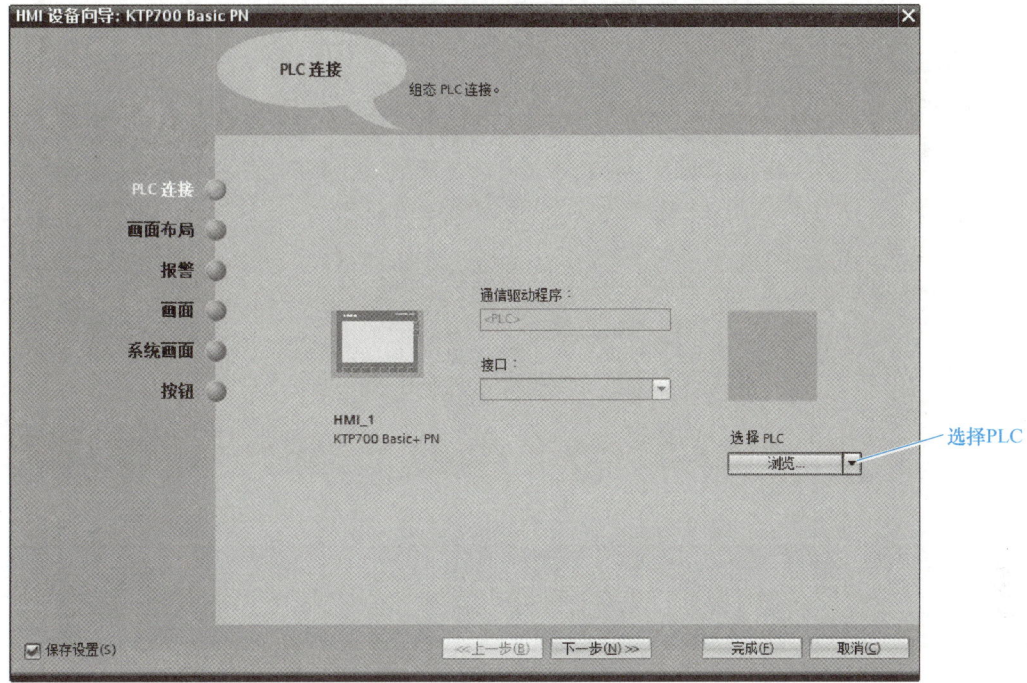

图 4-13　PLC 连接选择

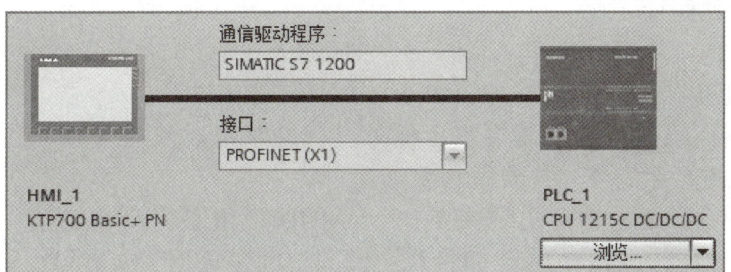

图 4-14　触摸屏与 PLC 连接示意

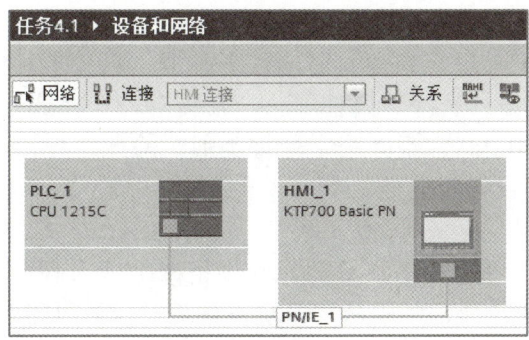

图 4-15　PN/IE 通信连接示意

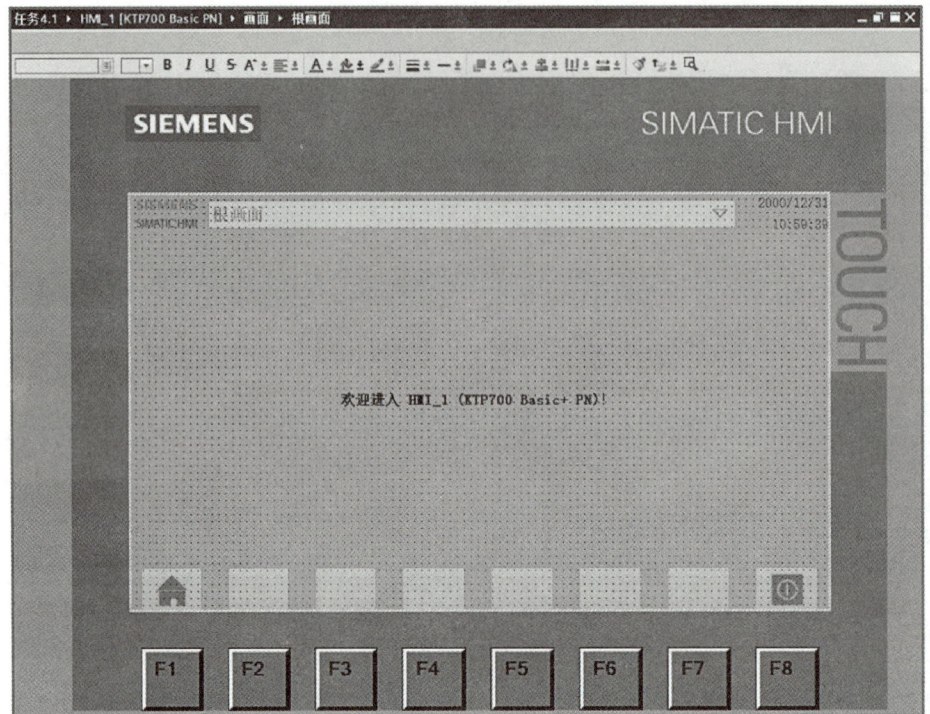

图 4-16 根画面

本任务需要一个空白的根画面,可以先如图 4-17 所示选择"添加新模板",单击之后可以直接命名"模板_2",这是一个添加新模板后不编辑的原始画面。在"根画面"→"属性"→"常规"→"样式"→"模板"的菜单中,选择"模板_2"即可。

(2) 文本组态

触摸屏的画面组态就是将需要表示任务过程的基本对象插入画面,并对该对象进行组态使之符合过程要求。

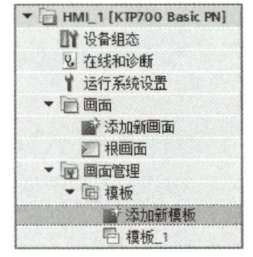

图 4-17 添加新模板

单击任何一个画面,均会出现图 4-18 所示的画面组态窗口和工具箱。其中工具箱包括基本对象(如直线、椭圆、圆、矩形、文本域、图形视图)、元素(如 I/O 域、按钮、符号 I/O 域、图形 I/O 域、日期/时间域、棒图、开关)、控件(如报警视图、趋势视图、用户视图、HTML 浏览器、配方视图、系统诊断视图)和图形(如 WinCC 图形文件夹、我的图形文件夹)。

在根画面中,单击已有的"欢迎进入 HMI_1(KTP700 Basic+PN)!"文本域或选择基本对象中的 A 文本域工具进行新建,写入任务标题"触摸屏控制指示灯循环点亮"(见图 4-19),在该文本域右击,选择"属性"→"常规"→"样式"进行字体指定,如字体为"宋体,25px,style=Bold",跟办公字处理类似。除此之外,还可以设置外观、布局、文本格式、闪烁、样式/设计等属性。

(3) 开关组态

自动手动模式开关,可以从工具箱的元素中把 拖拽入画面。如图 4-20 所示进行开关组态,最重要的是变量选择,可以从"PLC 变量"→"默认变量表"中找到 M10.0(见图 4-21);然后是标签输入,输入对于用户来说容易理解的字眼(见图 4-22)。适当调整设计、布局等属性,最后结果为 手动OFF 。

项目 4　触摸屏控制现场设备

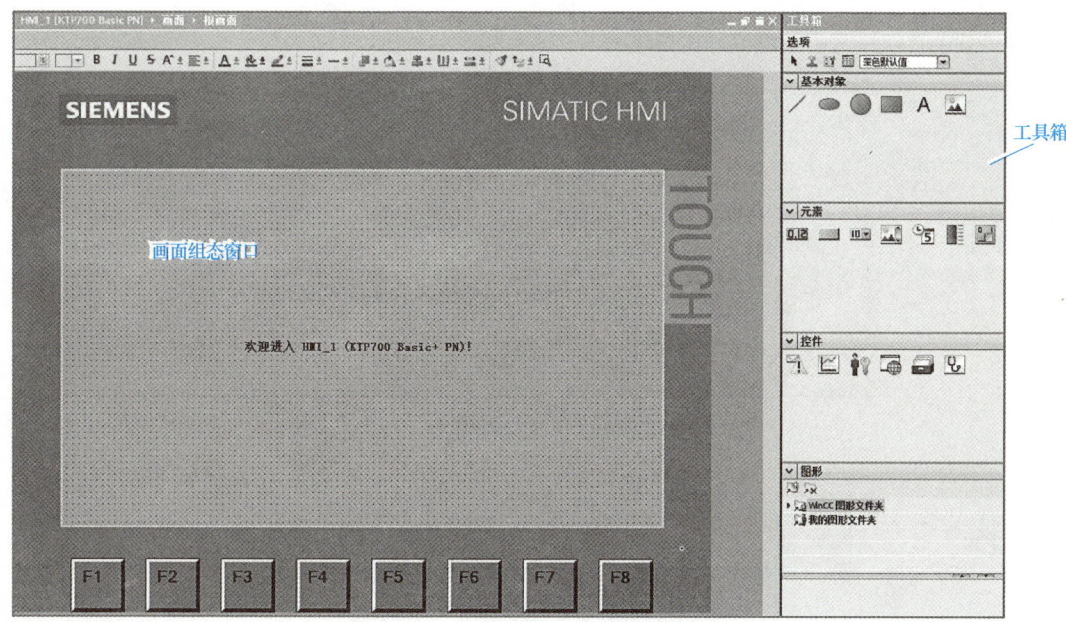

图 4-18　画面组态窗口和工具箱

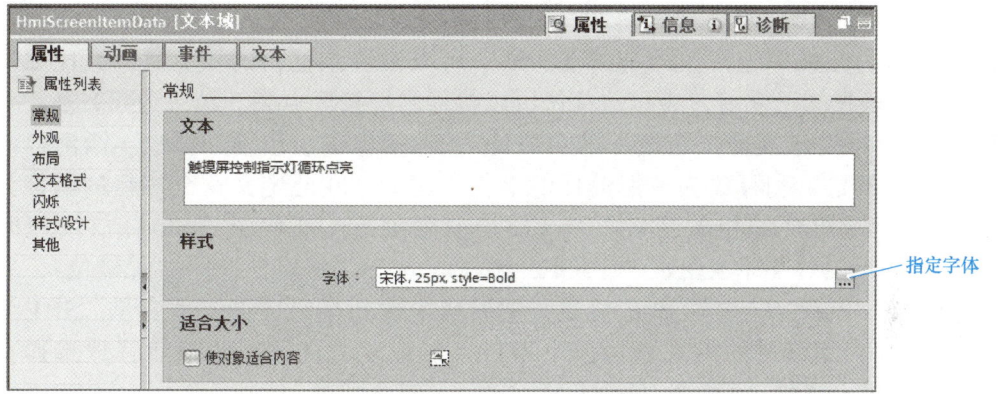

图 4-19　文本域属性

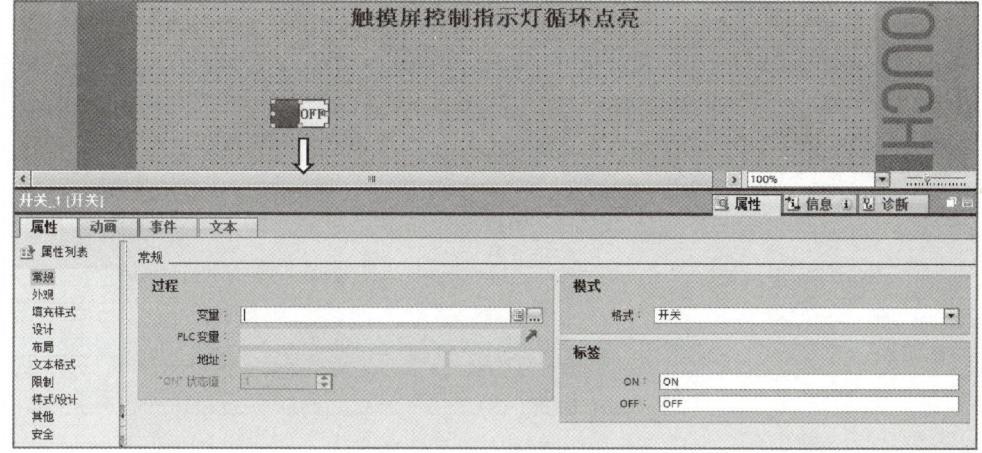

图 4-20　开关组态

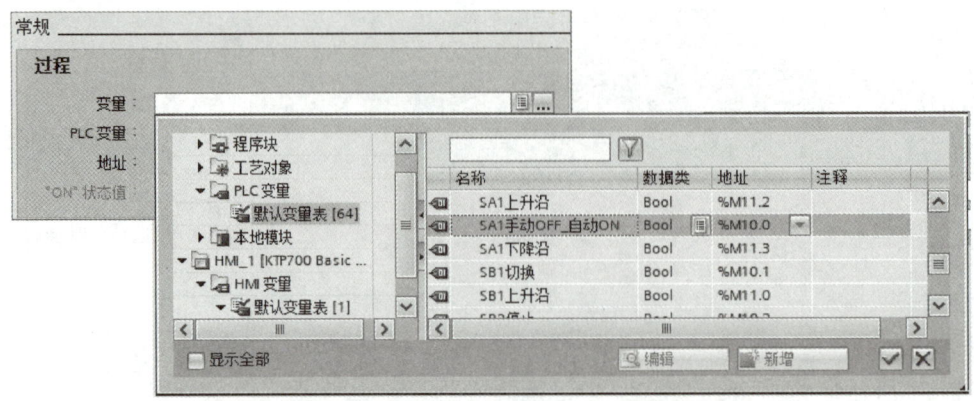

图 4-21　变量选择

图 4-22　标签输入

（4）按钮组态

从工具箱的元素中把按钮拖拽至画面，可以设置该按钮的相关属性，比如文本标签，输入"切换按钮"字符，表示该按钮可以执行彩灯按序点亮，结果为。

图 4-23 所示是触摸屏按钮按下的"事件"，包括单击、按下、释放、激活、取消激活、更改，显然按下和释放为按钮动作的事件。比如，在此定义这个按钮的属性为：当按下按钮时，将 PLC 的相关变量置位（即该变量处于 ON 状态）；当释放按钮时，将 PLC 的相关变量复位（即该变量处于 OFF 状态）。选择"编辑位"→"置位位"，单击扩展按钮选择"PLC_1"中的 PLC 变量，然后从中找到按钮按下事件变量"SB1 切换"，如图 4-24 所示，符号的出现表示按下事件已经成立。同理，对按钮释放选择"编辑位"→"复位位"事件，其触发变量不变，仍为"SB1 切换"。

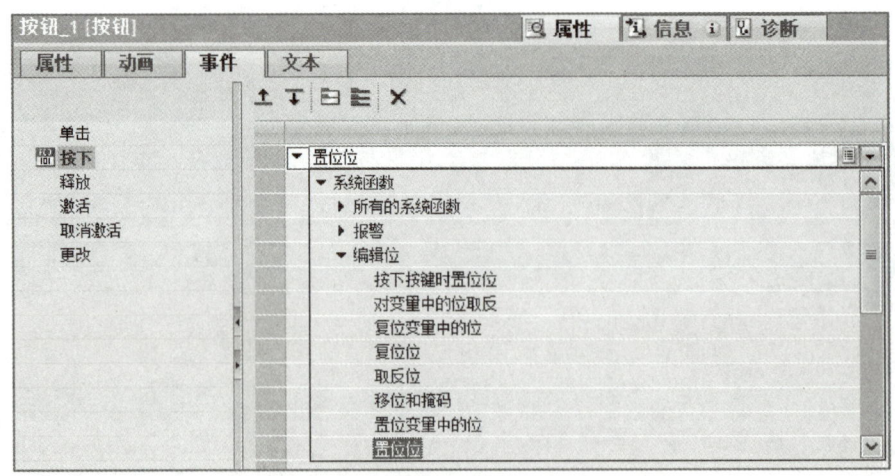

图 4-23　按钮按下事件变量

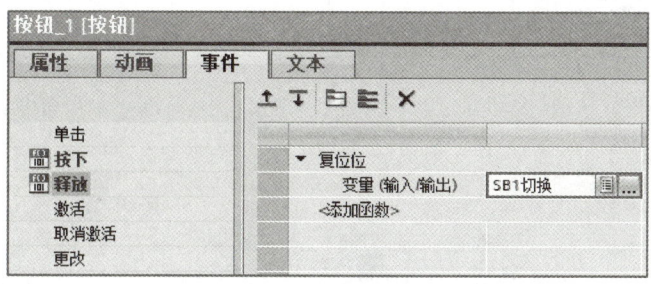

图 4-24 释放事件完成

按照同样的方法,增加"停止按钮",并进行类似的按下和释放的事件组态。当然,在组态过程中,可以采取复制和粘贴的方式进行。由于"停止按钮"只有在 SA1=ON 时才出现,所以还可以进行按钮动画设置,如图 4-25 所示,添加"可见性"动画,并设置可见变量范围为 M10.0=1(见图 4-26)。

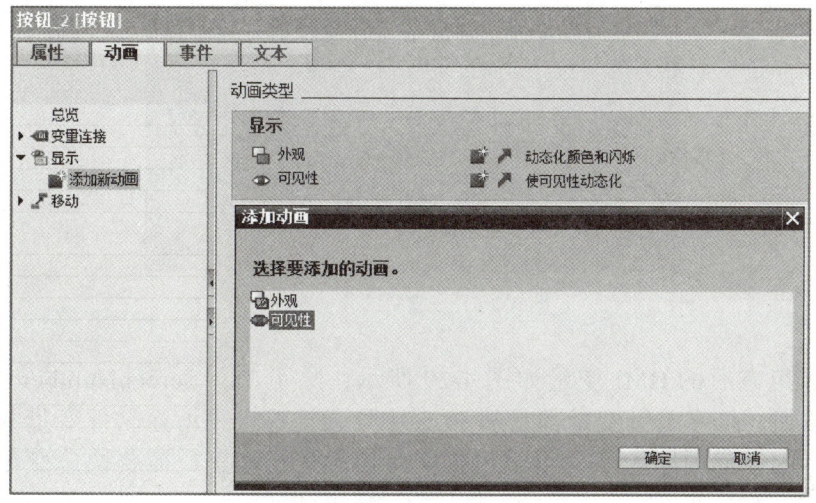

图 4-25 按钮的"可见性"动画

图 4-26 按钮的可见变量范围

(5)指示灯组态

跟按钮不同,指示灯是动态元素,根据过程会改变它们的状态。从基本对象中将 拖拽至画面,图 4-27 所示为指示灯添加"外观"动画。一般而言,触摸屏上的指示灯采用颜色变化,比如信号接通为红色,信号不接通为灰色等。同时,与 PLC 的"输出指示灯字节"变量(即 QB0)关联,可以选择"范围""多个位"或"单个位"。在值"0"处选择背景色、边框颜色和闪烁等属性。同样,再单击"添加"按钮,即会出现值"1",在此时选择背景色为红色。

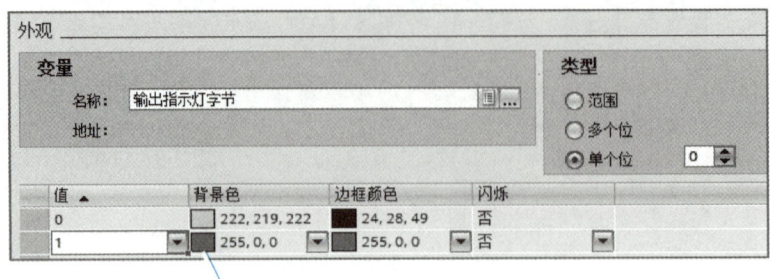

选择红色背景色

图 4-27　指示灯添加新动画

其他灯照此进行外观动画组态，图 4-28 所示是完成后的画面组态。

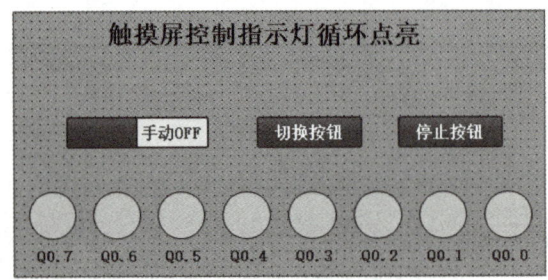

图 4-28　完成后的画面组态

完成画面组态后的 HMI 变量如图 4-29 所示，除了 Tag_ScreenNumber 为内部变量，其余开关、按钮、灯字节等变量都是从 PLC 中导入，这也是博途软件变量共享的基本特征。图中所示的采集周期为 1s，可以根据实际情况进行调整，需要快速变化的可以调整至 100ms。

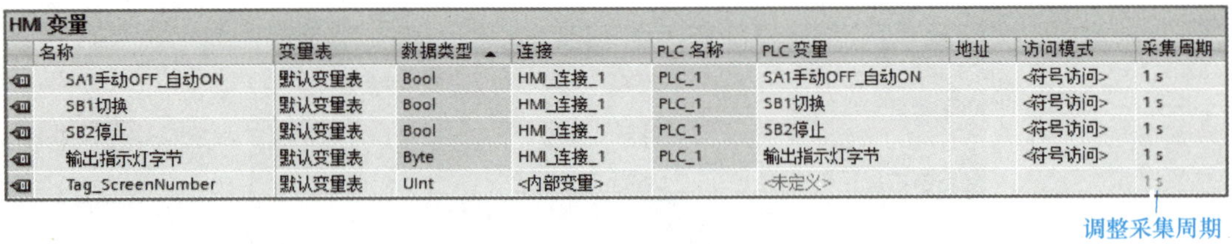

调整采集周期

图 4-29　HMI 变量

4.1.7　触摸屏程序下载和调试

1. HMI 设备组态

触摸屏就是这里的 HMI 设备，在博途软件中用 HMI 来统称触摸屏。如图 4-30 所示进行 HMI 设备组态，根据 HMI 和 PC、PLC 等在同一个 IP 频段的原则，可以设置 IP 地址为 "192.168.0.5"，子网掩码为 "255.255.255.0"。

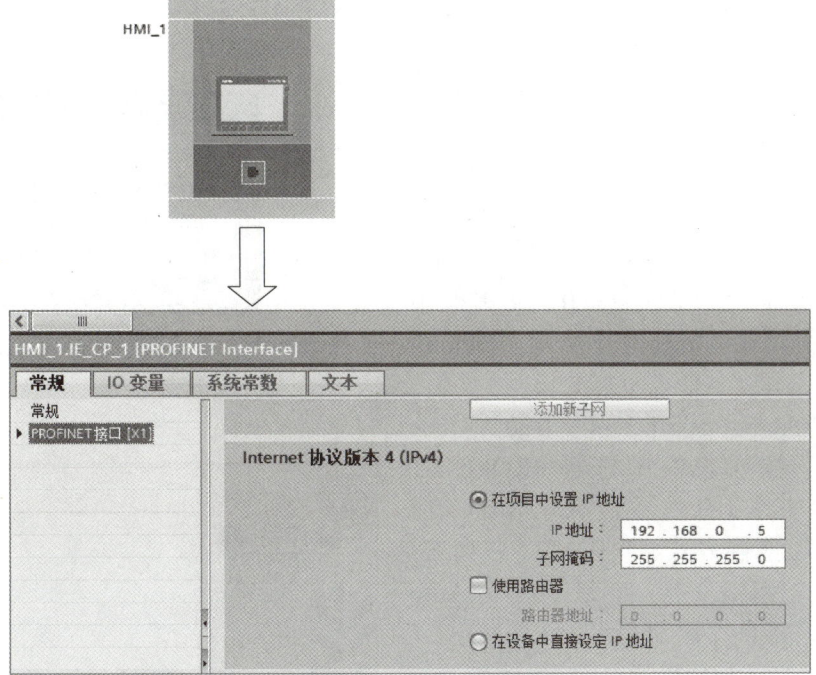

图 4-30　HMI 设备组态

2. HMI 通电并进行 PROFINET 设备的网络设置

HMI 通电之前要进行电气连接，包括 DC 24V 的电源线、接地线和 PROFINET 通信线。

将实体 HMI 通电之后，显示 Start Center（见图 4-31），通过按钮"Settings"打开用于对 HMI 进行参数化的设置，具体包括：操作设置、通信设置、密码保护、传输设置、屏幕保护程序、声音信号。Start Center 分为导航区和工作区。如果设备配置为横向模式，则导航区在屏幕左侧，工作区在右侧。如果设备配置为纵向模式，则导航区在屏幕上方，工作区在下方。

如果导航区或工作区内无法显示所有按键或符号，将出现滚动条。可以通过滑动手势滚动导航区或工作区，参见图 4-32 所示的图例。需要注意的是：应在标记的区域内进行滚动操作，不应在滚动条上操作。

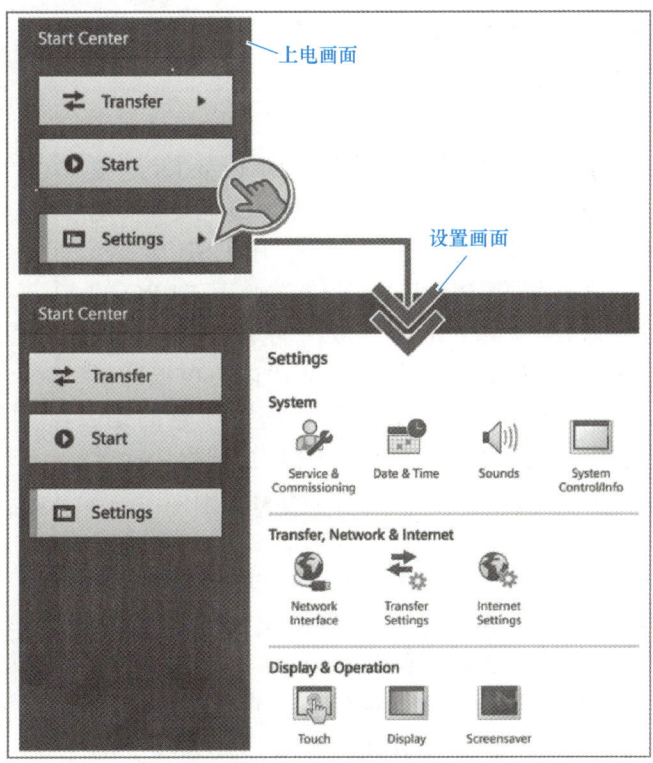

图 4-31　HMI 上电画面和 Settings 设置

PROFINET 设备的网络设置如图 4-33 所示，相关序号解释如下：

① 触摸"Network Interface"图标。

② 在通过"DHCP"自动分配地址和特别指定地址之间进行选择。

③ 如果自行分配地址，通过屏幕键盘在输入框"IP address"（本任务中为 192.168.0.5，与博途组态的地址必须保持一致）和"Subnet mask"（本任务中为 255.255.255.0）文本框中输入有效的值，有可能还需要填写"Default gateway"文本框（本任务不需要填写）。

④ 在"Ethernet parameters"下的"Mode and speed"下拉列表框中选择 PROFINET 网络的传输速率（有效数值为 10Mbit/s 或 100Mbit/s）和连接方式["HDX"（半双工）或"FDX"（全双工）]。如果选择"Auto negotiation"，将自动识别和设定 PROFINET 网络中的连接方式和传输速率。

⑤ 如果激活开关"LLDP"，则本 HMI 与其他 HMI 交换信息。

⑥ 在"Profinet"下的"Device name"文本框中输入 HMI 设备的网络名称，这里可以缺省。

3. 下载并调试

将实体 HMI 画面切换到 Transfer，单击进入后为等待传送画面，既可以采用 PROFINET 传送，也可以采用 USB 传送。本任务采用 PROFINET 传送，其中 PC 的 IP 地址为 192.168.0.100，与 HMI 的 IP 地址 192.168.0.5 处于同一个频段内，可以通过 ping 命令来测试是否连通。需要注意的是：在实际下载过程中，实体 HMI 会根据博途软件的下载命令自动切换到 Transfer 画面。

进入博途软件，右击 HMI_1，在弹出的快捷菜单中选择"下载到设备"→"软件（全部下载）"，此时会弹出图 4-34 所示的"扩展下载到设备"对话框，如同 PLC 下载一样，开始搜索目标设备，直至找到实际的 HMI 设备，即 IP 地址为 192.168.0.5 的 hmi_1，然后单击"下载"按钮。图 4-35 所示为下载预览，如果原先触摸屏有组态画面，则需要勾选"全部覆盖"复选框。

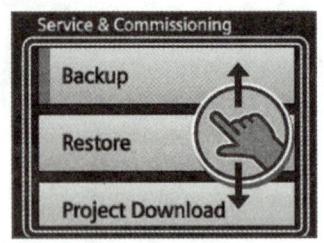

图 4-32 滑动手势滚动导航区或工作区

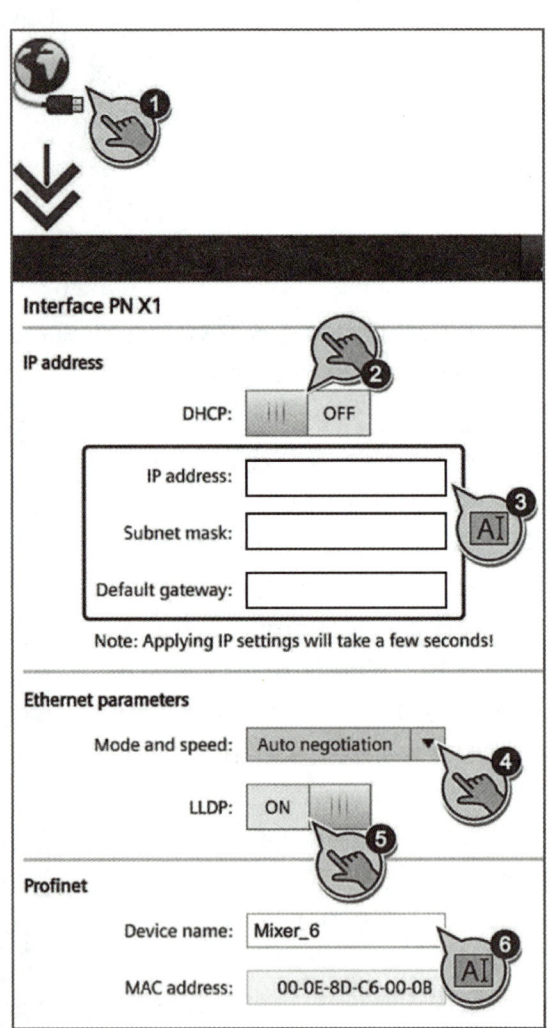

图 4-33 PROFINET 设备的网络设置

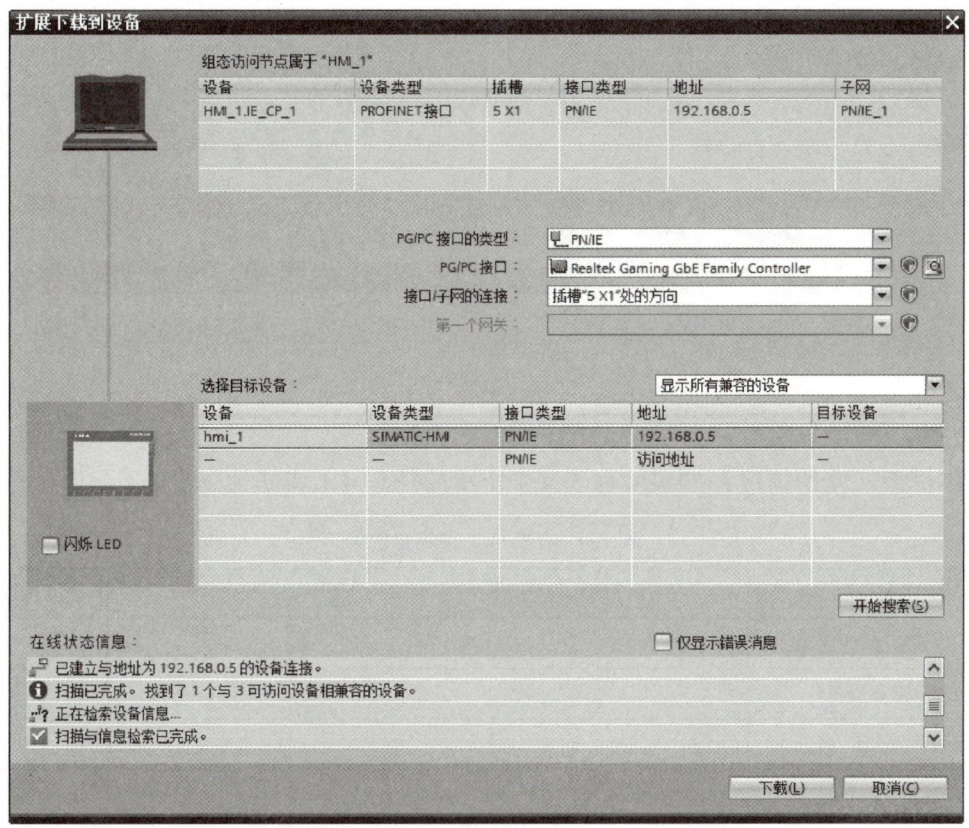

图 4-34 选择目标设备

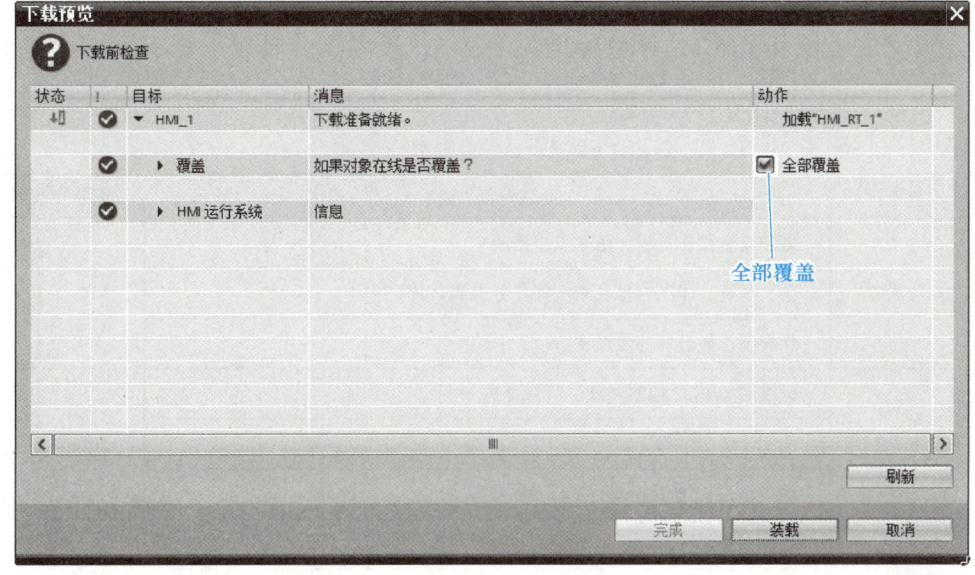

图 4-35 下载预览

实际运行画面如图 4-36 和图 4-37 所示。需要注意的是：触摸屏的指示如果没有与实际指示灯同步亮灭，是因为该变量的采集周期默认为 1s，可以将该采集周期设置为 100ms，以确保触摸屏的指示与实际指示灯亮灭一致。

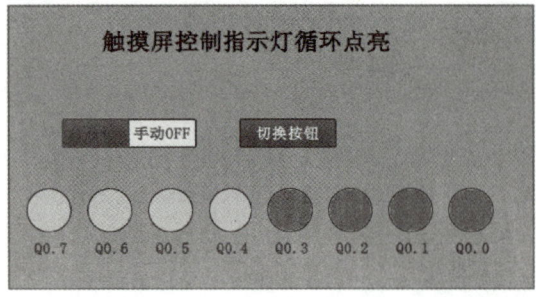
图 4-36　手动 OFF 时的实际运行画面

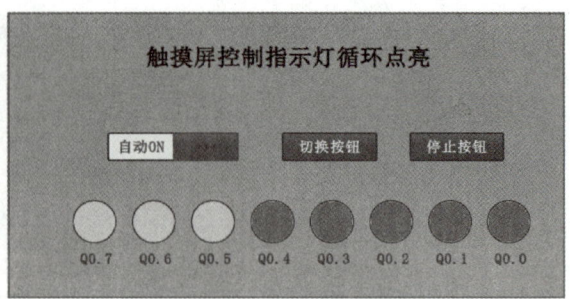
图 4-37　自动 ON 时的实际运行画面

任务记录

根据任务实施的情况，如实填写表 4-4 所示的任务 4.1 实施记录表。

表 4-4　任务 4.1 实施记录表

任务实施步骤	实际执行情况说明	计划时间 /min	实际时间 /min
PLC I/O 分配与电气接线			
PLC 梯形图编程			
触摸屏初次组态			
触摸屏程序下载和调试			

任务评价

按要求完成考核任务 4.1，评分标准见表 4-5，具体配分可以根据实际考评情况进行调整。

表 4-5　评分标准

序号	考核项目	考核内容及要求	配分	得分
1	职业素养	遵守安全操作规程，落实安全措施	15%	
		认真负责，团结合作，对实操任务充满热情		
		掌握国产液晶屏的发展史		
2	系统方案制定	触摸屏与 PLC 控制对象说明与分析	20%	
		选用合适的触摸屏		
		触摸屏与 PLC 控制电路图正确		
3	编程能力	独立完成触摸屏的添加与画面组态	25%	
		建立触摸屏与 PLC 变量共享		
4	操作能力	根据电气图对 PLC 和触摸屏进行正确接线	20%	
		通过博途下载触摸屏程序并进行程序调试		
		根据系统功能进行正确操作演示		

(续)

序号	考核项目	考核内容及要求	配分	得分
5	实践效果	系统工作可靠，满足工作要求	10%	
		触摸屏与 PLC 变量规范命名		
		按规定的时间完成任务		
6	创新实践	在本任务中有另辟蹊径、独树一帜的实践内容	10%	
		合计	100%	

任务 4.2　触摸屏实现通风机调度控制

任务描述

图 4-38 所示是 KTP700 Basic 触摸屏与 PLC 通过 PROFINET 相连，并通过触摸屏实现 3 台通风机（双速电动机）调度控制，即超时自动关闭并调度下一台通风机。

控制要求如下：

1）触摸屏上设置多个画面，根画面进行 3 台通风机动画显示，分画面包括参数设置和帮助画面。各画面之间都可以相互切换。

2）触摸屏参数设置画面上可设置每台通风机的额定运行时间，当该通风机的实际运行时间大于额定运行时间时，则自动关闭并调度下一台可用通风机。还可以手动设置每台通风机是否参加调度以及每台通风机的运行速度（高速、低速）。

3）每一台通风机的断路器跳闸或热继电器故障等汇成一个常开信号给 PLC，当出现故障时，该信号为 ON，该通风机调度状态变为不可用，不参加调度；当故障消除后，该信号为 OFF，通风机调度状态重新变为可用，可重新参加调度。当 3 台通风机中有 2 台及以上出现不可调度时，为调度失效，应立即停机。

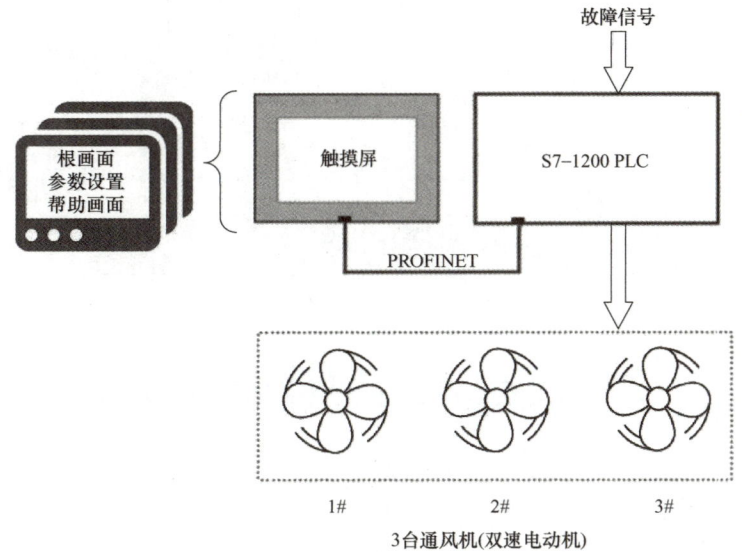

图 4-38　任务 4.2 控制示意

知识探究

4.2.1 触摸屏变量采集周期

触摸屏中的周期用于控制运行系统中定期发生的操作，如采集、记录和更新等操作。

1. 采集外部变量

采集周期决定触摸屏设备何时从 PLC 读取外部变量的过程值。对采集周期进行设置，使其适合过程值的改变速率。例如，烤炉的温度变化明显比电气驱动的速度慢。不要将所有采集周期都设置得很小，因为这将不必要地增加信号传输过程的通信传输负荷。

2. 记录过程值

记录周期决定何时将过程值保存在记录数据库中。记录周期始终是采集周期的整数倍。周期的最小可能值取决于项目所使用的触摸屏设备。对于大多数触摸屏来说，该值为 100ms。所有其他周期的数值始终为最小值的整数倍。

3. 采集周期的设定

在博途软件中，触摸屏变量的采集周期可以进行选择，如图 4-39 所示的 100ms、500ms、1s、2s、5s、10s、1min、5min、10min 和 1h 等，用户可以根据实际情况进行调整。对于动画等应用场景需要选择 100ms。

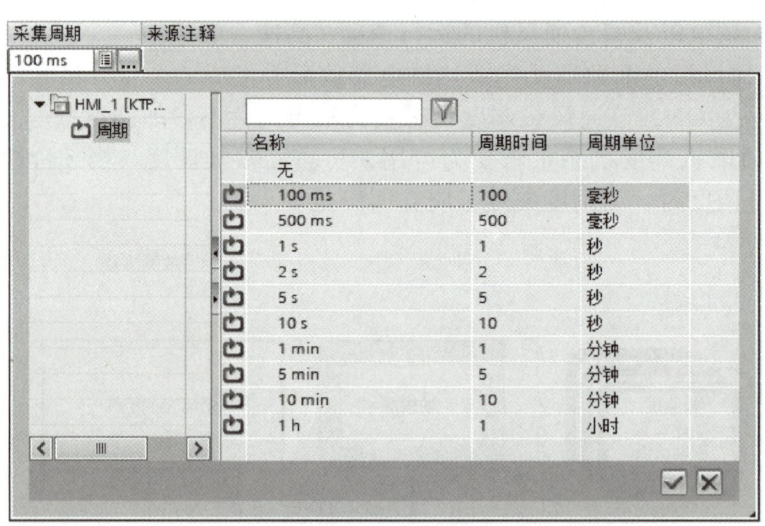

图 4-39 触摸屏变量采集周期选择

4.2.2 触摸屏常见四种动画组态

4-3 触摸屏常见四种动画组态

触摸屏上的动画可以分为以下四种常见方式。

1. 可见和不可见

在同一个区域重叠放置两个或两个以上的图片，利用人眼的视觉停留特性，在一定的周期内进行图片替换（即任一时刻只有一个图片可见，其余图片不可见），就会产生类似"电影帧"的效应。图 4-40 所示为 8 幅箭头动画示意，可以完成一个顺时针或逆时针旋转动画。如果"替换周期"变量变化时间较长，就是一般的图片或文字切换。

图 4-40　箭头动画

如图 4-41 所示，可见性的设置分为"可见"或"不可见"，选择的变量可以是位变量也可以是整数变量，可以选择 0 ～ 65535 内的任何区间范围，也可以选择"单个位"。

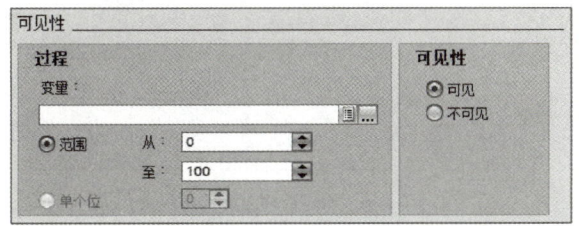

图 4-41　可见性设置

2. 移动

移动是反映物品运动轨迹最直接的方式，在博途软件中可以添加直接移动、对角线移动、水平移动和垂直移动等四种移动，如图 4-42 所示。其中直接移动是根据变量移动对象，对角线移动表示沿着对角线移动对象，水平移动则是沿水平（X 轴）方向正反方向移动对象，垂直移动则是沿垂直（Y 轴）方向上下移动对象。

图 4-42　添加动画

图 4-43 所示是传送带运送箱子动画示意，即从 A 处水平移动到 B 处，其动画设置如图 4-44 所示，其中起始位置即为 A、目标位置即为 B，变量名称是一个可以连续变化的 Int 类型数据，范围可以设置 0 ～ 100（可以修改到 0 ～ 65535 中的任意区间），对应起始位置的 X（即 217）到目标位置的 X（即 417）。当目标位置小于起始位置时，表示反方向移动。

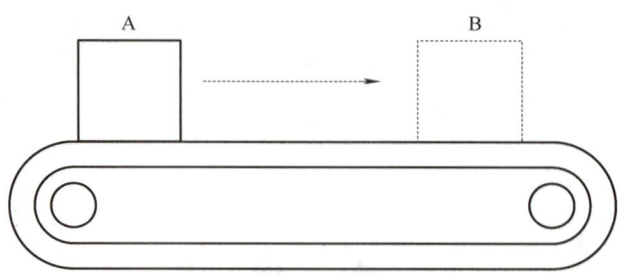

图 4-43 传送带运送箱子动画

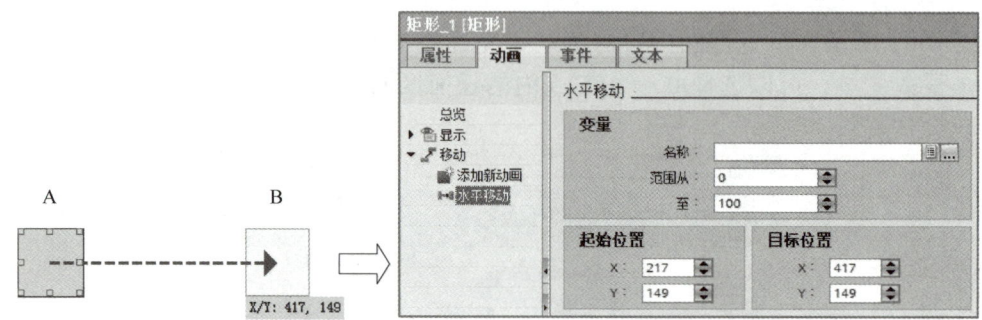

图 4-44 水平移动的箱子

3. 棒图

棒图含有刻度指示，可以直接反映某个物理量的大小变化，这也是动画的一种。比如液位高低的棒图动画，如图 4-45 所示。

在博途软件中，棒图属性如图 4-46 所示，它包括最小刻度值、最大刻度值，还包括外观（颜色、填充图案、线）、边框类型（宽度、样式、角半径）、刻度（分区、标记标签、最大刻度间距）、标签（单位、整数位、小数位）、布局、文本格式、限值/范围（上限和下限及其颜色）、样式/设计等。

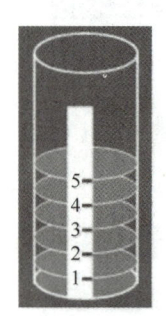

图 4-45 液位高低的棒图动画

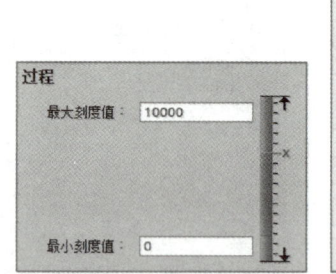

图 4-46 棒图属性

4. 趋势图

趋势图是以时间为横轴、变量为纵轴，用以反映时间与数量之间的关系，观察变量变化发展的趋势及偏差的统计图。趋势图一般是以折线图形式表现，横轴时间可以是小时、日、月、年等，各时间点应连续不间断，纵轴观察变量可以是绝对量、平均值、发生率等。

图 4-47 所示是博途软件中的趋势图动画,可以添加图 4-48 所示的趋势数据源,也可以设置右 Y 轴和左 Y 轴,图 4-49 所示是趋势图的左侧值轴参数。

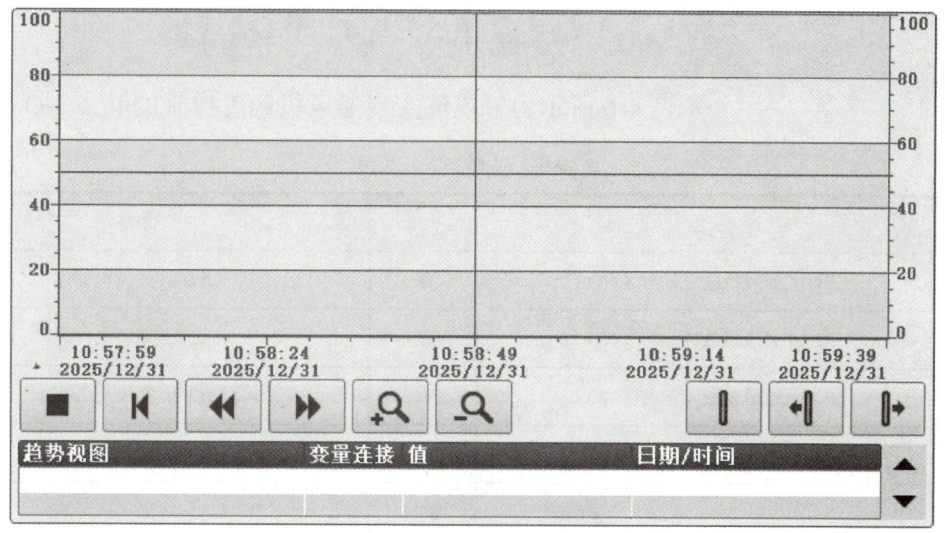

图 4-47 趋势图动画

图 4-48 趋势数据源

图 4-49 趋势图的左侧值轴参数

任务实施

4-4 触摸屏实现通风机调度控制

4.2.3 PLC I/O 分配与电气接线

表 4-6 所示为触摸屏实现通风机调度控制的 PLC I/O 分配表。

表 4-6 PLC I/O 分配表

输入	功能	输出	功能
I0.0	F1/1# 通风机故障信号（NO）	Q0.0	KA1/1# 通风机低速
I0.1	F2/2# 通风机故障信号（NO）	Q0.1	KA2/1# 通风机高速
I0.2	F3/3# 通风机故障信号（NO）	Q0.2	KA3/2# 通风机低速
		Q0.3	KA4/2# 通风机高速
		Q0.4	KA5/3# 通风机低速
		Q0.5	KA6/3# 通风机高速

图 4-50a 所示为本任务的 PLC 电气接线图，其中触摸屏与 CPU 1215C DC/DC/DC 之间用 PROFINET 相连。每一台通风机都为双速电动机，其主电路接线如图 4-50b 所示，其中 KM1 闭合时电动机为三角形运行，通风机低速运行；当 KM2 闭合时，电动机为丫丫运行，通风机高速运行。从 PLC 的 KA1～KA6 中间继电器到 3 台通风机低速和高速接触器之间的电路请自行绘制。

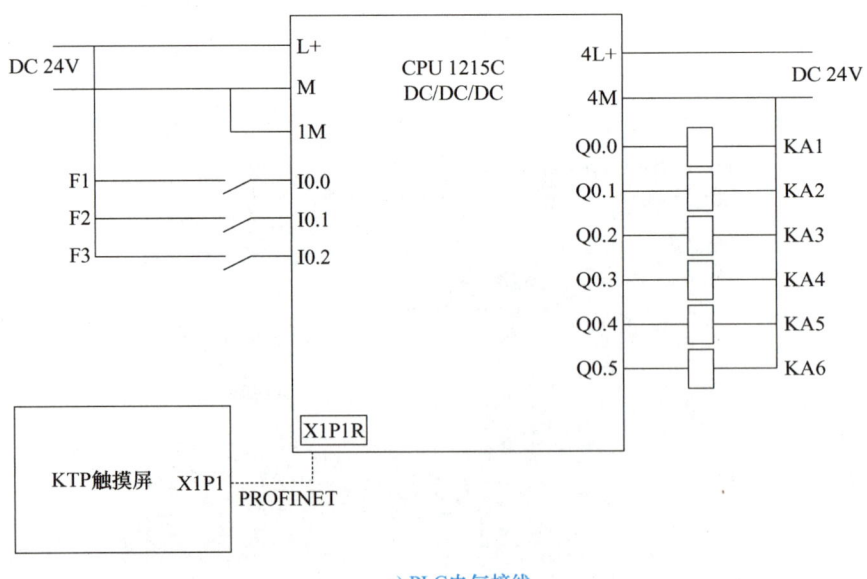

a) PLC 电气接线

图 4-50 电气接线

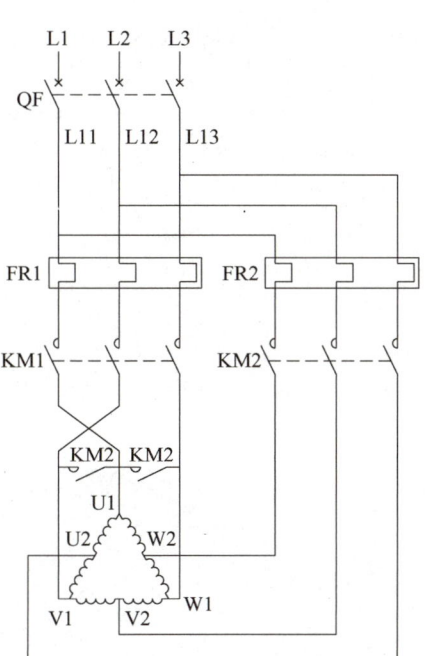

b) 双速电动机主电路接线

图 4-50　电气接线（续）

4.2.4　PLC 编程和触摸屏组态

1. 触摸屏画面绘制

根据任务要求，绘制如图 4-51 所示的根画面、参数设置画面和帮助画面。不同画面之间的切换可以通过图 4-52 所示的"单击"→"激活屏幕"进行设置。

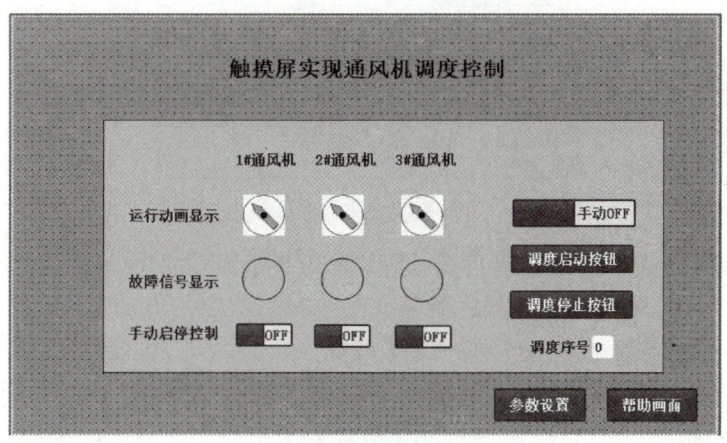

a) 根画面

图 4-51　触摸屏画面绘制

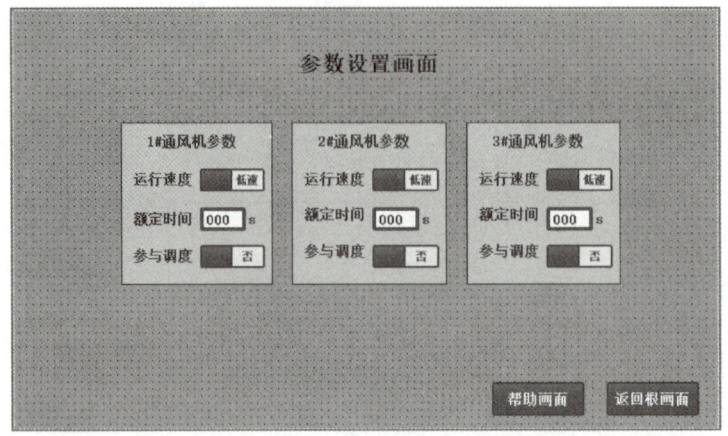

b) 参数设置画面

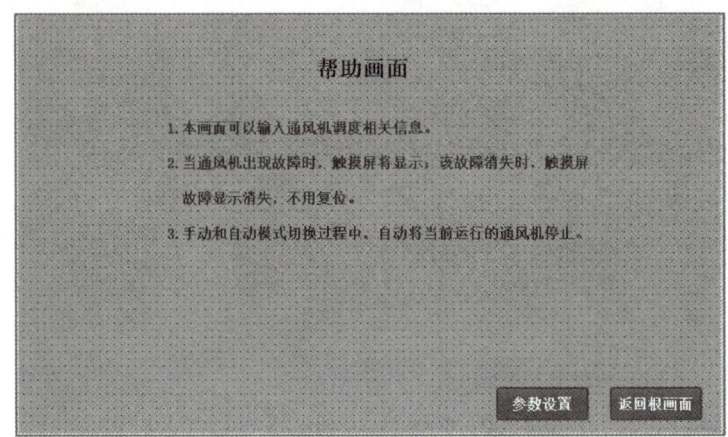

c) 帮助画面

图 4-51 触摸屏画面绘制（续）

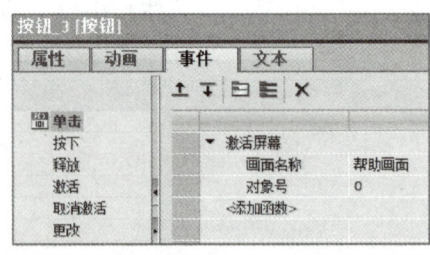

图 4-52 激活屏幕

在画面绘制中，还出现了调度序号和额定时间用的 IO 域，需要选择"变量连接"→"过程值"，以及动画用的图片对象。

2. 通风机运行动画显示

根画面中通风机运行动画显示采用电动机转子位置的 8 个编号图片切换来实现。1、2、3……8 编号按顺时针方向依次对应为 ◐◓◒◑◐◓◒◑。图 4-53 所示是通风机运行动画显示"可见性"设置，该图形对应的是编号 8，其变量为"数据块_1_通风机组{1}_动画控制字"，该变量是整数，变化值为 1～8。

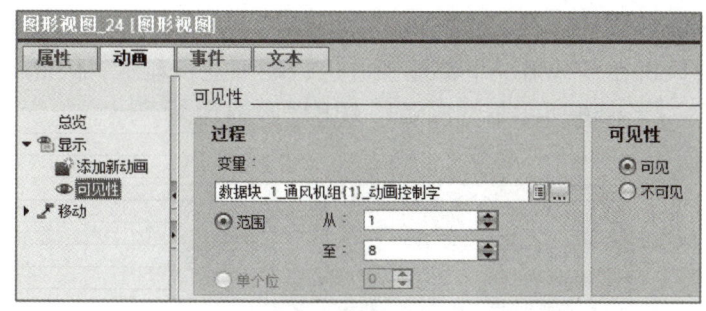

图 4-53　通风机运行动画显示"可见性"设置

3. PLC 数据类型定义

为了准确而形象地编程，需要定义两个 PLC 数据类型，一个是通风机类型，另一个是动画过程类型，如图 4-54 所示。定义完成之后，可以在 DB 块中跟其他数据类型一起出现（见图 4-55）。其中通风机类型包括运行速度（高速为 true、低速为 false）、额定时间、参与调度、故障信号、当前运行状态、当前运行时长、动画控制字和动画速度。动画过程类型包括周期信号 1、周期信号 2 和上升沿信号。

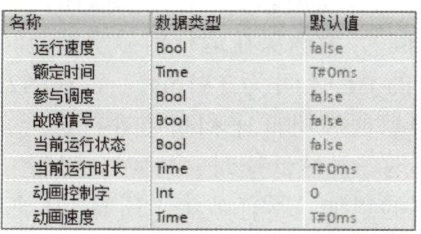
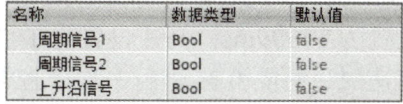

a) PLC 数据类型添加　　　b) 通风机类型　　　c) 动画过程类型

图 4-54　PLC 数据类型

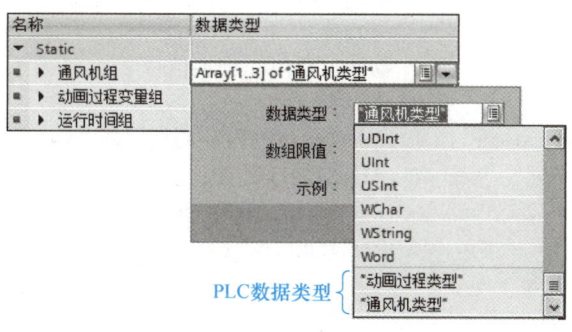

图 4-55　调用 PLC 数据类型

本任务的数据定义在数据块 _1 中，定义见表 4-7。

表 4-7　"数据块 _1"相关变量

名称	数据类型	备注
通风机组	Array[1..3] of "通风机类型"	3 台通风机参数
动画过程变量组	Array[1..3] of "动画过程类型"	3 台通风机动画过程变量
运行时间组	Array[1..3] of Int	3 台通风机时间设置单位切换

4. 动画运行 [FB1]

为确保不同通风机在各种情况下都能独立进行动画运行显示，因此，可以先建立一个"动画运行 [FB1]"。图 4-56 所示是动画运行 [FB1] 参数定义。

名称	数据类型	默认值
▼ Input		
■ 定时时间	Time	T#0ms
▼ InOut		
■ ▶ 动画过程值	"动画过程类型"	
■ 控制字	Int	0
▼ Static		
■ ▶ IEC_Timer_0_Instance	TON_TIME	
■ ▶ IEC_Timer_0_Instance...	TON_TIME	
■ ▶ R_TRIG_Instance	R_TRIG	
▼ Temp		
■ 时间1	Time	
■ 时间2	Time	

图 4-56　动画运行 [FB1] 参数定义

动画运行 [FB1] 主要是通过两个 TON 定时器产生一个周期信号，利用该周期信号的上升沿进行#控制字的变化（1～8之间），为确保在运行信号刚接通时，马上就进行动画，TON1（即 #IEC_Timer_0_Instance）的 PT 时间为 T#1ms，而 TON2（即 #IEC_Timer_0_Instance_1）PT:=# 定时时间则可以根据通风机低速和高速进行选择，比如本任务中低速设置为 T#999ms、高速设置为 T#299ms。显然低速时，每隔 1s 进行一次#控制字的累加；高速时，每隔 0.3s 进行一次#控制字的累加。本任务中，所有 FB 块和 FC 块均采用 SCL 编程。

SCL 编程如下所示：

```
#IEC_Timer_0_Instance(IN:=NOT #动画过程值.周期信号1,
                     PT:=T#1ms,
                     Q=>#动画过程值.周期信号2,
                     ET=>#时间1);
#IEC_Timer_0_Instance_1(IN:=#动画过程值.周期信号2,
                       PT:=#定时时间,
                       Q=>#动画过程值.周期信号1,
                       ET=>#时间2);
IF #控制字<=8 THEN
    //Statement section IF
    #R_TRIG_Instance(CLK:=#动画过程值.周期信号2,
                    Q=>#动画过程值.上升沿信号);
    IF #动画过程值.上升沿信号 THEN
        //Statement section IF
        #控制字:=#控制字+1;
    END_IF;
ELSE
    #控制字:=1;
END_IF;
```

SCL 程序中的 #R_TRIG_Instance 函数用于捕捉上升沿信号。

图 4-57 所示为 OB1 中调用 FB1 的示例说明：EN 端接激活信号；定时时间为 "数据块_1".通风机组[1].动画速度，默认为低速，即 T#999ms，可以在触摸屏的参数设置画面切换到高速；动画过程值为 "数据块_1".动画过程变量组[1]；控制字为 "数据块_1".通风机组[1].动画控制字。

5. 调度控制 [FB2]

在自动模式下，3 台通风机需要进行调度控制，可以建立一个"调度控制 [FB2]"。图 4-58 所示是调度控制 [FB2] 参数定义。

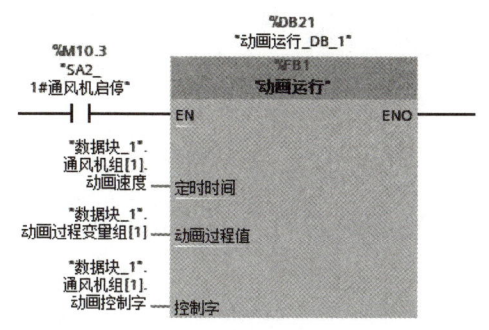

图 4-57　调用 FB1 的示例　　　　　　图 4-58　调度控制 [FB2] 参数定义

调度的基本原则：①共有运行序号 1～3 分别表示 3 台通风机；②当前序号的通风机无故障或可参与调度，则启动该通风机，并进行 TON 定时，定时时间默认为 10s，可以在触摸屏参数设置画面中进行设置，最低也为 10s，最高不限；③定时时间到后，对该序号进行加法，如果当前序号是 3，则进入下一轮循环，将序号设为 1；④如果当前序号的通风机有故障或不可参与调度，则对该序号进行加法。

SCL 编程如下所示：

```
IF "数据块_1".通风机组[#当前运行序号].故障信号 OR (NOT "数据块_1".通风机组[#当前运行序号].参与调度) THEN
    //Statement section IF
    IF #当前运行序号 <3 THEN
        //Statement section IF
        #当前运行序号 :=#当前运行序号 +1;
    ELSE
        #当前运行序号 :=1;
    END_IF;
END_IF;
#IEC_Timer_0_Instance(IN:=#输入,
                      PT:="数据块_1".通风机组[#当前运行序号].额定时间,
                      Q=>#定时时间到,
                      ET=>#运行时长);
IF #定时时间到 THEN
    //Statement section IF
    IF #当前运行序号 <3 THEN
        //Statement section IF
```

```
        # 当前运行序号 :=# 当前运行序号 +1;
    ELSE
        # 当前运行序号 :=1;
    END_IF;
    IF " 数据块 _1".通风机组 [# 当前运行序号 ].故障信号 OR (NOT " 数据块 _1".通风机
组 [# 当前运行序号 ].参与调度) THEN
        //Statement section IF
        IF # 当前运行序号 <3 THEN
            //Statement section IF
            # 当前运行序号 :=# 当前运行序号 +1;
        ELSE
            # 当前运行序号 :=1;
        END_IF;
    END_IF;
END_IF;
```

图 4-59 所示为 OB1 中调用 FB2 的示例说明：EN 端接激活信号；输入为定时的信号，这里可以选择自动模式时 1# 通风机运行；定时时间到为 M12.0 中间变量；当前运行序号为 MW14；输出为 " 数据块 _1".通风机组 [1].当前运行时长，可以保存在数据块 _1 中。

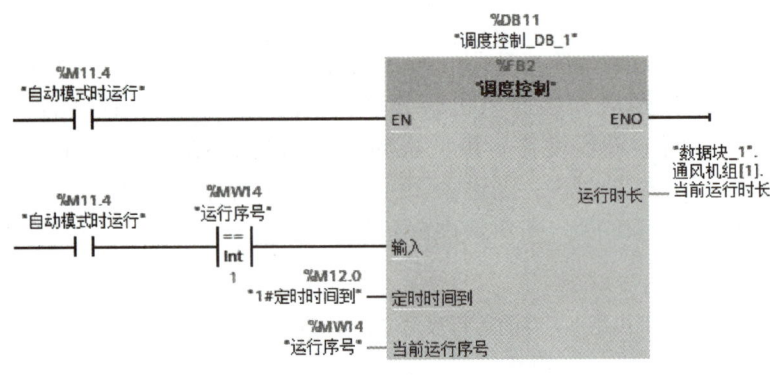

图 4-59 调用 FB2 的示例

6. FC 块

FB1 和 FB2 都需要用到 TON 多重实例和数据，因此需要用 FB 块，其他对于 3 台通风机的操作则可以直接使用 FC 块实现，仍采用 SCL 编程，通过使用 FOR、IF 语句可以使编程简单高效。

（1）初始化 [FC1]

FC1 用于将通风机组参数进行初始化，其中 #i 为 Int 类型。

SCL 编程如下所示：

```
FOR #i :=1 TO 3 DO
    //Statement section FOR
    " 数据块 _1".通风机组 [#i].参与调度 :=TRUE;
    " 数据块 _1".通风机组 [#i].运行速度 :=FALSE;
    " 数据块 _1".通风机组 [#i].额定时间 :=T#10s;
```

```
    "数据块_1".通风机组[#i].动画控制字:=1;
    "数据块_1".通风机组[#i].动画速度:=T#999ms;
    "数据块_1".通风机组[#i].参与调度:=TRUE;
END_FOR;
```

（2）动画停止[FC2]

FC2用于停止动画显示，其中#i为Int类型。

SCL编程如下所示：

```
FOR #i :=1 TO 3 DO
    //Statement section FOR
    "数据块_1".通风机组[#i].动画控制字:=1;
END_FOR;
```

（3）数据更新[FC3]

FC3用于将参数设置画面中的值与数据块_1实时更新，同时将故障信号也实时更新，其中#i为Int类型。这里的运行时间设置涉及ms与s之间的换算。

SCL编程如下所示：

```
FOR #i :=1 TO 3 DO
    //Statement section FOR
    IF "数据块_1".通风机组[#i].运行速度 THEN
        //Statement section IF
        "数据块_1".通风机组[#i].动画速度:=T#299ms;
    ELSE
        "数据块_1".通风机组[#i].动画速度:=T#999ms;
    END_IF;
    IF "数据块_1".运行时间组[#i] <10 THEN
        //Statement section IF
        "数据块_1".运行时间组[#i] :=10;
        "数据块_1".通风机组[#i].额定时间:=T#10s;
    ELSE
        "数据块_1".通风机组[#i].额定时间:=INT_TO_TIME("数据块_1".运行时间组
        [#i] * 1000);
    END_IF;
END_FOR;
```

（4）调度失效判断[FC4]

FC4用于判断3台通风机中任意2个及以上有故障或不可参与调度时即为失效，其中#i、#计算值为Int类型，输出"失效"为Bool变量。采用布尔量换算成整数累加，超过2个表示失效。这种SCL编程比LAD编程更加简单。

SCL编程如下所示：

```
#计算值:=0;
FOR #i:=1 TO 3 DO
    //Statement section FOR
    IF (NOT ("数据块_1".通风机组[#i].参与调度)) OR "数据块_1".通风机组[#i].
    故障信号 THEN
        //Statement section IF
```

```
        #计算值:=#计算值+1;
    END_IF;
END_FOR;
IF  #计算值>=2 THEN
    //Statement section IF
        #失效:=TRUE;
ELSE
        #失效:=FALSE;
END_IF;
```

7. 主程序 OB1 块

除了数据块_1，还需要定义图 4-60 所示的中间变量，包括触摸屏的开关按钮分别为 M10.0～M10.5、调度失效变量为 M10.6、自动模式时运行 M11.4、运行序号 MW14 等。

名称	变量表	数据类型	地址
SA1手动OFF_自动ON	默认变量表	Bool	%M10.0
SB1调度启动	默认变量表	Bool	%M10.1
SB2调度停止	默认变量表	Bool	%M10.2
SA2_1#通风机启停	默认变量表	Bool	%M10.3
SA3_2#通风机启停	默认变量表	Bool	%M10.4
SA4_3#通风机启停	默认变量表	Bool	%M10.5
调度失效变量	默认变量表	Bool	%M10.6
SB1上升沿	默认变量表	Bool	%M11.0
时钟脉冲上升沿	默认变量表	Bool	%M11.1
SA1上升沿	默认变量表	Bool	%M11.2
SA1下降沿	默认变量表	Bool	%M11.3
自动模式时运行	默认变量表	Bool	%M11.4
运行上升沿变量	默认变量表	Bool	%M11.5
运行下降沿变量	默认变量表	Bool	%M11.6
1#定时时间到	默认变量表	Bool	%M12.0
2#定时时间到	默认变量表	Bool	%M12.1
3#定时时间到	默认变量表	Bool	%M12.2
运行序号	默认变量表	Int	%MW14

图 4-60 OB1 中间变量定义

图 4-61 所示为本任务的 OB1 块梯形图，程序解释如下：
程序段 1：上电初始化，调用 FC1。
程序段 2：当 SA1=OFF 时，1#、2#、3# 通风机进行动画运行显示。
程序段 3：当 SA1=OFF 时，通风机故障信号自动停止相关启停动作。
程序段 4：当 SA1=ON 时，通过 SB1 和 SB2 启停 M11.4 变量。
程序段 5～7：当 M11.4=ON 时进行调度控制 3 台通风机。
程序段 8：当 SA1=ON 时，1#、2#、3# 通风机进行动画运行显示。
程序段 9：调度失效判断。
程序段 10：手动自动转换瞬间、自动模式时运行停止时，将 MW14 清零。
程序段 11：触摸屏参数设置画面相关动作。
程序段 12：故障信号传递。
程序段 13～15：控制 3 台通风机。

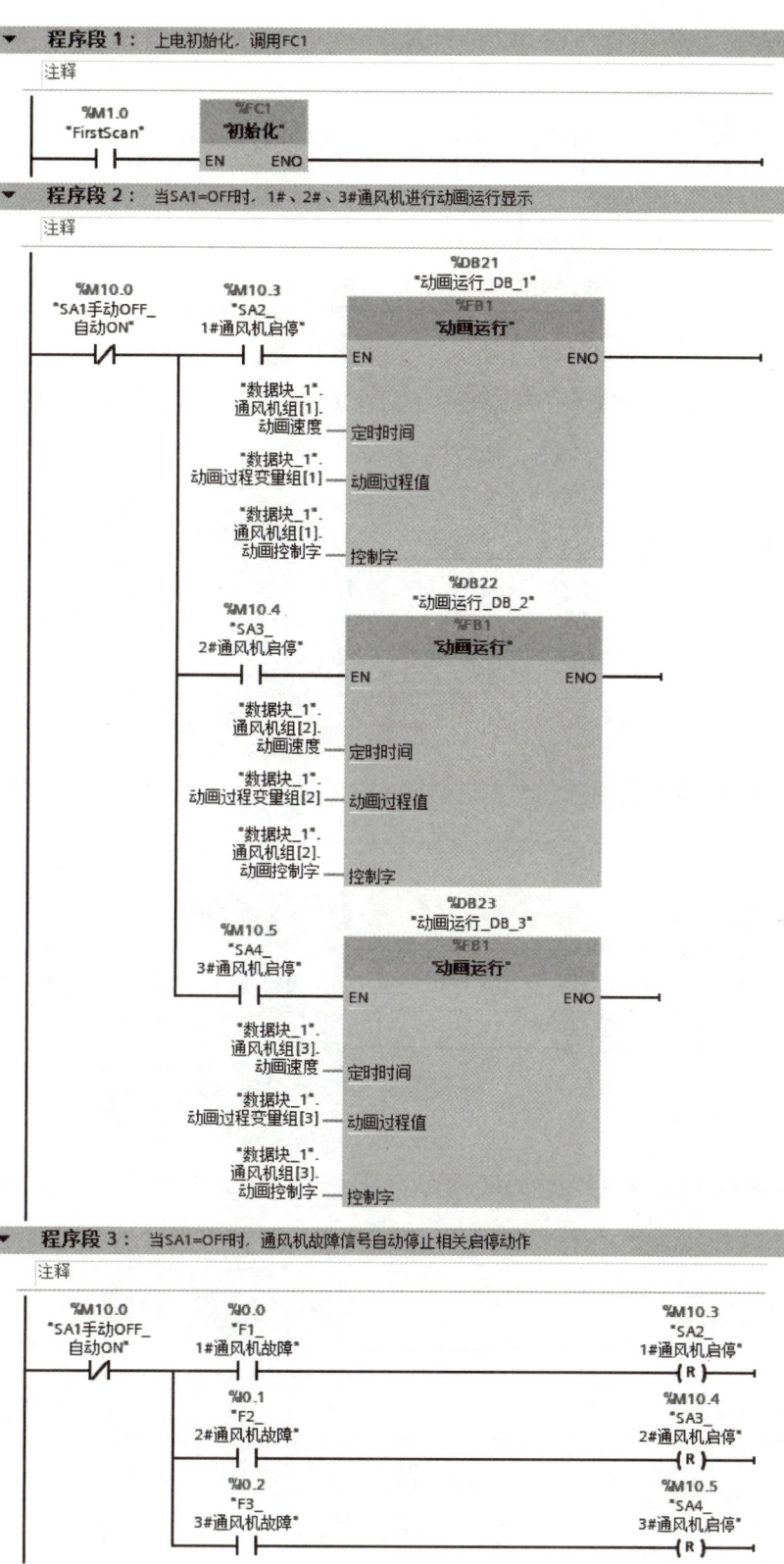

图 4-61 主程序 OB1 块梯形图

程序段 4： 当SA1=ON时，通过SB1和SB2启停M11.4变量

```
%M10.0          %M10.1          %M10.2          %M10.6          %M11.4
"SA1手动OFF_    "SB1调度启动"   "SB2调度停止"   "调度失效变量" "自动模式时运行"
 自动ON"
  ┤ ├────┬────┤ ├──────┬──┤/├──────────┤/├──────────( )
           │           │
           │  %M11.4   │
           │ "自动模式时运行"
           ├──┤ ├──────┤
           │           │
           │  %M11.4
           │ "自动模式时运行"
           └──┤P├──┐
              %M11.5
           "运行上升沿变量"
                              ┌─────────┐
                              │  MOVE   │
                              │ EN  ENO │
                           1 ─┤ IN      │
                              │    OUT1 ├─ %MW14
                              └─────────┘  "运行序号"
```

程序段 5： 当M11.4=ON时进行调度控制1#通风机

```
                                    %DB11
                                 "调度控制_DB_1"
                                    %FB2
                                   调度控制
%M11.4
"自动模式时运行"              ┌──────────────┐
  ┤ ├─────────────────────── │ EN       ENO │──
                              │              │
%M11.4    %MW14               │              │   "数据块_1".
"自动模式时运行" "运行序号"    │              │   通风机组[1].
  ┤ ├────┤ == ├──────────────│ 输入         │   当前运行时长
         │ Int │              │              │── 运行时长
         │  1  │              │              │
                      %M12.0  │              │
                   "1#定时时间到"─┤ 定时时间到│
                              │              │
                      %MW14   │              │
                   "运行序号"─┤ 当前运行序号 │
                              └──────────────┘
```

程序段 6： 当M11.4=ON时进行调度控制2#通风机

```
                                    %DB12
                                 "调度控制_DB_2"
                                    %FB2
                                   调度控制
%M11.4
"自动模式时运行"              ┌──────────────┐
  ┤ ├─────────────────────── │ EN       ENO │──
                              │              │
%M11.4    %MW14               │              │   "数据块_1".
"自动模式时运行" "运行序号"    │              │   通风机组[2].
  ┤ ├────┤ == ├──────────────│ 输入         │── 运行时长
         │ Int │              │              │   当前运行时长
         │  2  │              │              │
                      %M12.1  │              │
                   "2#定时时间到"─┤ 定时时间到│
                              │              │
                      %MW14   │              │
                   "运行序号"─┤ 当前运行序号 │
                              └──────────────┘
```

程序段 7： 当M11.4=ON时进行调度控制3#通风机

```
                                    %DB13
                                 "调度控制_DB_3"
                                    %FB2
                                   调度控制
%M11.4
"自动模式时运行"              ┌──────────────┐
  ┤ ├─────────────────────── │ EN       ENO │──
                              │              │
%M11.4    %MW14               │              │   "数据块_1".
"自动模式时运行" "运行序号"    │              │   通风机组[3].
  ┤ ├────┤ == ├──────────────│ 输入         │── 运行时长
         │ Int │              │              │   当前运行时长
         │  3  │              │              │
                      %M12.2  │              │
                   "3#定时时间到"─┤ 定时时间到│
                              │              │
                      %MW14   │              │
                   "运行序号"─┤ 当前运行序号 │
                              └──────────────┘
```

图 4-61　主程序 OB1 块梯形图（续）

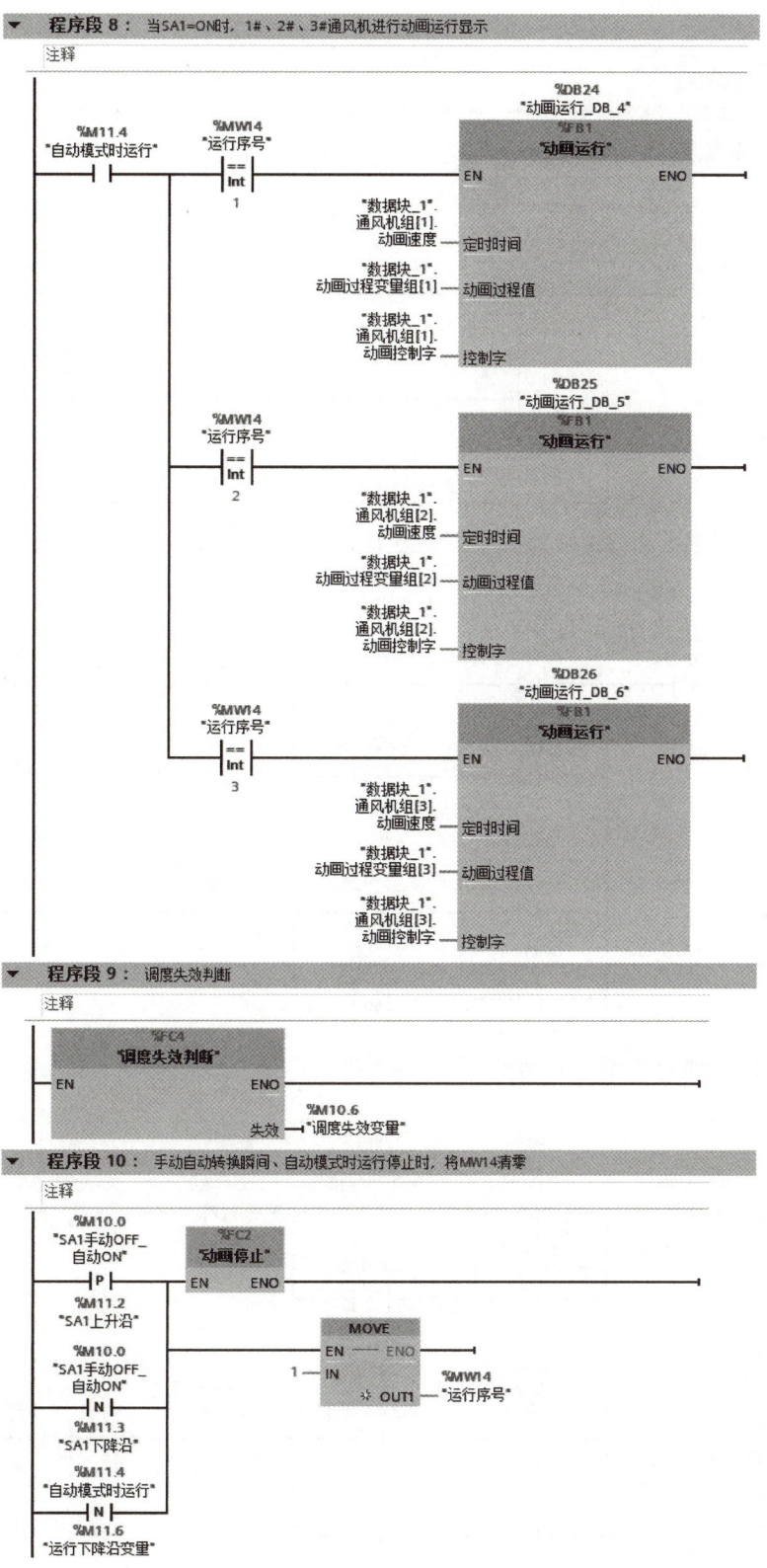

图 4-61 主程序 OB1 块梯形图（续）

图 4-61 主程序 OB1 块梯形图（续）

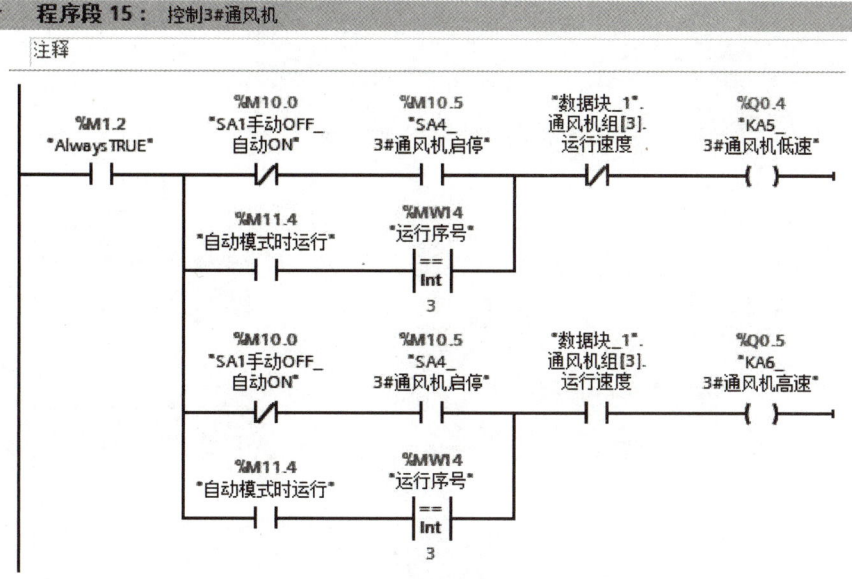

图 4-61 主程序 OB1 块梯形图（续）

4.2.5 触摸屏实现通风机调度控制系统调试

将 PLC 程序和触摸屏组态全部下载后，进行调试。图 4-62a 所示为手动启停控制，此时 2# 和 3# 通风机为 ON 状态；图 4-62b 所示为自动模式时调度控制，此时调度序号为 2，即 2# 通风机处于运行状态；图 4-62c 所示为参数设置画面，此时 3 台通风机均处于可调度状态，额定时间和运行速度有所不同。

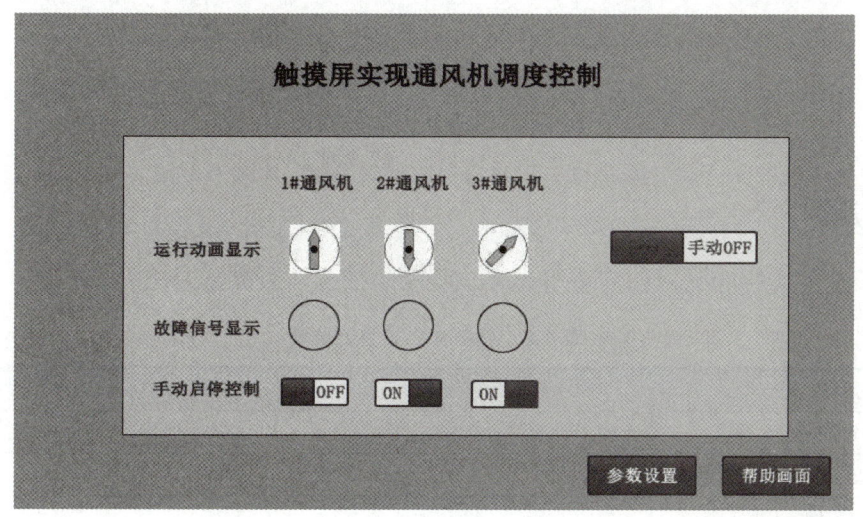

a) 手动启停控制

图 4-62 实际运行画面

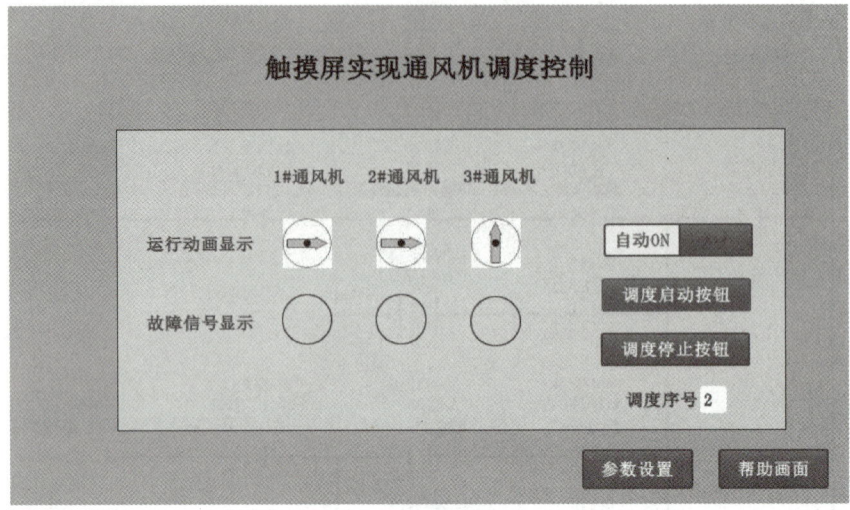

b) 自动模式时调度控制

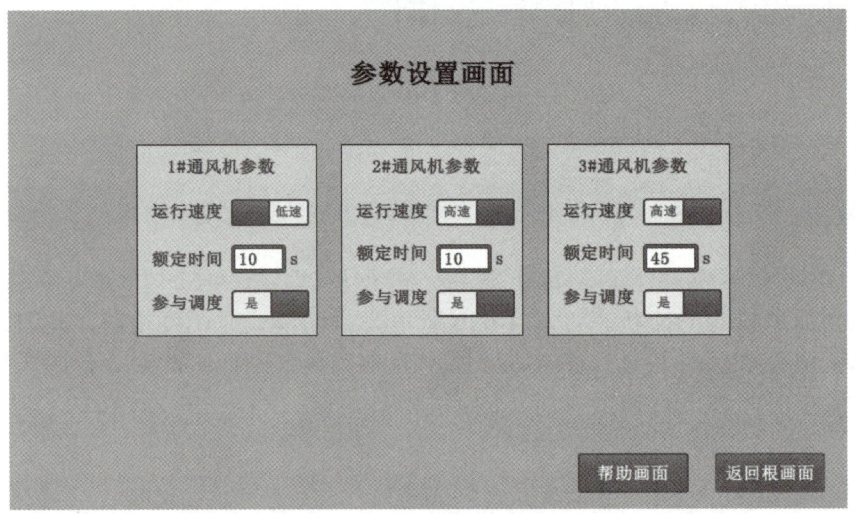

c) 参数设置画面

图 4-62　实际运行画面（续）

任务记录

根据任务实施的情况，如实填写表 4-8 所示的任务 4.2 实施记录表。

表 4-8　任务 4.2 实施记录表

任务实施步骤	实际执行情况说明	计划时间 /min	实际时间 /min
PLC I/O 分配与电气接线			
PLC 与触摸屏共享变量清单列表			
触摸屏动画组态			
PLC 软件编程（含 SCL 和梯形图）			
调试与监控			

任务评价

按要求完成考核任务 4.2，评分标准见表 4-9，具体配分可以根据实际考评情况进行调整。

表 4-9 评分标准

序号	考核项目	考核内容及要求	配分	得分
1	职业素养	遵守安全操作规程，落实安全措施	15%	
		认真负责，团结合作，对实操任务充满热情		
		正确认识知行合一的重要性		
2	系统方案制定	触摸屏、PLC 控制方案合理	15%	
		触摸屏动画显示方案正确		
3	编程能力	独立完成触摸屏的添加与画面组态	20%	
		建立触摸屏与 PLC 变量共享		
		触摸屏动画的组态		
4	操作能力	根据电气图对 PLC 和触摸屏进行正确接线	25%	
		通过博途下载触摸屏程序并进行程序调试		
		根据系统功能进行正确动画演示		
5	实践效果	系统工作可靠，满足工作要求	15%	
		触摸屏动画显示符合任务要求		
		按规定的时间完成任务		
6	创新实践	在本任务中有另辟蹊径、独树一帜的实践内容	10%	
		合计		100%	

拓展阅读

王东升在 1993 年对原国家电子工业部所属的 774 厂（即北京电子管厂）完成了股份制改造，成立了北京东方电子集团股份有限公司（简称京东方）。该公司先是将目光聚焦在 CRT 显像管业务上，后来开始关注 TFT-LCD 显示技术。京东方在 2003 年成功以 3.8 亿美元将韩国现代公司的液晶面板业务收入囊中，开始投建 5 代线，这是一条填补我国 TFT-LCD 产业空白的生产线。2008 年 3 月，京东方成都 TFT-LCD 面板 4.5 代生产线在成都开建；2009 年 4 月，京东方 6 代线在合肥开建；随后 2009 年 8 月，京东方 8.5 代线在北京亦庄开发区开始动工。此后，京东方将重心转移到 OLED 产业上，开始进入创新技术研发和商用阶段，其独有的高级超维场转换技术（即 ADSDS 技术）是全球显示领域三大技术标准之一；8K 显示屏分辨率是目前主流的高清电视分辨率的 16 倍；柔性 AMOLED 显示技术工艺极其复杂、技术难度极高，在全球首屈一指。京东方经过长期坚持研发投入，打破了国外垄断，为中国企业带来了物美价廉的屏幕。如今消费者花费不足千元，就可以将液晶电视搬回家。而这一生态的改变，要归功于国内众多显示屏企业的你追我赶、50 年磨一剑的砥砺前行。作为国内屏幕制造业的领头羊，京东方还有很长的路要走。当然，我们也应该看到目前我国在显示面板上游产业控制力方面的严重不足，原材料、关键设备的核心技术仍然掌握在以美、日、韩为代表的国外企业手里。这些不足，很有可能在未来的某一刻成为阻碍我国显示面板产业进一步发展的鸿沟，因此上游原材料的国产化势在必行。

思考与练习

习题 4.1　使用西门子 S7-1200 PLC 与 KTP700 触摸屏相连实现星三角减压启动过程，在触摸屏上可设置按钮、星三角切换时间（单位为 s）和接触器吸合状态。

习题 4.2　用 KTP700 触摸屏对 S7-1200 PLC 控制的三台电动机 M1、M2、M3 进行顺序控制。在触摸屏上按下启动按钮后，按 M3 → M2 → M1 的顺序每隔 6s 启动；在触摸屏上按下停止按钮后，按 M1 → M2 → M3 的顺序每隔 4s 停止。请画出控制电气原理图，并进行 PLC 编程和 KTP700 触摸屏组态。

习题 4.3　选择 KTP 触摸屏和 S7-1200 PLC 实现瓶装生产线控制（见图 4-63）。其工作流程如下：按下触摸屏的启动按钮，输送带带动瓶子向右运行，当到位检测动作时，输送带停止运行进行灌装。灌装需要灌液气缸下降，然后灌液电磁阀动作，液体进入瓶子，等计量开关动作后，灌液电磁阀关闭、灌液气缸上升，表示灌装结束。延时 5s 后，在原位进入旋盖阶段，旋盖也采用电磁阀，定时 6s。旋盖结束后，输送带启动，将完成灌装后的瓶子送入下一阶段。按下触摸屏的停止按钮，则完成当前瓶子的灌装后停机。请分配 I/O，画出 PLC 控制电气原理图，并进行 PLC 编程和 KTP700 触摸屏组态。

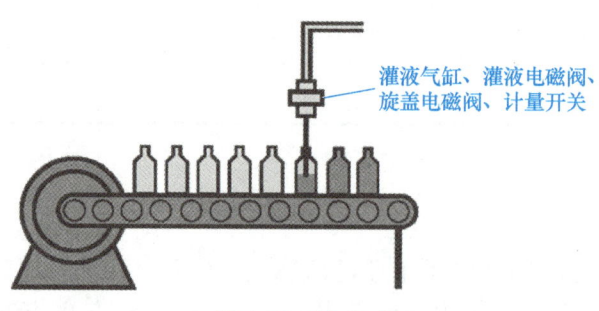

图 4-63　题 4.3 图

习题 4.4　某泵站采用 3 台 5.5kW 电动机带动的水泵进行直接启停控制，现在要求用触摸屏可以设置每台泵的运行时长（单位为 min）。在换泵过程中，为确保管道压力不下降，要求先开下一台泵，再关上一台泵，间隔时间为 10s。每台泵接入 PLC 一个故障报警或待检修信号，如果该信号为 ON，表示该泵不参加轮换。如果出现有 2 台泵不参加轮换的情况，则进行报警，此时第 3 台泵一直运行。请分配 I/O 后画出 PLC 控制电气原理图，并进行 PLC 编程和 KTP700 触摸屏组态。

习题 4.5　现有如图 4-64 所示的液体混合控制装置，工作流程如下。

（1）初始状态。容器是空的，YV1、YV2、YV3 电磁阀和搅拌机 M 均为 OFF，液面传感器 L1、L2 均为 OFF。

（2）启动操作。在触摸屏上按下启动按钮，开始下列操作。

电磁阀 YV1 动作（即 YV1=ON），开始注入液体 A，至液面高度为 L2（即 L2=ON）时，停止注入液体 A（即 YV1=OFF）。同时液体 B 电磁阀 YV2 动作（即 YV2=ON），注入液体 B，当液面高度为 L1（即 L1=ON）时，停止注入液体 B（即 YV2=OFF）。开启搅拌机 M（即 M=ON），搅拌混合时间为 15s（可以在触摸屏上设置，区间为 10～20s）。停止搅拌后，开始放出混合液体（即 YV3=ON），至液体高度降为 L2 后，再经 5s 停止放出（即 YV3=OFF）。

（3）停止操作。在触摸屏上按下停止按钮后，所有电磁阀和电动机均为 OFF。

（4）触摸屏设手动自动切换开关。当手动时，可以对 YV1、YV2、YV3 电磁阀和搅拌机 M 分别进行 ON/OFF 动作；自动时，按上述步骤（2）、（3）动作。

请画出控制电气原理图，并进行 PLC 编程和 KTP700 触摸屏组态。

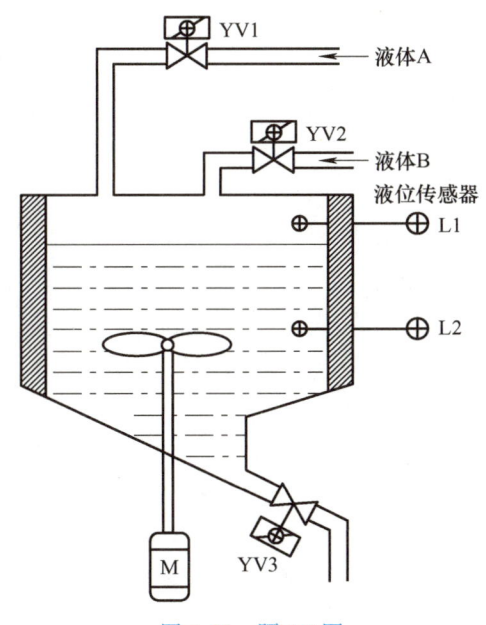

图 4-64　题 4.5 图

习题 4.6　请用 PLC 和触摸屏实现 1 到 N 之间所有素数的和的计算，其中 N 可以在触摸屏上任意设置（2～500），其中素数采用 SCL 编程的 FC 块实现。

习题 4.7　请用 PLC 和触摸屏实现喷泉控制（见图 4-65），要求如下：

（1）该喷泉设有阀门 1、阀门 2-1～阀门 2-4（顺时针）、阀门 3-1～阀门 3-8（顺时针）共 13 个阀门来展示不同的造型，同时设有内圈灯带和外圈灯带共 2 组灯带来展示灯光效果。

（2）在触摸屏上设置启停按钮，使喷泉按照以下方式运行：第 1 步，阀门 1 动作

ON，间隔 3s；第 2 步，阀门 2-1 动作 ON，间隔 3s，依次执行到阀门 2-4；第 3 步，内圈灯带亮起来；第 4 步，阀门 3-1 动作 ON，间隔 3s，依次执行到阀门 3-8；第 5 步，外圈灯带亮起来，间隔 3s；全部阀门 OFF，灯带关闭，进入下一个循环，直至按下停止按钮后处于初始状态。

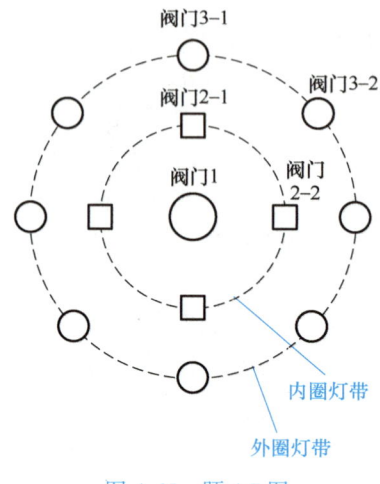

图 4-65　题 4.7 图

项目 5　PLC 控制电动机速度与位置

项目导读

在生产现场，电动机作为传动装置，最常见的应用是速度与位置控制。通过变频器可以进行 0～400Hz 范围内的无级调速，而应用步进电动机或伺服电动机则可以控制输出的机械位移或转角，使电动机准确地按照速度或位移设定值进行运行控制，保障工业、军事、医疗、汽车等行业的基本现代化。本项目阐述了变频器与步进电动机的速度控制、位置控制基础，通过 PLC 控制电动机多段速运行、PLC 通信控制电动机变速运行、PLC 控制步进电动机定位三个任务充分介绍了 PLC 控制电动机速度与位置的典型应用。

❖ **知识目标：**

了解 PLC 处理模拟量的过程和电压、电流表示法。
掌握变频器通信控制字和状态字格式的含义。
了解步进控制的原理以及基本构成、接线方式。
掌握步进驱动器与电动机的接线方式。

❖ **能力目标：**

能进行变频器驱动电动机的电气接线与编程。
根据控制要求实现变频器与 PLC 的通信编程。
会结合设备手册进行博途环境下运动轴工艺对象组态。
能设计包含 PLC、变频器和步进控制在内的 PROFINET 控制系统。

❖ **素养目标：**

培养胸怀祖国、服务人民的爱国精神。
弘扬钱学森精神，发扬科学报国精神。
深度参与工程项目，激发情感共鸣。

任务 5.1　PLC 控制电动机多段速运行

任务描述

某小型输送带电动机选用功率为 0.75kW 的西门子 G120 变频器来控制，已知该电动机额定电压为三相 380V、额定功率为 0.06kW、额定电流为 0.3A、额定转速为 1400r/min。

根据图 5-1 所示，采用 S7-1200 PLC 来控制变频器所带动的电动机，其中 PLC 外接启动按钮 SB1、停止按钮 SB2 和切换选择开关 SA1，由 PLC 输出多段速开关量控制信号和模拟量输出信号到变频器上，完成不同电动机速度的切换。

任务要求如下：

1）能通过博途环境下的 Startdrive 工具调试 G120 变频器。

2）当 SA1=OFF 时，按下 SB1，PLC 输出 1100r/min、1200r/min 和 1300r/min 三段速信号控制变频器依次按 10s 时间的间隔进行速度变化，并反复循环，直至 SB2 按钮动作后停机。

3）当 SA1=ON 时，按下 SB1，PLC 输出模拟量信号对应 550r/min、850r/min 和 1050r/min，也按 10s 时间的间隔进行速度变化，并反复循环，直至 SB2 按钮动作后停机。

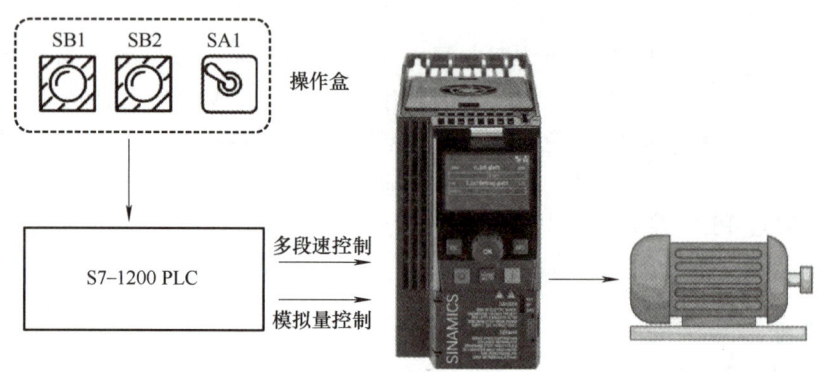

图 5-1　任务 5.1 控制示意

知识探究

5.1.1　S7-1200 PLC 的模拟量功能

1. PLC 处理模拟量的过程

在生产过程中，存在大量的物理量，如压力、温度、流量、速度、pH 值、黏度等。为了实现自动控制，这些模拟量信号都需要通过 PLC 进行处理。图 5-2 所示为 PLC 处理模拟量的过程。

图 5-2 中，测量传感器利用线性膨胀、角度扭转或电导率变化等原理来测量物理量的变化；变送器将传感器检测到的变化量转换为标准的模拟量信号，如 ±500mV、±10V、±20mA、4～20mA，然后接到 PLC 的模拟量输入端口或模块上。PLC 的 CPU 只能处理数字量信号，因此在模拟量输入模块中用 ADC（模/数转换器）来实现转换功能。模/数转换是顺序执行的，也就是说每个模拟通道上的输入信号是轮流被转换的。模/数转换的结果存在结果存储器中，并一直保持到被一个新的转换值所覆盖。在 S7-1200 PLC 中可用"MOVE"指令来访问模/数转换的结果。如果要进行模拟量输出，也可以使用"MOVE"指令向模拟量输出模块中写模拟量的数值（由用户程序计算所得），该数值由模块中的 DAC（数/模转换器）转换为标准的模拟量信号。采用标准模拟量输入信号的模拟执行器可以直接连接到 PLC 模拟量输出端口或模块上。

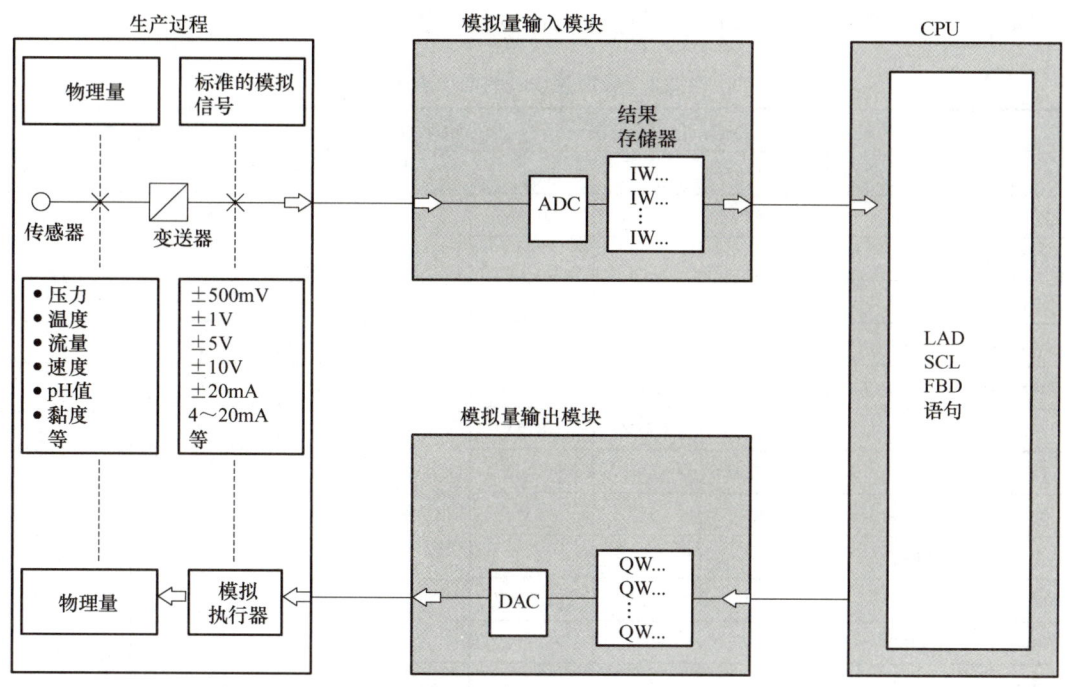

图 5-2　PLC 处理模拟量的过程

2. PLC 内置模拟量和外接模拟量模块

以 CPU 1215C DC/DC/DC 为例，该款 PLC 内置了 2 个模拟量输入和 2 个模拟量输出，如图 5-3 所示，可以在"属性"选项卡中设置 AI 和 AQ 的参数，也可以在硬件目录中找到 S7-1200 PLC 的模拟量输入/输出模块，如图 5-4 所示的模块种类。

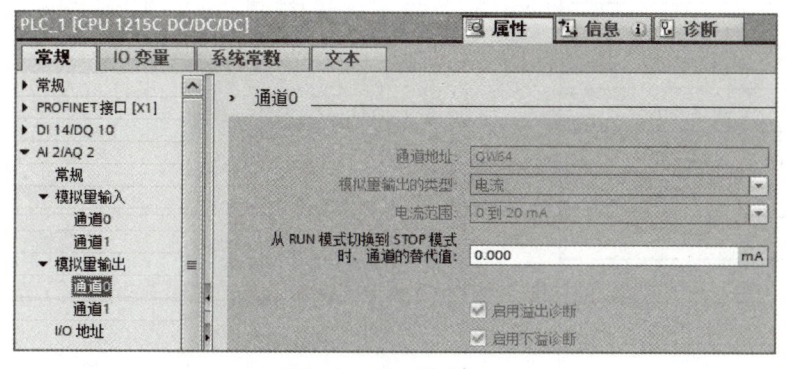

图 5-3　内置模拟量

图 5-4　模拟量输入/
输出模块种类

3. 模拟量输入/输出的电压和电流表示法

表 5-1 所示为模拟量输入的电压表示法，表 5-2 所示为模拟量输入的电流表示法，只

有了解了这两种表示方法，才能正确进行工程量的转换。

表 5-1 模拟量输入的电压表示法

十进制	十六进制	电压测量范围			
		±10V	±5V	±2.5V	0～10V
32767	7FFF	11.851V	5.926V	2.963V	11.851V
32512	7F00	上溢			上溢
32511	7EFF	11.759V	5.879V	2.940V	11.759V
27649	6C01	过冲范围			过冲范围
27648	6C00	10V	5V	2.5V	10V
20736	5100	7.5V	3.75V	1.875V	7.5V
1	1	361.7μV	180.8μV	90.4μV	361.7μV
0	0	0V	0V	0V	额定范围	0V
−1	FFFF				
−20736	AF00	−7.5V	−3.75V	−1.875V	不支持负值
−27648	9400	−10V	−5V	−2.5V	
−27649	93FF	下冲范围			
−32512	8100	−11.759V	−5.879V	−2.940V	
−32513	80FF	下溢			
−32768	8000	−11.851V	−5.926V	−2.963V	

表 5-2 模拟量输入的电流表示法

十进制	十六进制	电流测量范围	
		0～20mA	
32767	7FFF	23.70mA	上溢
32512	7F00		
32511	7EFF	23.52mA	过冲范围
27649	6C01		
27648	6C00	20mA	额定范围
20736	5100	15mA	
1	1	723.4nA	
0	0	0mA	
−1	FFFF		下冲范围
−4864	ED00	−3.52mA	
−4865	ECFF		下溢
−32768	8000		

表 5-3 所示为模拟量输出的电压表示法，表 5-4 所示为模拟量输出的电流表示法。在下溢或上溢情况下，模拟量输出将根据为模拟量信号模块设置的设备配置属性动作。在"对 CPU STOP 的响应"（reaction to CPU STOP）参数中，任选"使用替换值"（use substitute value）或"保持上一个值"（keep last value）。

表 5-3　模拟量输出的电压表示法

十进制	十六进制	电压输出范围	
		±10V	注释
32767	7FFF		上溢
32512	7F00		
32511	7EFF	11.76V	过冲范围
27649	6C01		
27648	6C00	10V	额定范围
20736	5100	7.5V	
1	1	361.7μV	
0	0	0V	
−1	FFFF	−361.7μV	
−20736	AF00	−7.5V	
−27648	9400	−10V	
−27649	93FF		下冲范围
−32512	8100	−11.76V	
−32513	80FF		下溢
−32768	8000		

表 5-4　模拟量输出的电流表示法

十进制	十六进制	电流输出范围	
		±20mA	注释
32767	7FFF		上溢
32512	7F00		
32511	7EFF	23.52mA	过冲范围
27649	6C01		
27648	6C00	20mA	额定范围
20736	5100	15mA	
1	1	723.4nA	
0	0	0mA	
−1	FFFF		下冲范围
−32512	8100		
−32513	80FF		下溢
−32768	8000		

5.1.2　G120 变频器的指定频率来源

本任务选用了西门子 G120 变频器，它的参数 p1000 和 p1070 都可以指定频率来源，其中 p1000（频率设定值）=p1070（主设定值）×p1071（系数）+p1075（附加设定值）×p1076（系数）。因此 p1000 是一个最终设定的结果，p1000 的最终值和 p1070、p1071、p1075、p1076 都相关，一旦这几个参数中的任何一个取值发生变化，p1000 都会随之发生变化。图 5-5 所示是固定转速设为设定值源示意，表 5-5 所示为其对应的参数设置。

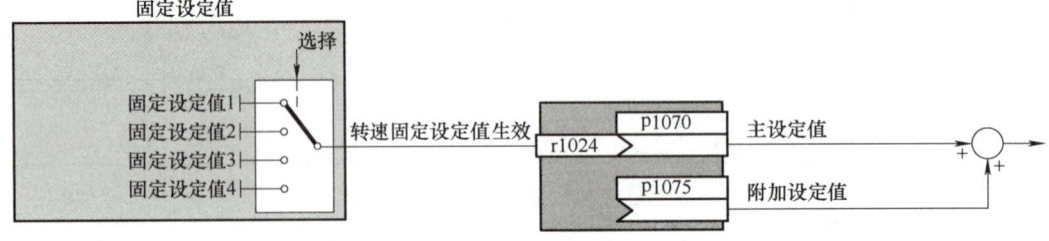

图 5-5 固定转速设为设定值源示意

表 5-5 固定转速设为设定值源时的参数设置

参数	注释
p1070=1024	主设定值 主设定值与固定转速互联
p1075=1024	附加设定值 附加设定值与固定转速互联

图 5-6 所示是模拟量输入 0 设为设定值源示意，表 5-6 所示为其对应的参数设置。

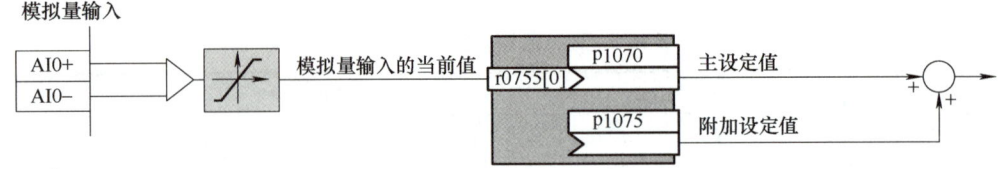

图 5-6 模拟量输入 0 设为设定值源示意

表 5-6 模拟量输入 0 设为设定值源时的参数设置

参数	注释
p1070=755[0]	主设定值 主设定值与模拟量输入 0 互联
p1075=755[0]	附加设定值 附加设定值与模拟量输入 0 互联

任务实施

5-1 PLC 控制电动机多段速运行

5.1.3 I/O 分配与 PLC 控制变频器电路设计

1. I/O 分配

从 PLC 端子控制 G120 变频器出发，确定 PLC 外接启停按钮、速度切换按钮等 3 个输入，同时输出直接与 G120 相连。表 5-7 所示为 PLC 端子控制 G120 变频器 I/O 分配，PLC 选型为西门子 CPU 1215C DC/DC/DC。

表 5-7　PLC 端子控制 G120 变频器 I/O 分配

输入	功能	输出	功能
I0.0	SB1/ 启动按钮（NO）	Q0.0	启动控制（速度选择位 0）
I0.1	SB2/ 停止按钮（NO）	Q0.1	速度选择位 1
I0.2	SA1/ 速度切换（多段速 OFF/ 模拟量 ON）	Q0.2	速度选择位 2
		AQ0	模拟量输出 0

2. PLC 控制变频器电路设计

图 5-7 所示为 PLC 控制电路接线，包括 PLC 侧和变频器侧两部分，其中变频器侧控制端子接入为 DI0（即 5 号端子）、DI1（即 6 号端子）、DI2（即 7 号端子）和 AI0（即 3 号端子）。PLC 的 AQ0 输出为电流信号，因此需要外接 500Ω 电阻，并接到变频器的 3 号端子上。

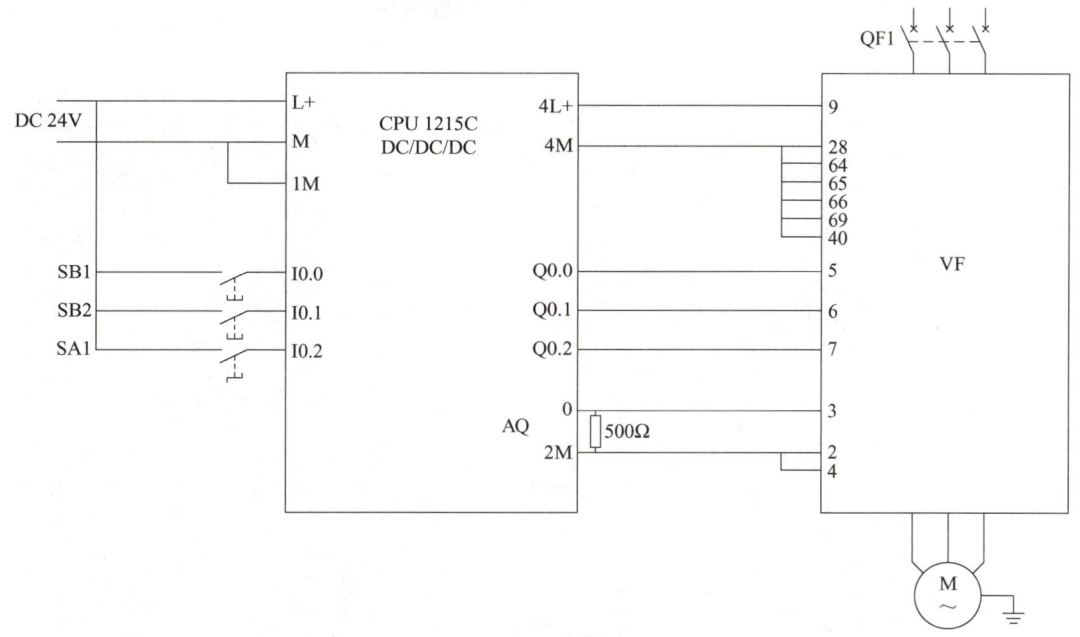

图 5-7　电路接线图

3. 变频器连接

G120 变频器选型具体包括控制单元 6SL3246-0BA22-1FA0（CU250S-2 PN Vector，矢量控制）、功率单元 6SL3210-1PE12-3ULx（PM240-2 IP20，3AC 400V 0.75kW）和 IOP-2 操作面板 6SL3255-0AA00-4JA2 三部分。G120 变频器除了需要电气接线，还需要连接网线，如图 5-8 所示，将网线插入 X150 端口的 P1 或 P2，注意不是 X100 的 DRIVE-CLiQ 接口。

图 5-8　PROFINET 网线接口 X150

X2100—编码器接口　X150—PROFINET 接口
X100—DRIVE-CLiQ 接口

5.1.4 使用 Startdrive 调试向导设置变频器参数

Startdrive 集成工程工具是无缝集成在博途软件中的一个软件工具，它可以进行变频器基本参数设置、下载、调试等各种操作。首先要安装与博途软件同版本的 "SINAMICS Startdrive Advanced" 驱动包，完成后的 Startdrive 集成工程工具是可以与 PLC、HMI 等直接在项目树中一同呈现的，其编程思路与 PLC 和 HMI 一样。

1. 添加新设备

图 5-9 所示为添加新设备入口，这个跟之前的 PLC 编程没有区别。图 5-10 所示为添加驱动控制单元，判断安装 Startdrive 集成工程工具是否成功最简单的方法就是看是否出现了图 5-10 中左边的驱动器图符。单击之后会出现 SINAMICS G110M、G120、G120C、G115D 等各种驱动器设备，这里添加的新设备为 "控制单元 CU250S-2 PN Vector"。

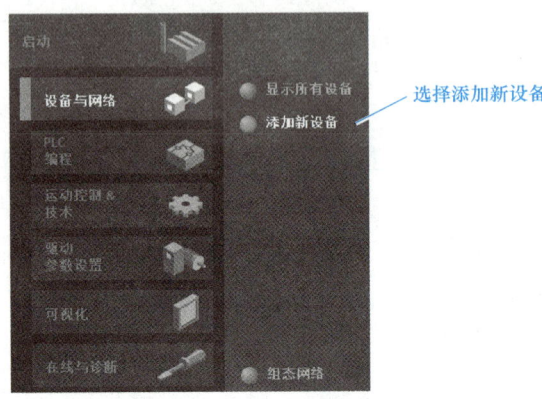

图 5-9 添加新设备入口

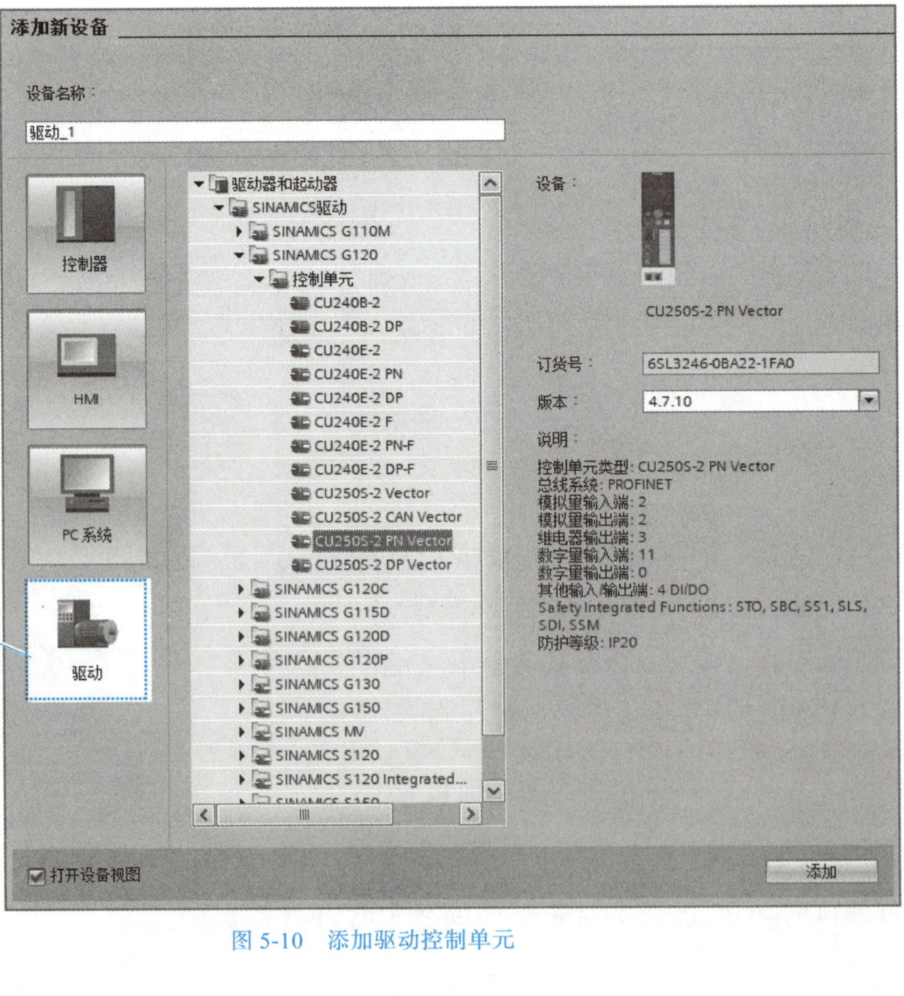

图 5-10 添加驱动控制单元

图 5-11 所示是添加完成后的项目树，它包括驱动的设备组态、在线并诊断、参数、调试、验收测试和 Traces。

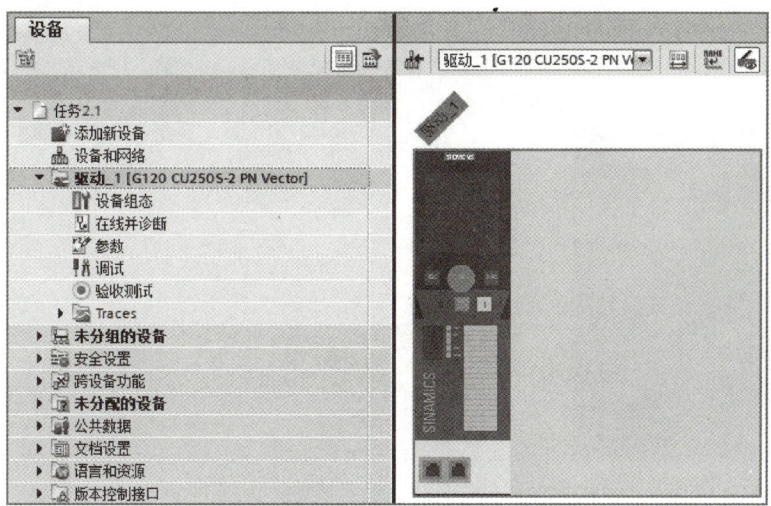

图 5-11　添加完成后的项目树

添加控制单元之后，继续添加功率单元。将图 5-12 所示的"功率单元"→"PM240-2"→"3AC 380-480V"→"FSA"→"IP20 U 400V 0.75kW"拉入左侧，即可完成 G120 变频器硬件添加过程。图 5-13 所示是完成后的设备概览。如果出现产品规格或订货号不正确的情况，可以在该设备图形处右击，并在弹出的快捷菜单中选择"更改设备"菜单。

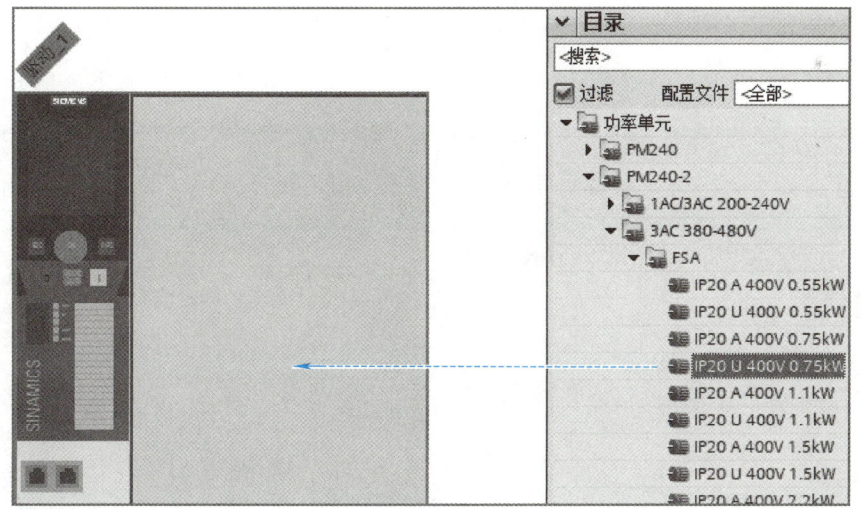

图 5-12　添加功率单元

2. 修改变频器的 IP 地址和命名

选择"项目树"→"设备"→"在线访问"→"更新可访问的设备"，即可出现驱动（见图 5-14），单击"分配 IP 地址"后设置 G120 变频器的 IP 地址和子网掩码，如 192.168.0.2、255.255.255.0，最后单击"分配 IP 地址"按钮（见图 5-15）。分配完成后需将变频器断电，然后启动驱动，新配置才生效。

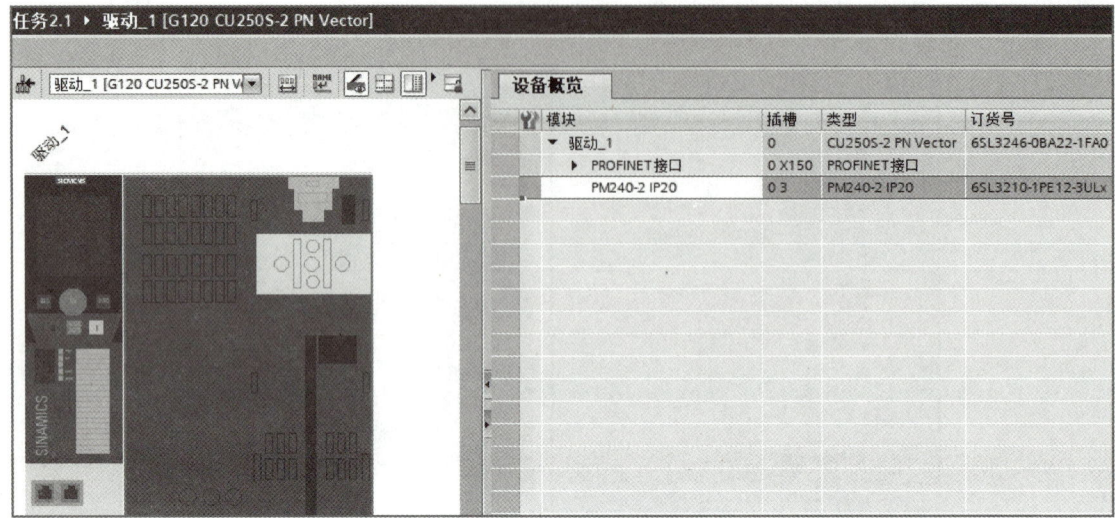

图 5-13　设备概览

图 5-14　在线访问

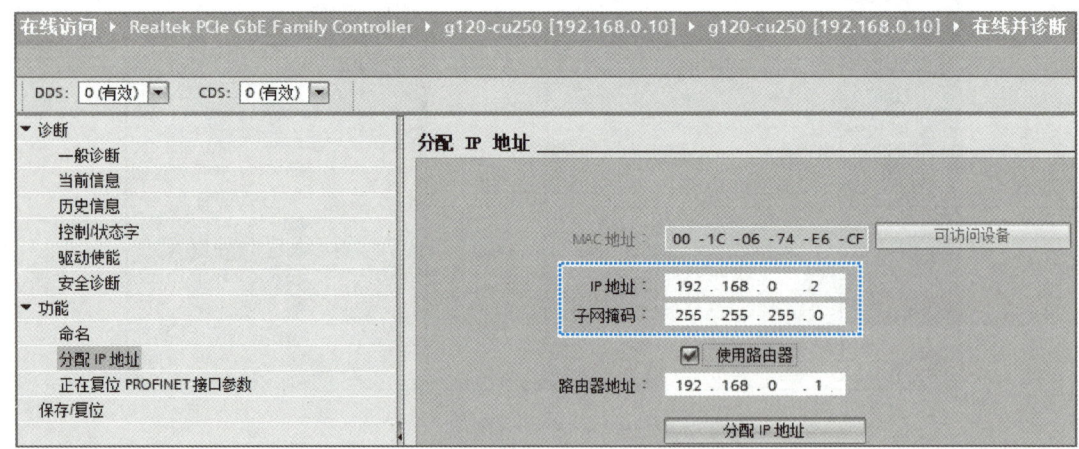

图 5-15　分配 IP 地址

3. 调试向导

在图 5-16 所示的 Startdrive 集成工程工具中选择"调试"菜单，进入包括调试向导、控制面板、电机优化和保存 / 复位等四个功能的调试区域。

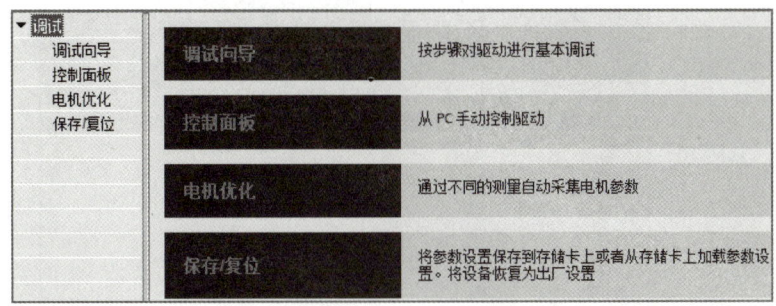

图 5-16　调试菜单

注：虽然本章内容涉及的是"电动机"的控制，但是所用软件截图中保留"电机"，方便读者与软件界面进行对照，后同。

通过调试向导可以按步骤对 G120 变频器进行基本参数设定。需要注意：选用不同的 CU 控制单元，调试向导的界面会有所不同；选用不同的应用等级，调试界面也有所不同。这里选择 Standard Drive Control（SDC），用于简单搬运。

本次调试中最重要的一步是进行设定值指定。图 5-17 所示为设定值指定选项，选择驱动是否连接 PLC 以及在何处创建设定值。这里不选择 PLC 与驱动之间的数据交换，而是选择驱动外接的端口信号来实现变频器的设定值指定。

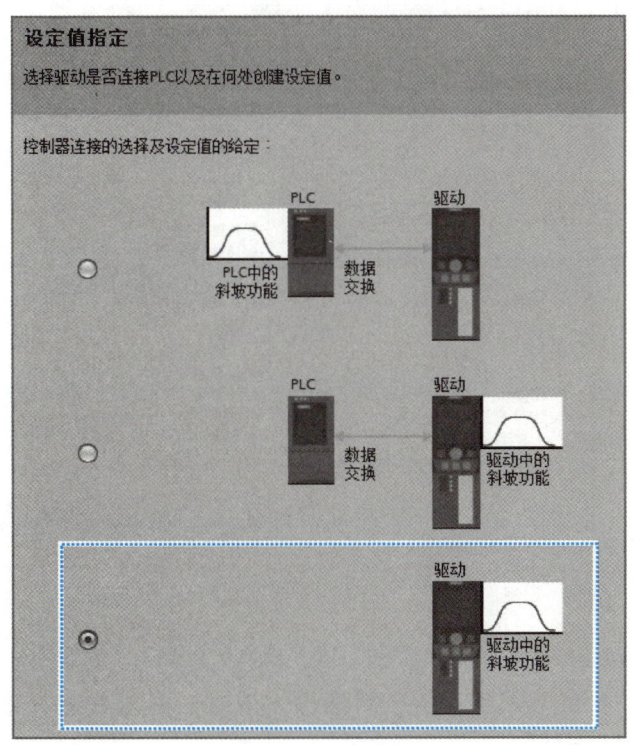

图 5-17　设定值指定

接下来是设定值 / 指令源的默认值。图 5-18 所示为设定值 / 指令源的默认值选项，选择输入 / 输出以及可能有的现场总线报文的预定义互联。这里选择 I/O 的默认配置为"[3] 送技术、有 4 个固定频率"。

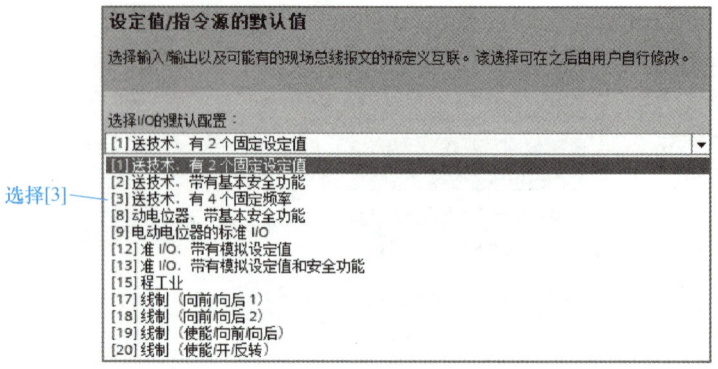

图 5-18　设定值 / 指令源的默认值

5.1.5　使用 Startdrive 进行变频器参数下载与调试

1. 变频器参数下载

在设备组态中，确保变频器驱动与装有 Startdrive 软件的 PC 的 IP 地址在同一频段内，如图 5-19 所示将所设参数进行下载。下载前在"将参数设置保存在 EEPROM 中"处打钩，即可将刚刚设置的参数完整下载到驱动 EEPROM 中。

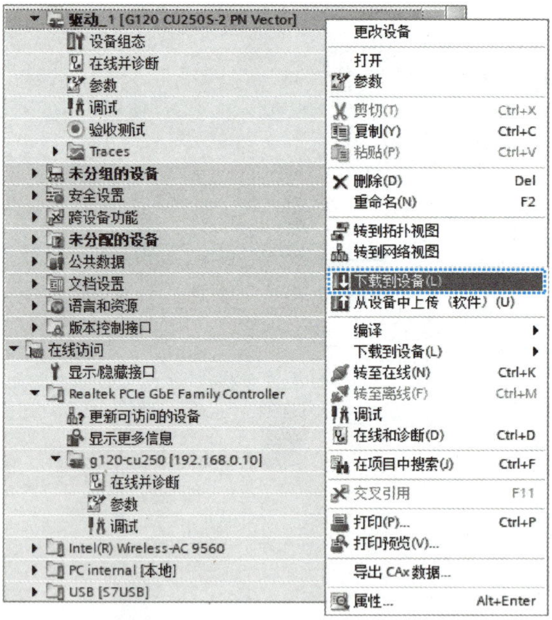

图 5-19　下载到设备菜单

图 5-20 所示为"扩展下载到设备"对话框，该对话框与 PLC 下载相似，只是设备从"PLC"改成了"驱动"而已。

2. 变频器调试

下载变频器参数后，变频器需要重新上电，这一点尤其重要。选择在线访问，联机后进行变频器调试，如图 5-21 所示，进入"调试"菜单的"控制面板"，选择"激活"主控权，此时会显示主控权激活状态。

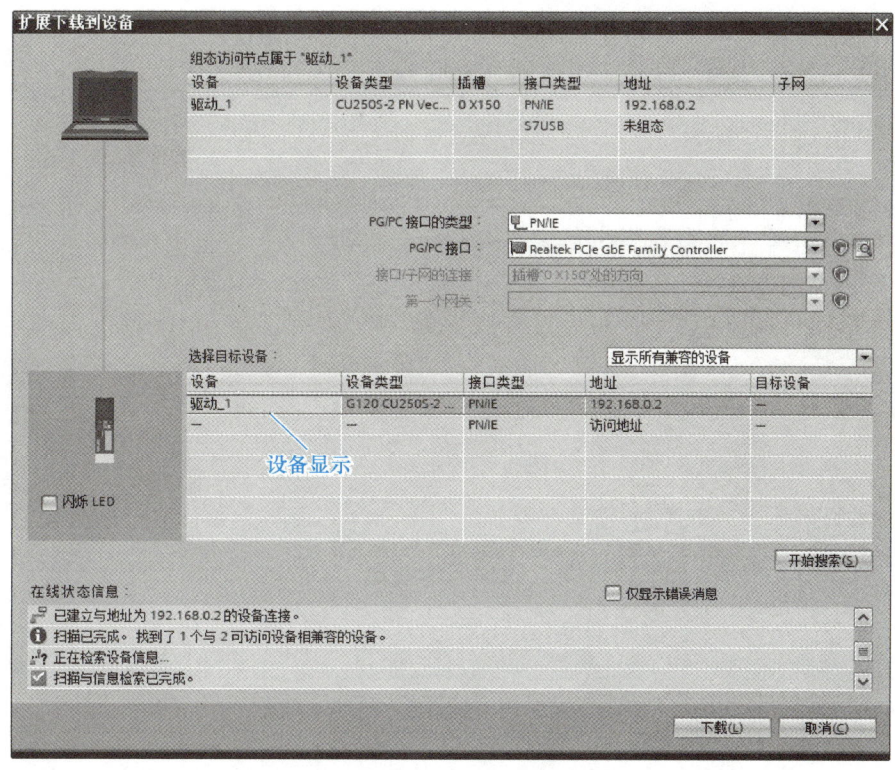

图 5-20 "扩展下载到设备"对话框

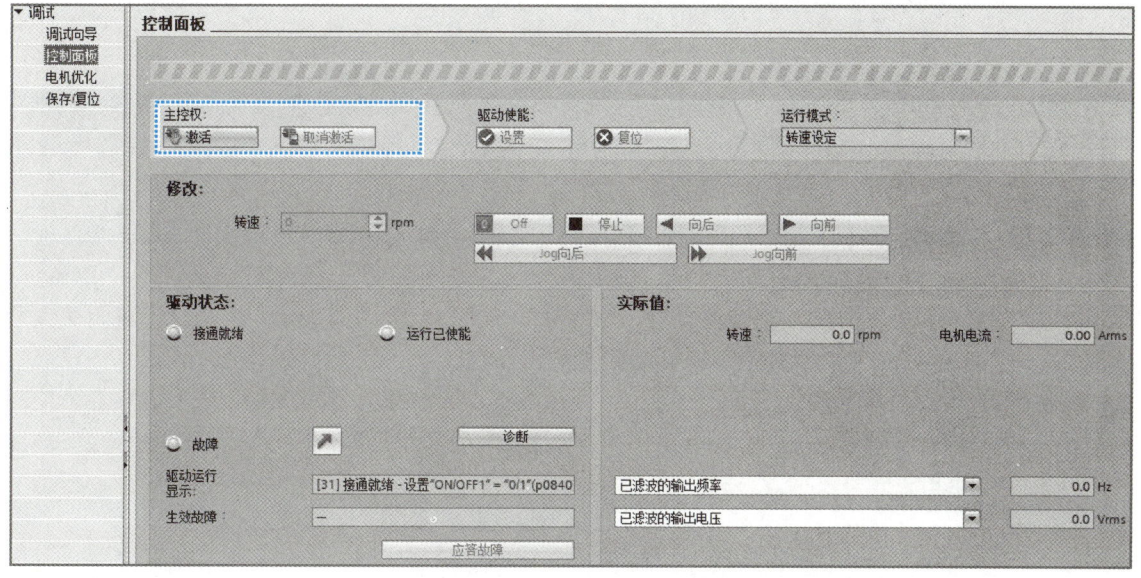

图 5-21 调试控制面板

注:图中转速的单位"rpm"表示"转每分(r/min)",后同。

按照图 5-22 所示进入"电机优化"调试窗口,选择测量方式为"静止测量",并选择激活按钮,弹出电机静止测量的注意事项对话框后切换至运行模式,如图 5-23 所示。

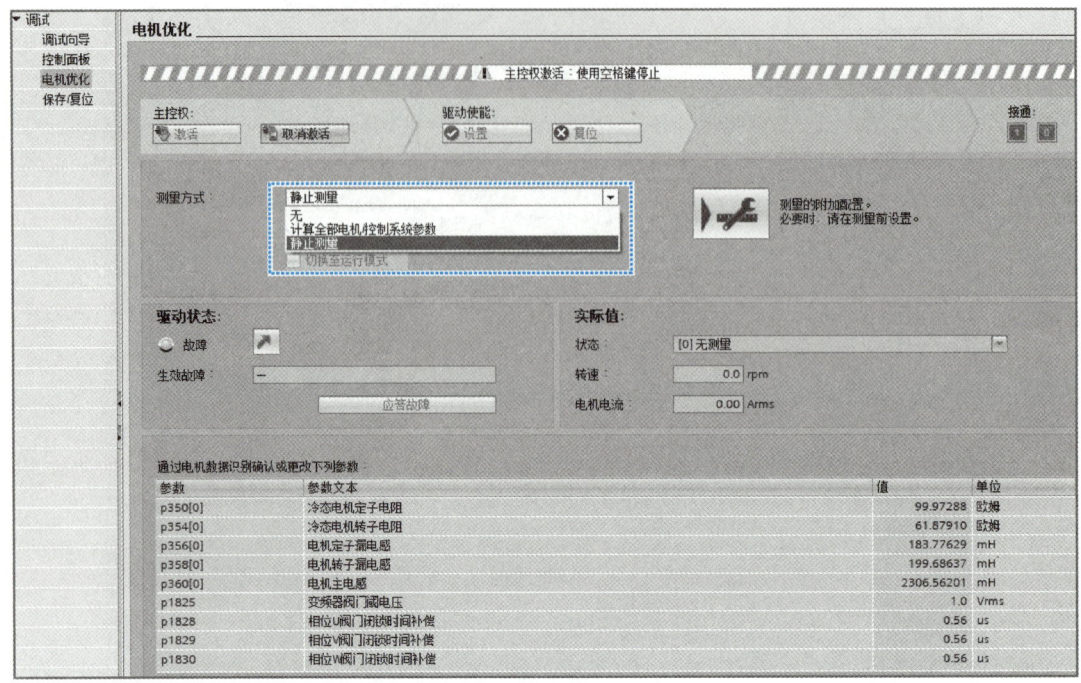

图 5-22 激活静止测量

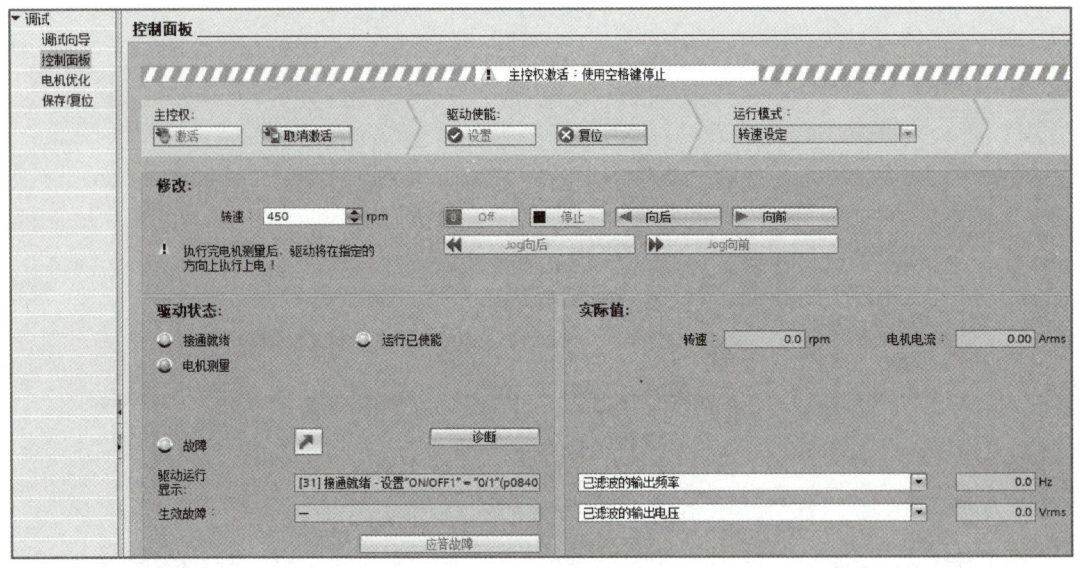

图 5-23 切换至运行模式

在"转速"文本框内输入电动机的转速设定值,这里选择"450"。指定速度设定值后,可以观察到驱动状态为绿色,表示可以正常调试。当首次单击按钮"向后""向前""Jog 向前"或"Jog 向后"时,驱动即会接通按要求运行,并显示详细信息。

完成调试后,再利用 Startdrive 进行变频器参数设置,具体见表 5-8。

表 5-8 变频器参数设置值

参数号	设置值	说明
p840	722.0	设置指令"ON/OFF（OFF1）"的信号源，这里选择 DI0
p1000	3	转速设定值选择，3 为转速固定设定值
p1001	1100	转速固定设定值 1 为 1100r/min
p1002	1200	转速固定设定值 2 为 1200r/min
p1003	1300	转速固定设定值 3 为 1300r/min
p1016	2	转速固定设定值选择模式，2：二进制
p1020	722.1	转速固定设定值选择位 0 为 DI1
p1021	722.2	转速固定设定值选择位 1 为 DI2
p1070	1024	主设定值为 r1024：转速固定设定值有效
p1071	100%	主设定值比例
p1075	755	附加设定值 r755[0]：CU AI 值
p1076	100%	附加设定值比例

5.1.6 PLC 梯形图编程

在 PLC 中需要定义表 5-9 所示的变量。

表 5-9 变量定义

名称	数据类型	地址
SB1 启动按钮	Bool	I0.0
SB2 停止按钮	Bool	I0.1
SA1 速度切换	Bool	10.2
输出 QB0	Byte	QB0
启动控制	Bool	Q0.0
输出速度选择 0	Bool	Q0.1
输出速度选择 1	Bool	Q0.2
AQ0 模拟量输出 0	Int	QW64
循环变量	Bool	M10.0
速度选择变量	Byte	MB11
速度选择位 0	Bool	M11.0
速度选择位 1	Bool	M11.1
速度选择位 2	Bool	M11.2
定时时间	Time	MD20
速度转换中间变量	Real	MD24

图 5-24 所示为梯形图，程序解释如下：

程序段 1：电动机启停控制。

程序段 2：采用 TONR 实现定时 30s 循环控制，其中 R 端用 M10.0 来进行复位。

程序段3：SA1=OFF时QB0输出来控制速度，即速度1、速度2和速度3，其中通过定时10s一次来实现MB11值的变化（见表5-10），即3→5→7→3→5→7，依次循环。

程序段4：SA1=ON时模拟量输出0来控制速度，其中速度可以任意设定，这里举例采用550r/min、850r/min和1050r/min。采用NORM_X和SCALE_X函数来实现数值转换，这是因为模拟量输出0～20mA/0～10V对应CPU内部0～27648。

程序段5：当电动机停止运行时，QB0和QW64（即模拟量输出0）均复位。

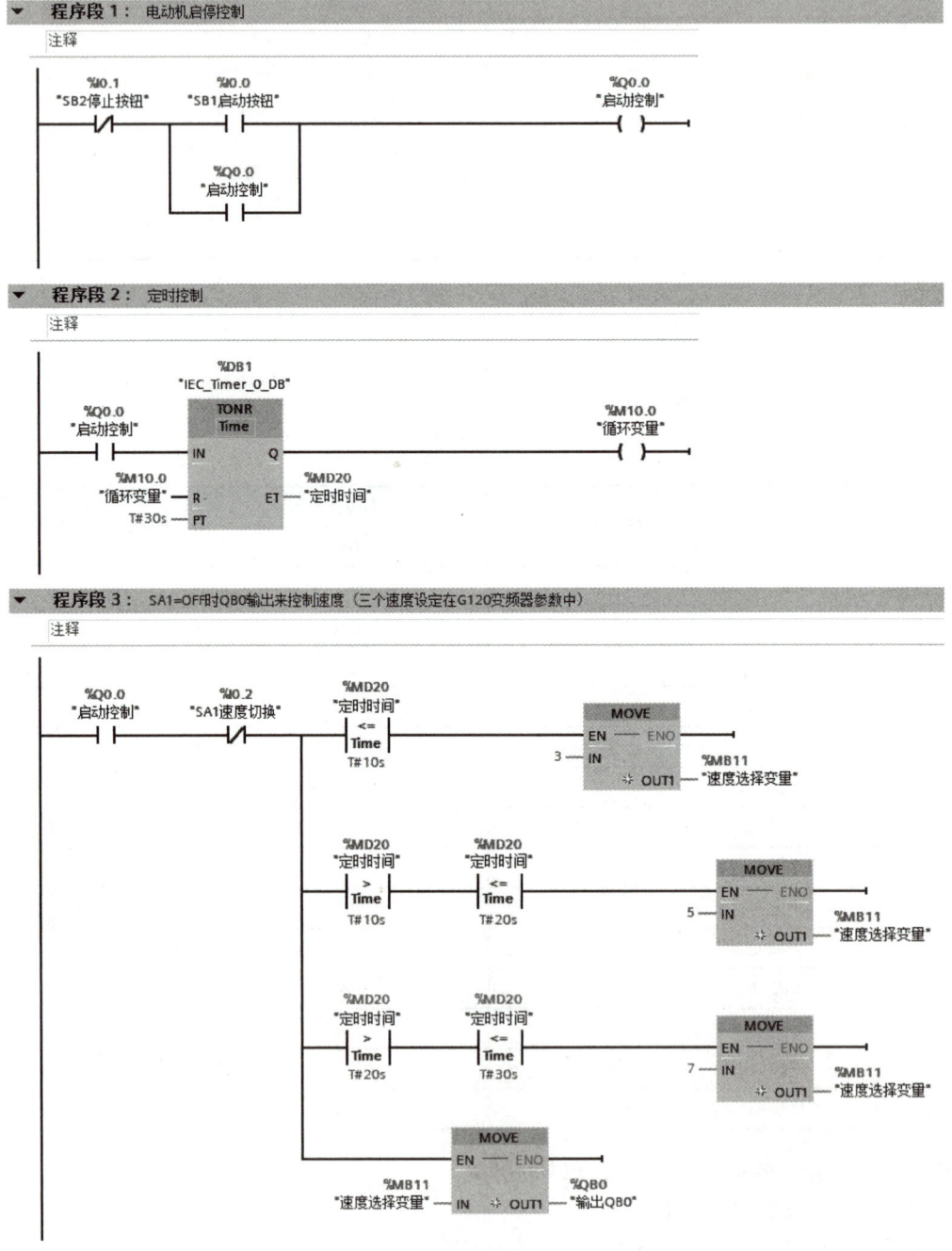

图5-24　主程序梯形图

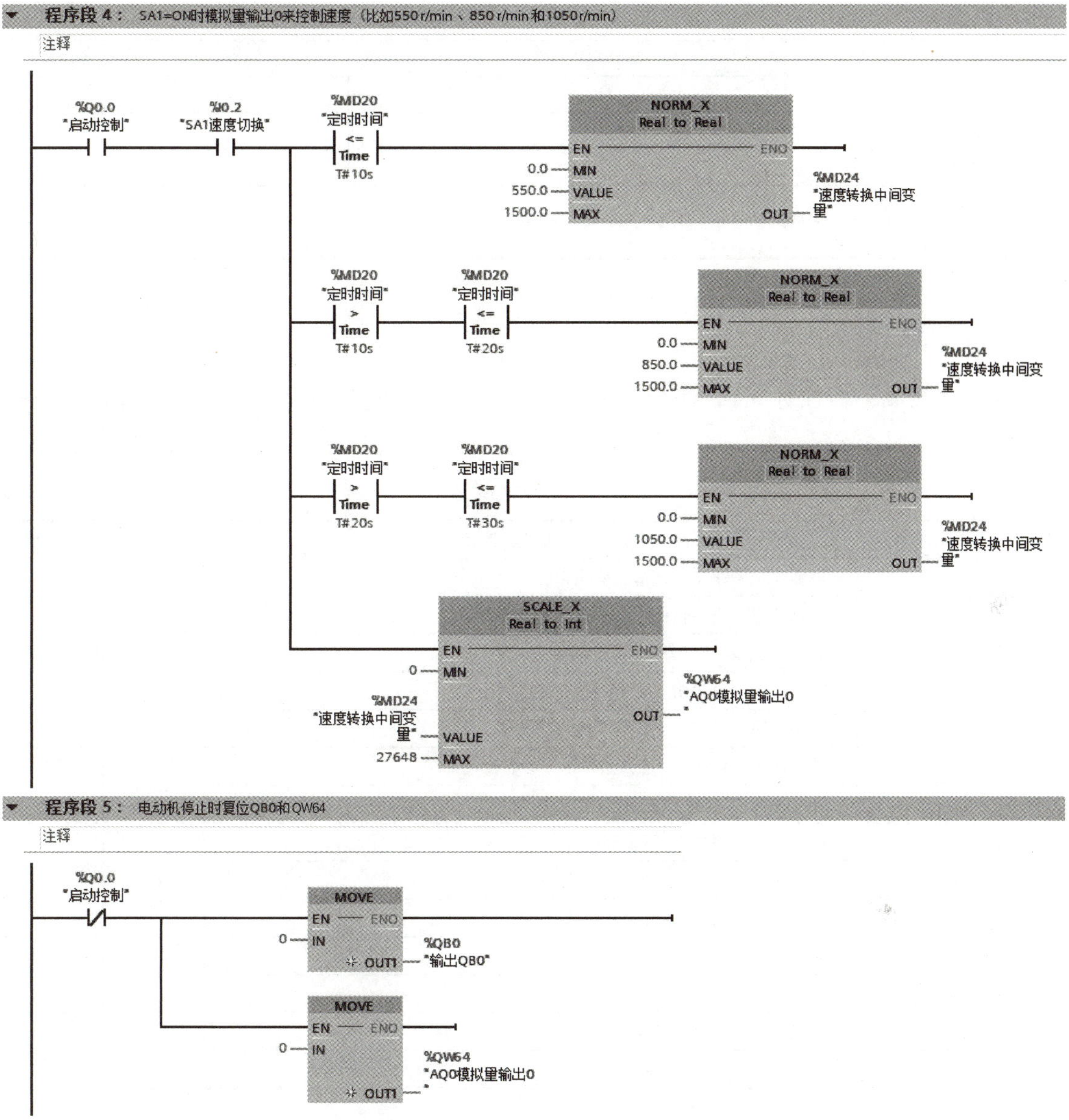

图 5-24 主程序梯形图（续）

表 5-10 变量定义

	M11.0 值	M11.1 值	M11.2 值	MB11 值
速度 1	1	1	0	3
速度 2	1	0	1	5
速度 3	1	1	1	7

任务记录

根据任务实施的情况，如实填写表 5-11 所示的任务 5.1 实施记录表。

表 5-11　任务 5.1 实施记录表

任务实施步骤	实际执行情况说明	计划时间 /min	实际时间 /min
I/O 分配			
PLC 控制变频器电路设计			
变频器参数设置			
PLC 梯形图编程			
调试与监控			

任务评价

按要求完成考核任务 5.1，评分标准见表 5-12，具体配分可以根据实际考评情况进行调整。

表 5-12　评分标准

序号	考核项目	考核内容及要求	配分	得分
1	职业素养	遵守安全操作规程，落实安全措施	15%	
		认真负责、团结合作，对实操任务充满热情		
		正确认识钱学森精神的科学内涵		
2	系统方案制定	PLC 控制变频器方案合理	20%	
		控制电路图正确		
3	编程能力	独立使用 Startdrive 完成变频器的参数设置	25%	
		独立完成 PLC 梯形图编程		
4	操作能力	正确输入程序并进行程序调试	20%	
		根据系统功能进行正确操作演示		
		正确控制 PLC 和变频器		
5	实践效果	系统工作可靠，满足工作要求	10%	
		按规定的时间完成任务		
6	创新实践	在本任务中有另辟蹊径、独树一帜的实践内容	10%	
	合计		100%	

任务 5.2　PLC 通信控制电动机变速运行

任务描述

如图 5-25 所示，某输送带电动机采用西门子 G120 变频器进行启停控制，并设置相应的转速。与任务 5.1 不同的地方在于，变频器与 PLC 之间不是开关量连接而是采用以太网 PROFINET 通信连接。

任务要求如下：

1）将 PLC 和变频器完成 PROFINET 连接，并将通信方式设置为标准报文 1。

2）PLC 外接三个按钮的操作盒，其中 SB1 启动电动机、SB2 停止电动机、SB3 复位变频器故障。

3）电动机运行时，变频器按照 10s 为一个周期依次输出 550r/min、850r/min 和 1050r/min。

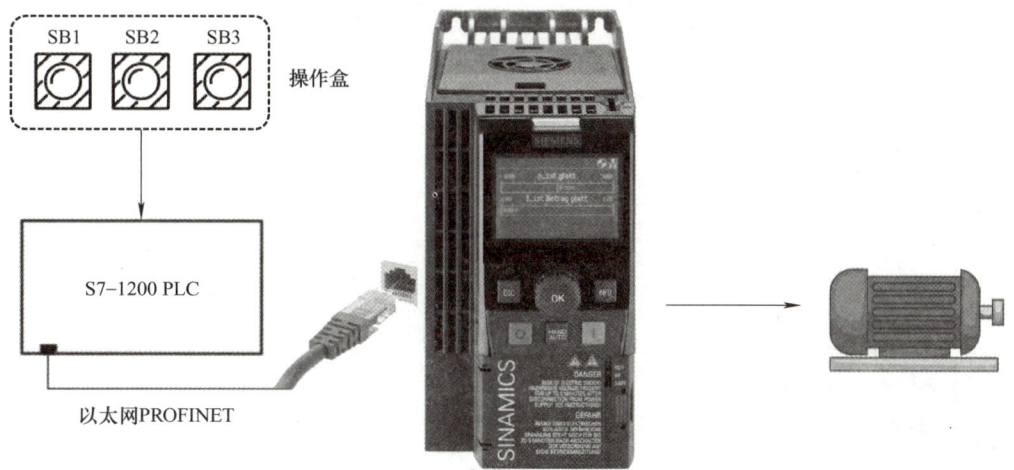

图 5-25　任务 5.2 控制示意

知识探究

5.2.1　变频器 PROFIdrive 报文

G120 变频器具有强大的 PROFINET 通信功能，能和多个控制器之间进行 PROFINET 通信，使用户可以方便地监控变频器的运行状态并修改参数。如图 5-26 所示，将 G120 变频器接入 PROFINET 网络或通过以太网与变频器进行通信。

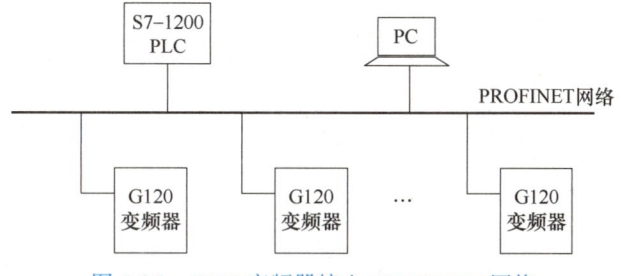

图 5-26　G120 变频器接入 PROFINET 网络

变频器从 PLC 控制器中接收循环数据，再将循环数据反馈给 PLC。变频器和 PLC 在报文中打包数据，具体报文结构如图 5-27 所示，该报文又称 PROFIdrive 报文。PROFIdrive 报文具有以下结构：标题（Header）和尾标（Trailer）构成了协议框架；框架内存在 PKW 和 PZD 两个有效数据。借助"PKW 数据"，可以读取或更改变频器中的参数，但不是每个报文中都有"PKW 区域"。变频器通过"PZD 数据"，接收控制指令和上级控制器的设定值或发送状态消息和实际值。

表 5-13 所示为 G120 变频器通信的部分报文，这些报文均不含 PKW 数据，只有 PZD 数据（又称过程值）。

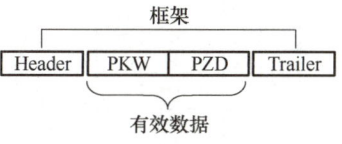

图 5-27　PROFIdrive 报文结构

表 5-13 G120 变频器通信的部分报文

报文编号	1	2	3	4	7	9	20
过程值1	控制字1 / 状态字1	控制字1 / 状态字1	控制字1 / 状态字1	控制字1 / 状态字1	控制字1 / 状态字1	控制字1 / 状态字1	控制字1 / 状态字1
过程值2	转速设定值16位 / 转速实际值16位	转速设定值32位 / 转速实际值32位	转速设定值32位 / 转速实际值32位	转速设定值32位 / 转速实际值32位	转速设定值32位 / 转速实际值32位	转速设定值32位 / 转速实际值32位	转速设定值16位 / 经过平滑的转速实际值A（16位）
过程值3		(32位续)	(32位续)	(32位续)	(32位续)	(32位续)	/ 经过平滑的输出电流
过程值4		控制字2 / 状态字2	控制字2 / 状态字2	控制字2 / 状态字2	控制字2 / 状态字2	控制字2 / 状态字2	/ 经过平滑的转矩实际值
过程值5			编码器1控制字 / 编码器1状态字	编码器1控制字 / 编码器1状态字	编码器1控制字 / 编码器1状态字	选择程序段 / EPOS选择的程序段	/ 有功功率实际值
过程值6			/ 编码器1位置实际值1 32位	编码器2控制字 / 编码器2状态字	/ 编码器1位置实际值1 32位		
过程值7			(32位续)	/ 编码器1位置实际值1 32位	(32位续)		
过程值8				(32位续)	选择程序段 / EPOS选择的程序段		
过程值9				/ 编码器2位置实际值1 32位			
过程值10				(32位续)		MDI 目标位置	
过程值11							
过程值12						MDI速度	
过程值13						MDI加速度	
过程值14						MDI减速度 / MDI模式选择	

G120 变频器中涉及的 PROFIdrive 报文参数见表 5-14。

表 5-14　PROFIdrive 报文参数

参数	说明	
p0922	PROFIdrive 报文选择	
	999	自由报文配置
p2079	PROFIdrive PZD 报文扩展选择	
	如果没有激活变频器中的"基本定位器"功能，则采用以下值：	
	1	标准报文 1，PZD-2/2
	2	标准报文 2，PZD-4/4
	3	标准报文 3，PZD-5/9
	4	标准报文 4，PZD-6/14
	20	标准报文 20，PZD-2/6
	350	西门子报文 350，PZD-4/4
	352	西门子报文 352，PZD-6/6
	353	西门子报文 353，PZD-2/2，PKW-4/4
	354	西门子报文 354，PZD-6/6，PKW-4/4
	999	自由报文配置
	如果已经激活了变频器中的"基本定位器"功能，则采用以下值：	
	7	标准报文 7，PZD-2/2
	9	标准报文 9，PZD-10/5
	110	西门子报文 110，PZD-12/7
	111	西门子报文 111，PZD-12/12
	999	自由报文配置
r2050[0...11]	PROFIdrive PZD 接收字 接收的 PZD（设定值），字格式的	
p2051[0...16]	PROFIdrive PZD 发送字 发送的 PZD（实际值），字格式的	

5.2.2　控制字、状态字含义与参数设置

本任务可以采用标准报文 1 来实现 PLC 对变频器的 PROFINET 控制。表 5-15 所示为控制字含义与参数设置，表 5-16 所示为状态字含义与参数设置。

表 5-15　控制字含义与参数设置

控制字位	含义	参数设置
0	ON/OFF1	P840=r2090.0
1	OFF2 停车	P844=r2090.1
2	OFF3 停车	P848=r2090.2
3	脉冲使能	P852=r2090.3
4	使能斜坡函数发生器	P1140=r2090.4
5	继续斜坡函数发生器	P1141=r2090.5
6	使能转速设定值	P1142=r2090.6
7	故障应答	P2103=r2090.7

(续)

控制字位	含义	参数设置
8, 9	预留	
10	通过 PLC 控制	P854=r2090.10
11	反向	P1113=r2090.11
12	未使用	
13	电动电位计升速	P1035=r2090.13
14	电动电位计降速	P1036=r2090.14
15	CDS 位 0	P0810=r2090.15

表 5-16 状态字含义与参数设置

状态字位	含义	参数设置
0	接通就绪	r899.0
1	运行就绪	r899.1
2	运行使能	r899.2
3	故障	r2139.3
4	OFF2 激活	r899.4
5	OFF3 激活	r899.5
6	禁止合闸	r899.6
7	报警	r2139.7
8	转速差在公差范围内	r2197.7
9	控制请求	r899.9
10	达到或超出比较速度	r2199.1
11	I、P、M 比较	r1407.7
12	打开抱闸装置	r899.12
13	报警电机过热	r2135.14
14	正反转	r2197.3
15	CDS	r836.0

根据表格含义，可以得出如下常用控制字：16#047E 表示停止就绪，16#047F 表示启动，16#0C7F 表示正转，16#04FE 表示故障复位等。

任务实施

5-2 PLC 通信控制电动机变速运行

5.2.3 电气接线

图 5-28 所示为任务 5.2 的电气接线，采用网线将 CPU 1215 的 X1 P1R（或 X1 P2R）与 G120 变频器的 X150 P1（或 X150 P2）端口连接起来，这样就能省去 PLC 与变频器之间的所有端子控制线。

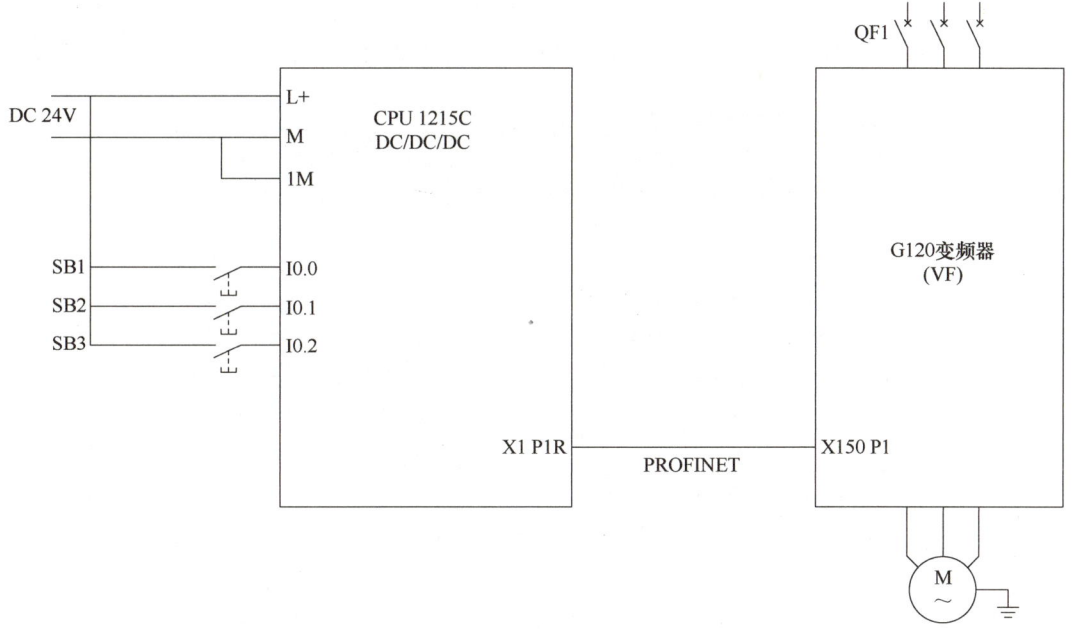

图 5-28 电气接线图

5.2.4 通过 Startdrive 进行 G120 变频器报文配置

1. 报文配置

跟任务 5.1 一样进行 G120 变频器的安装、接线、上电后，进入 Startdrive 调试向导。其中在"设定值指定"界面中需要选择 PLC 与驱动数据交换（见图 5-29）。

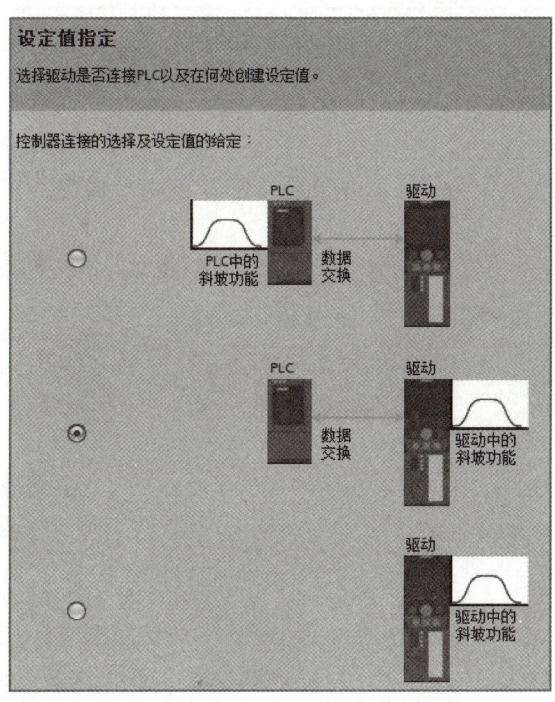

图 5-29 选择 PLC 与驱动数据交换

在图 5-30 所示的"设定值/指令源的默认值"界面中选择 I/O 的默认配置为" [7] 场总线，带有数据组转换"，并设置报文格式为"[1] 标准报文 1，PZD-2/2"。

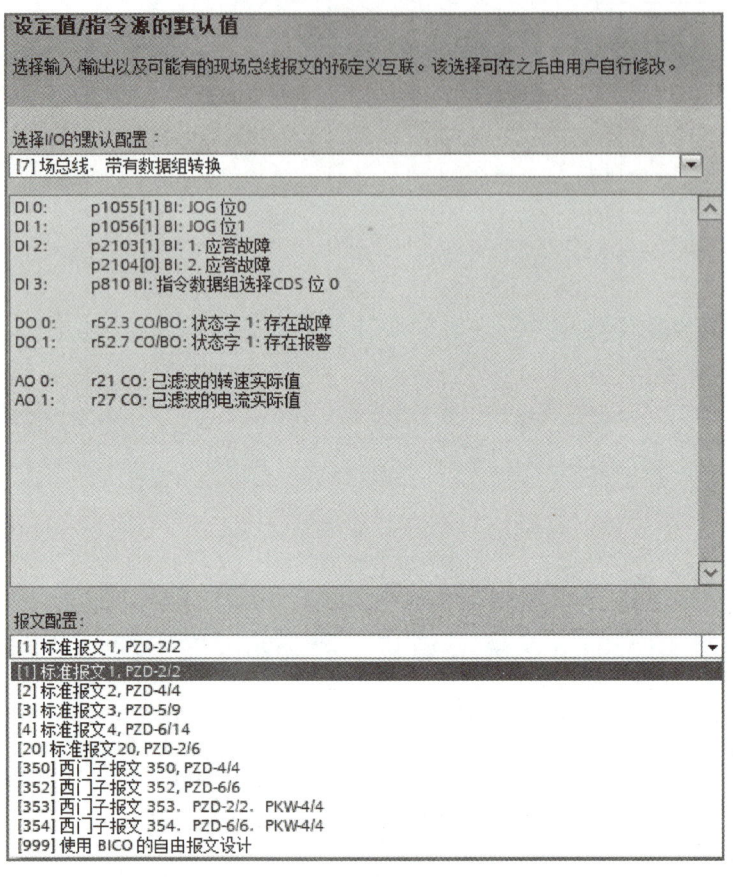

图 5-30　报文配置

2. 设置通信伙伴

从博途软件中添加 PLC，并按照图 5-31 所示进行设备 PN 联网，包括 PLC_1（CPU 1215C）和驱动_1（G120 CU250S-2 PN），需要设置同一频段内的 IP 地址。

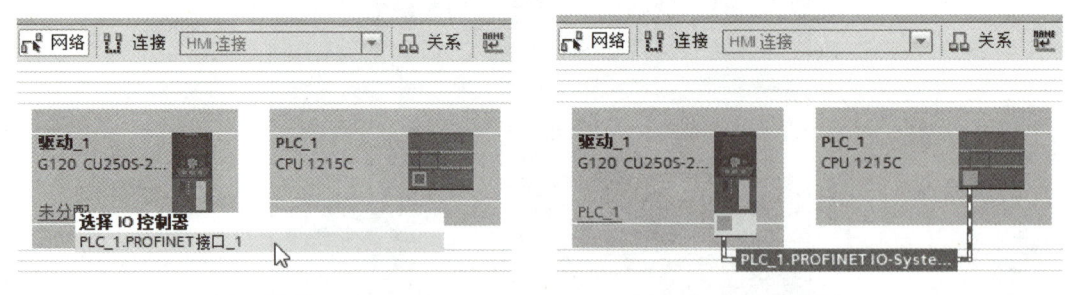

a）选择IO控制器　　　　　　　　　　　　b）联网

图 5-31　变频器与 PLC 设备进行 PN 联网

如图 5-32 所示，单击 G120，选择"常规"→"报文配置"→"驱动_1"进行详细报文配置，如图 5-33 所示。无论发送还是接收，起始地址都可以改变，这里选择默认值 I256 和 Q256。

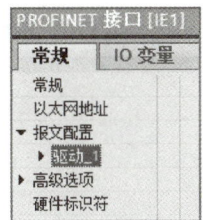

图 5-32　发送报文配置

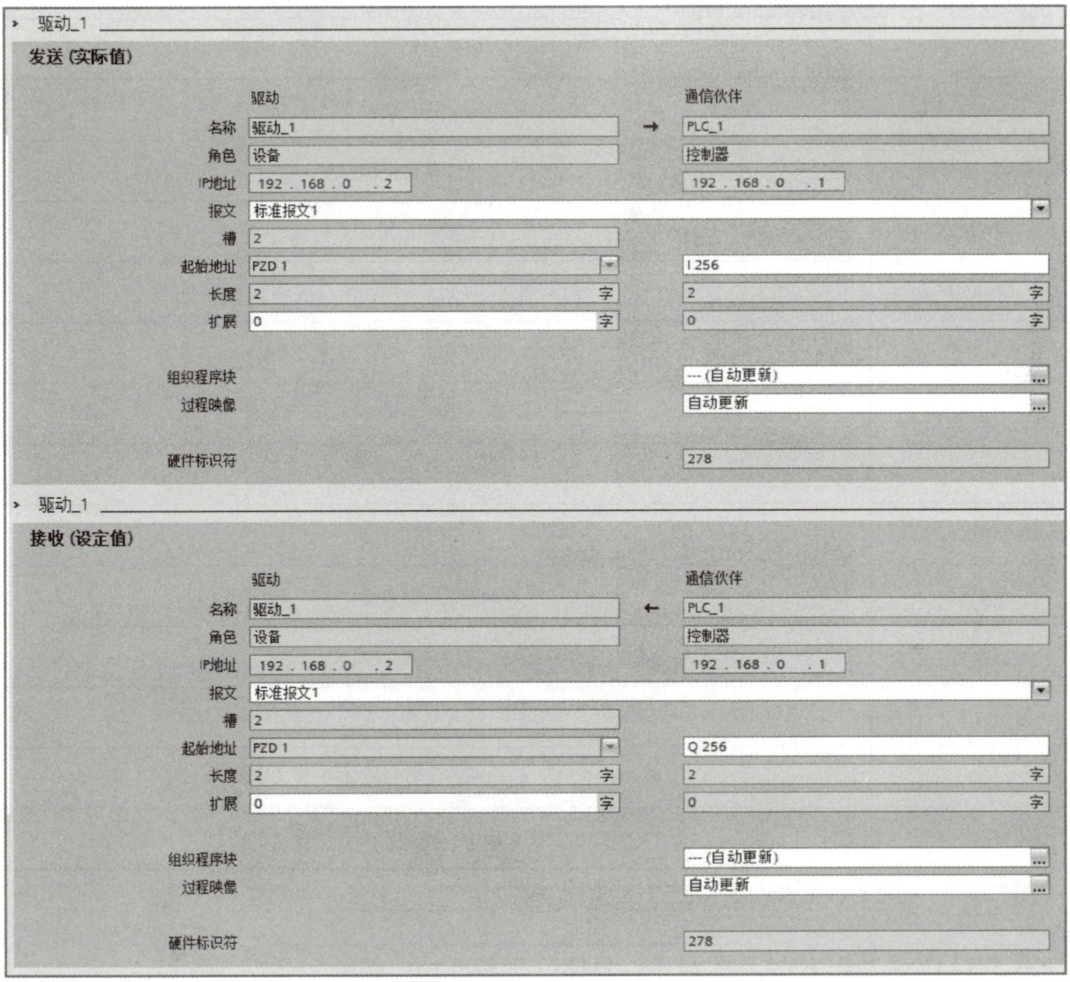

图 5-33　发送与接收报文配置

选择标准报文 1 后，对应的 I/O 地址含义见表 5-17。

表 5-17　I/O 地址含义

地址	含义
IW256	状态字
IW258	当前频率（0～16384，对应 0～50Hz）
QW256	控制字
QW258	设定频率（0～16384，对应 0～50Hz）

5.2.5　PLC 梯形图编程

1. 变量定义

表 5-18 所示为任务 5.2 的变量定义。

表 5-18　变量定义

变量名	备注
I0.0	SB1 启动按钮
I0.1	SB2 停止按钮
I0.2	SB3 复位按钮
QW64	AQ0 模拟量输出 0
QW256	驱动控制字（PLC → G120 变频器）
QW258	驱动速度值（PLC → G120 变频器）
M10.0	循环变量
M10.1	启动控制
M10.2	复位按钮上升沿
MB11	速度选择变量
M11.0	速度选择位 0
M11.1	速度选择位 1
MD20	定时时间（Time 变量）
MD24	速度转换中间变量（Real 变量）

2. 主程序编程

图 5-34 所示为 PLC 梯形图程序，具体分析如下：

程序段 1：电动机启停控制。

程序段 2：定时控制。

程序段 3：电动机运行时，按时间来控制速度输出，包括 550r/min、850r/min 和 1050r/min。这里采用 NORM_X 和 SCALE_X 进行速度转换，跟任务 5.1 的区别在于 SCALE_X 的 MAX 值从 16#6C00（即 27648）变成了 16#4000（即 16384），这一点需要引起注意。同时，将对应的信号输出到 QW256 和 QW258。

程序段 4：电动机停止时，输出信号到 QW256 和 QW258。

程序段 5：复位变频器。当 PROFINET 断开时或其他原因引起的故障（如 8501 代码故障）都需要进行故障复位。

图 5-34 PLC 梯形图程序

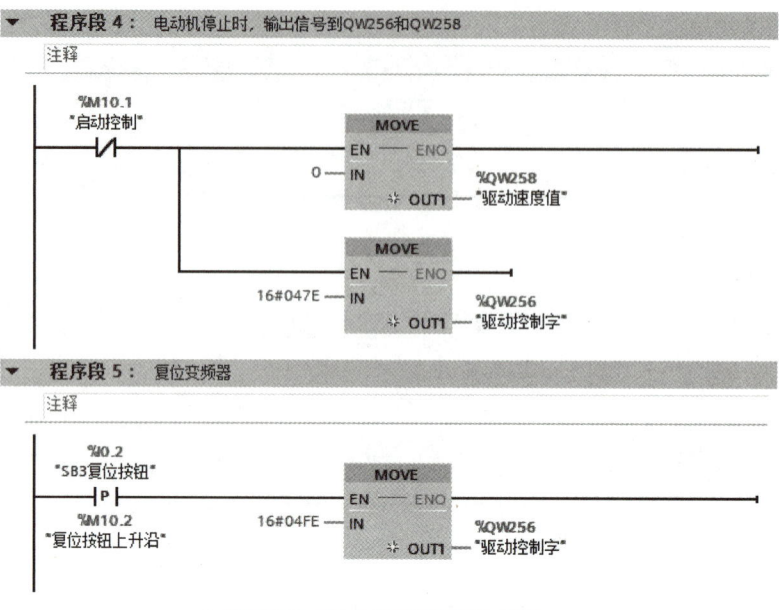

图 5-34 PLC 梯形图程序（续）

任务记录

根据任务实施的情况，如实填写表 5-19 所示的任务 5.2 实施记录表。

表 5-19 任务 5.2 实施记录表

任务实施步骤	实际执行情况说明	计划时间 /min	实际时间 /min
电气接线			
通过 Startdrive 进行 G120 变频器报文配置			
PLC 梯形图编程			
调试与监控			

任务评价

按要求完成考核任务 5.2，评分标准见表 5-20，具体配分可以根据实际考评情况进行调整。

表 5-20 评分标准

序号	考核项目	考核内容及要求	配分	得分
1	职业素养	遵守安全操作规程，落实安全措施	15%	
		认真负责，团结合作，对实操任务充满热情		
		正确认识参与国家工程项目的重要性		

(续)

序号	考核项目	考核内容及要求	配分	得分
2	系统方案制定	PLC 通信控制变频器方案合理	20%	
		控制电路图正确		
3	编程能力	独立完成变频器的通信协议设置	20%	
		独立完成 PLC 梯形图编程		
4	操作能力	根据电气图正确接线，美观且可靠	10%	
		正确输入程序并进行程序调试		
		根据系统功能进行正确操作演示		
5	实践效果	系统工作可靠，满足工作要求	25%	
		通信报文规范设置		
		按规定的时间完成任务		
6	创新实践	在本任务中有另辟蹊径、独树一帜的实践内容	10%	
	合计		100%	

任务 5.3　PLC 控制步进电动机定位

任务描述

图 5-35 所示是步进电动机控制工作台实现定位，其中工作台安装在直线丝杠上，能左右滑行，步进电动机则由 S7-1200 PLC 和步进驱动器控制。根据如下要求进行电气连接并编程：

1）工作台定位装置设有左限位 LS1、原点 LS2、右限位 LS3。

2）操作盒设有 2 个选择开关和 6 个按钮，其中 SA1 为允许 / 禁止进行步进电动机控制选择开关（ON 为允许，OFF 为禁止），SA2 为手动 / 自动选择开关（OFF 为手动，ON 为自动），SB1 和 SB2 分别为位置选择 + 和位置选择 - 按钮，是把包括正负绝对位置在内的任意区间分为 10 等份，可以进行位置等分值增加或减少。当位置达到最低限时 HL1 指示灯进行闪烁，最高限时 HL1 常亮指示，其他值时 HL1 灯灭。

3）在 SA2=OFF 时，可以通过 SB3 进行左行点动运行或通过 SB4 进行右行点动运行，也可以通过 SB5 进行回零。

4）在 SA2=ON 时，按下按钮 SB3 可以自动进行绝对位置定位，该位置最终是由 SB1、SB2 最后设定的值决定。

5）当步进控制系统故障时，HL2 指示灯点亮，此时可以按下 SB6 进行复位。

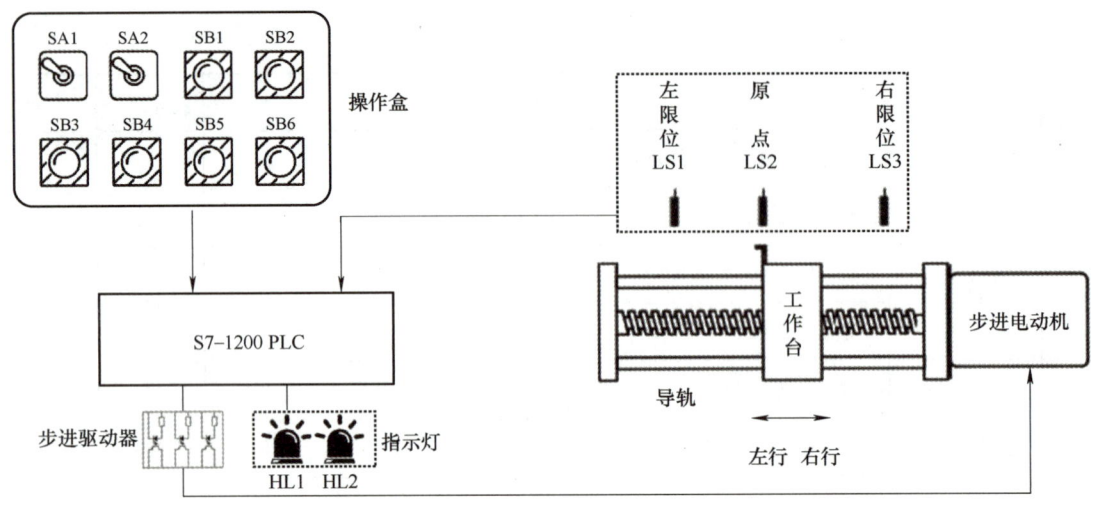

图 5-35 任务 5.3 控制示意

知识探究

5.3.1 步进电动机工作原理

步进电动机是一种利用电脉冲来控制转子角度与转速的电动机，每输入一个控制电脉冲，电动机就会旋转一定的角度，因此步进电动机又被称为脉冲电动机。步进电动机的转速与脉冲频率成正比，脉冲频率越高，单位时间内输入电动机的脉冲个数越多，转速越快，旋转角度越大。

如图 5-36 所示，每来一个电平脉冲，电动机就转动一个角度，最终带动机械移动一段距离。假设 1 个脉冲转动的角度为 0.72°，那么 10 个脉冲就是 7.2°，125 个脉冲就是 90°。

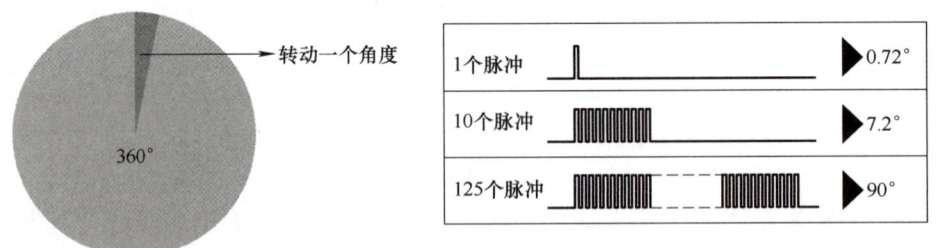

图 5-36 步进电动机工作原理

步进电动机种类很多，根据运转方式可分为旋转式、直线式和平面式，其中旋转式应用最为广泛。旋转式步进电动机又分为反应式、永磁式、混合式三种。永磁式步进电动机的转子采用永久磁铁制成，反应式步进电动机的转子采用软磁性材料制成，混合式步进电动机则是结合了永磁式和反应式的优点。

1. 三相六极反应式步进电动机

图 5-37 所示是一个三相六极反应式步进电动机，它主要由凸极式定子、定子绕组和带有 4 个齿的转子组成。

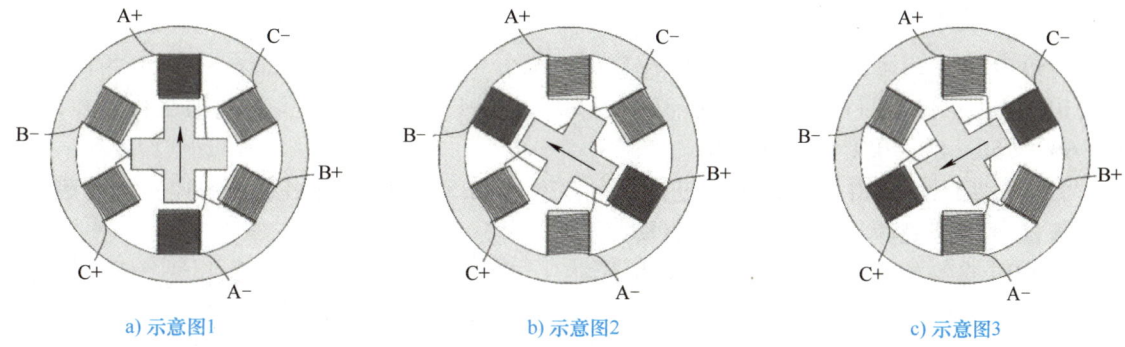

图 5-37 三相六极反应式步进电动机工作原理

反应式步进电动机工作原理分析如下。

当 A 相定子绕组通电时,如图 5-37a 所示,绕组产生磁场,由于磁场产生的磁感线会倾向于通过磁阻最小的路径,在磁场的作用下,转子旋转使齿分别正对 A+、A- 极。

当 B 相定子绕组通电时,如图 5-37b 所示,绕组产生磁场,在绕组磁场的作用下,转子旋转使齿分别正对 B-、B+ 极。

当 C 相定子绕组通电时,如图 5-37c 所示,绕组产生磁场,在绕组磁场的作用下,转子旋转使齿分别正对 C+、C- 极。

从图 5-37 中还可以看出,当 A、B、C 相按 A→B→C 的顺序依次通电时,转子逆时针旋转;若按 A→C→B 的顺序通电,转子则会顺时针旋转。给某定子绕组通电时,步进电动机会旋转一个角度;若按顺序依次不断给定子绕组通电,转子就会连续不断地旋转。

从上可知,步进电动机为三相单三拍反应式步进电动机,其中"三相"是指定子绕组为三组,"单"是指每次只有一相绕组通电,"三拍"是指在一个通电循环周期内绕组有三次供电切换。

2. 步距角

步进电动机的定子绕组每切换一相电源,转子就会旋转一个固定角度,该角度称为步距角。图 5-37 中步进电动机定子圆周上平均分布着 6 个凸极,任意 2 个凸极之间的角度为 60°,转子每个齿由一个凸极移到相邻的凸极需要前进 2 步,因此该转子的步距角为 30°。

步进电动机的步距角 θ_s 可用下面的公式计算:

$$\theta_s = \frac{360°}{ZN} \tag{5-1}$$

式中,Z 为转子的齿数;N 为一个通电循环周期的拍数。图 5-37 中的步进电动机的转子齿数 Z=4,一个通电循环周期的拍数 N=3,则步距角 θ_s=30°。因此,步进电动机的步距角表示控制系统每发送一个脉冲信号时电动机所转动的角度。

步进电动机的角位移量或线位移量与电脉冲数成正比,即步进电动机的转动量正比于施加到驱动器上的脉冲数。步进电动机转动量(即电动机出力轴转动角度)和脉冲数的关系如下所示:

$$\theta = \theta_s A \tag{5-2}$$

式中,θ 为电动机出力轴转动角度(°);θ_s 为步距角(°/步);A 为脉冲数(个)。

3. 运行模式

步进电动机的运行模式分为整步、半步、细分三种。以两相、转子齿为 50 齿的步进电动机为例,四拍运行时步距角 θ_s=360°/(50×4)=1.8°,俗称整步;八拍运行时步距角 θ_s=360°/(50×8)=0.9°,俗称半步。

为了将步距角变得更小,可以进行细分。对比图 5-38 可以看出某种规律:细分越多,电流矢量分割圆越稠密,因为细分驱动是将全部驱动时的各相电流以阶梯状分 n 步逐渐增加,使吸引转子的力慢慢改变,每次转子在该力的平衡点静止,将步距角做 n 个细分,可使转子运转效果光滑。图 5-38c 所示是 4 细分驱动的分割图,这时每相电流的曲线较半步驱动时的电流曲线更加细腻,近似正弦波。

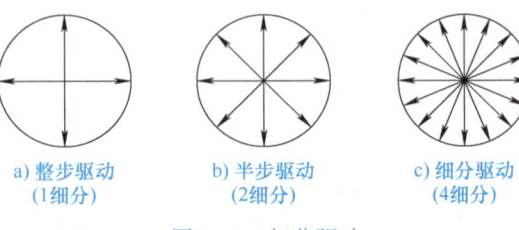

a) 整步驱动 (1细分)　　b) 半步驱动 (2细分)　　c) 细分驱动 (4细分)

图 5-38　细分驱动

4. 转速

通过控制脉冲频率,可控制步进电动机的转速,因为步进电动机的转速与施加到步进电动机驱动器上的脉冲信号频率成比例关系。在整步模式下,电动机的转速与脉冲频率的关系如下:

$$N = \frac{\theta_s}{360} f \times 60 \qquad (5\text{-}3)$$

式中,N 为电动机出力轴转速(r/min);θ_s 为步距角(°/步);f 为脉冲频率(Hz)(每秒输入脉冲数)。

5. 其他

三相单三拍反应式步进电动机的步距角较大,稳定性较差;而三相单双六拍反应式步进电动机的步距角较小,稳定性更好。参考三相步进电动机,四相步进电动机最常见的逆时针通电方式有四相单四拍(A-B-C-D-A)、四相双四拍(AB-BC-CD-DA-AB)、四相单双八拍(A-AB-B-BC-C-CD-D-DA-A)。由此也可以看出,步进电动机的正反转控制,实际上是通过改变通电顺序实现的。

5.3.2　步进驱动器与 PLC 的常见接线

步进电动机工作时需要提供脉冲信号,并且提供给定子绕组的脉冲信号要不断切换,这需要专门的电路来完成。为了使用方便,通常将这些电路做成一个成品设备——步进驱动器。如图 5-39 所示,步进驱动器的功能就是在控制设备(如 PLC 或单片机)的控制指令下,通过步进驱动器的脉冲发生控制单元、功率驱动单元、反馈与保护单元为步进电动机提供工作所需的幅度足够的电信号。

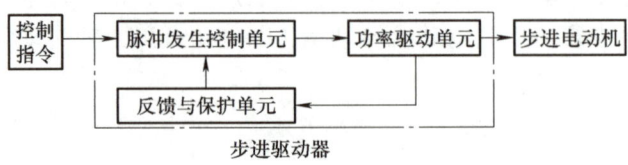

图 5-39　步进驱动器的工作原理

步进驱动器种类很多,使用方法大同小异,以图 5-40 所示的通用步进驱动器为例进行说明。步进驱动器有三种输入信号,分别是脉冲信号、方向信号和使能信号,这些信号来自控制器(如 PLC、单片机等)。在工作时,步进驱动器的环形分配器将输入的脉冲信号转换成多路脉冲,再送到功率放大器进行功率放大,然后输出大幅度脉冲去驱动步进电动机。方向信号的功能是控制环形分配器分配脉冲的顺序,比如先送 A 相脉冲再送 B 相脉冲会使步进电动机逆时针旋转,那么先送 B 相脉冲再送 A 相脉冲则会使步进电动机顺时针旋转。使能信号的功能是允许或禁止步进驱动器工作,当使能信号为禁止时,即使输入脉冲信号和方向信号,步进驱动器也不会工作。

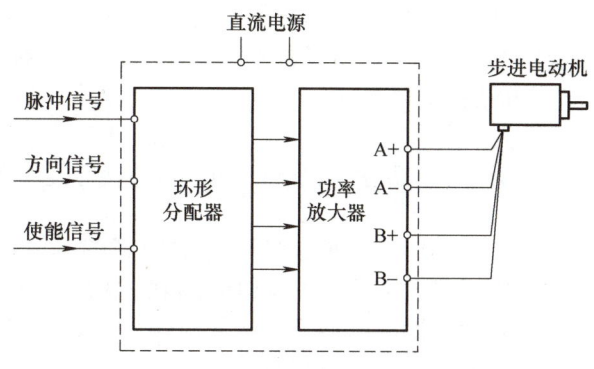

图 5-40 通用步进驱动器的组成

步进驱动器的接线包括输入信号接线、电源接线和电动机接线。步进驱动器的典型接线如图 5-41 所示,图 5-41a 为某通用步进驱动器与 NPN 晶体管输出型控制器的接线,图 5-41b 为某通用步进驱动器与 PNP 晶体管输出型控制器的接线。通用步进驱动器输入信号有 6 个接线端子,这 6 个端子分别是 ENA+、ENA-、DIR+、DIR-、PUL+ 和 PUL-。

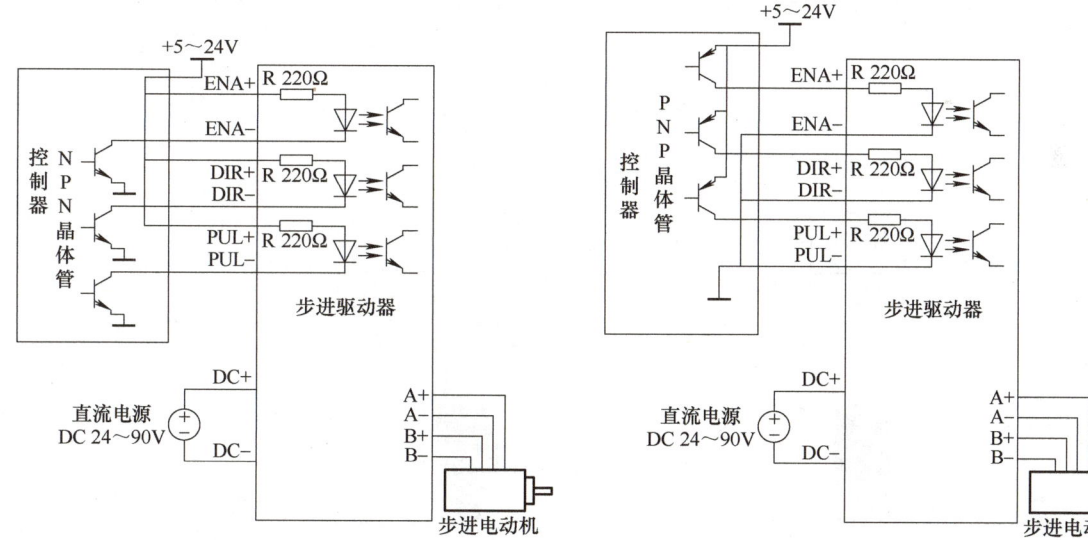

a) 步进驱动器与NPN晶体管输出型控制器的接线　　　b) 步进驱动器与PNP晶体管输出型控制器的接线

图 5-41 通用步进驱动器的典型接线

ENA+、ENA-(ENA)端子:使能信号。此信号用于使能和禁止,ENA+ 接 +5～24V(不同驱动器电源略有不同),ENA- 接低电平时,驱动器切断电动机各相电流使电动机处于自由状态,此时步进脉冲不被响应。如不需要这项功能,悬空此信号输入端子即可。

DIR+、DIR-（DIR）端子：单脉冲控制方式时为方向信号，用于改变电动机的转向；双脉冲控制方式时为了保证电动机可靠响应，方向信号应先于脉冲信号至少 5μs 建立。

PUL+、PUL-（PUL）端子：单脉冲控制时为步进脉冲信号，此脉冲上升沿有效；双脉冲控制时为正转脉冲信号，脉冲上升沿有效。脉冲信号的低电平时间应大于 3μs，以保证电动机可靠响应。

5.3.3 基于 S7-1200 PLC 的电动机定位控制

S7-1200 PLC 可以实现运动控制的基础在于集成了高速计数口、高速脉冲输出口、PROFINET 网络等硬件和相应的软件功能。图 5-42a 所示为 S7-1200 PLC 的运动控制应用，即 CPU 输出脉冲（即脉冲串输出，pulse train output，简称 PTO）和方向到步进驱动器，驱动器再将从 CPU 输入的给定值进行处理后输出到步进电动机或伺服电动机，带动丝杠机构，通过控制电动机加速、减速和移动到指定位置；同时 PLC 也可以从 HSC 口获得位置实际脉冲信号，用于闭环控制或位置检测。图 5-42b 所示为 S7-1200 PLC 通过总线通信与伺服驱动器相连实现飞剪定位控制。

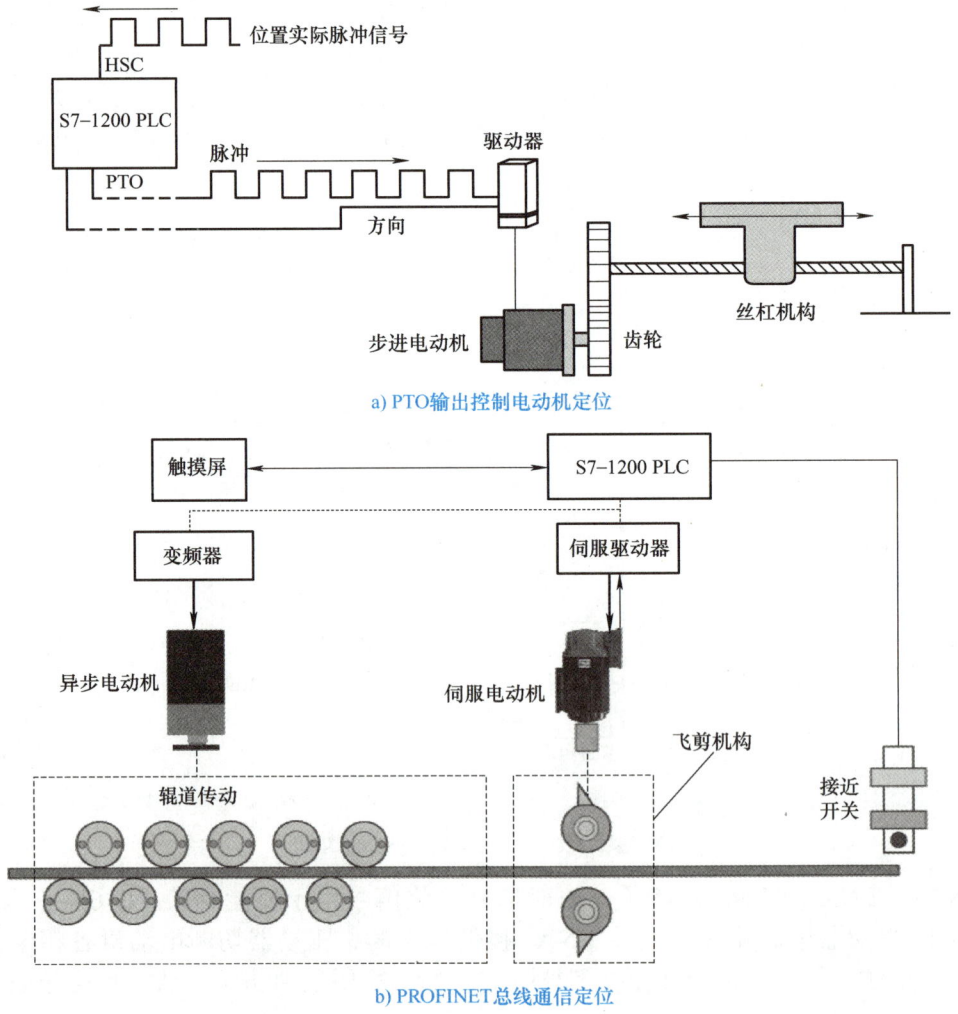

a) PTO输出控制电动机定位

b) PROFINET总线通信定位

图 5-42　定位控制应用

S7-1200 PLC 的高速脉冲输出包括脉冲串输出 PTO 和脉冲调制输出 PWM，前者可以输出一串脉冲（占空比 50%），用户可以控制脉冲的周期和个数（见图 5-43a）；后者可以输出连续的、占空比可以调制的脉冲串，用户可以控制脉冲的周期和脉宽（见图 5-43b）。需要注意的是：目前 S7-1200 PLC 的 CPU 输出类型只支持 PNP 输出、电压为 DC 24V 的脉冲信号（见图 5-44），继电器的点不能用于 PTO 功能，因此在与步进驱动器连接的过程中尤其要关注。

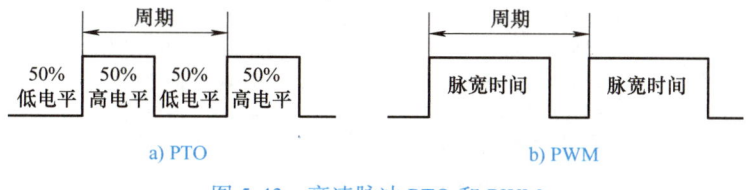

图 5-43　高速脉冲 PTO 和 PWM

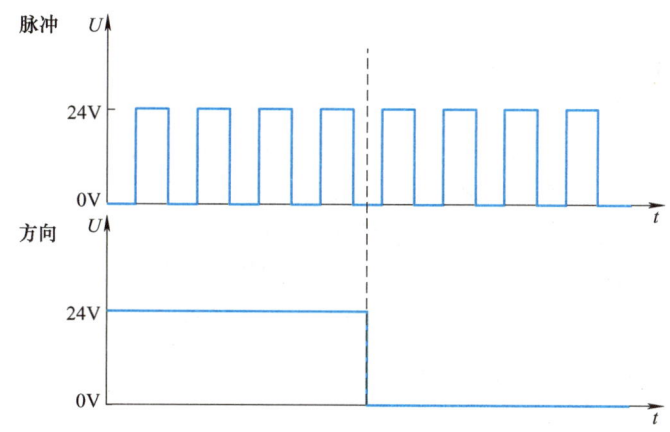

图 5-44　CPU 输出脉冲和方向

5.3.4　S7-1200 PLC 的运动控制指令

西门子 S7-1200 PLC 支持步进控制，在工艺指令中可以获得如图 5-45 所示的一系列运动控制指令，具体为：MC_Power 启用/禁用轴；MC_Reset 确认错误，重新启动；MC_Home 使轴回零，设置参考点；MC_Halt 停止轴；MC_MoveAbsolute 绝对定位轴；MC_MoveRelative 相对定位轴；MC_MoveVelocity 以速度预设值移动轴；MC_MoveJog 在点动模式下移动轴；MC_CommandTable 按移动顺序运行轴命令；MC_ChangeDynamic 更改轴的动态设置；MC_WriteParam 写入工艺对象的参数；MC_ReadParam 读取工艺对象的参数。

图 5-45　运动控制指令

1. MC_Power 指令

使用运动控制指令 MC_Power（见图 5-46）可启用或禁用轴。如果启用了轴，则分配给此轴的所有运动控制指令都将被启用；如果禁用了轴，则用于此轴的所有运动控制指令都将无效，并将中断当前的所有作业流程。MC_Power 指令必须在程序里一直调用，并保证 MC_Power 指令在其他运动指令的前面调用。

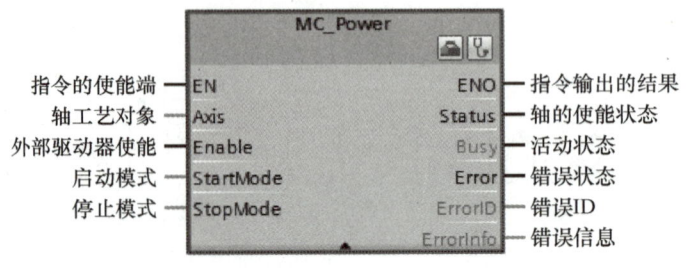

图 5-46　MC_Power 指令

在使用 MC_Power 指令时，需要注意如下几点：

1）EN 引脚与 Enable 引脚不同，前者是指令的使能端，不是轴的使能端；后者是外部驱动器使能，即当 Enable 端变高电平后，PLC 就按照工艺对象中组态好的方式使能外部驱动器，而当 Enable 端变低电平后，PLC 就按照 StopMode 中定义的模式进行停车。

2）StartMode 是 Int 类型，0 为速度控制，1 为位置控制。

3）StopMode 也是 Int 类型，0：紧急停止，按照紧急停止速度运行，如图 5-47a 所示；1：立即停止（PLC 立即停止发送脉冲）；2：由加速度变化率控制的紧急停止，如果用户组态了加速度变化率，则轴在减速时会把加速度变化率考虑在内，减速曲线变得平滑，如图 5-47b 所示。

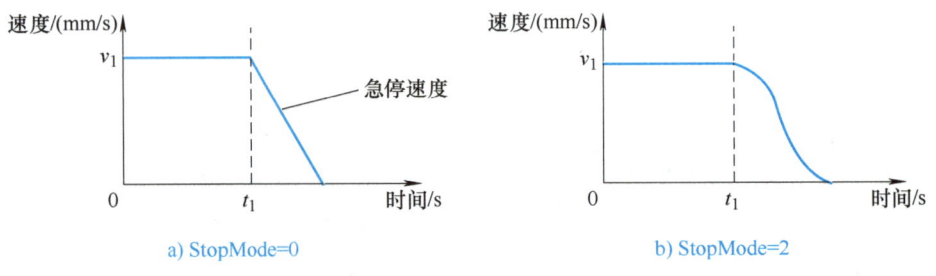

图 5-47　StopMode 不同值时的速度时间曲线

4）ErrorID 是 Word 类型，表示错误 ID，具体见表 5-21；ErrorInfo 也是 Word 类型，表示错误 ID 的细节信息，即同一个 ErrorID 会有 1 个或多个 ErrorInfo 值，详细情况请参考 S7-1200 PLC 运动控制功能相关资料，这里给出了 ErrorID 与 ErrorInfo 对应关系常见样表（见表 5-22）。

表 5-21　错误 ID 含义

错误名称	ErrorID 值
伴随轴停止的运行错误	16#8000 ~ 16#8013
不伴随轴停止的运行错误	16#8200 ~ 16#820C

(续)

错误名称	ErrorID 值
块参数错误	16#8400 ～ 16#8412
轴的组态错误	16#8600 ～ 16#864B
命令表的组态错误	16#8700 ～ 16#8704
内部错误	16#8FF

表 5-22 ErrorID 与 ErrorInfo 对应关系常见样表

ErrorID 值	ErrorInfo 值	描述
16#8000	16#0001	驱动器错误，丢失"驱动器就绪"
16#8001	16#000E	通过当前配置的减速参数达到软件低限位开关的位置
	16#000F	通过急停减速达到软件低限位开关的位置
	16#0010	由于急停减速，超过了软件低限位开关的位置
16#8002	16#000E	通过当前配置的减速参数达到软件高限位开关的位置
	16#000F	通过急停减速达到软件高限位开关的位置
	16#0010	由于急停减速，超过了软件高限位开关的位置

2. MC_Reset 指令

如果在运动控制中存在一个需要确认的错误，可通过调用 MC_Reset 指令进行，如图 5-48 所示，即上升沿激活 Execute 端，进行复位。

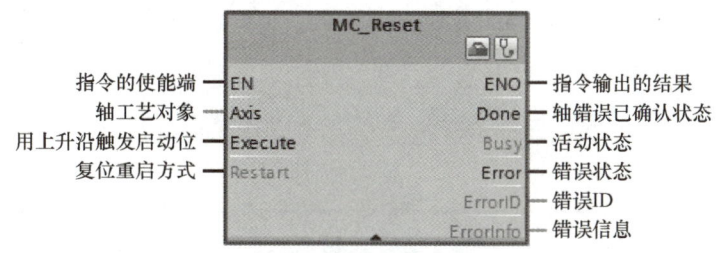

图 5-48 MC_Reset 指令

在使用 MC_Reset 指令时，需要注意如下几点：

1) Restart 为复位重启方式，其中，0：用来确认错误；1：将轴的组态从装载存储器下载到工作存储器（只有在禁用轴的时候才能执行该命令）。

2) 任何其他运动控制命令均无法中止 MC_Reset 指令。

3) 相关运动控制指令的 ErrorID 和 ErrorInfo 含义同 MC_Power 指令，以下不再赘述。

3. MC_Home 指令

轴回零（又称回原点）由运动控制语句 MC_Home 启动（见图 5-49）。回零期间，参考点坐标设置在定义的轴机械位置处。

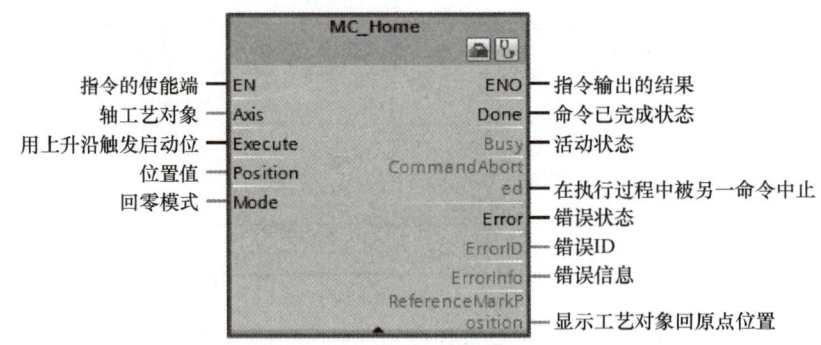

图 5-49 MC_Home 指令

在使用 MC_Home 指令时，需要注意如下几点：

1）Position 为 Real 类型的位置值，它是根据 Mode 值来变化的。当 Mode=0、2、3 时，完成回零指令后为轴的绝对位置；当 Mode=1 时，为当前轴的校正值。

2）Mode 为 Int 类型，表示回零模式。

模式 0：绝对式直接回零。无论参考原点位置是什么数值，都可以设置轴位置。在不取消其他激活运动控制和轴处于停止状态下，立即激活 MC_Home 指令中的 Position 参数值作为轴的参考点和位置值。图 5-50 所示为绝对式直接回零执行回零指令案例。

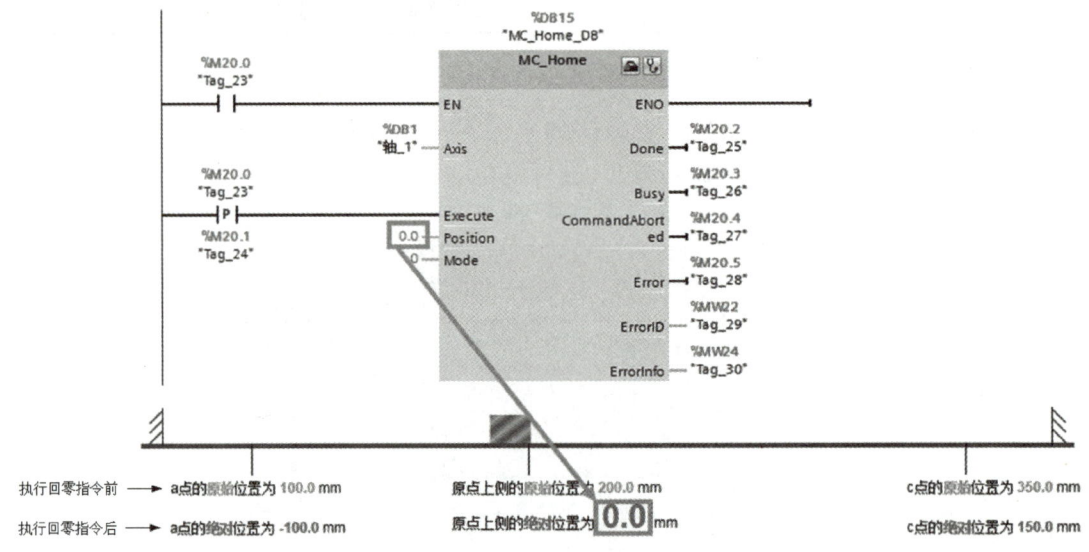

图 5-50 绝对式直接回零执行回零指令案例

模式 1：相对式直接回零。适用于参考点和轴位置的规则，即新的轴位置 = 当前轴位置 +Position 参数的值。图 5-51 所示为相对式直接回零执行回零指令案例。

模式 2：被动回零。在被动回零模式下，运动控制语句 MC_Home 不执行参考点逼近，不取消其他激活的运动，逼近参考点开关必须由用户通过运动控制语句或由机械运动执行。

模式 3：主动回零。在主动回零模式下，运动控制语句 MC_Home 执行所需要的参考点逼近，并取消其他所有激活的运动。

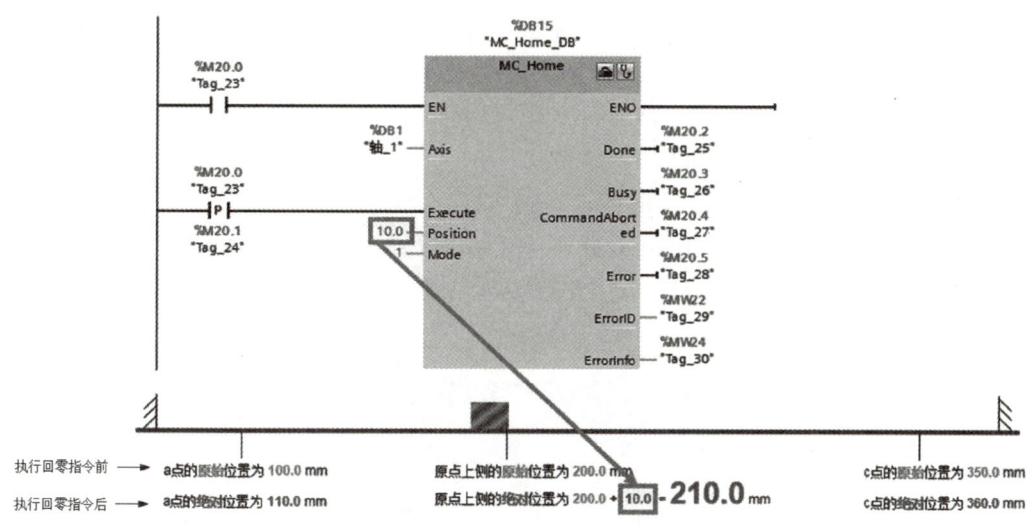

图 5-51 相对式直接回零执行回零指令案例

4. MC_Halt 指令

图 5-52 所示的 MC_Halt 指令为停止轴的运动，即每个被激活的轴运动指令都可通过执行该命令进行停止，具体动作为：上升沿使能 Execute 后，轴会立即按照组态好的减速曲线停车。

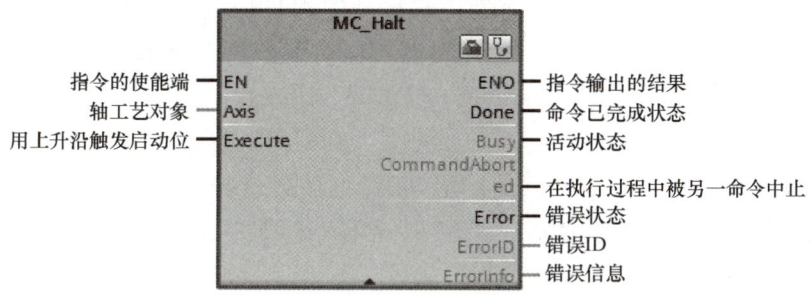

图 5-52 MC_Halt 指令

5. MC_MoveAbsolute 指令

图 5-53 所示的 MC_MoveAbsolute 指令为绝对位置移动，它需要在定义好参考点、建立起坐标系后才能使用，通过指定参数 Position 和 Velocity 可到达机械限位内的任意一点。当上升沿使能 Execute 端后，系统会自动计算当前位置与目标位置之间的脉冲数，并加速到指定速度，在到达目标位置时减速到启动/停止速度。

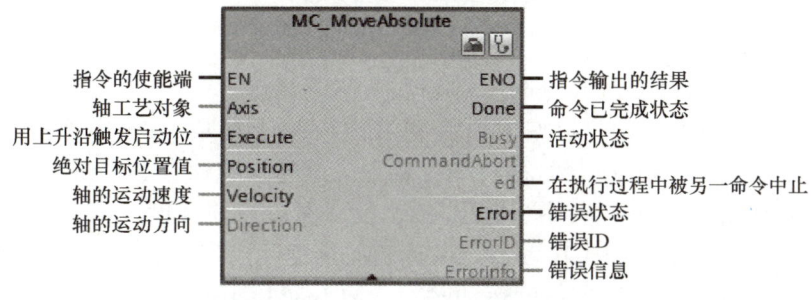

图 5-53 MC_MoveAbsolute 指令

在使用 MC_MoveAbsolute 指令时，需要注意如下几点：

1）Position 和 Velocity 都是 Real 类型，分别表示绝对目标位置值和轴的运动速度。

2）Direction 为 Int 类型，0：速度符号定义方向；1：正向运动控制；2：反向运动控制；3：距离目标最短的运动控制。

6. MC_MoveRelative 指令

图 5-54 所示的 MC_MoveRelative 语句表示相对位置移动，它的执行不需要建立参考点，只需定义运行距离、方向及速度。当上升沿使能 Execute 端后，轴按照设置好的距离与速度运行，其方向根据距离值的符号决定。

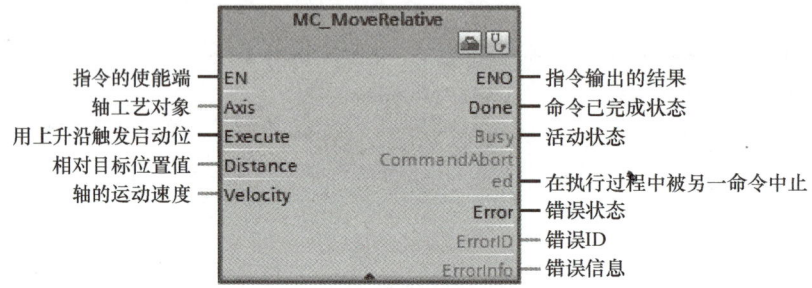

图 5-54　MC_MoveRelative 指令

绝对位置移动指令与相对位置移动指令的主要区别在于：前者需要建立起坐标系（即需要参考点）。绝对位置移动指令需要知道目标位置在坐标系中的坐标，并根据坐标自动决定运动方向而不需要定义参考点；而相对位置移动指令只需要知道当前点与目标位置的距离（Distance），用符号正负来表示方向，无须建立坐标系。

7. MC_MoveVelocity 指令

图 5-55 所示为速度运行指令，即使轴以预设的速度运行。当设定 Velocity 数值为 0.0 时，触发 MC_MoveVelocity 指令后，轴会以组态的减速度停止运行，相当于 MC_Halt 指令。

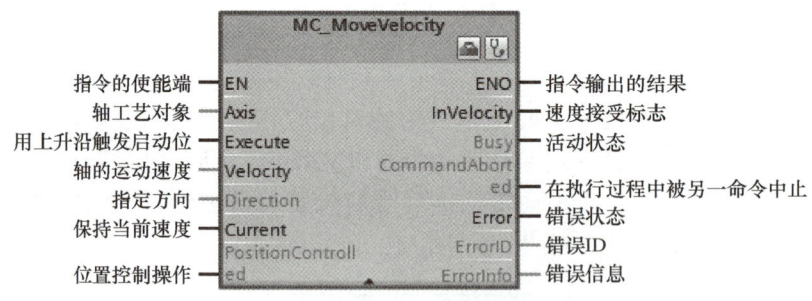

图 5-55　MC_MoveVelocity 指令

在使用 MC_MoveVelocity 指令时，需要注意如下几点：

1）Direction 为 Int 类型，其中，0：旋转方向取决于参数 Velocity 值的符号；1：正方向旋转，忽略参数 Velocity 值的符号；2：反方向旋转，忽略参数 Velocity 值的符号。

2）Current 为 Bool 类型，其中，FALSE 表示"保持当前速度"已禁用，将使用参数 Velocity 和 Direction 的值；TRUE 表示"保持当前速度"已启用，不考虑参数 Velocity 和 Direction 的值。当轴继续以当前速度运动时，参数 InVelocity 返回值 TRUE。

3）Busy 的值在减速过程中为 TRUE，并且随 InVelocity 一起变为 FALSE。如果将参数 Execute 设置为 TRUE，则 InVelocity 和 Busy 处于锁定状态。

8. MC_MoveJog 指令

图 5-56 所示为点动指令，即在点动模式下以指定的速度连续移动轴。在使用该指令的时候，正向点动和反向点动不能同时触发。正向点动不是用上升沿触发，JogForward 为 1 时，轴运行；JogForward 为 0 时，轴停止。类似于按钮功能，按下按钮，轴就运行，松开按钮，轴停止运行。

图 5-56 MC_MoveJog 指令

任务实施

5.3.5 PLC I/O 分配与步进控制电路设计

本任务中 PLC 选型为西门子 CPU 1215C DC/DC/DC，输入接 2 个选择开关、6 个按钮和 3 个限位开关，输出接步进驱动器的脉冲和方向。表 5-23 所示为 PLC 端子控制的 I/O 分配。

表 5-23 输入/输出定义

输入	功能	输出	功能
I0.0	SA1/ 使能 ON_ 禁止 OFF	Q0.0	PTO 脉冲输出
I0.1	SA2/ 手动 OFF_ 自动 ON	Q0.1	方向
I0.2	SB1/ 位置选择 +	Q0.2	HL1/ 位置等分限值指示
I0.3	SB2/ 位置选择 −	Q0.3	HL2/ 故障指示
I0.4	SB3/ 手动左行_自动启动按钮		
I0.5	SB4/ 手动右行按钮		
I0.6	SB5/ 回零按钮		
I0.7	SB6/ 复位按钮		
I1.0	LS1/ 左限位（NO）		
I1.1	LS2/ 原点（NO）		
I1.2	LS3/ 右限位（NO）		

图 5-57 所示为电气接线，其中步进驱动器采用国产通用驱动器，步进电动机采用 57 两相系列。需要注意的是，步进驱动器如果不能接收 24V 脉冲信号，而只能接收 5V 脉冲信号，此时要考虑串接电阻（如 2kΩ）。步进电动机驱动器可以采用共阴极接法，即将 PUL−、DIR− 连在一起，与 24V 电源的 GND 端相连；PUL+ 和 DIR+ 分别与 PLC 的输出相连。

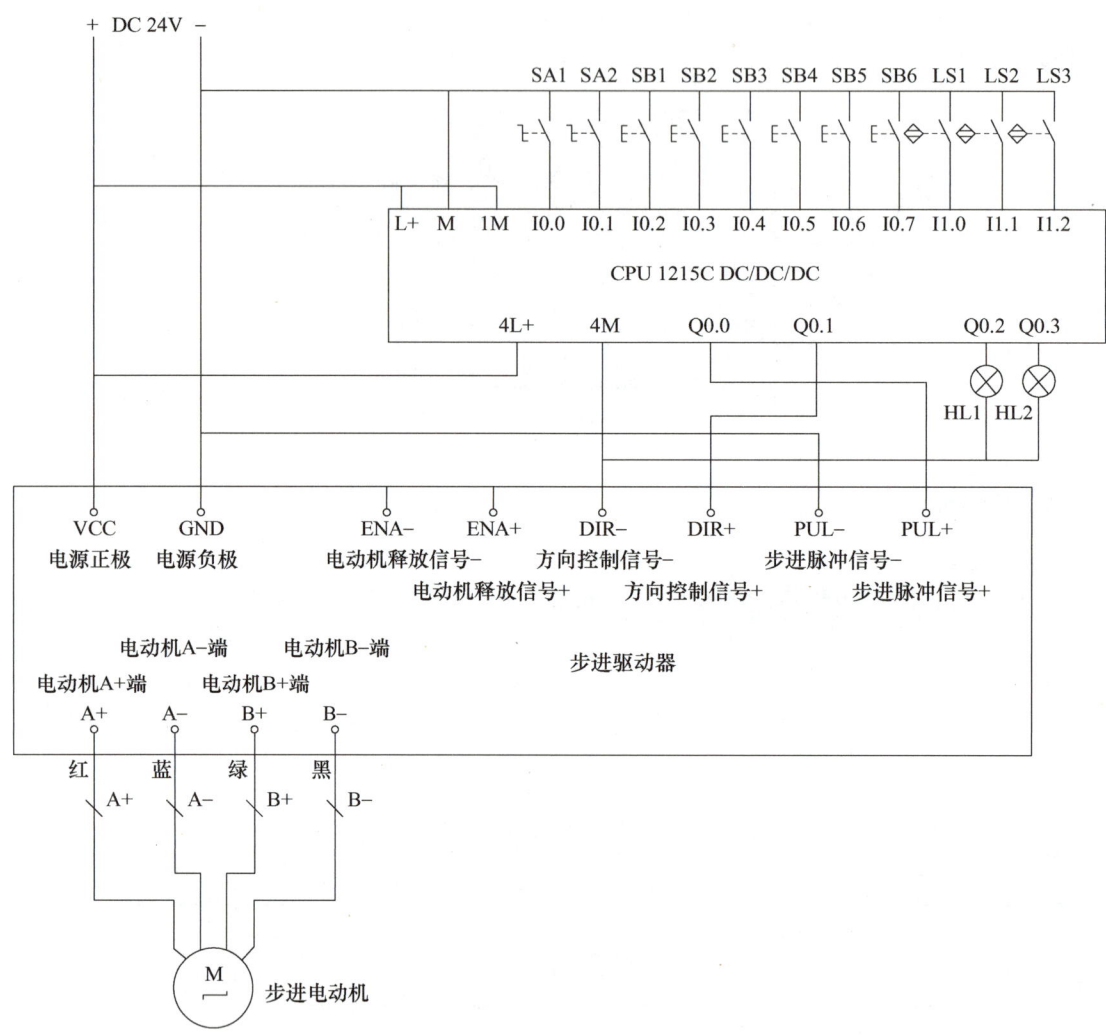

图 5-57 步进电动机控制系统电气接线

5.3.6 工艺对象轴的组态与调试

1. 工艺对象轴组态准备工作

工艺对象轴是用户程序与步进驱动器之间的接口，用于接收用户程序中的运动控制命令后执行这些命令并监视运行情况。

在进行工艺对象轴组态之前，先要在 PLC 的属性中进行 PTO 设定（见图 5-58），即脉冲 A 和方向 B。这里选用 PTO1/PWM1，则脉冲输出为 Q0.0，方向输出为 Q0.1（见图 5-59）。

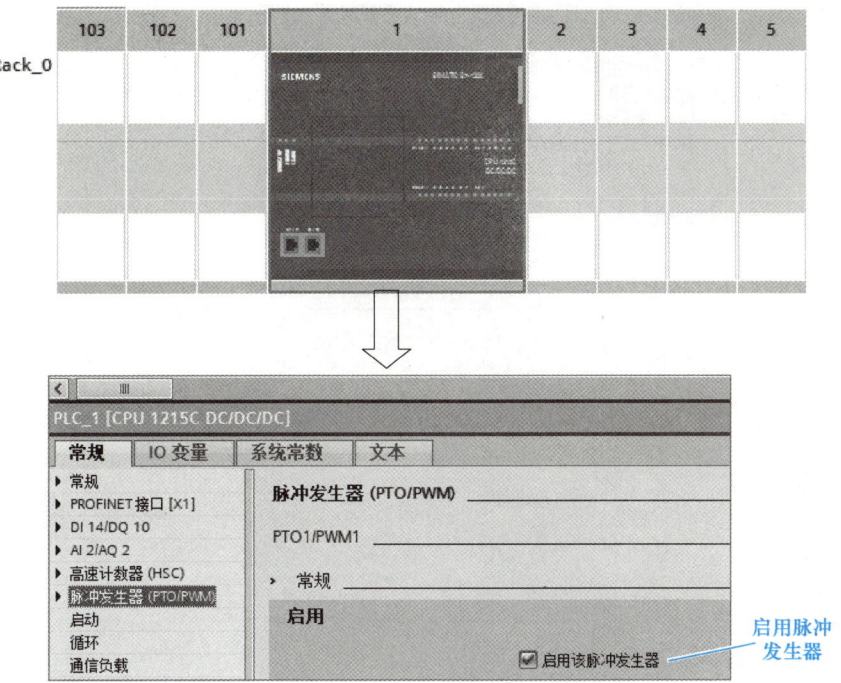

图 5-58 启用脉冲发生器

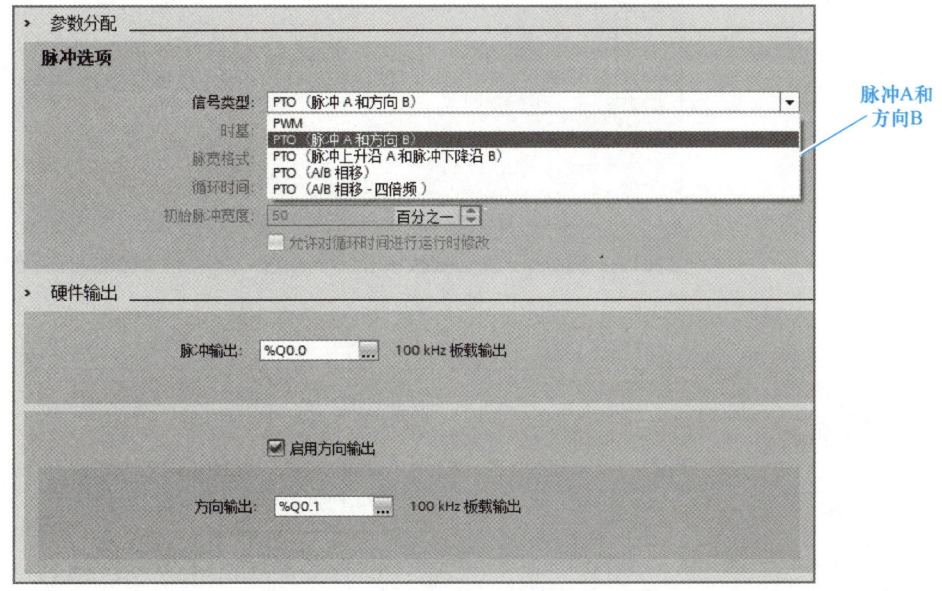

图 5-59 PTO 的脉冲选项

接下来需要定义输入的限位开关和按钮，如图 5-60 所示。

2. 工艺对象轴 TO_PositioningAxis 组态

如图 5-61 所示，新增对象轴 TO_PositioningAxis，版本为 V6.0，名称为"定位控制"，该名称由用户自行定义。图 5-62 所示的工艺对象类型为"定位轴"（TO_PositioningAxis），用于映射控制器中的物理驱动装置，通过用户程序运动控制指令向驱动装置发出定位命令。

名称	变量表	数据类型	地址
SA1使能ON_禁止OFF	默认变量表	Bool	%I0.0
SA2手动OFF_自动ON	默认变量表	Bool	%I0.1
SB1位置选择+	默认变量表	Bool	%I0.2
SB2位置选择-	默认变量表	Bool	%I0.3
SB3手动左行_自动启动按钮	默认变量表	Bool	%I0.4
SB4手动右行按钮	默认变量表	Bool	%I0.5
SB5回零按钮	默认变量表	Bool	%I0.6
SB6复位按钮	默认变量表	Bool	%I0.7
LS1左限位	默认变量表	Bool	%I1.0
LS2原点	默认变量表	Bool	%I1.1
LS3右限位	默认变量表	Bool	%I1.2

图 5-60　输入定义

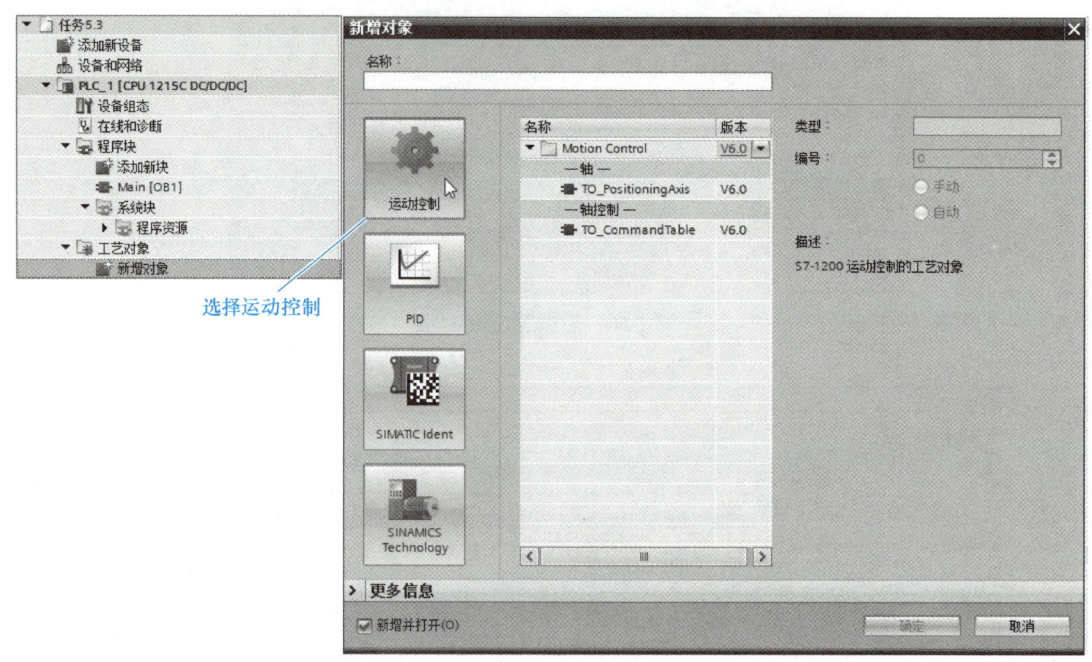

图 5-61　新增对象轴

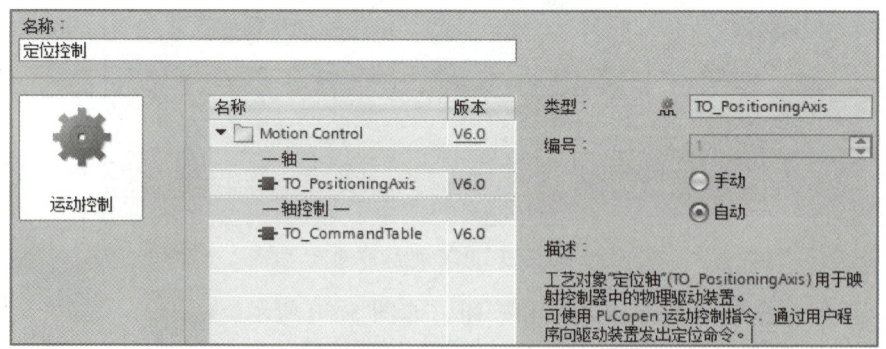

图 5-62　"定位控制"类型

创建完轴对象后，就可以在项目树的"工艺对象"中找到"定位控制"，然后进行组态，如图 5-63 所示。需要注意的是，❌符号表示需要重新进行参数设置。本任务采用 PTO 驱动器，因此在"驱动器"选项组中选择"PTO（Pulse Train Output）"。

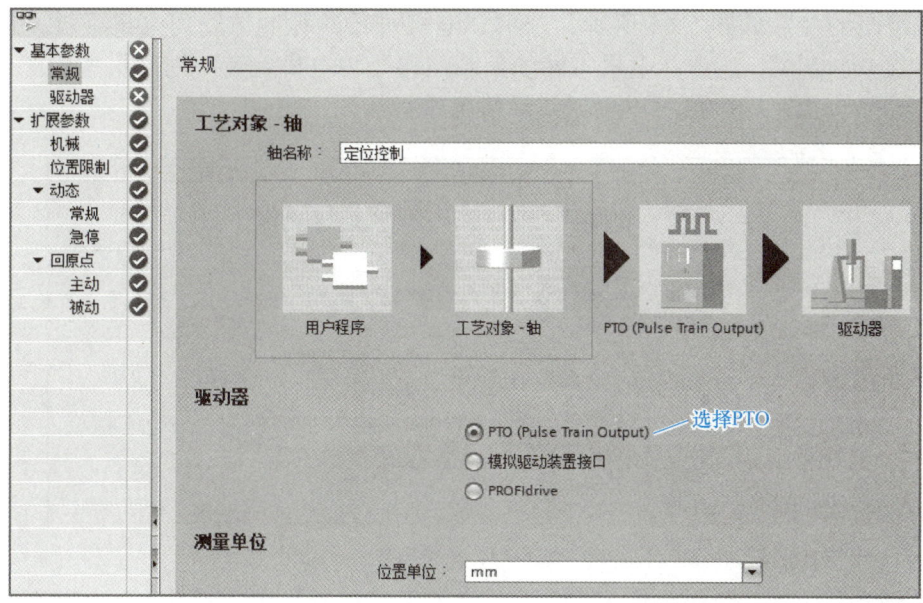

图 5-63　工艺轴组态

在图 5-64 所示的"驱动器"组态中，与 CPU 的硬件配置一致，即选择脉冲发生器为 Pulse_1、脉冲输出为 Q0.0、方向输出为 Q0.1，不选择轴使能信号，同时将"就绪输入"参数设为"TRUE"。

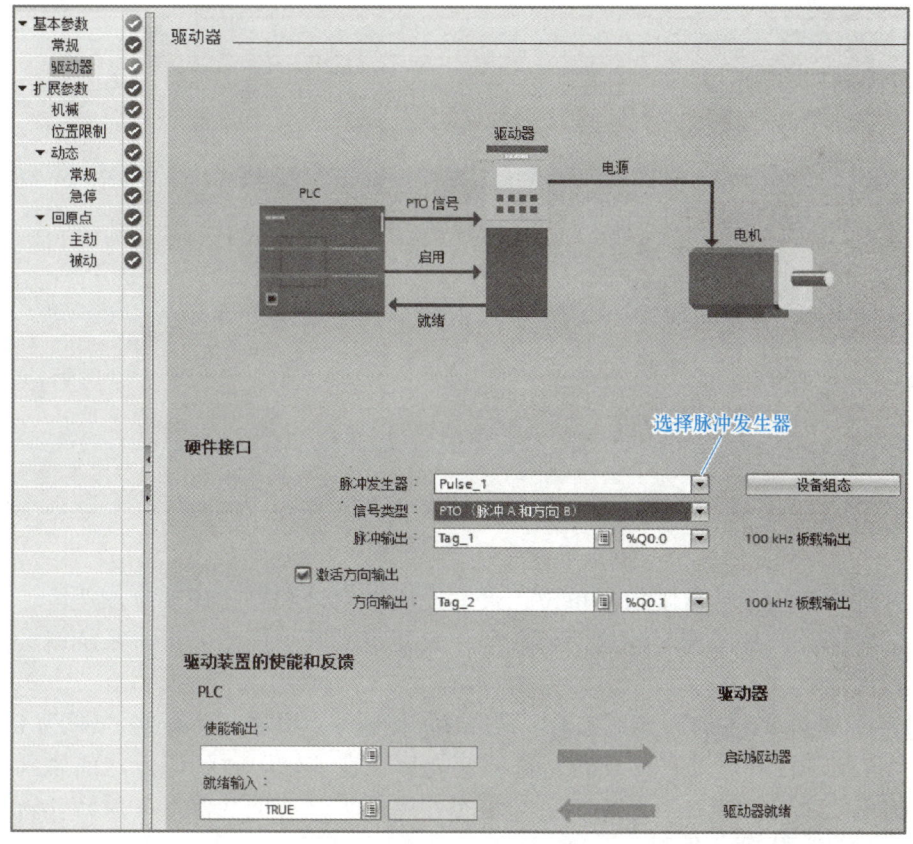

图 5-64　驱动器组态

机械组态的参数如图 5-65 所示，选项"电机每转的脉冲数"为电机旋转一周所产生的脉冲个数（如 200），选项"电机每转的负载位移"为电机旋转一周后机械所产生的位移（如 0.125mm），上述两个值可以根据实际情况进行修改。

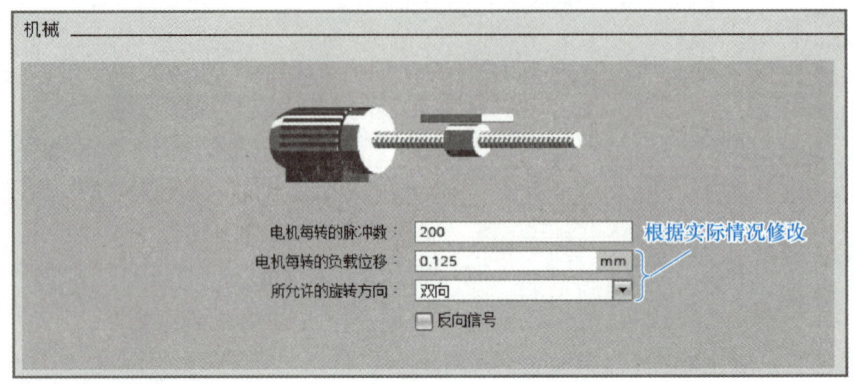

图 5-65 机械组态

图 5-66 所示为位置限制组态，它可以设置两种限位，即软件限位和硬件限位。本任务启用硬限位开关，正确设置硬件下限位开关输入（这里设置 LS1 左限位 I1.0）、硬件上限位开关输入（这里设置右限位 I1.2）、激活方式（高电平）。在达到硬件限位时，轴将使用急停减速斜坡停车；在达到软件限位时，激活的"运动"将停止，工艺对象报故障，在故障被确认后，轴可以恢复在原工作范围内运动。

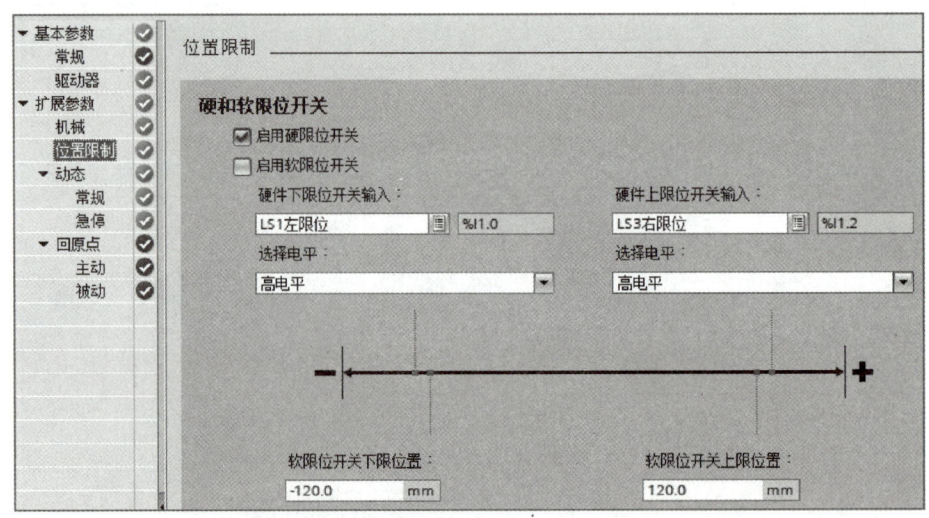

图 5-66 位置限制组态

动态常规参数包括速度限值的单位、最大速度、启动和停止速度、加速度、加速与减速时间。加减速度与加减速时间这两组数据，只要定义其中任意一组，系统就会自动计算另外一组数据。

在图 5-67 所示的主动回零组态中，需要输入参考点开关（本任务选择为 LS2 原点、I1.1）。"允许硬限位开关处自动反转"选项使能后，在"轴"碰到原点之前碰到了硬件限位点，此时系统认为原点在反方向，会按组态好的斜坡减速曲线停车并反转，若该功能没有被激活且"轴"碰到硬件限位，则回零过程会因为错误被取消，并紧急停止。接近／回原点方向定义了在执行回原点过程中的初始方向，包括正方向和负方向两种。接近速度为进入原点区域时的速度；回原点速度为到达原点位置时的速度。原点位置偏移量则用于当原点开关位置和原点实际位置有差别时，输入相对于原点的偏移量。

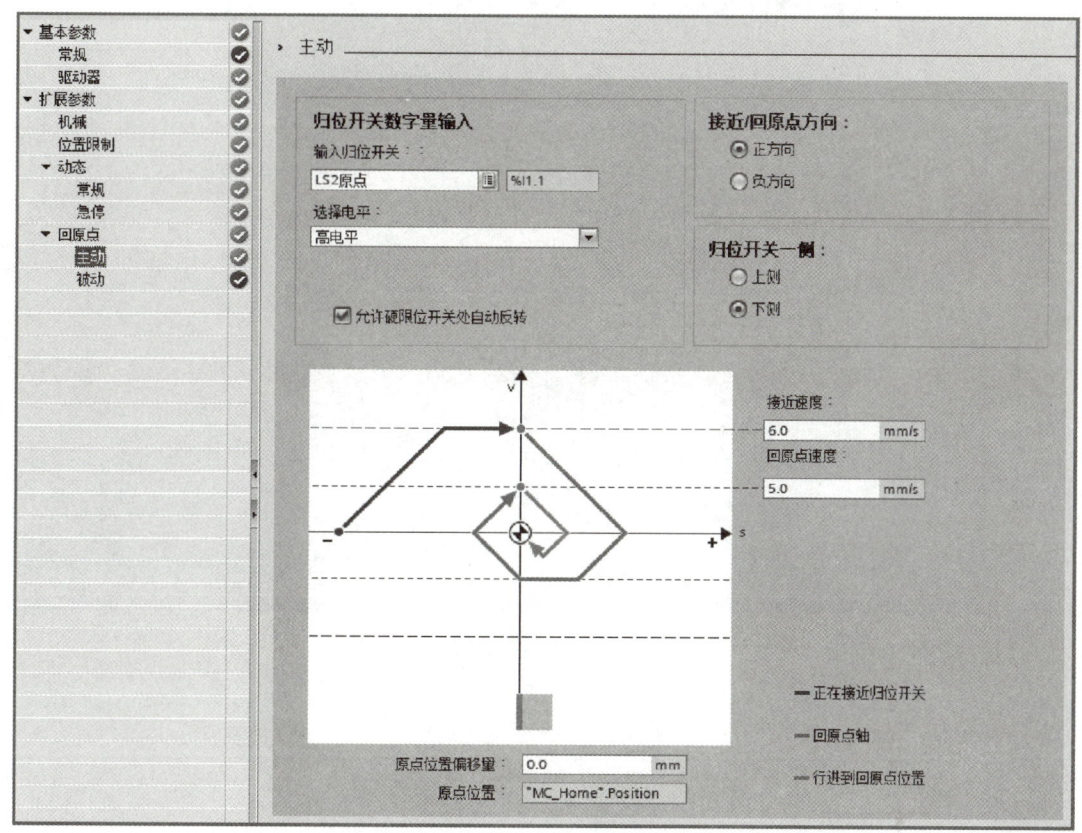

图 5-67　主动回零组态

除了主动回零，还可以选择被动回零，它是按照一个方向运行，因此需要设置归位开关一侧是上侧还是下侧。

3. 工艺对象轴的调试

在对工艺轴进行组态后，将 PLC 的硬件配置、软件全部下载到实体 PLC 之后，用户就可以选择调试功能，使用控制面板调试步进电动机及驱动器，以测试轴的实际运行功能。图 5-68 所示为轴控制面板，图中显示了选择调试功能后的控制面板最初状态，除了"激活"指令，其余所有的指令都是灰色的。需要注意的是，为了确保调试正常，建议清除主程序，但需要保留工艺对象轴。选择主控制按钮中的"激活"，此时会弹出提示窗口，即提醒用户在采用主控制前确认是否已经采取了适当的安全预防措施。同时设置一定的监视时间，如 3000ms，如果未动作，则"轴"处于未启用状态，需重新"启用"。

在安全提示后，在轴控制面板中选择启用，就会变成所有的命令和状态信息都是可见的，而不是灰色的，轴状态为"已启用"和"就绪"，信息性消息为"轴处于停止状态"。此时可以根据提示进行点动、定位和回原点调试（见图 5-69），为确保调试安全，可以启用"激活加加速度限值"。需要注意的是，绝对定位只能在回零执行完成后才可以进行，而相对定位则可以在任何时候进行。

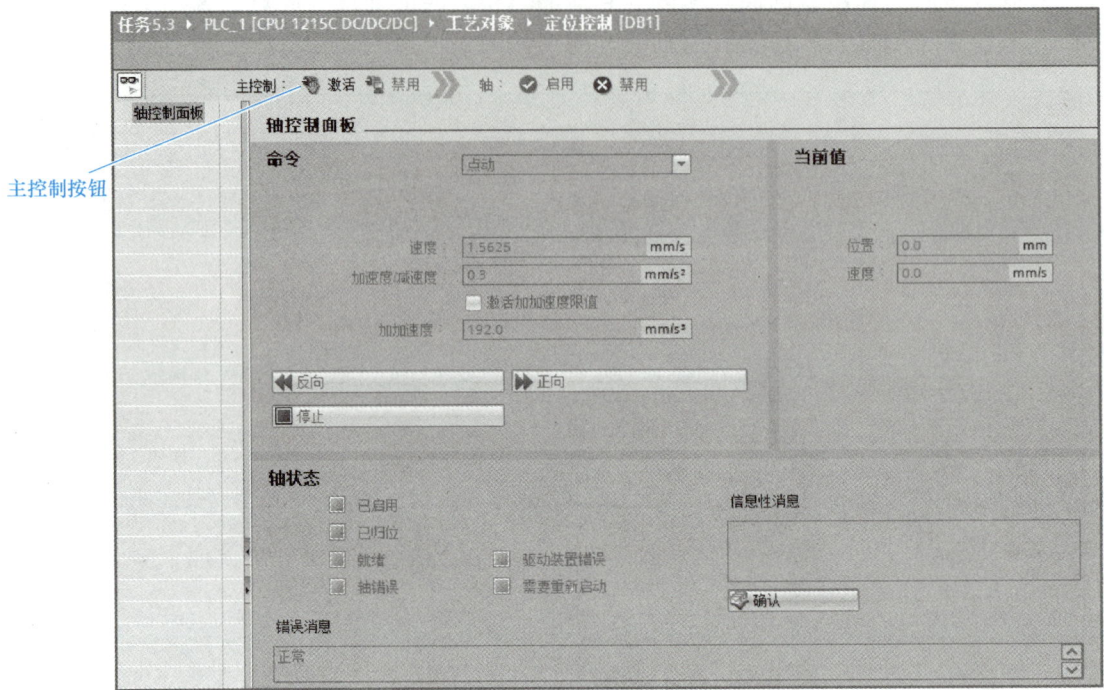

图 5-68 轴控制面板

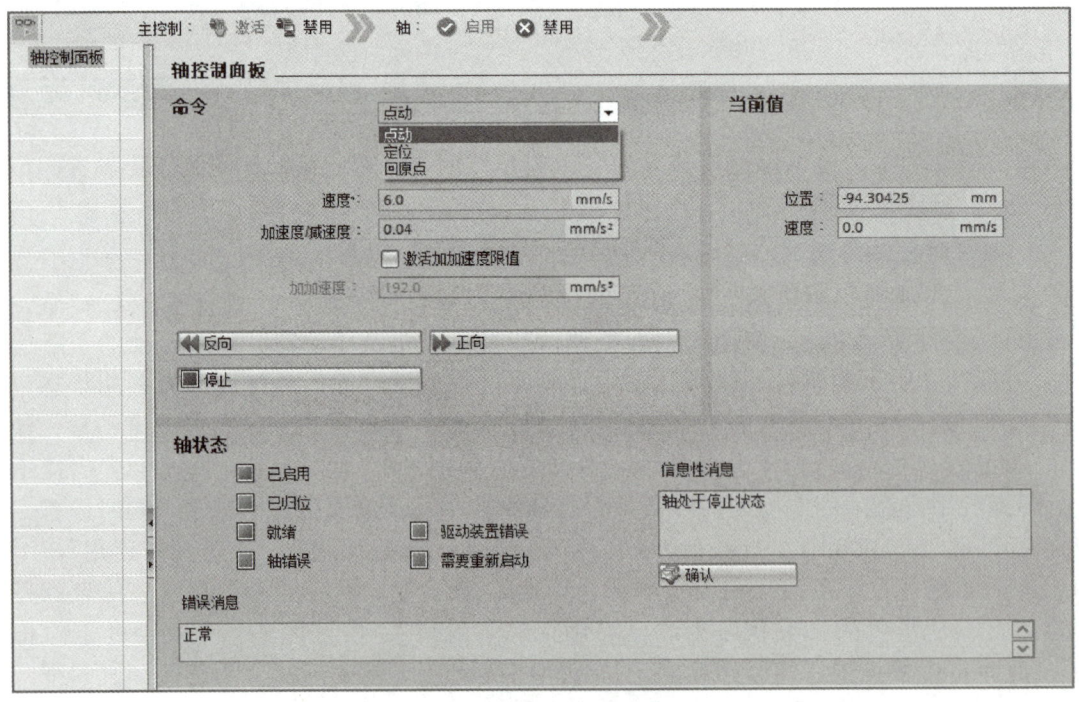

图 5-69 调试轴控制面板的各种命令

5.3.7　PLC 控制步进电动机的编程

1. 新建 SCL FC 块

新建 SCL FC 块，命名为“位置设定”。图 5-70 所示是“位置设定”FC 块参数命名示意，其中 # 区间上限和 # 区间下限是实数，# 增上升沿和 # 减上升沿为 SB1 和 SB2 位置选择 + 和位置选择 - 的按钮动作，# 位置等分值介于 0 ～ 10 之间，# 位置设定值是输出值，# 实数 1 为中间变量。

名称	数据类型
▼ Input	
区间上限	Real
区间下限	Real
增上升沿	Bool
减上升沿	Bool
▼ Output	
位置设定值	Real
▼ InOut	
位置等分值	Int
▼ Temp	
实数1	Real

图 5-70　“位置设定”FC 块参数命名示意

FC1 块的 SCL 编程如下所示：

```
IF #增上升沿 THEN
    IF (#位置等分值<10) THEN
        //Statement section IF
        #位置等分值:=#位置等分值+1;
    END_IF;
    ;
END_IF;
IF #减上升沿 THEN
    IF (#位置等分值>0) THEN
        //Statement section IF
        #位置等分值:=#位置等分值-1;
    END_IF;
    ;
END_IF;
#实数1 :=NORM_X(MIN :=0, VALUE :=#位置等分值, MAX :=10);
#位置设定值:=SCALE_X(MIN :=#区间下限, VALUE :=#实数1, MAX :=#区间上限);
```

上述程序中，使用 NORM_X 和 SCALE_X 函数大大降低了编程难度。

2. OB1 块编程

图 5-71 所示为 PLC 控制步进电动机的 OB1 梯形图。

程序段 1：上电初始化，将位置等分值变量设为中间值 5。

程序段 2：调用 FC1 获得位置设定值。

程序段 3：SA1=ON 时，使能运动控制。采用运动控制指令 MC_Power 启用运动控制轴。

程序段 4：当 SA1=ON 和 SA2=OFF 时，能左右点动运行，调用运动控制指令 MC_MoveJog。需要注意的是，当达到左、右限位时会出现报错，此时需要进行复位才能动作。

程序段 5：复位运动控制轴，调用运动控制指令 MC_Reset。

程序段 6：当 SA1=ON 和 SA2=OFF 时，可以执行手动回零命令（Mode=3）。调用运动控制指令 MC_Home，这里选择主动回零，即 Mode=3。需要注意的是，本任务也可以选择其他的回零方式。

程序段 7：当 SA1=ON 和 SA2=ON 时，进行绝对定位（共 10 等份），调用 MC_MoveAbsolute 指令进行绝对位置移动控制，其中位置值是 MD12，是实数数据类型。

程序段8：故障指示灯输出。

程序段9：当位置等分值达到区间上限或下限时指示。

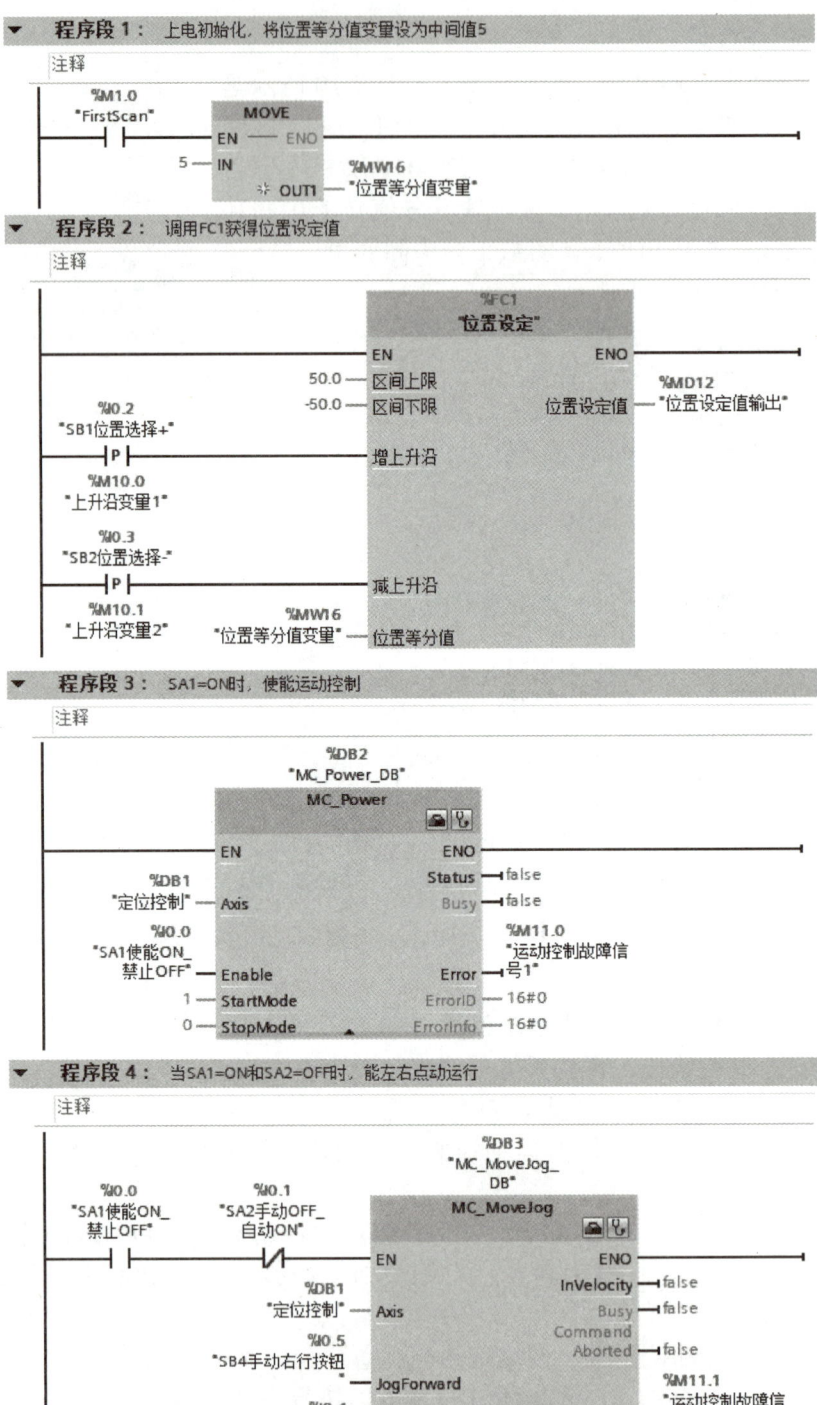

图 5-71　OB1 梯形图程序

▼ 程序段 5： 复位运动控制轴
注释

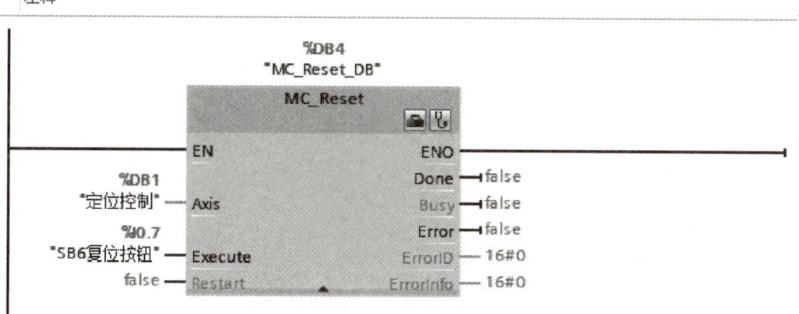

▼ 程序段 6： 当SA1=ON和SA2=OFF时可以执行手动回零命令（Mode=3）
注释

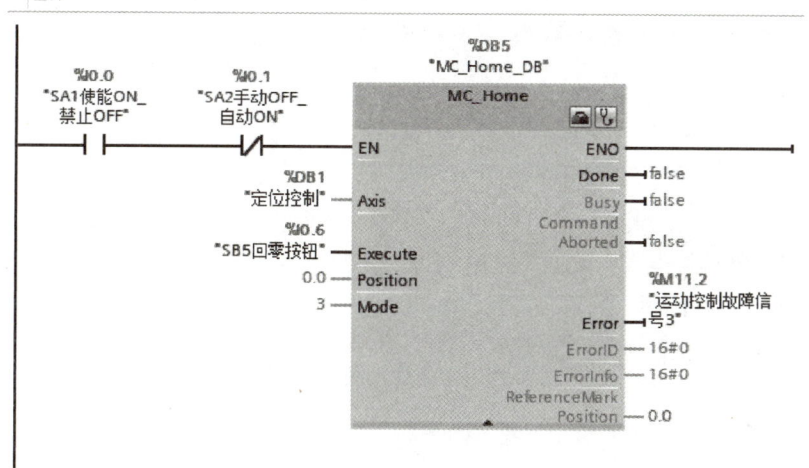

▼ 程序段 7： 当SA1=ON和SA2=ON时，进行绝对定位（共10等份）
注释

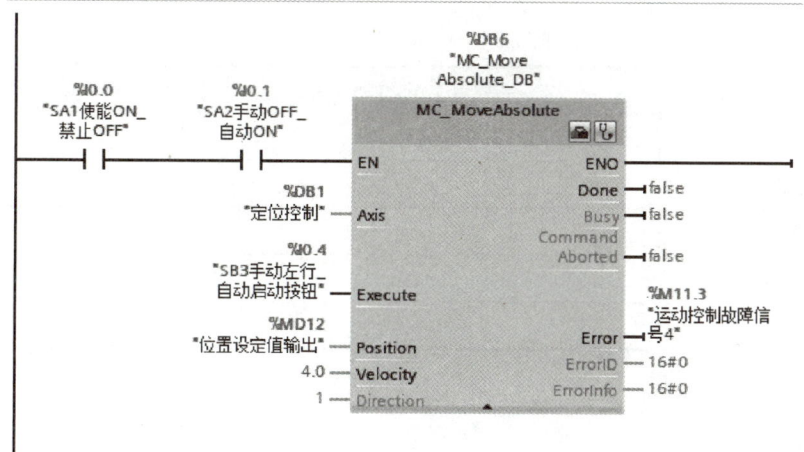

图 5-71　OB1 梯形图程序（续）

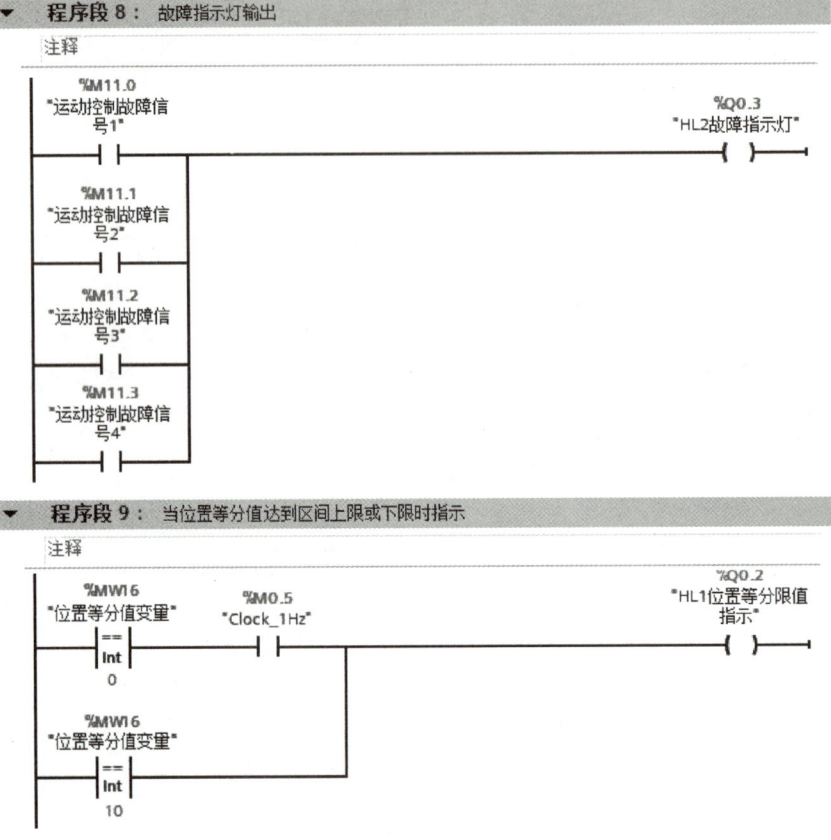

图 5-71 OB1 梯形图程序（续）

任务记录

根据任务实施的情况，如实填写表 5-24 所示的任务 5.3 实施记录表。

表 5-24 任务 5.3 实施记录表

任务实施步骤	实际执行情况说明	计划时间 /min	实际时间 /min
PLC I/O 分配			
步进控制电路设计			
工艺对象轴的组态与调试			
PLC 控制步进电动机的编程			
调试与监控			

任务评价

按要求完成考核任务 5.3，评分标准见表 5-25，具体配分可以根据实际考评情况进行调整。

表 5-25　评分标准

序号	考核项目	考核内容及要求	配分	得分
1	职业素养	遵守安全操作规程，落实安全措施	15%	
		认真负责，团结合作，对实操任务充满热情		
		正确认识国产驱动器的发展历程		
2	方案制定	步进电动机控制方案合理	15%	
		控制电路图正确		
3	操作能力	根据电气图正确选择元器件	20%	
		根据电气图接线，美观且可靠		
4	编程能力	独立完成轴工艺对象的组态与调试	20%	
		独立完成 PLC 梯形图编程并下载		
5	实践效果	系统工作可靠，满足工作要求	20%	
		PLC 运动控制指令调用正确		
		按规定的时间完成任务		
6	创新实践	在本任务中有另辟蹊径、独树一帜的实践内容	10%	
		合计	100%	

拓展阅读

在中国共产党历史展览馆，一艘迎面驶来的轮船船舷上，有两段金色文字："祖国在向我们召唤，四万万五千万的父老兄弟在向我们召唤，五千年的光辉在向我们召唤，我们的人民政府在向我们召唤！回去吧！让我们回去把我们的血汗洒在祖国的土地上灌溉出灿烂的花朵。"这段话摘自"两弹一星"元勋朱光亚在1949年牵头组织起草的《给留美同学的一封公开信》。这艘轮船就是"克利夫兰总统号"，钱学森等24位留美学者就是搭乘它回到祖国。"我的事业在中国，我的成就在中国，我的归宿在中国。"钱学森的这句话说出了老一辈科学家的共同心声。作为中国科学家的杰出代表，钱学森、李四光、邓稼先等科学家用满腔热血"为国分忧、为国解难、为国尽责"，为中国科技事业发展提供不竭动力。

作为新中国杰出的科学家，钱学森一直秉持追求真理、严谨治学的求实精神。在重约两公斤、厚达523页的《钱学森手稿》中，其英文清秀流畅，数学公式工整严密。他关于"薄壁圆柱壳失稳问题的研究"，论文只有10页，但现在收集到有关这一问题的手稿就有800多页。在完成这项研究时，钱学森在存放手稿的信袋上用红笔写下"Final"，即"最后的定稿"，但他又写下了"Nothing is final"，即"没有什么认识是最后的"。"作为严谨的科学家，钱学森意识到'科学探索永无止境'。"两院院士、美国国家工程院外籍院士郑哲敏曾说，"（这些手稿）是钱学森严谨治学的真实写照，反映了钱学森创造性探索的动态过程。"由始至终，钱学森等科学家都在科研中下"真"功夫、"细"功夫。正是他们这种敢于突破、敢闯新路的追求和志向，才开拓了新领域、登上了新高峰。

思考与练习

习题 5.1　请进行电气控制系统设计，完成图 5-72 所示的离心机多段速定时运行（均为正转）功能，反冲洗—加料—脱水分离—清洗—脱水分离—卸料—反冲洗这七段运行的时间预先设置在数据块中，并通过按钮+和按钮-来进行单独调整（区间为5～20s）。

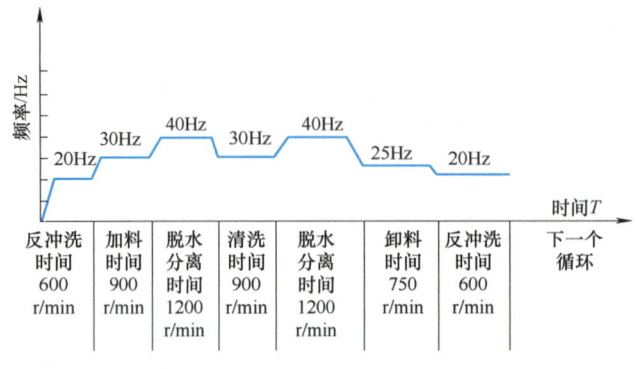

图 5-72　题 5.1 图

习题 5.2　某供水站采用两台变频器和两台电动机（见图 5-73），一用一备。现采用 S7-1200 PLC 通过端子输出（模拟量+启动信号）来实现一用一备任意手动切换。在切换过程中，原运行的变频器先在设定频率基础上提高 10%（最高限额 50Hz），备用启动的变频器开始 20Hz 低速运行；定时 5s 后，备用变频器运行到设定频率，与此同步将原变频器切换至 20Hz 低速运行；定时 5s 后，备用变频器停机。请设计电气控制系统并编程。

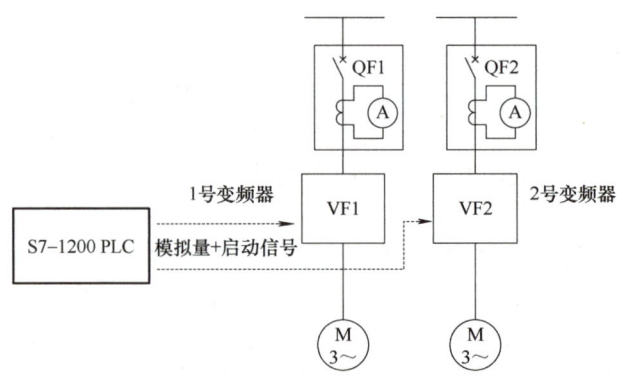

图 5-73　题 5.2 图

习题 5.3　某设备采用 S7-1200 PLC 与国产变频器进行控制（见图 5-74），该设备可以进行正转与反转，多段速 1 为低速、多段速 2 为高速。当手动操作时，按下"前到位"按钮，设备高速正转，直至前限位为 ON 时停机；也可以在限位未感应前按下"前减速"按钮，设备低速正转，直至前限位为 ON 时停机；反转与此相同。当自动操作时，该设备先正转高速运行 6s，然后低速运行，直至前限位为 ON 时停机 4s，然后高速反转，定时 10s，然后低速运行，直至后限位为 ON 时停机。请根据电气接线图列出输入/输出表，并编写 PLC 程序。

习题 5.4　在任务 5.2 硬件基础上，修改 PLC 外接三个按钮的操作盒功能，其中 SB1 启停泵站电动机、SB2 速度切换、SB3 复位变频器故障。在停机时，可以通过 SB2 实现变频器运行速度在 500r/min、600r/min、700r/min……1500r/min 之间的来回切换，以设定初始运行速度；在运行时，可以通过按 SB2 一下实现 50r/min 的速度叠加，直至达到 1500r/min。请进行 PLC 编程。

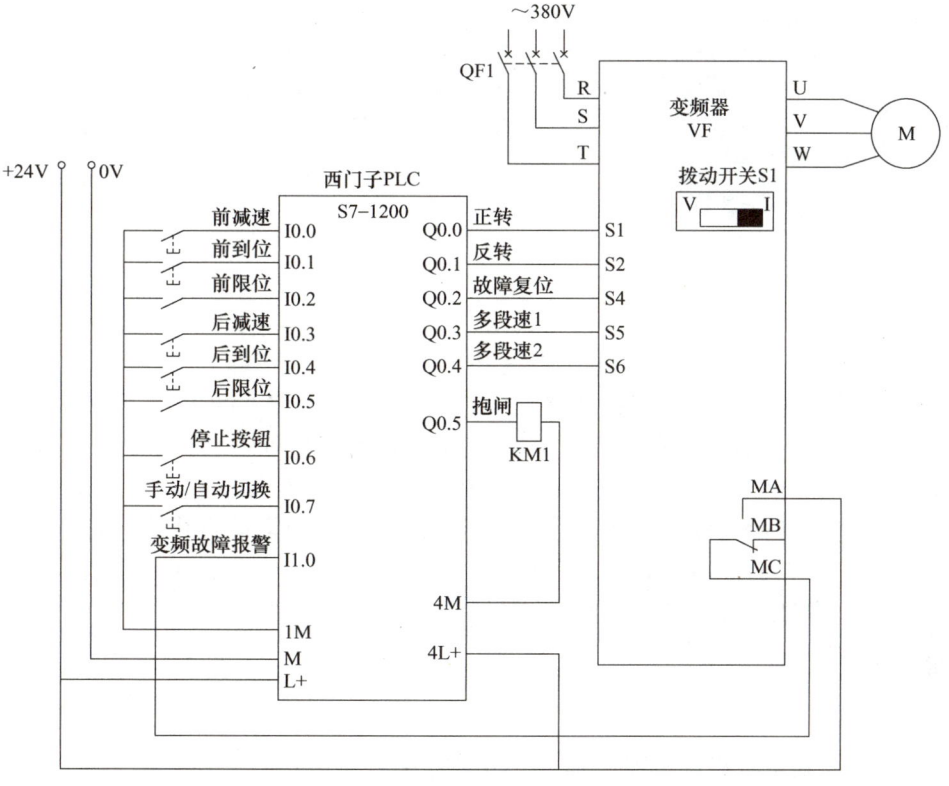

图 5-74 题 5.3 图

习题 5.5 一台 CPU 1215C DC/DC/DC 控制步进电动机带动丝杠滑台沿着 x 轴来回运行，该步进电动机为两相电动机，步距角为 0.75°，丝杠螺距为 2.5mm。按下自动回原点控制按钮，工作台自动回到原点。当工作台满足原点要求时，按下自动启动按钮，工作台右移 10cm 停止，2s 后工作台左移 10cm 停止，2s 后工作台又开始右移，如此循环工作直至次数满 10 次。任何情况下，按下急停按钮，工作台马上停止移动。请正确选择驱动器、配置限位开关，并画出控制系统接线图后进行编程。

习题 5.6 图 5-75 所示为双轴移动装置电气配置，实现从 (0, 0) 到 (9, 9) 区间内任意移动，移动位置可以在触摸屏上进行整数位设置（即 0 ~ 9）。请绘制电气控制原理图，并完成触摸屏组态和 PLC 编程。

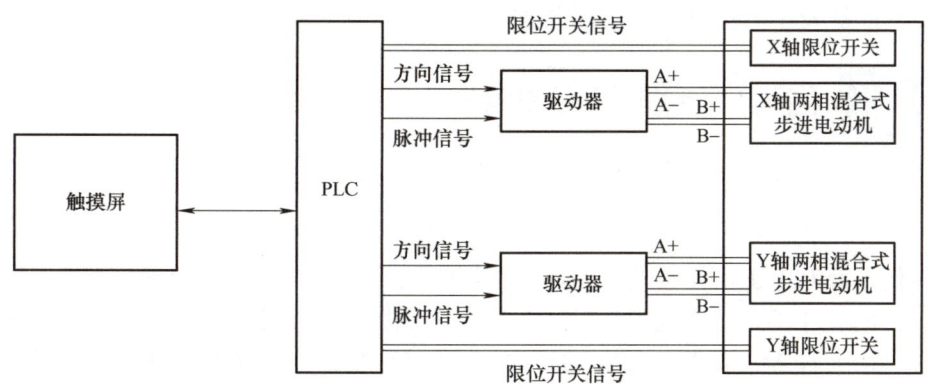

图 5-75 题 5.6 图

项目 6　PLC 控制系统综合应用

项目导读

PLC 控制系统采用先进的 PROFINET 总线方式代替传统的布线方式，从而可以通过 PROFINET IO 对其他设备进行读写控制，实现变频器、步进电动机和伺服电动机之间的协同工作，从而组成复杂的综合应用系统。PLC 控制在各类设备顺序控制中的普及运用，不仅能够让各类设备始终保持在安全稳定的运行状态，还可以降低生产作业成本，促进经济效益不断提升。与此同时，合理编程可以对软件模块进行优化，实现设备的全自动化监控。本项目通过化工厂流程 PLC 控制、基于 PLC 与变频器的风机节能改造两个任务来介绍 PLC 控制系统综合应用。

❖ **知识目标：**

掌握 PLC 控制系统设计的基本原则及步骤。
掌握 PLC PROFINET IO 通信常用的理论知识。
掌握伺服系统的组成与结构。

❖ **能力目标：**

能够对生产设备提出 PLC 控制规范与要求。
能提出 PLC 综合解决方案并进行系统设计与调试。
能够诊断、处理 PLC 各类系统故障并进行触摸屏显示。

❖ **素养目标：**

弘扬追求真理、严谨治学的求实精神。
坚守科技报国初心，勇担强国建设使命。
发挥集智攻关、团结协作的协同精神。

任务 6.1　化工厂流程 PLC 控制

任务描述

图 6-1 所示为化工厂生产作业示意，其工作流程为：在投料口 B1 通过电磁阀 YV1 投入粉末状的化工原料，经振动器均匀地分散后由计量式螺旋推进器 M2 送入料槽 B2；料槽中的水量通过 M3 清水泵和电磁阀 YV3 来进行控制，经搅拌器 M1 的工作确保化工原料与水混合均匀，然后得到浓度相对稳定的溶液，并制成半成品从料槽的下端电磁阀 YV2 输出。

控制要求如下：

1）整个控制系统由 PLC、触摸屏构成，要求完成电气接线。

2）Ml、M2 和 M3 都是小功率电动机，可以直接启动。M1 是双速电动机。每台电动机都设置有热继电器进行过载报警。当 M1 故障时，M2 和 M3 必须同步停机，并给出故障指示。

3）能在触摸屏上实现手动和自动两种方式的切换。手动方式下可以进行三台电动机 M1～M3 和三个电磁阀 YV1～YV3 的启停动作。在自动方式下按下启动按钮后，按照下述流程运行：YV1 打开投料，过 10s 后 M2 电动机开启，过 5s 后 YV3 打开进水，过 3s 后 M3 电动机开启，当 B2 的液位开关 L2 动作时，M1 电动机开启低速运行，当液位开关 L1 动作时，M2、M3 停止工作，YV1、YV3 关闭，此时 M1 电动机开启高速运行，定时 20s 之后，完成搅拌工作，停机，YV2 打开进行卸料。以上为一个自动运行周期，所有定时时间均可以在触摸屏中分别设置。

4）在触摸屏上进行电动机和电磁阀动作信息显示，按照先进先出原则共保留最近的 10 条信息。

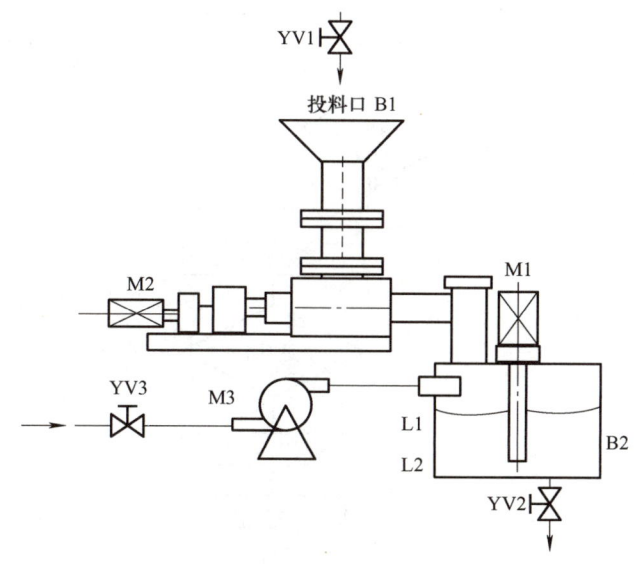

图 6-1　任务 6.1 控制示意

知识探究

6.1.1　PLC 控制系统设计步骤

图 6-2 所示为 PLC 控制系统设计的一般步骤。它从工艺过程出发，分析控制要求，确定用户的 I/O 设备，选择 PLC 和相关执行元件，然后分配 I/O，设计 I/O 连接图。接下来分两路进行：一路是 PLC 程序设计，包括绘制流程图、设计梯形图、编制程序清单、输入程序并检查、调试与修改；另一路是控制台（柜）设计及现场施工，完成电气接线。完成系统设计并满足用户要求后编制技术文件直至交付用户使用。

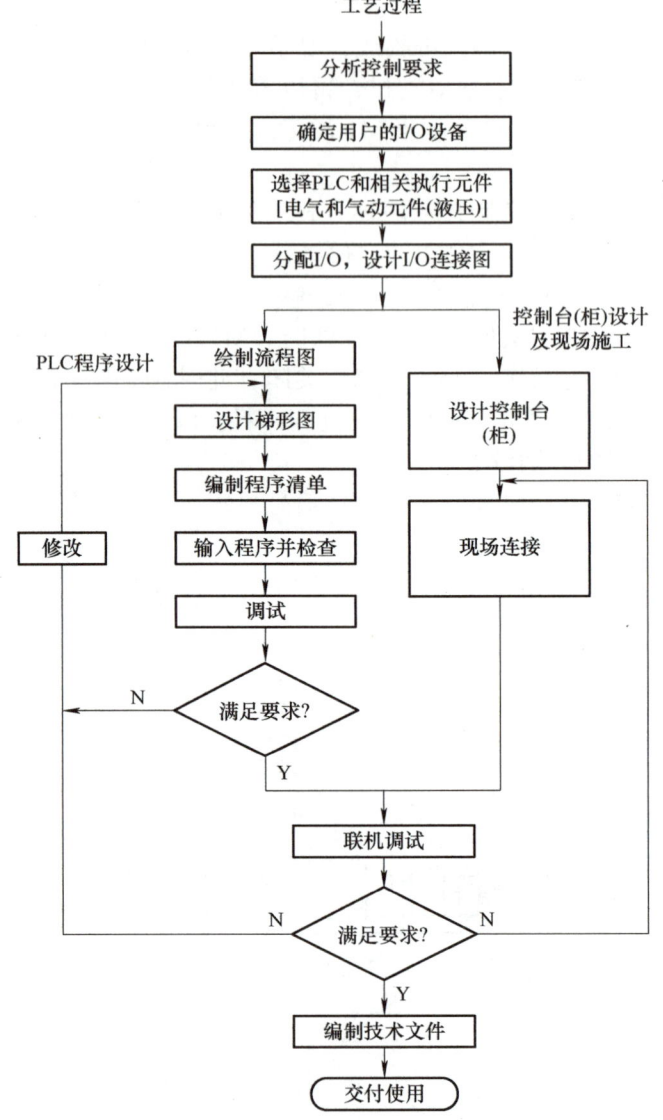

图 6-2 PLC 控制系统设计的一般步骤

PLC 控制系统设计具有如下关键步骤。

1. 选择 PLC 和相关执行元件

PLC 控制系统是由 PLC、用户输入/输出设备、控制对象等连接而成的。根据选用的输入/输出设备的数目和电气特性,选择合适的 PLC。PLC 是控制系统的核心部件,对于保证整个控制系统的技术经济性能指标起着重要作用。选择 PLC 应包括机型、容量、I/O 点数、输入/输出模块(类型)、电源模块以及特殊功能模块的选择等。需要认真选择用户输入设备(按钮、开关、限位开关和传感器等)和输出设备(继电器、接触器、信号灯、气动元件、液压元件等执行元件)。要求进行电气元件的选用说明,必要时应设计完成系统主电路图。

2. 分配 I/O,设计 I/O 连接图

根据选用的输入/输出设备、控制要求,确定 PLC 外部 I/O 端口分配。

1）编制 I/O 分配表，对各 I/O 点功能做出说明（即输入 / 输出定义）。对于输入信号要做 NC 或 NO 说明，对 NPN 或 PNP 传感器更要正确区分。对于输出信号则要做电压等级说明，需要进行中间继电器转化的要特别说明。

2）画出 PLC 外部 I/O 接线图。依据输入 / 输出设备和 I/O 端口分配关系，画出 I/O 接线图，接线图中各元件应有代号或编号说明。

3）必要时列出电气元件明细表，并注明规格、数量等详细信息。

3. 绘制 PLC 流程图

绘制 PLC 控制系统程序流程图，完成程序设计过程的分析说明，尤其是步序控制流程图中要把相关的转移条件和执行动作——列出。

4. 设计梯形图或进行 SCL 编程

利用编程软件编写控制系统的梯形图程序，在满足系统技术要求和工作情况的前提下，应尽量简化程序，按照 IEC 61131-3 进行编程。同时尽量减少 PLC 的输入 / 输出点，设计简单、可靠的梯形图程序或 SCL 编程。同时注意安全保护，检查自锁和联锁要求、防误操作功能等是否实现。

IEC 61131-3 推动了 PLC 在软件方面的平台化，进一步发展为工程设计的自动化和智能化，具体体现在：

1）编程的标准化，促进了工控编程从语言到工具性平台的开放，同时为工控程序在不同硬件平台间的移植创造了前提条件。

2）为控制系统创立统一的工程应用软环境打下坚实基础。从应用工程程序设计的管理，到提供逻辑和顺序控制、过程控制、批量控制、运动控制、传动、人机界面等统一的设计平台，再到将调试、投运和投产后的维护等纳入统一的工程平台。

3）应用程序的自动生成工具和仿真工具。

5. 调试

1）在计算机上仿真运行调试 PLC 控制程序。

2）与 PLC 的输入及输出设备联机进行程序调试。调试中对设计的系统工作原理进行分析，审查控制实现的可靠性，检查系统功能，完善控制程序。控制程序必须经过反复调试、修改，直到满意为止。

6. 编制技术文件

技术文件应有控制要求、系统分析、主电路、控制流程图、I/O 分配表、I/O 接线图、内部元件分配表、系统电气原理图、PLC 程序、程序说明、操作说明等。技术文件要重点突出、图文并茂、文字通顺。

任务实施

6.1.2 输入 / 输出定义

根据任务 6.1 的控制要求，选用合适的 PLC 进行化工厂流程控制，并进行输入 / 输出定义（填写表 6-1）。

表 6-1　任务 6.1 的输入 / 输出定义

输入	功能	输出	功能

6.1.3　电气原理图绘制和电气接线

在图 6-3 所示的框内绘制化工厂流程 PLC 控制系统的主电路和控制电路原理图，并根据该图进行电气接线。

a) 三台电动机主电路

b) 控制电路

图 6-3　任务 6.1 的电路原理图

6.1.4　PLC 控制流程图绘制

请在图 6-4 所示的框内绘制任务 6.1 的 PLC 控制流程图，在自动运行时建议采用步序控制方式。

图 6-4　PLC 控制流程图

6.1.5　触摸屏画面组态

触摸屏可以设置 3 个画面，分别是主画面、定时设置画面和信息显示画面，请在图 6-5 所示的框内分别画出每个画面的大致图像。

a) 主画面

图 6-5　触摸屏画面组态

b) 定时设置画面

c) 信息显示画面

图 6-5 触摸屏画面组态（续）

6.1.6 PLC 程序编写

请在图 6-6 所示的框内进行 PLC 主程序和子程序的编写，其中信息显示建议采用 SCL 编程。

图 6-6 PLC 主程序和子程序

任务记录

根据任务实施的情况，如实填写表 6-2 所示的任务 6.1 实施记录表。

表 6-2 任务 6.1 实施记录表

任务实施步骤	实际执行情况说明	计划时间 /min	实际时间 /min
输入 / 输出定义			
电气原理图绘制和电气接线			
PLC 控制流程图绘制			
触摸屏画面组态			
PLC 程序编写			
调试与监控			

任务评价

按要求完成考核任务 6.1，评分标准见表 6-3，具体配分可以根据实际考评情况进行调整。

表 6-3 评分标准

序号	考核项目	考核内容及要求	配分	得分
1	职业素养	遵守安全操作规程，落实安全措施	15%	
		认真负责，团结合作，对实操任务充满热情		
		正确理解坚守科技报国初心的精神内涵		
2	系统方案制定	PLC 控制方案合理	15%	
		PLC 控制电路图正确		
3	编程能力	独立完成 PLC 主程序、子程序编写	20%	
		独立完成触摸屏组态		
4	操作能力	根据电气图正确接线，美观且可靠	25%	
		正确输入程序并进行程序调试		
		根据系统功能进行正确操作演示		
5	实践效果	系统工作可靠，满足工作要求	15%	
		PLC 变量、子程序参数规范命名		
		按规定的时间完成任务		
6	创新实践	在本任务中有另辟蹊径、独树一帜的实践内容	10%	
		合计	100%	

任务 6.2 基于 PLC 与变频器的风机节能改造

任务描述

图 6-7 所示是基于 PLC 与变频器的风机节能改造示意。某生产现场有 5 台设备共用一台主电机为 7.5kW 的吸尘风机，用来吸取电锯工作时产生的锯屑。不同设备对风量的需求区别不是很大，但设备运转时电锯并非一直工作，而是根据生产工序的安排投入运行。运行电锯台数与变频器输出频率对应值见表 6-4。原方案是采用电位器调节风量，如果哪一台设备的电锯要工作就按下按钮，打开相应的风口，然后根据效果调节电位器以得到适当的风量。但工人在操作过程中经常会忘记操作，甚至直接把变频器的输出频率调节到 50Hz，造成资源的浪费和设备的损耗。现在需要对该设备进行现场 PLC 改造，根据各台电锯开关情况对投入工作的电锯台数进行判断，根据判断结果，输出信号到 G120 变频器多段速控制端子，实现 5 段速控制。

任务要求如下：

1）现场端有一台 PLC2 与 G120 变频器相连，在相距几百米远的控制室端也有一台 PLC1，它与触摸屏相连。两台 PLC 和触摸屏均通过 PROFINET 通信相连。

2）实现远程触摸屏手动控制。

3）对 G120 变频器进行 5 段速参数设置，其与 PLC2 相连可以采用端子控制或 PROFINET 通信。

根据上述要求进行电气设计、接线与编程。

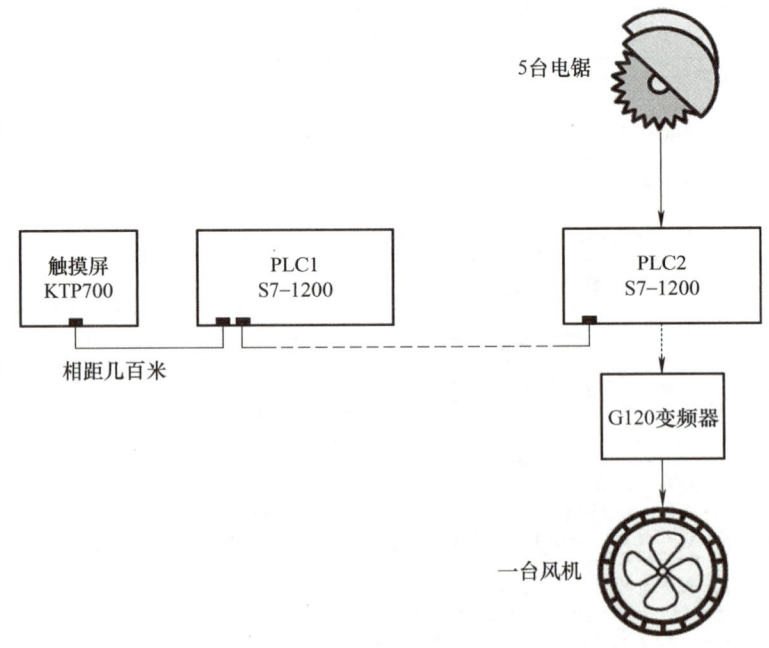

图 6-7　任务 6.2 控制示意

表 6-4 运行电锯台数与变频器输出频率对应值

运行电锯台数	对应变频器输出频率 /Hz	运行电锯台数	对应变频器输出频率 /Hz
1	25	4	46
2	34	5	50
3	41		

知识探究

6.2.1 SIMATIC NET 网络结构中的 PROFINET IO

1. PLC 通信概述

在工业现场中，通信主要发生在 PLC 与 PLC、触摸屏、变频器、伺服驱动器、计算机等之间，PLC 站之间往往需要传递一些联锁信号，同时 HMI 系统也需要通过网络控制 PLC 站的运行并采集过程信号归档，这些都需要通过 PLC 的通信功能实现。

PLC 工业通信可以更有效地发挥每一个独立 PLC 站点、触摸屏、计算机等的优势，互补应用上的不足，增强整个控制系统的处理能力。没有 PLC 工业通信，就不可能完成诸如控制机器和整个生产线，监视最新运输系统或管理配电等复杂任务。没有强大的通信解决方案，企业的数字化转型也是不可能的，由此可见 PLC 工业通信的重要性。

2. SIMATIC NET 网络结构

西门子工业通信网络统称 SIMATIC NET，它提供了各种开放的、应用于不同通信要求及安装环境的通信系统。图 6-8 所示为 4 种不同的 SIMATIC NET 通信网络。从上到下分别为 Industrial Ethernet（工业以太网）、PROFIBUS、InstabusEIB 和 AS-Interface，对应的通信数据量由大到小，实时性由弱到强。

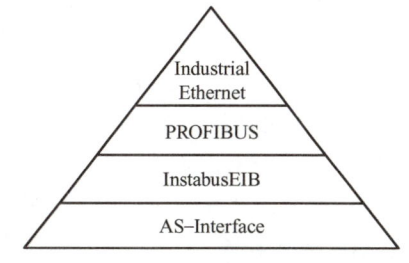

图 6-8 SIMATIC NET 网络结构

（1）Industrial Ethernet

依据 IEEE 802.3 标准建立的单元级和管理级的控制网络，传输数据量大，数据终端传输速率为 100Mbit/s。通过西门子 SCALANCE X 系列交换机，主干网络传输速率可达到 1000Mbit/s。典型的协议为 PROFINET。

（2）PROFIBUS

PROFIBUS 作为国际现场总线标准 IEC 61158 的组成部分（TYPE Ⅲ）和国家机械制造业标准，它具有标准化的设计和开放的结构，以令牌方式进行主主或主从通信，用于传输中等数据量。

（3）InstabusEIB

InstabusEIB 应用于楼宇自动化，可以采集亮度进行百叶窗控制、温度测量及门控等操作，通过 DP/EIB 网关，可以将数据传送到 PLC 或 HMI 中。

（4）AS-Interface

网络通过 AS-Interface（actuator-sensor interface，又称 AS-I）总线电缆连接最底

层的执行器及传感器，将信号传输至控制器。AS-I 通信数据量小，适合位信号的传输。

需要注意的是，目前 Industrial Ethernet 已经深入到最底层，包括小数据量的位控制。以 S7-1200 PLC 为例，标准集成了 PROFINET 接口用以实现通信网络的一网到底，即从上到下都可以使用同一种网络，便于网络的安装、调试和维护。

3. PROFINET IO

PROFINET IO 是 PROFINET 通信的一种协议，主要用于模块化、分布式的控制，通过以太网直接连接现场设备（IO Devices），如图 6-9 所示。

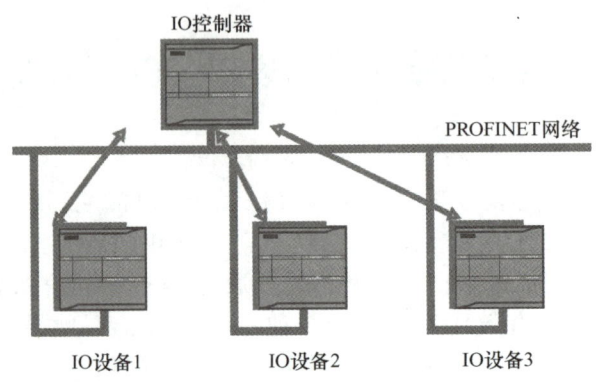

图 6-9　PROFINET IO 通信

PROFINET IO 通信为全双工点到点方式。一个 IO 控制器最多可以和 512 个 IO 设备进行点到点通信，按设定的更新时间双方对等发送数据。一个 IO 设备的被控对象只能被一个 IO 控制器控制。在共享 IO 设备模式下，一个 IO 站点上不同的 I/O 模块，甚至同一 I/O 模块中的通道都可以最多被 4 个 IO 控制器共享，但是输出模块只能被一个 IO 控制器控制，其他 IO 控制器可以共享信号状态信息。由于访问机制为点到点方式，S7-1200 PLC 集成的以太网接口既可以作为 IO 控制器连接现场 IO 设备，又可以同时作为 IO 设备被上一级 IO 控制器控制（对于一个 IO 控制器而言只是多连接了一个站点），此功能称为智能设备（I-Device）功能。智能设备通过 GSD 文件的方式集成到博途软件中，并以 XML 格式存在。

如图 6-10 所示，PROFINET IO 提供了 RT 和 IRT 两种方式。

1）实时通信（RT）：用于要求实时通信的过程数据，通过提高实时数据的优先级和优化数据堆栈（ISO/OSI 模型第一层和第二层），使用标准网络元件可以执行高性能的数据传输，典型通信时间为 1～10ms。

2）等时实时通信（IRT）：等时实时确保数据在相等的时间间隔进行传输，例如多轴同步操作。普通交换机不支持等时实时通信。等时实时典型通信时间为 0.25～1ms，每次传输的时间偏差小于 1μs。

4. IO 设备启用

本任务中，共有 2 台 PLC，其中 PLC1 为标准的 IO 控制器，PLC2 则为 IO 设备。在图 6-11 所示的 PLC2 属性中找到"常规"→"PROFINET 接口 [X1]"→"操作模式"选项，启用"IO 设备"选项（默认是不启用），并将"已分配的 IO 控制器"设定为"PLC1.PROFINET 接口 _1"，完成后的设备与网络视图如图 6-12 所示。

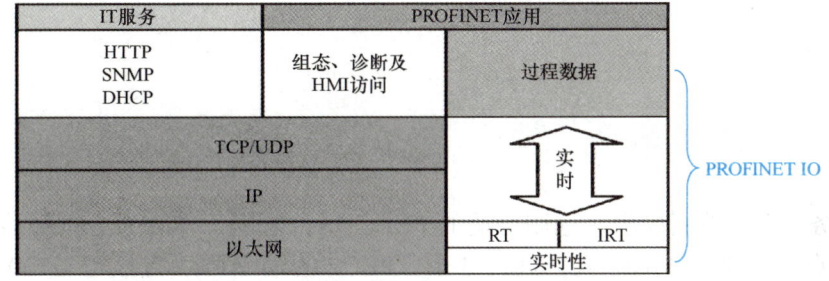

图 6-10　PROFINET IO 提供的通信方式

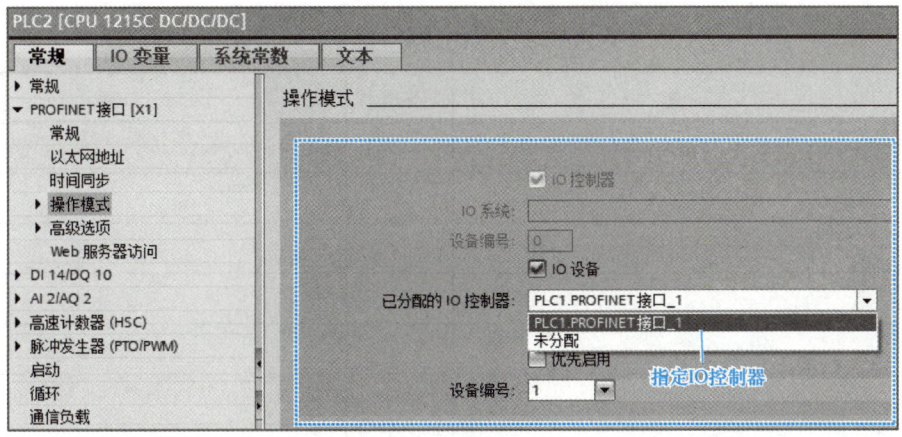

图 6-11　PLC2 操作模式

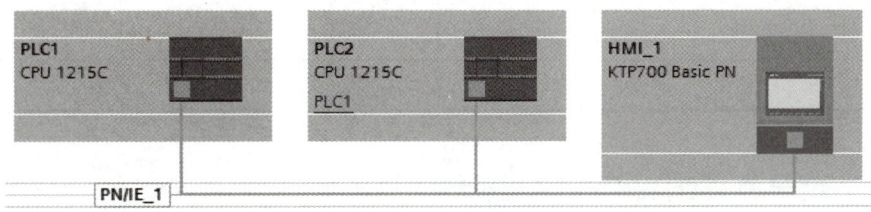

图 6-12　设备与网络

如图 6-13 所示,在"操作模式"标签下出现"智能设备通信"栏,单击该栏配置通信传输区。双击"新增",增加一个传输区,并在其中定义通信双方的通信地址区:使用 Q 区作为数据发送区;使用 I 区作为数据接收区,单击箭头可以更改数据传输的方向。

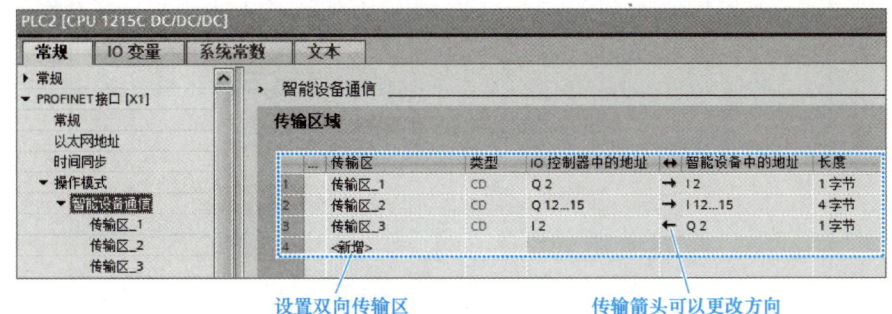

图 6-13　传输区域设置

任务实施

6.2.2 输入/输出定义

根据任务 6.2 的控制要求，选用合适的 PLC。每台电锯工作时通电接触器或断路器的一对辅助触点作为 PLC2 的输入，共计 5 个。PLC2 的输出可以直接与 G120 变频器进行相连，作为 5 段速的控制，也可以直接进行 PROFINET 相连。将 PLC2 的输入/输出定义填写在表 6-5 中。

表 6-5　PLC2 的输入/输出定义

输入	功能	输出	功能

6.2.3 电气原理图绘制和电气接线

在图 6-14 所示框内绘制 PLC 控制系统的主电路和控制电路原理图，并进行电气接线。

a) 变频器主电路和控制电路

图 6-14　任务 6.2 的电气接线

b) PLC控制电路

图 6-14　任务 6.2 的电气接线（续）

6.2.4　PLC1 和 PLC2 的传输区定义

在表 6-6 中填写 PLC1 和 PLC2 的传输区定义。

表 6-6　传输区定义

传输区	IO 控制器中的地址（PLC1）	智能设备中的地址（PLC2）	长度/B	含义
传输区_1				
传输区_2				
传输区_3				
传输区_4				

6.2.5　PLC 控制流程图绘制

请在图 6-15 所示框中绘制任务 6.2 的 PLC 控制流程图。

a) PLC1控制流程图

b) PLC2控制流程图

图 6-15　PLC 的控制流程图

6.2.6　触摸屏画面组态

请在图 6-16 所示框中画出触摸屏画面组态。

图 6-16 触摸屏画面组态

6.2.7 PLC 程序编写

请在图 6-17 所示框中进行 PLC 主程序和子程序的编写,其中统计电锯运行台数建议采用 SCL 编程。

图 6-17 PLC 主程序和子程序

任务记录

根据任务实施的情况,如实填写表 6-7 所示的任务 6.2 实施记录表。

表 6-7 任务 6.2 实施记录表

任务实施步骤	实际执行情况说明	计划时间 /min	实际时间 /min
输入 / 输出定义			
电气原理图绘制和电气接线			
PLC1 和 PLC2 的传输区定义			
PLC 控制流程图绘制			
触摸屏画面组态			
PLC 程序编写			
调试与监控			

任务评价

按要求完成考核任务 6.2，评分标准见表 6-8，具体配分可以根据实际考评情况进行调整。

表 6-8 评分标准

序号	考核项目	考核内容及要求	配分	得分
1	职业素养	遵守安全操作规程，落实安全措施	15%	
		认真负责，团结合作，对实操任务充满热情		
		正确理解科学家精神的内涵		
2	系统方案制定	PLC 控制方案合理	15%	
		控制电路图正确		
3	编程能力	独立完成 PLC 主程序、子程序编程	20%	
		独立完成触摸屏组态		
4	操作能力	根据电气图正确接线，美观且可靠	25%	
		正确输入程序并进行程序调试		
		根据系统功能进行正确操作演示		
5	实践效果	系统工作可靠，满足工作要求	15%	
		PLC 变量、子程序参数规范命名		
		按规定的时间完成任务		
6	创新实践	在本任务中有另辟蹊径、独树一帜的实践内容	10%	
	合计		100%	

拓展阅读

为加紧空间引力波探测"太极计划"两个关键有效载荷的攻关，中国科学院长春光学精密机械与物理研究所研究员王智及团队一直处于"紧绷"状态。2016 年，我国开始加紧开展引力波探测研发，由中国科学院发起的空间引力波探测"太极计划"正式启动。2019 年 8 月 31 日，我国首颗空间引力波探测技术实验卫星"太极一号"成功发射，完成在轨测试任务，项目立即进入"太极计划"三步走的第二步。这意味着，王智团队要通过不断研发来提高载荷性能。他们时常忙到没时间好好吃饭，泡面、饼干成了主食；项目论证需要随时出差，不少人把行李箱放在办公室，随时拎包随时出差……团队承担的任务指标要求几近苛刻。比如，超稳望远镜稳定性要求是1pm（1皮米，相当于1米的一万亿分之一），而国内常规的望远镜稳定性要求是0.01mm。"这样的精度在过去几乎没有，压力大时会让人有想大哭一场的冲动。"王智说。"只要人不倒，就要加油干。"在中国科学院长春光学精密机械与物理研究所，大家总是步履匆匆。所里承担了神舟系列、天宫系列、火星探测器等国家项目，任务重、时间紧，许多项目都是倒排工期，延误一天都不行。"我们也想正常休息，但我国光学领域与国际先进水平相比差距大，想追赶、赶超，靠正常节奏肯定不行，只能比别人少睡觉、多投入。"副所长张学军说。紧迫感与执行力时刻伴随着科学家前行。

思考与练习

习题6.1 某打标机气动系统原理图如图6-18所示，气源经气动三联件（空气过滤器、减压阀和油雾器）向系统提供压缩空气。系统的执行元件为打印气缸A和推料气缸B，气缸A和气缸B的主控换向阀为二位五通双电磁换向阀。气缸A无杆腔接有快速排气阀，用于加快其下行打印速度，以保证打印质量，气缸返回时，为了减少冲击，由节流阀负责排气、节流、调速。对于推料气缸B而言，其双向调速均由单向节流阀完成。系统的4个行程开关B1～B4作为两个换向阀电磁铁通断电的信号源，能够使A、B两个气缸按照要求的动作顺序运动。整个动作过程通过PLC控制系统实现，1YA通电，电磁换向阀3换向到左，打印气缸A伸出；2YA通电，电磁换向阀3换向到右，打印气缸A缩回；3YA通电，电磁换向阀4换向到左，推料气缸B伸出；4YA通电，电磁换向阀4换向到右，推料气缸B缩回。请用PLC和触摸屏来完成上述控制任务，分配输入/输出，画出电气控制图，并完成PLC编程和触摸屏组态（如气缸动作等）。

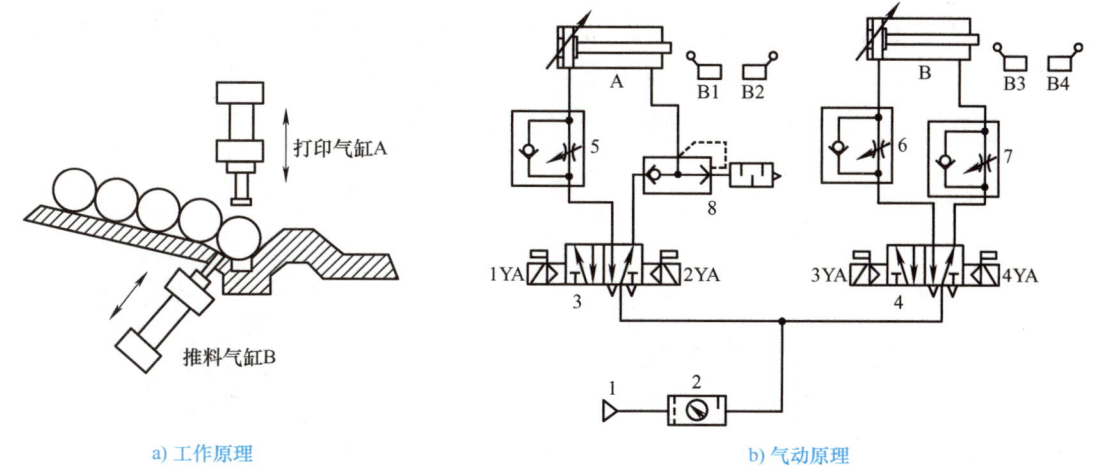

图 6-18 题 6.1 图

习题6.2 请用PLC和触摸屏来完成图6-19所示自动取药装置的电气设计和软件编程，要求实现如下功能：

（1）取药时，先把每种成分的中药（暂定4种）放入对应的中药存放斗里面，在触摸屏上输入需要的中药成分的重量（不需要的成分重量设为 0 即可），按下启动按钮，减速直流电动机正转，驱动丝杠螺母副，带动取药斗向右运动，达到最右边的中药存放斗对应位置后停止，开始取药。取药时中药螺旋推动电动机转动，带动螺旋传送器把中药推出，落在取药斗里面，重力传感器检测到该成分的药达到设定值时，中药螺旋推动电动机停止转动，减速直流电动机反转，取药斗向左移动到下一个中药存放斗的位置，按此原理取下一成分的中药，直至 4 种成分的中药取完为止。

（2）该控制系统有触摸屏输入（启动、停止、4 种中药成分对应的重量）、4 种中药存放斗对应的行程开关和重力传感器的模拟量信号输入。输出则包括减速直流电动机的正反转和 4 种中药螺旋推动电动机的正转。

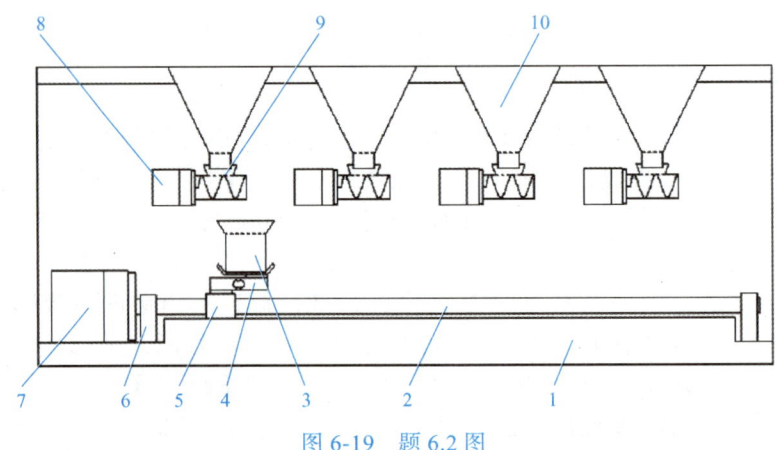

图 6-19 题 6.2 图

1—机架　2—丝杠　3—取药斗　4—重力传感器　5—螺母　6—轴承座　7—减速直流电动机
8—中药螺旋推动电动机　9—螺旋传送器　10—中药存放斗

习题 6.3　请用 PLC 和触摸屏来完成图 6-20 所示四层电梯的电气设计与编程，其中输入信号包括下端站限位、上端站限位、4 个楼层传感器和电梯开门到位、关门到位传感器，输出信号包括曳引电动机正反转和电梯门驱动电动机的正反转。触摸屏要实现电梯曳引机上下行和电梯开关门的所有内选按钮和呼梯按钮操作。

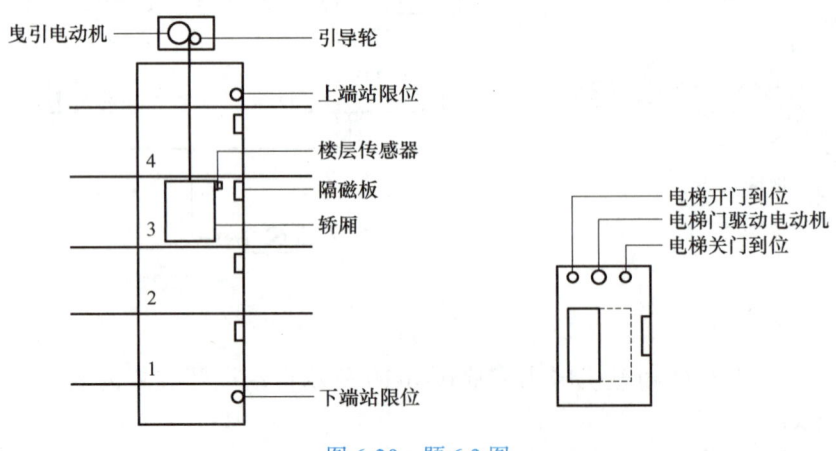

图 6-20 题 6.3 图

习题 6.4　用两台 PLC 通过 PROFINET IO 实现两台四层电梯群控，其中触摸屏共用 1 个，每台电梯各自有一台 PLC 且可以单独控制。电梯群控要求按图 6-21 所示的流程图进行。需要注意的是，在两台电梯均不处于待机状态时，若有同一方向的同一楼层内选信号的电梯则优先响应此呼梯信号。触摸屏可以设置控制模式是单独控制还是群控。请进行电气设计、PLC 编程和触摸屏组态。

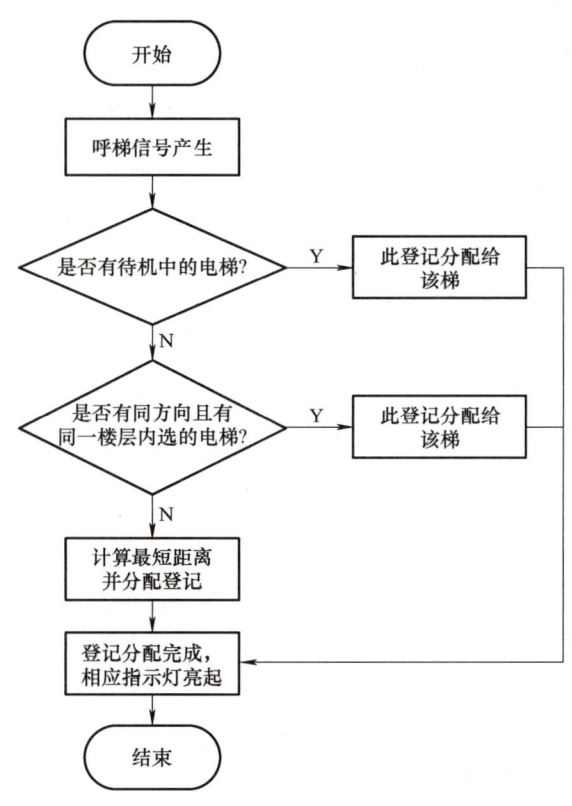

图 6-21　题 6.4 图

习题 6.5　如图 6-22 所示，某加工作业生产线共有 5 个工位用于处理不同的工序，移料滑台由步进电动机带动，并通过自带气动手爪可以在工料上料区、工料卸料区与各个工位之间来回运动。现在要求在触摸屏上可以任意设置一个连续的作业流程，比如：从上料区手爪取料后，移料至工位①，放开手爪，进行作业；等待 5s 后，移料至工位③，放开手爪，进行作业；等待 8s 后，移料至工位⑤，放开手爪，进行作业；等待 12s 后，移料至工位②，放开手爪，进行作业；等待 3s 后，移料至工位④，放开手爪，进行作业；等待 5s 后，手爪取料后到卸料区进行卸料。这个设置包括工位顺序可以随意，等待时间可以随意（区间为 3～15s）。请进行电气设计、PLC 编程和触摸屏组态。

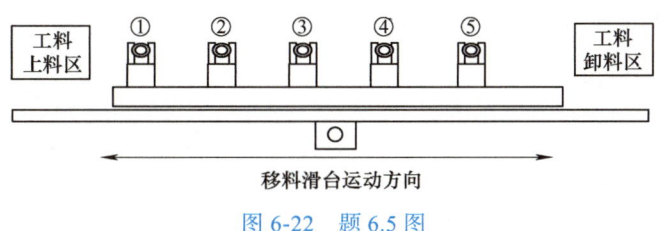

图 6-22　题 6.5 图

参考文献

[1] 周柏青,李方园. PLC 控制系统设计与应用:西门子 S7-200/1200[M]. 北京:中国电力出版社,2015.
[2] 李方园. 西门子 S7-1200 PLC 从入门到精通 [M]. 北京:电子工业出版社,2018.
[3] 李方园. 西门子 S7-1200 PLC 编程从入门到实战 [M]. 北京:电子工业出版社,2022.
[4] 李方园. 微课学西门子 S7-1200/1500 PLC 编程 [M]. 北京:机械工业出版社,2021.